En movimiento

Oliver Sacks

En movimiento

Una vida

Traducción de Damià Alou

EDITORIAL ANAGRAMA
BARCELONA

Título de la edición original:
On the Move. A Life
© Picador
Londres, 2015

Ilustración: foto © Douglas White

Primera edición: noviembre 2015

Diseño de la colección: Julio Vivas y Estudio A

© De la traducción, Damià Alou, 2015

© EDITORIAL ANAGRAMA, S. A., 2015
Pedró de la Creu, 58
08034 Barcelona

ISBN: 978-84-339-6395-6
Depósito Legal: B. 23554-2015

Printed in Spain

Liberdúplex, S. L. U., ctra. BV 2249, km 7,4 - Polígono Torrentfondo
08791 Sant Llorenç d'Hortons

Para Billy

La vida hay que vivirla hacia delante, pero sólo se puede comprender hacia atrás.

KIERKEGAARD

EN MOVIMIENTO

Cuando, durante la guerra, siendo aún un niño, me mandaron a un internado, me invadió una sensación de confinamiento e impotencia y lo que más deseaba era movimiento y poder, libertad de movimiento y poderes sobrehumanos. Disfrutaba de ambas cosas, al menos durante un rato, cuando soñaba que volaba, y, de una manera distinta, cuando iba a montar a caballo por el pueblo que había cerca de la escuela. Adoraba el poder y la agilidad de mi montura, y todavía puedo evocar sus movimientos desenvueltos y ufanos, su calor y el dulce olor a heno.

Pero, sobre todo, me encantaban las motos. Antes de la guerra, mi padre tenía una: una Scott Flying Squirrel, con un gran motor enfriado por agua y un tubo de escape divertidísimo, y yo también quería una moto poderosa. En mi cabeza se mezclaban imágenes de motos, aviones y caballos, y también imágenes de motoristas, vaqueros y pilotos, a los que imaginaba controlando de manera precaria pero jubilosa sus poderosas monturas. Mi imaginación infantil se alimentaba de películas del Oeste y de combates aéreos heroicos: veía cómo los pilotos arriesgaban su vida en sus Hurricanes y Spitfires, protegidos tan sólo por sus gruesas chaquetas de vuelo, al igual que apenas una chaqueta de cuero y un casco protegían a los motoristas.

Cuando en 1943 regresé a Londres, ya tenía diez años, y me encantaba sentarme en el asiento de la ventana de nuestra sala que daba a la calle, y observar e intentar identificar las motos que pasaban a toda velocidad (después de la guerra, cuando la gasolina era más fácil de conseguir, se hicieron mucho más frecuentes). Era capaz de identificar una docena de marcas o más: AJS, Triumph, BSA, Norton, Matchless, Vincent, Velocette, Ariel y Sunbeam, así como alguna que otra moto extranjera, como las BMW y las Indians.

Cuando era adolescente, iba regularmente a Crystal Palace con un primo que compartía mi afición para ver las carreras de motos. A menudo hacía autostop hasta Snowdonia o subía hasta el Distrito de los Lagos para nadar, y a veces alguien me llevaba en moto. Me entusiasmaba ir en el asiento de atrás, y comenzaba a imaginar la moto estilizada y poderosa que me compraría algún día.

La primera moto que tuve, a los dieciocho años, fue una BSA Bantam de segunda mano con un pequeño motor de dos tiempos y –como comprobé más tarde– unos frenos defectuosos. Fui con ella hasta Regent's Park en el viaje inaugural, cosa que fue una suerte y posiblemente me salvó la vida, porque el acelerador se atascó cuando iba a toda pastilla y los frenos no tuvieron fuerza suficiente para detener el vehículo y apenas conseguí aminorar un poco la velocidad. Regent's Park está rodeado por una carretera, y me encontré dando vueltas y vueltas, montado en una moto que no podía detener de ninguna manera. Hacía sonar la bocina o chillaba para gritar a los peatones que se apartaran de mi camino, pero después de haber dado dos o tres vueltas todo el mundo me dejaba vía libre y me lanzaba gritos de ánimo cuando veían que pasaba otra vez. Sabía que la moto acabaría parándose cuando se agotara la gasolina, y después de docenas de involuntarias vueltas al parque el motor petardeó y se detuvo.

Para empezar, mi madre había manifestado su enérgica oposición a que me comprara una moto. Eso ya me lo esperaba, pero me sorprendió la oposición de mi padre, pues él también tenía una. Intentaron disuadirme de que me comprara una moto regalándome un pequeño coche, un Standard 1934 que apenas alcanzaba los sesenta kilómetros por hora. Llegué a odiar aquel cochecillo, y un día, de manera impulsiva, lo vendí y utilicé las ganancias para comprarme la Bantam. Ahora tenía que explicarles a mis padres que un coche o una moto pequeños y poco potentes eran peligrosos porque no tenían la potencia necesaria para sacarte de un apuro, y que resultaba mucho más seguro ir en una moto más grande y potente. Accedieron a regañadientes y me financiaran una Norton.

Con mi primera Norton, que tenía un motor de 250 cc, estuve a punto de tener un par de accidentes. El primero tuvo lugar cuando me acerqué a un semáforo en rojo demasiado deprisa y, al comprobar que no sería capaz de frenar ni girar con seguridad, seguí en línea recta y de manera un tanto milagrosa pasé entre dos hileras de coches que avanzaban en direcciones opuestas. La reacción llegó un minuto después: recorrí otra manzana, aparqué la moto en una calle lateral y me desmayé.

El segundo incidente ocurrió una noche de fuerte lluvia en una sinuosa carretera rural. Un coche que venía en sentido contrario no puso las luces cortas y me cegó. Pensé que íbamos a chocar de frente, pero en el último momento salté de la moto (una expresión de ridícula suavidad para una maniobra que podía salvarme la vida, pero que también podía ser fatal). Dejé que la moto fuera en una dirección (no colisionó contra el coche, pero quedó destrozada) y yo en otra. Por suerte, llevaba casco, botas y guantes, así como un traje completo de cuero, y aunque me deslicé unos veinte metros sobre la carretera resbaladiza por la lluvia, al ir tan bien protegido no me hice ni un rasguño.

Mis padres se quedaron horrorizados, pero también contentos al verme de una pieza, y, por extraño que parezca, no pusieron ninguna objeción a que me comprara otra moto más potente: una Norton Dominator de 600 cc. Por entonces ya había acabado mis estudios en Oxford y estaba a punto de trasladarme a Birmingham, donde había conseguido un trabajo de cirujano residente para los primeros seis meses de 1960. Tuve la precaución de alegar que, ahora que acababan de inaugurar la autopista M1 entre Londres y Birmingham, con una moto rápida podría pasar todos los fines de semana en casa. En aquella época no había límite de velocidad en las autopistas, de manera que podía hacer el viaje en poco más de una hora.

En Birmingham conocí a unos motoristas, y probé el placer de formar parte de un grupo, de compartir un entusiasmo; hasta ese momento había sido un motorista solitario. La campiña alrededor de Birmingham conservaba todavía su belleza, y me encantaba desplazarme hasta Stratford-on-Avon para ver cualquier obra de Shakespeare que se estuviera representando.

En junio de 1960 incluso estuve en la TT, la gran carrera de motos Tourist Trophy que se celebraba anualmente en la Isla de Man. Conseguí hacerme con un brazalete del Servicio Médico de Emergencia, lo que me permitió visitar los boxes y ver a algunos de los participantes en la carrera. Tomé notas detalladas, e incluso planeé escribir una novela sobre carreras de motos ambientada en la Isla de

14

Man –para la cual investigué muchísimo–, aunque la cosa nunca llegó a cuajar.[1]

En la década de 1950, en la North Circular Road que da la vuelta a Londres no había límite de velocidad, por lo que resultaba muy atractiva para aquellos a los que les gustaba correr. Había un famoso café, el Ace, que era básicamente un lugar frecuentado por motoristas de máquinas rápidas. «Coger los cien» –ir a cien millas por hora– era el criterio mínimo para formar parte del grupito principal, los Chicos a Cien.

En aquella época había muchas motos que podían llegar a los cien, sobre todo si se retocaban un poco: se les quitaba algo de sobrepeso (incluyendo el tubo de escape) y se les ponía gasolina de alto octanaje. Más arriesgado era el «quemar motores», una carrera por las carreteras secundarias, y nada más entrar en el café corrías el riesgo de que te lanzaran ese desafío. «Hacerse el gallito», sin embargo, tampoco estaba bien visto; en la North Circular, incluso en aquella época, a veces había mucho tráfico.

Yo nunca me hice el gallito, pero me encantaba participar en alguna carrera por carreteras secundarias; mi «Dommie» de 600 cc tenía un motor un poco trucado, pero no podía alcanzar a una Vincent de 1.000 cc, la preferida del grupito principal del Ace. Una vez me monté en una Vincent, pero la encontré terriblemente inestable, sobre todo a poca velocidad, muy distinta de mi Norton,

---

1. En un cuaderno que llevaba en la época, anoté mi intención de escribir cinco novelas (incluyendo la de las carreras de motos), así como unas memorias sobre mi afición infantil a la química. No llegué a escribir las novelas, pero cuarenta y cinco años más tarde escribí esas memorias: *El tío Tungsteno*.

que tenía una estructura de «colchón de plumas» y era maravillosamente estable a cualquier velocidad. (Me preguntaba si se podría colocar el motor de una Vincent en el chasis de una Norton, y años más tarde descubrí que se habían construido «Norvins» como las que yo imaginaba.) Cuando introdujeron los límites de velocidad, ya no se podían coger los cien; se acabó la diversión, y el Ace ya no fue lo mismo que antes.

Cuando tenía doce años, un perspicaz maestro de escuela escribió en su informe: «Sacks llegará lejos, si no va demasiado lejos», y así ha ocurrido muchas veces. De niño, a menudo fui demasiado lejos con mis experimentos de química y llené la casa de gases tóxicos; por suerte, nunca llegué a quemarla.

Me gustaba esquiar, y a los dieciséis años fui a Austria con un grupo de la escuela para practicar esquí alpino. Al año siguiente viajé solo para practicar esquí de fondo en Telemark. El esquí fue bien, y antes de tomar el ferry para volver a Inglaterra me compré dos litros de aquavit en el duty-free y luego me dirigí al control de fronteras noruego. A los oficiales de aduanas noruegos les daba igual el número de botellas que me llevara, pero me informaron de que sólo podría entrar una botella en Inglaterra, y que los agentes de aduanas británicos confiscarían las demás. Subí a bordo con las dos botellas y me encaminé a la cubierta superior. Era un día luminoso y despejado, muy frío, pero como llevaba puestas las cálidas prendas de esquiar, eso no me pareció ningún problema; todo el mundo se quedó dentro, y tuve toda la cubierta superior para mí solo.

Tenía mi libro –estaba leyendo *Ulises*, muy lentamente– y mi botella de aquavit. No hay nada como el alcohol para calentarte por dentro. Arrullado por el movimiento suave e hipnótico del barco, y dando un sorbito de aquavit de vez en cuando, me quedé en cubierta, absorto en el libro. En cierto momento me sorprendió descubrir que me había bebido, a sorbitos cada vez más largos, casi la mitad de la botella. No noté ningún efecto, por lo que continué leyendo y bebiendo, inclinando la botella cada vez más ahora que estaba medio vacía. Me sorprendió bastante comprobar que estábamos atracando; tan absorto había estado en la lectura del *Ulises* que el tiempo me había pasado volando. Ahora la botella estaba vacía. Seguía sin notar ningún efecto; el licor debía de ser más suave de lo que decían, me dije, aun cuando la etiqueta afirmaba que tenía «50 grados». No aprecié ningún problema, hasta que me puse en pie y enseguida me caí de bruces. Aquello me sorprendió enormemente: ¿acaso el barco de pronto había dado un bandazo? Así que me levanté y de inmediato me volví a caer.

Sólo entonces comencé a comprender que estaba borracho –muy muy borracho–, aunque la bebida había ido directamente al cerebelo, sin afectar al resto de la cabeza. Cuando un miembro de la tripulación subió para comprobar que todo el mundo había abandonado el barco, me encontró intentando caminar y utilizando los esquís para apoyarme. Llamó a un ayudante y entre los dos, uno a cada lado, me ayudaron a bajar del barco. Aunque me tambaleaba de mala manera y llamaba la atención (casi todo el mundo me miraba divertido), me dije que había derrotado al sistema, pues había salido de Noruega con dos botellas y había llegado con una. Había conseguido colar en la aduana de Gran Bretaña una botella que, supuse, los funcionarios se habrían quedado encantados.

Mil novecientos cincuenta y uno fue un año rico en acontecimientos, y en cierto modo doloroso. Mi tía Birdie, que había sido una presencia constante en mi vida, murió en marzo; había pasado toda su vida con nosotros, y nos quería de una manera incondicional. (Birdie era una mujer menuda y de una inteligencia moderada, la única que sufría esa minusvalía entre los hermanos de mi madre. Nunca me quedó del todo claro qué le había ocurrido en su vida anterior; se hablaba de una herida en la cabeza cuando era una niña pequeña, y también de una deficiencia tiroidea congénita. Nada de eso nos importaba; ella era simplemente la tía Birdie, una parte esencial de la familia.) La muerte de la tía Birdie me afectó enormemente, y quizá sólo entonces comprendí lo mucho que ella formaba parte de mi vida, de la vida de todos nosotros. Cuando, unos meses antes, obtuve una beca para ir a Oxford, fue Birdie quien me entregó el telegrama, me abrazó y me felicitó, derramando también algunas lágrimas, porque sabía que eso significaba que yo, el menor de sus sobrinos, me iría de casa.

Tenía que presentarme en Oxford a finales del verano. Acababa de cumplir los dieciocho, y mi padre consideró que había llegado el momento de que mantuviéramos una seria charla de hombre a hombre, de padre a hijo. Hablamos de asignaciones y dinero: un tema poco polémico, pues yo era de costumbres bastante frugales y sólo derrochaba en libros. Y a continuación mi padre abordó el tema que realmente le preocupaba.

—No parece que tengas muchas amigas —dijo—. ¿No te gustan las chicas?

—No están mal —contesté, deseando que la conversación acabara ahí.

—¿Te gustan más los chicos? —insistió.

—Sí, me gustan más, pero no es más que una sensación.

Nunca he «hecho» nada. –Y acto seguido añadí, con cierto temor–: No se lo cuentes a mamá. Será incapaz de aceptarlo.

Pero mi padre se lo contó, y a la mañana siguiente mi madre bajó echando chispas, con una cara que no le había visto nunca.

–Eres una abominación –dijo–. Ojalá no hubieras nacido.

A continuación se marchó y pasó varios días sin hablarme. Cuando volvió a dirigirme la palabra, no se refirió a lo que había dicho (no volvió a mencionarlo nunca más), pero algo había ocurrido entre nosotros. Mi madre, que era tan abierta y que casi siempre me apoyaba, era severa e inflexible en ese aspecto. Al igual que mi padre, solía leer la Biblia, y le encantaban los Salmos y el Cantar de los Cantares, pero la obsesionaban los terribles versículos del Levítico: «No te acostarás con varón como con mujer: es abominación.»

Mis padres, en cuanto médicos, tenían muchos libros de medicina, entre ellos varios sobre «patología sexual», y a los doce años había estado hojeando los volúmenes de Krafft-Ebing, Magnus Hirschfeld y Havelock Ellis. Pero me costaba reconocer que padecía una «enfermedad», que mi identidad se podía reducir a un nombre o un diagnóstico. Mis amigos de la escuela sabían que yo era «diferente», aunque sólo fuera porque excusaba mi presencia en las fiestas en las que los chicos y las chicas acababan sobándose y morreándose.

Absorto en la química y luego en la biología, no era consciente de lo que ocurría a mi alrededor –ni dentro de mí– y en la escuela no me enamoré de nadie (aunque me excitaba la reproducción a tamaño natural, al pie de las escaleras, de la famosa estatua de un Laocoonte desnudo y

19

de hermosos músculos que intentaba salvar a sus hijos de las serpientes). Sabía que la sola idea de la homosexualidad despertaba horror en algunas personas; sospechaba que ése debía de ser el caso de mi madre, y por eso le había dicho a mi padre: «No se lo cuentes a mamá. Será incapaz de aceptarlo.» A lo mejor tampoco se lo debería haber contado a mi padre; en general, consideraba que mi sexualidad sólo me atañía a mí; no era un secreto, pero tampoco tenía por qué hablar de ella. Mis amigos más íntimos, Eric y Jonathan, estaban al corriente, pero nunca mencionábamos el tema. Jonathan decía que me consideraba «asexual».

Todos somos hijos de nuestra educación, nuestra cultura y nuestra época. Y he tenido que recordarme repetidamente que mi madre nació en la década de 1890 y tuvo una educación ortodoxa, y que en la Inglaterra de la década de 1950 el comportamiento homosexual no se consideraba sólo una perversión, sino un delito. También he de recordar que el sexo es una de esas cosas –como la religión y la política– capaces de despertar sentimientos intensos e irracionales en personas por lo demás decentes y racionales. Mi madre no quería ser cruel, ni desearme la muerte. Ahora comprendo que de repente se sintió superada, y probablemente lamentó sus palabras, o quizá las colocó en una parte aislada de su mente.

Pero sus palabras me persiguieron durante gran parte de mi vida, y tuvieron una gran importancia a la hora de inhibir e inyectar un sentimiento de culpa en lo que debería haber sido una expresión libre y gozosa de la sexualidad.

Mi hermano David y su esposa, Lili, al enterarse de mi falta de experiencia sexual, pensaron que podía atribuirse a la timidez, y que una buena mujer, incluso un buen polvo, podrían enderezarme. Allá por la Navidad de 1951, después de mi primer trimestre en Oxford, me llevaron a París no sólo con la intención de ver los monumentos –el Louvre, Notre Dame, la Torre Eiffel–, sino de acompañarme a visitar a una amable prostituta que me pondría a prueba y, de manera paciente y diestra, me enseñaría lo que era el sexo.

Escogieron una prostituta de edad y carácter adecuado –David y Lili la entrevistaron primero, explicándole la situación–, y después me fui con ella a la habitación. Estaba tan asustado que mi pene se quedó fláccido de miedo y los testículos se encogieron hasta la cavidad abdominal.

La prostituta, que se parecía a una de mis tías, comprendió la situación de inmediato. Hablaba bien inglés (ése había sido uno de los criterios de selección) y dijo: «No te preocupes. Ahora nos tomaremos una buena taza de té.» Sacó el juego de té y unos pastelillos, trajo el hervidor y me preguntó qué clase de té me gustaba. «Lapsang», dije. «Me encanta el olor ahumado.» Por entonces ya había recuperado la voz y la seguridad en mí mismo, y charlé con ella sin ningún problema mientras disfrutábamos de nuestro té ahumado.

Permanecí allí una media hora y luego me fui; mi hermano y su mujer se habían quedado expectantes en la puerta.

–¿Cómo ha ido, Oliver? –me preguntó David.

–Genial –dije sacudiéndome las migas de la barba.

A los catorce años, se «sobrentendía» que yo iba a ser médico. Mis padres eran médicos, y también mis dos hermanos mayores.

Sin embargo, yo no estaba tan seguro de querer ser

21

médico. Ya no albergaba ambiciones de ser químico; la propia química había avanzado hasta superar la química inorgánica de los siglos XVIII y XIX que tanto me gustaba. Pero a los catorce o quince años, inspirado por mi profesor de biología en la escuela y por el libro de Steinbeck *Cannery Row*, pensaba que me gustaría ser biólogo marino.

Cuando conseguí mi beca para ir a Oxford, me enfrenté a una elección: ¿debía atenerme a la zoología o seguir el preparatorio de medicina y cursar anatomía, bioquímica y fisiología? Era sobre todo la fisiología de los sentidos lo que me fascinaba: ¿cómo vemos el color, la profundidad, el movimiento? ¿Cómo *reconocemos* las cosas? ¿Cómo conseguimos interpretar el mundo de una manera visual? Esos temas me habían interesado desde una edad temprana, pues padecía migrañas visuales. Durante un aura de migraña, además de los brillantes zigzags que presagian un ataque, a veces perdía la sensación del color, la profundidad o el movimiento, e incluso la capacidad de reconocer las cosas. Mi visión quedaba deshecha, deconstruida delante de mí de una manera aterradora pero fascinante, y luego se rehacía, se reconstruía, todo en cuestión de pocos minutos.

Mi pequeño laboratorio doméstico de química también me servía de cuarto oscuro fotográfico, y me atraían especialmente la fotografía en color y en tres dimensiones, que también me hacían preguntarme cómo construía el cerebro el color y la profundidad. Había disfrutado de la biología marina tanto como de la química, pero ahora quería comprender cómo funcionaba el cerebro humano.

Intelectualmente, nunca había tenido una gran fe en mí mismo, aun cuando los demás me consideraban inteligente. Al igual que mis dos amigos más íntimos de la escuela, Jonathan Miller y Eric Korn, estaba obsesionado con la ciencia y la literatura. La inteligencia de Jonathan y de Eric me imponía mucho, y no comprendía por qué se relacionaban conmigo, pero todos obtuvimos una beca para ir a la universidad. Y entonces me topé con algunas dificultades.

Para entrar en Oxford tuve que llevar a cabo un examen llamado «preliminar»; en mi caso se consideraba una mera formalidad, porque ya tenía una beca abierta. Pero no pasé el examen preliminar; lo intenté una segunda vez, y volví a suspenderlo. Me enfrenté a la prueba una tercera vez, y volví a fracasar. En ese momento, el señor Jones, el rector, me cogió por banda y me dijo: «Sus trabajos para obtener la beca han sido espléndidos, Sacks. ¿Por qué suspende este estúpido examen una y otra vez?» Le dije que no lo sabía, y me contestó: «Bueno, pues ésta es su última oportunidad.» Repetí el examen y por fin aprobé.

En St. Paul's School, con Eric y Jonathan, disfrutaba de una mezcla natural de artes y ciencias. Fui presidente de nuestra sociedad literaria y al mismo tiempo secretario del Field Club de botánica. Esa mezcla fue más difícil en Oxford, pues el departamento de anatomía, los laboratorios de ciencias y la Biblioteca Científica Radcliffe se concentraban en South Parks Road, a cierta distancia de las salas de conferencias y las facultades de la universidad. Había una separación tanto física como social entre los que hacíamos ciencias o nos preparábamos para medicina y el resto de la universidad.

Fue algo que noté de manera acusada en mi primer trimestre en Oxford. Teníamos que hacer trabajos y presentarlos a nuestros tutores, lo que entrañaba pasar muchas horas en la Biblioteca Científica Radcliffe, leyendo ensayos y resúmenes de investigación, seleccionando lo que parecía más importante y presentándolo de manera interesante e individual. Pasar mucho tiempo leyendo neurofisiología era algo que me gustaba, incluso me emocionaba –pues se me abrían amplias zonas desconocidas–, pero con el tiempo me fui dando cuenta de lo que echaba de menos en mi vida. Prácticamente mi única lectura no científica eran los *Ensayos biográficos* de Maynard Keynes, y yo quería escribir mis propios «Ensayos biográficos», aunque con un sesgo clínico: ensayos que presentaran individuos con defectos o puntos fuertes insólitos, y que mostraran la influencia de esos rasgos especiales en sus vidas; en resumen, serían una especie de biografías o historiales clínicos.

Mi primer sujeto (y en definitiva, el único) fue Theodore Hook, con cuyo nombre me topé mientras leía una biografía de Sydney Smith, esa gran mente de la primera época victoriana. Una década o dos antes de Sydney Smith, Hook también había sido un hombre muy inteligente y un gran conversador; y también había gozado, hasta un nivel sin parangón, de una enorme capacidad de invención musical. Se decía que había compuesto más de quinientas óperas: se sentaba al piano, improvisaba y cantaba todos los papeles. Eran flores del momento: asombrosas, hermosas y efímeras; improvisaba delante del instrumento, nunca repetía y nunca escribía nada, por lo que sus piezas no tardaban en olvidarse. Me entusiasmaban las descripciones del gen improvisador de Hook: ¿qué clase de cerebro se necesitaba para algo así?

Comencé a leer todo lo que pude acerca de Hook, y también algunos de los libros que había escrito; los encontré extrañamente aburridos y forzados, en contraste con las descripciones que se hacían de sus improvisaciones, desenfrenadas y tremendamente inventivas. Pensé muchísimo en Hook, y hacia el final del primer trimestre escribí un ensayo sobre él, un ensayo de unos seis pliegos de apretada letra manuscrita, unas cuatrocientas o quinientas palabras en total. Hace poco encontré ese ensayo en una caja, junto con otros escritos de juventud. Al leerlo, me sorprendió su fluidez, su erudición, su pomposidad y su pretenciosidad. No se parece en nada a mi estilo. ¿Todo aquello era copiado, un pastiche de media docena de fuentes, o adopté ese estilo docto y profesoral para contrarrestar el hecho de que no era más que un joven bisoño de dieciocho años?

Hook era una diversión; casi todos mis trabajos eran sobre temas de fisiología, y se los tenía que leer cada semana a mi tutor. Cuando abordé el tema del oído, me entusiasmó tanto, leí y reflexioné tanto, que luego no tuve tiempo de escribir el ensayo. Pero el día de la presentación llevé un bloc de hojas y fingí leerlas, pasando las páginas mientras improvisaba sobre el tema. En cierto momento, Carter (el doctor C. W. Carter, mi tutor en Queen's) me interrumpió.

–No acabo de seguirle –dijo–. ¿Podría volver a leerlo?

Un poco nervioso, intenté repetir las últimas frases que había dicho. Carter puso cara de perplejidad.

–Déjeme ver –dijo.

Le entregué las hojas en blanco.

–Notable, Sacks –comentó–. Muy notable. Pero, en el futuro, quiero que *escriba* sus trabajos.

Como estudiante de Oxford, no sólo tenía acceso a la Biblioteca Científica Radcliffe, sino también a la Bodleiana, una asombrosa biblioteca general cuyo origen se remonta a 1602. Fue en la Bodleiana donde me topé con las obras ahora desconocidas y olvidadas de Hook. Ninguna otra biblioteca –aparte de la del Museo Británico– podría haberme proporcionado los materiales que necesitaba, y la tranquila atmósfera de la Bodleiana era perfecta para escribir. Pero la biblioteca que más me gustaba en Oxford era la nuestra del Queen's College. Nos habían dicho que el magnífico edificio lo había proyectado Christopher Wren, y debajo, en un laberinto subterráneo de conductos de calefacción y estantes, se encontraban los vastos contenidos subterráneos de la biblioteca.

Poder tener en mis manos libros antiguos, incunables, constituía para mí una experiencia nueva; adoraba especialmente la *Historiae animalium* (1551) de Conrad Gesner, profusamente ilustrada (en ella aparecían los famosos dibujos de rinocerontes de Alberto Durero), y la obra en cuatro volúmenes de Louis Agassiz sobre los peces fósiles. Fue en sus estanterías donde descubrí todas las obras de Darwin en sus ediciones originales, y fue también allí donde me enamoré de todas las obras de Sir Thomas Browne: *La religión de un médico, El enterramiento en urnas* y *El jardín de Ciro.* ¡Qué absurdos eran, pero qué lenguaje tan espléndido! Y si la clásica grandilocuencia de Browne a veces resultaba excesiva, uno se podía pasar al estilo lapidario de Swift, cuyas obras, naturalmente, se podían encontrar en su integridad en sus ediciones originales. Mientras que yo me había criado con las obras del siglo XIX preferidas de mis padres, fue en las catacumbas de la biblioteca del Queen's College donde me introduje en la literatura de los siglos XVII y XVIII: Johnson, Hume, Gibbon y Pope. Todos esos libros estaban a mi disposición, no en un enclave especial de libros raros cerrado con llave, sino en las estanterías que habían sido su lugar, imaginé, desde su publicación original. Fue en las bóvedas del

Queen's College donde llegué a hacerme una idea cabal de la historia y de mi propio idioma.

Mi madre, cirujana y anatomista, aunque aceptaba que yo era demasiado torpe para seguir sus pasos como cirujana, esperaba que al menos sobresaliera en mis estudios de anatomía en Oxford. Diseccionábamos cadáveres y asistíamos a clase, y un par de años más tarde tuve que presentarme a un examen final de anatomía. Cuando se publicaron los resultados, vi que había quedado el penúltimo de la clase. Temía la reacción de mi madre, y decidí que, dadas las circunstancias, se imponía tomar unas cuantas copas. Me dirigí a mi pub preferido, el White Horse de Broad Street, donde me bebí cuatro o cinco pintas de sidra potente, más fuerte que la mayoría de las cervezas, y también más barata.

Cuando salí del White Horse hasta las cejas de alcohol, se me ocurrió una idea descabellada e insolente. Trataría de compensar mi desastroso resultado en los exámenes finales de anatomía intentando obtener un premio universitario muy prestigioso: el Theodore Williams de Anatomía Humana. El examen ya había empezado, pero me colé, con el atrevimiento de la borrachera, me senté en un pupitre vacío y miré los enunciados.

Había que responder siete preguntas; me lancé a por una de ellas («¿La diferenciación estructural implica diferenciación funcional?») y estuve escribiendo sin parar durante dos horas sobre el tema, aportando todo el saber zoológico y botánico que me vino a la mente para desarrollar mis argumentos. A continuación me marché antes de que se acabara el examen, sin hacer caso de las otras seis preguntas.

Aquel fin de semana los resultados aparecieron en *The Times;* yo, Oliver Wolf Sacks, había ganado el premio. Todo el mundo se quedó estupefacto: ¿cómo era posible que alguien que había quedado el penúltimo en los exámenes finales de anatomía se hiciera con el premio Theodore Williams? Yo no estaba tan sorprendido, pues era una repetición, sólo que al revés, de lo que me había ocurrido con los exámenes preliminares de Oxford. Se me dan muy mal los exámenes de datos, las preguntas a las que hay que responder sí o no, pero a la hora de desarrollar un tema puedo desplegar mis alas.

El premio Theodore Williams venía acompañado de 50 libras: ¡50 libras! Nunca había tenido tanto dinero junto. En esta ocasión no me fui al White Horse, sino a la librería Blackwell's (que estaba al lado del pub) y me compré, por 44 libras, los doce volúmenes del *Oxford English Dictionary*, que era para mí el libro más codiciado y deseable del mundo. Me acabaría leyendo todo el diccionario de cabo a rabo cuando fui a la facultad de medicina, y todavía, de vez en cuando, me gusta coger un volumen de la estantería para leerlo en la cama.

Mi mejor amigo en Oxford era Kalman Cohen, un joven licenciado en lógica matemática que disfrutaba de una beca Rhodes. Nunca había conocido a ningún lógico, y me fascinaba la capacidad de concentración intelectual de Kalman. Parecía capaz de fijar su mente en un problema durante semanas seguidas, y le apasionaba pensar; el solo hecho de pensar parecía excitarlo, independientemente de los resultados a los que llegara.

Aunque éramos muy diferentes, nos llevábamos la mar de bien. A veces él se sentía atraído por el desenfreno de asociaciones de mi mente, igual que mí me atraía su enorme capacidad de concentración. Me dio a conocer a Hilbert y a Brouwer, dos gigantes de la lógica matemática, y yo le di a conocer a Darwin y los grandes naturalistas del siglo XIX.

Pensamos que la ciencia es un descubrimiento y el arte una invención, pero ¿no existe el «tercer mundo» de las matemáticas, que de alguna manera misteriosa participa de ambos? ¿Acaso los números –los primos, por ejemplo– existen en algún ámbito platónico eterno? ¿O fueron un invento, tal como pensaba Aristóteles? ¿Y qué pensar de los números irracionales, como π? ¿Y de los números imaginarios, como la raíz cuadrada de -2? De vez en cuando les daba vueltas a esas preguntas, de manera infructuosa, pero, para Kalman, eran una cuestión de vida o muerte. Él pretendía conciliar el intuicionismo platónico de Brouwer con el formalismo aristotélico de Hilbert, dos visiones muy distintas aunque complementarias de la realidad matemática.

Cuando les hablé a mis padres de Kal, lo primero que pensaron fue que estaba muy lejos de su país y lo invitaron a pasar un fin de semana relajado, con comida casera, en nuestra casa de Londres. A mis padres les encantó conocerlo, pero a la mañana siguiente mi madre se indignó al descubrir que Kal había escrito en una de las sábanas con tinta. Cuando le expliqué a mi madre que Kal era un genio y que había utilizado la sábana para elaborar una nueva teoría de lógica matemática (la verdad es que exageré un poco), su indignación se transformó en admiración, e insistió en conservar la sábana sin lavar ni borrar las fórmulas, por si, en una futura visita, Kalman deseara consultarlas. También se la enseñó orgullosa a Selig Brodetsky, que había sido el primero de su promoción de matemáticas en Cambridge (y que era un ferviente sionista), el único matemático que conocía.

Kalman había asistido al Reed College de Oregón –que, según me dijo, era famoso por sus brillantes alumnos– y había sido el alumno con notas más altas en muchos años. Lo decía con sencillez, sin afectación, tal como podría hablar del tiempo. Simplemente era así. Parecía considerarme una persona inteligente, a pesar del manifiesto desorden y falta de lógica de mi mente. Opinaba que las personas inteligentes debían casarse entre ellas y tener hijos, y de acuerdo con esa idea me concertó una cita con una muchacha americana que también disfrutaba de una beca Rhodes, una tal señorita Isaac. Rael Jean era una muchacha callada y retraída, pero (tal como había dicho Kal) de una afiladísima inteligencia, y durante toda la cena estuvimos hablando de elevadas abstracciones. Nos despedimos cordialmente, pero nunca volvimos a vernos, y tampoco Kalman intentó emparejarme con nadie más.

En el verano de 1952, nuestras primeras vacaciones largas, Kal y yo hicimos un viaje en autostop por Francia y Alemania, y dormimos en albergues juveniles. No sé cómo, pero contrajimos piojos y tuvimos que afeitarnos la cabeza. Un amigo bastante elegante del Queen's College, Gerhart Sinzheimer, nos había invitado a visitarlo, pues veraneaba con sus padres en su casa junto al Titisee, en la Selva Negra. Cuando Kalman y yo llegamos, sucios y sin pelo, y contando que habíamos contraído piojos, nos ordenaron que nos bañáramos e hicieron fumigar nuestra ropa. Tras una breve e incómoda estancia con los elegantes Sinzheimer, nos encaminamos a Viena (que entonces se parecía mucho, nos dijimos, a la Viena de *El tercer hombre)*, donde probamos todos los licores conocidos por el ser humano.

Aunque yo no iba a licenciarme en psicología, a veces asistía a alguna clase de ese departamento. Fue allí donde vi a J. J. Gibson, un atrevido teórico y experimentador de psicología visual, profesor en Cornell, que pasaba en Oxford su año sabático. Gibson había publicado hacía poco su primer libro, *La percepción del mundo visual*, y le encantaba dejarnos experimentar con gafas especiales que invertían (en un ojo o en ambos) lo que veíamos normalmente. Nada era más extraño que ver el mundo al revés, y sin embargo, con los días, el cerebro se adaptaba y reorientaba su mundo visual (que entonces volvía a aparecer cabeza abajo cuando uno se quitaba las gafas).

También me fascinaban las ilusiones visuales; me demostraban que la comprensión intelectual, la intuición e incluso el sentido común nada podían contra la fuerza de las distorsiones perceptivas. Las gafas de inversión de Gibson mostraban el poder de la mente a la hora de rectificar las distorsiones ópticas, mientras que las ilusiones visuales demostraban la incapacidad de la mente para corregir las distorsiones perceptivas.

Richard Selig. Han pasado sesenta años, pero todavía tengo presente la cara de Richard, su porte –parecía un león– la primera vez que lo vi delante del Magdalen College de Oxford en 1953. Nos pusimos a charlar; sospecho que fue él quien inició la conversación, pues yo siempre era demasiado tímido para comenzar ningún contacto, y su enorme belleza aumentaba aún más mi timidez. En aquella primera conversación descubrí que también tenía una beca Rhodes, que era poeta y que había desempeñado diversos trabajos a lo largo y ancho de los Estados Unidos. Su conocimiento del mundo era mucho mayor que el mío, teniendo en cuenta incluso la diferencia de edad (él tenía veinticuatro años; yo veinte), mucho mayor que el de casi todos los estudiantes que habían ido directamente de la escuela secundaria a la universidad sin ninguna expe-

31

riencia del mundo real entre medio. Descubrió en mí algo interesante, y pronto nos hicimos amigos... y más, pues yo me enamoré de él. Era la primera vez en la vida que me enamoraba.

Me enamoré de su cara, de su cuerpo, de su mente, de su poesía, de todo. A menudo me traía los poemas que acababa de escribir, y yo le pasaba algunos de mis trabajos de fisiología. Creo que no fui el único que se enamoró de él; hubo otros, hombres y mujeres: algo inevitable, teniendo en cuenta su gran belleza, su gran talento, su vitalidad y su amor a la vida. Hablaba de sí mismo con total libertad: de su aprendizaje con el poeta Theodore Roethke, de su amistad con muchos pintores y del año que había pasado pintando antes de comprender que, fueran cuales fueran sus talentos, su verdadera pasión era la poesía. A menudo llevaba en la cabeza imágenes, palabras, versos; trabajaba en ellos de manera consciente e inconsciente durante meses seguidos hasta que los transformaba en poemas acabados o los abandonaba. Le habían publicado poemas en *Encounter, The Times Litterary Supplement, Isis* y *Granta,* y uno de sus grandes admiradores era Stephen Spender. Yo le consideraba un genio, o al menos un genio en ciernes.

Dábamos largos paseos juntos, y hablábamos de poesía y de ciencia. A Richard le encantaba oírme hablar con entusiasmo de la química y la biología, y en esos momentos yo perdía mi timidez. Aunque sabía que estaba enamorado de Richard, me daba mucho miedo admitirlo; «abominación», aquella palabra pronunciada por mi madre me hacía pensar que no debía decirlo. Pero de manera misteriosa, maravillosa, estar enamorado, y enamorado de una persona como Richard, resultaba para mí una fuente de dicha y orgullo, y un día, con el corazón en un puño, le dije a Richard que estaba enamorado de él, sin saber cómo reaccionaría. Me abrazó, me agarró por los hombros y dijo: «Lo sé. Yo no soy así, pero aprecio tu amor y también te quiero, a mi manera.» No me sentí rechazado ni me rompió el corazón. Richard había dicho lo que tenía que decir de la manera más sensible, y nuestra amistad continuó, y fue aún más fácil cuando renuncié a ciertos deseos dolorosos y sin esperanza.

Me dije que podíamos ser amigos para toda la vida, y quizá también él lo pensó. Pero un día se presentó en mi habitación, parecía preocupado. Había observado una hinchazón en una de sus ingles; al principio no le había prestado atención, pensando que desaparecería, pero había crecido y ahora era algo incómodo. Como yo estudiaba para entrar en la facultad de medicina, me preguntó si podía echarle un vistazo. Se bajó los pantalones y los calzoncillos, y ahí estaba, en la ingle izquierda, del tamaño de un huevo. Era firme y duro al tacto. Lo primero que se me ocurrió fue que era cáncer. Le dije a Richard: «Tienes que ir a ver a un médico. Puede que necesites una biopsia. No tardes.»

Le hicieron una biopsia del glande y le diagnosticaron un linfosarcoma; a Richard le dijeron que no le quedaban más de dos años de vida. Después de comunicármelo, nunca volvió a hablar conmigo; yo fui el primero en reconocer el carácter letal de su tumor, y quizá ahora me veía como una especie de mensajero o símbolo de la muerte.

Pero estaba decidido a vivir tan plenamente como pudiera durante el tiempo que le quedaba; se casó con la arpista y cantante irlandesa Mary O'Hara y se fue con ella a Nueva York, donde murió quince meses más tarde. En esos últimos meses escribió gran parte de sus mejores poemas.

Los exámenes finales de Oxford se llevan a cabo después de tres años. Pasados los exámenes me quedé a investigar, y por primera vez desde que estaba en Oxford me encontré bastante aislado, pues casi todos mis coetáneos se habían marchado.

Tras la concesión del premio Theodore Williams, me habían ofrecido un puesto de investigador en el departamento de anatomía, pero decliné la oferta, a pesar de lo mucho que admiraba al catedrático de anatomía, el eminentísimo y siempre accesible Wilfrid Le Gros Clark.

Le Gros Clark era un maravilloso profesor que describía la anatomía humana desde una perspectiva evolutiva, y en aquella época se le conocía por el papel que había desempeñado a la hora de desenmascarar el engaño de Piltdown. Pero rechacé su oferta porque me habían seducido una serie de vívidas clases sobre historia de la medicina impartidas por el profesor universitario de nutrición humana, H. M. Sinclair.

Siempre me había gustado la historia, e incluso durante mi afición infantil por la química quería saber cosas de las vidas y personalidades de los químicos, las controversias y conflictos que a veces acompañaban a los nuevos descubrimientos o teorías. Quería ver cómo se desarrollaba la química en cuanto empresa humana. Y ahora, en las clases de Sinclair, era la historia de la fisiología, las ideas y personalidades de los fisiólogos, lo que cobraba vida.

Mis amigos, incluso mi tutor en el Queen's College, intentaron advertirme, disuadirme de lo que les parecía un error. Pero aunque había oído rumores acerca de Sinclair —nada demasiado específico, meros comentarios sobre que era una figura «peculiar» y un tanto aislada en la universidad; y también rumores de que le iban a cerrar el laboratorio—, no permití que eso me disuadiera.

Comprendí mi error en cuanto comencé mi trabajo en el LNH, el Laboratorio de Nutrición Humana. Los conocimientos de Sinclair, al menos sus conocimientos históricos, eran enciclopédicos, y me alentó a trabajar en algo de lo que sólo había oído hablar vagamente. La así llamada parálisis del jengibre había causado terribles daños neurológicos durante la Prohibición, cuando los bebedores, a los que se negaba poder beber legalmente, se pasaron a un extracto alcohólico muy fuerte de jengibre de Jamaica que se podía comprar libremente como «tónico para los nervios». Cuando quedó claro que la gente podría acabar abusando de él, el gobierno le añadió un compuesto de sabor muy desagradable, el triortocresilfosfato, o TOCP. Pero esto no disuadió a los bebedores, y pronto se descubrió que el TOCP era de hecho un poderoso veneno para los nervios, aunque actuaba lentamente. Para cuando se percataron de eso, más de cincuenta mil estadounidenses habían sufrido un daño nervioso considerable y a menudo irreversible. Las personas afectadas mostraban una parálisis característica de los brazos y piernas y desarrollaban una manera de andar peculiar y fácilmente reconocible, el «paso del jengibre».

Todavía no se sabe exactamente cómo el TOCP provocaba el daño nervioso, aunque se había sugerido que afectaba especialmente los haces de mielina, y, según dijo Sinclair, no había ningún antídoto conocido. Me desafió a desarrollar un modelo animal de la enfermedad. Mi amor por los invertebrados me llevó a pensar inmediatamente en las lombrices de tierra: poseían fibras nerviosas gigantes con mielina, responsables de la capacidad de enroscarse de repente que tienen las lombrices cuando se sienten amenazadas o sufren algún daño. Estas fibras nerviosas eran relativamente fáciles de estudiar, y no habría ningún problema en conseguir todas las lombrices que deseara. Y me dije que podía complementar las lombrices con pollos y ranas.

En cuanto comentamos mi proyecto, Sinclair se aisló en su despacho forrado de libros y se volvió prácticamente inaccesible, no sólo para mí, sino para todos los que trabajaban en el Laboratorio de Nutrición Humana. Los demás investigadores eran personas mayores, contentas de que las dejaran en paz, libres para hacer su trabajo. Yo, por el contrario, era un novato, y necesitaba desesperadamente consejo y guía; intenté ver a Sinclair después de aquel día, pero tras media docena de intentos comprendí que era inútil.

Mi trabajo fue mal desde el principio. Desconocía qué dosis de TOCP había que administrar, con qué sustancia mezclarlo o si había que endulzarlo para disfrazar su sabor amargo. Al principio las lombrices y ranas rechazaron los manjares rellenos de TOCP que les preparé. Por el contrario, los pollos engullían cualquier cosa: una imagen no muy agradable. A pesar de su falta de criterio alimentario, su constante picoteo y sus gritos estridentes, comencé a cogerles cariño a mis pollos, a enorgullecerme en cierta manera de que fueran tan alborotadores y vigorosos, y a apreciar su comportamiento y características distintivas. En unas cuantas semanas, el TOCP hizo efecto, y las patas de los pollos comenzaron a debilitarse. En este punto, pensé que el TOCP podría tener algún parecido con los gases nerviosos (que bloquean la acetilcolina, un neurotransmisor), y les administré medicamentos anticolinérgicos como antídoto a la mitad de las aves semiparalizadas. Calculé mal la dosis y las maté a todas. Mientras tanto, los pollos a los que no había administrado el antídoto estaban cada vez más débiles, algo que no soportaba ver. El final de mi gran investigación llegó cuando presencié cómo mi gallina favorita –no tenía nombre, sino el número 4.304, y era un animal inusualmente dócil y de carácter amable– caía al suelo sobre sus patas paralizadas, cloqueando lastimosamente. Cuando la sacrifiqué utilizando cloroformo, descubrí que tenía dañados los haces de mielina de los nervios periféricos y los axones nerviosos de la médula espinal, al igual que las víctimas humanas a las que les habíamos hecho la autopsia.

También descubrí que el TOCP destruía el reflejo de enroscarse de las lombrices, aunque no sus movimientos, que dañaba las fibras nerviosas que tenían mielina pero no las que carecían de ella. Pero tuve la impresión de que la investigación, en su conjunto, fue un fracaso, y que mis esperanzas de convertirme en investigador científico eran nulas. Redacté un informe florido y personal del trabajo e intenté apartar aquel desdichado episodio de mi mente.

Deprimido por todo eso, y aislado por el hecho de que mis amigos hubieran abandonado la universidad, me hundí en un estado de callada –aunque en algunos aspectos agitada– desesperación. Sólo encontraba alivio en el ejercicio físico, y cada tarde me echaba una buena carrera por el camino de sirga del río Isis. Después de correr durante más o menos una hora, me zambullía y nadaba, y luego, mojado y un tanto congelado, volvía a correr hacia mis humildes aposentos situados delante de Christ Church. Comía cualquier cosa fría (ya no soportaba ingerir pollo) y luego me ponía a escribir hasta bien entrada la noche. Esos textos, titulados «La última copa», eran unos esfuerzos frenéticos e infructuosos de crear algún tipo de filosofía, alguna receta para vivir, alguna razón para seguir adelante.

Mi tutor en el Queen's College, que ya me había advertido que no trabajara con Sinclair, comprendió mi situación (algo que me pareció sorprendente y tranquilizador; en aquel momento no tenía muy claro si era consciente de mi existencia) y expresó su preocupación a mis padres. Entre los dos decidieron que necesitaba marcharme de Oxford y que debía entrar en alguna comunidad amistosa y protectora en la que pudiera llevar a cabo algún arduo trabajo físico de sol a sol. Mis padres pensaron que un kibutz sería perfecto, y a mí también me gustaba la idea, aunque sin ninguna consideración religiosa ni sionista. Así fue como me marché a Ein HaShofet, un kibutz «anglosajón» cerca de Haifa donde podría hablar inglés hasta que –o eso esperaba– mi hebreo fuera fluido.

Pasé el verano de 1955 en el kibutz. Me dieron a elegir: podía trabajar en el vivero de árboles o con pollos. Como ahora me horrorizaban los pollos, opté por el vivero. Nos levantábamos antes del alba, compartíamos un gran desayuno comunitario y a continuación nos íbamos a trabajar.

Me quedé asombrado ante los enormes cuencos de hígado picado que recibíamos en cada comida, incluido el desayuno. No había ganado en el kibutz, y no me parecía que los pollos solos pudieran proporcionar los más o menos cincuenta kilos de hígado picado que consumíamos cada día. Cuando pregunté, la réplica vino precedida de una carcajada, tras la cual me explicaron que lo que había tomado por hígado era en realidad berenjena picada, algo que nunca había probado en Inglaterra.

Me llevaba bien –al menos hablaba– con todo el mundo, pero no tenía amistad con nadie. El kibutz estaba lleno de familias, o, mejor dicho, constituía una sola superfamilia en la que todos los padres cuidaban de todos los hijos. Yo era la única persona que no tenía intención de construir su vida en Israel (tal como muchos de mis primos planeaban hacer). No se me daba bien la charla trivial, y durante mis dos primeros meses, a pesar de la inmersión intensiva en el *ulpán* –la escuela de hebreo–, había aprendido muy poco hebreo, aunque durante mi décima semana de repente empecé a comprender y a pronunciar frases en hebreo. Pero el duro trabajo físico y la presencia de gente considerada y amistosa a mi alrededor sirvió de calmante a los meses solitarios y torturantes que había pasado en el laboratorio de Sinclair, enfrascado en mi propio mundo.

Y también se apreciaron importantes efectos físicos; había llegado al kibutz pálido y con un poco saludable peso de ciento trece kilos, pero cuando me fui, tres meses más tarde, había perdido casi treinta kilos y, de una manera profunda, me sentía más a gusto con mi cuerpo.

Después de dejar el kibutz, pasé unas semanas viajando por otras partes de Israel para tomarle el pulso a ese joven estado idealista y sitiado. En la ceremonia de la Pascua, al recordar el éxodo de los judíos de Egipto, siempre decíamos: «El año que viene en Jerusalén», y ahora por fin veía la ciudad en la que Salomón había construido su templo mil años antes de Jesucristo. Pero en aquella época Jerusalén era una ciudad dividida, y no se podía acceder al casco antiguo.

También exploré otras partes de Israel: el puerto viejo de Haifa, que me encantó; Tel Aviv; y las minas de cobre, supuestamente las minas del rey Salomón, en el Negev. Me había fascinado lo que había leído del judaísmo cabalístico –sobre todo su cosmogonía–, así que llevé a cabo mi primer viaje, en cierto modo una peregrinación, a Safed, donde el gran Isaac Luria había vivido y enseñado en el siglo XVI.

Y después me dirigí a mi auténtico destino: el Mar Rojo. En aquella época Eilat tenía una población de varios centenares de personas, y había poco más que unas tiendas de campaña y chozas (ahora hay una reluciente fachada marítima de hoteles, y una población de cincuenta mil habitantes). Prácticamente me pasaba el día buceando, y me inicié en la práctica del submarinismo, todavía relativamente primitivo entonces. (Se había convertido en algo mucho más fácil y simple cuando obtuve mi certificado de submarinista en California, unos años más tarde.)

Volví a preguntarme, como me había preguntado la primera vez que fui a Oxford, si de verdad quería ser médico. Me había interesado mucho la neurofisiología, pero también me entusiasmaba la biología marina, sobre todo los invertebrados marinos. ¿Quizá podría combinarlos estudiando neurofisiología invertebrada, en particular estudiando los sistemas nerviosos y los comportamientos de los cefalópodos, esos genios entre los invertebrados?[1]

Por una parte me habría gustado quedarme en Eilat el resto de mi vida, nadando, buceando, haciendo submarinismo, dedicándome a la biología marina y a la neurofisiología invertebrada. Pero mis padres se impacientaban; ya llevaba mucho tiempo holgazaneando en Israel; ahora estaba «curado»; había llegado el momento de regresar a la

1. Cuando me presenté al examen de bachillerato, en 1949, mi examinador de zoología fue el gran zoólogo J. Z. Young, que había descubierto los axones nerviosos gigantes de los calamares; fue la investigación de esos axones gigantes lo que posteriormente llevó a comprender por primera vez la base eléctrica y química de la conducción nerviosa. El propio Young pasaba todos los veranos en Nápoles, estudiando el comportamiento y el cerebro de los pulpos. Yo me preguntaba si debería intentar trabajar con él, como hacía entonces Stuart Sutherland, mi contemporáneo de Oxford.

medicina, de comenzar el trabajo clínico, de ver pacientes en Londres. Pero había otra cosa más que necesitaba hacer, algo que antes hubiera considerado inconcebible. Me dije que tenía veintidós años, era bien parecido, delgado, estaba bronceado y seguía siendo virgen.

Había estado en Ámsterdam un par de veces con Eric; nos encantaban los museos y el Concertgebouw (ahí fue donde oí cantar por primera vez el *Peter Grimes* de Benjamin Britten en holandés). Nos encantaban los canales flanqueados de aquellas casas altas y escalonadas; el viejo Hortus Botanicus y la hermosa sinagoga portuguesa del siglo XVII; la Rembrandtplein con sus cafés al aire libre; los arenques frescos que se vendían en la calle y se comían allí mismo, y la atmósfera abierta y cordial que parecía característica de la ciudad.

Pero entonces, recién llegado del Mar Rojo, decidí irme a Ámsterdam solo, perderme... y, concretamente, perder la virginidad. Pero ¿cómo se hace eso? No hay libros de texto sobre el tema. Quizá necesitaba una copa, varias copas, para enfriar mi timidez, mis angustias, mis lóbulos frontales.

Había un bar muy agradable en Warmoesstraat, cerca de la estación de ferrocarril; Eric y yo a menudo íbamos allí a tomar una copa juntos. Pero aquel día, solo, bebí mucho: ginebra holandesa para darme valor holandés. Bebí y bebí hasta que el bar comenzó a enfocarse y desenfocarse y los sonidos parecieron hacerse más fuertes y luego desaparecer. Hasta que me levanté no me di cuenta de que apenas me sostenía en pie, y me tambaleaba tanto que el camarero dijo: «*Genoeg!* ¡Basta!», y me preguntó si necesitaba ayuda para volver al hotel. Le dije que no, que mi

41

hotel estaba justo al otro lado de la calle, y salí dando tumbos.

Es posible que perdiera el sentido, pues cuando a la mañana siguiente me desperté, no estaba en mi cama, sino en la de otro. Había un amistoso olor a café recién hecho, y de repente apareció mi anfitrión, mi rescatador, enfundado en un albornoz y con una taza de café en cada mano. Me había visto borracho como una cuba en el arroyo, dijo, me había llevado a casa... y me había sodomizado.

–¿Estuvo bien? –pregunté.

–Sí –contestó. Muy bien: lamentó que estuviera demasiado fuera de combate y no hubiera podido disfrutarlo.

Hablamos un poco más durante el desayuno: de mis miedos e inhibiciones sexuales y del ambiente intimidador y peligroso de Inglaterra, donde la actividad homosexual se consideraba un delito. Me dijo que en Ámsterdam era muy diferente. La actividad sexual entre adultos que consentían era algo que se aceptaba; ni era ilegal ni se consideraba algo reprensible o patológico. Había muchos bares, cafés y clubs donde se podía conocer a otros gays (hasta entonces nunca había oído la palabra «gay» en ese contexto). Estaría encantado de llevarme a alguno, o, si lo prefería, me daría el nombre y la dirección de alguno y dejaría que me defendiera yo solo.

–Pero no hace falta –dijo, poniéndose serio de repente– beber hasta caerse, perder el conocimiento y quedar tendido en el arroyo. Eso es muy triste, incluso peligroso. Espero que no vuelvas a hacerlo.

Lloré de alivio mientras hablábamos, y sentí que desaparecía, o al menos se aligeraba muchísimo, una enorme carga, una carga sobre todo de reproche hacia mí mismo.

En 1956, después de mis cuatro años en Oxford y mis aventuras en Israel y Holanda, volví a casa y comencé mis estudios de medicina. En esos aproximadamente treinta meses fui alternando la medicina, la cirugía, la ortopedia, la pediatría, la neurología, la psiquiatría, la dermatología, las enfermedades infecciosas y otras especialidades indicadas tan sólo por letras: AG, GUM, ORL, OB/GIN. Para mi sorpresa (y para alegría de mi madre), sentí una inclinación especial por la obstetricia. En aquellos días, los niños se tenían en casa (yo mismo había nacido en casa, al igual que todos mis hermanos). Los partos quedaban en gran medida en manos de las comadronas, y nosotros, como estudiantes de medicina, asistíamos a las comadronas. Recibías una llamada telefónica, a menudo en plena noche, y la operadora del hospital te daba un nombre y una dirección y a veces añadía: «¡Dese prisa!»

La comadrona y yo, cada uno en su bicicleta, nos encontrábamos en la casa y nos dirigíamos al dormitorio, o de vez en cuando a la cocina: a veces era más fácil dar a luz sobre la mesa de la cocina. El marido y el resto de la familia esperaban en la habitación contigua, y sus oídos aguardaban impacientes el primer llanto del bebé. Lo que me entusiasmaba era el drama humano de todo aquello; era real en la misma medida en que el trabajo hospitalario no lo era, y también era nuestra única posibilidad de *hacer* algo, de desempeñar un papel, fuera del hospital.

Como estudiantes de medicina, no estábamos sobrecargados de clases ni instrucción formal; la enseñanza esencial se llevaba a cabo junto a la cama del paciente, y la lección esencial consistía en escuchar, en comprender el «historial de la dolencia actual» de labios del paciente y hacer las preguntas adecuadas para conocer los detalles. Se nos enseñaba a utilizar los ojos y los oídos, a tocar, a pal-

43

par, e incluso a oler. Escuchar el latido de un corazón, percutir el pecho, palpar el abdomen y otras formas de contacto físico eran no menos importantes que escuchar y hablar. Podían establecer un vínculo físico y profundo; las propias manos se podían convertir en herramientas terapéuticas.

Terminé la carrera el 13 de diciembre de 1958, y disponía de un par de semanas libres; mi trabajo en el Middlesex no comenzaría hasta el 1 de enero.[1] Estaba entusiasmado –y asombrado– de ser médico, de haberlo conseguido por fin (nunca pensé que lo lograría, incluso ahora, en sueños, hay veces que sigo siendo un eterno estudiante). Estaba entusiasmado, pero también aterrado. Tenía el convencimiento de que metería la pata en todo, de que acabaría haciendo el ridículo, de que me verían como un chapucero incorregible e incluso peligroso. Me dije que un trabajo temporal antes de empezar en el Middlesex podría proporcionarme la capacidad y la confianza necesarias, y conseguí un empleo de esas características a unos pocos kilómetros de Londres, en el hospital de St. Albans, donde mi madre había trabajado de cirujano en urgencias durante la guerra.

La primera noche me llamaron a la una de la mañana; habían ingresado a un bebé con bronquiolitis. Bajé corriendo al pabellón para ver a mi primer paciente: una criatura de cuatro meses, con los labios azulados, fiebre alta, respiración acelerada y sibilante. ¿Podríamos salvarlo, la hermana enfermera y yo? ¿Había alguna esperanza? La

1. En los Estados Unidos se habría considerado un interinaje; en Inglaterra, a los internos se les llama *housemen*, y a los residentes, *registrars*.

44

hermana, al comprobar que yo estaba aterrado, me dio el apoyo y guía que necesitaba. El nombre del bebé era Dean Hope, y de manera absurda y supersticiosa lo consideramos un buen augurio, como si sólo el nombre pudiera ablandar a las Parcas. Estuvimos trabajando toda la noche, y cuando aquel día gris e invernal amaneció, Dean estaba fuera de peligro.

El 1 de enero comencé a trabajar en el Hospital de Middlesex. Era un hospital de gran reputación, aun cuando carecía de la antigüedad del Barts: St. Bartholomew, un hospital cuya construcción se remonta al siglo XII. Mi hermano David había sido estudiante de medicina en Barts. El Middlesex, relativamente un recién llegado, se había fundado en 1745, y en mi época lo albergaba un moderno edificio de finales de la década de 1920. Mi hermano mayor, Marcus, había llevado a cabo su aprendizaje en el Middlesex, y yo ahora seguía sus pasos.

Estuve seis meses de interno en la unidad médica del Middlesex, y luego otros seis meses en la unidad neurológica, donde mis jefes fueron Michael Kremer y Roger Gilliatt, una pareja brillante aunque incongruente de manera casi cómica.

Kremer era una persona simpática, afable, dulce. Tenía una sonrisa extraña y un tanto retorcida, ya fuera por su visión habitualmente irónica del mundo o por las secuelas de una antigua parálisis facial periférica, nunca lo supe con certeza. Parecía disponer de todo el tiempo del mundo para sus internos y sus pacientes.

Gilliatt era más imponente: perspicaz, impaciente, nervioso, irritable, poseído por (me parecía a veces) una especie de furia reprimida que podía estallar en cualquier momento. Los internos creíamos que un botón desabrochado podía provocarle un ataque de ira. Tenía las cejas enormes, feroces, negras como el azabache: eran el instrumento con que nos aterrorizaba. Gilliatt, que todavía estaba en la treintena, era uno de los especialistas más jóvenes de Inglaterra,[1] y acababa de recibir su titulación. Aquello no menoscababa su formidable aspecto; puede que de hecho lo incrementara. Había ganado una Cruz Militar por su extraordinario valor en la guerra, y tenía un porte bastante marcial. Yo le tenía pavor a Gilliatt, y me quedaba casi paralizado de miedo cuando me formulaba una pregunta. Luego descubrí que muchos de sus internos experimentaban la misma reacción.

Kremer y Gilliatt enfocaban de manera muy distinta el examen de sus pacientes. Gilliatt nos hacía ir paso a paso de manera metódica: los nervios craneales (no había que omitir ninguno), el sistema motor, el sistema sensorial, etc., en un orden predeterminado del que nunca se desviaba. Nunca pasaba a otra cosa de manera prematura, y se fijaba en una pupila dilatada, una fasciculación, la falta de algún reflejo abdominal, o lo que fuera.[2] Para él, el proceso de diagnóstico consistía en el seguimiento sistemático de un algoritmo.

Gilliatt era sobre todo un científico, un neurofisiólogo de preparación y temperamento. Parecía lamentar tener que tratar con pacientes (o internos), aunque luego descubrí que era una persona completamente diferente –simpá-

1. Lo cual era, de hecho, impresionante, aunque no puedo evitar recordar que mi madre era especialista a los veintisiete.
2. Valentine Logue, su colega neurocirujano en el pabellón de arriba, solía preguntar a los médicos novatos si veían algo «raro» en su cara, y sólo entonces comprendíamos que había algo anómalo en sus ojos: una de las pupilas era mucho más grande que la otra. Conjeturábamos a qué podía deberse, pero Logue nunca nos lo aclaró.

tica y siempre dispuesta a ayudar– cuando estaba con sus alumnos de investigación. Lo que realmente le interesaba, su pasión, tenía que ver con la investigación eléctrica de los trastornos nerviosos periféricos y de la inervación muscular, campo en el que iba camino de convertirse en una autoridad mundial.

Kremer, por otro lado, era intuitivo en extremo; recuerdo que le vi hacer un diagnóstico a un paciente que acababa de ingresar nada más entrar en la sala. Divisó al paciente a treinta metros de distancia, me agarró del brazo entusiasmado y me susurró al oído: «¡Síndrome del foramen yugular!» Es un síndrome muy poco habitual, y me asombró que pudiera identificarlo desde la otra punta de la sala a simple vista.

Kremer y Gilliatt me traían a la memoria la comparación que traza Pascal entre la intuición y el análisis al comienzo de sus *Pensées*. Kremer era sobre todo intuitivo; lo captaba todo a la primera, a menudo más deprisa de lo que era capaz de expresar en palabras. Gilliatt era principalmente analítico, observaba los fenómenos de uno en uno, pero investigaba en profundidad los antecedentes o consecuencias fisiológicos de cada uno.

La simpatía o empatía de Kremer era extraordinaria. Parecía capaz de leer la mente de sus pacientes, conocer de manera intuitiva todos sus miedos y esperanzas. Observaba sus movimientos y posturas, como un director de teatro con los actores. Uno de sus artículos –uno de mis favoritos– se titulaba «Sentarse, levantarse y caminar». Demostraba lo mucho que observaba y comprendía antes incluso de llevar a cabo un examen neurológico, antes incluso de que el paciente abriera la boca.

En su consulta de pacientes externos de los viernes por la tarde, Kremer a veces veía hasta a treinta pacientes distintos, y a cada uno le dedicaba una atención intensa, concentrada y compasiva. Los pacientes lo adoraban, y todos hablaban de su amabilidad, de que su sola presencia ya les resultaba terapéutica.

Kremer seguía interesándose, y a menudo se implicaba activamente, en las vidas de sus internos mucho después de que éstos se hubieran ido a trabajar a otra parte. Me aconsejó que me trasladara a los Estados Unidos, me dio unas cartas de presentación y veinticinco años más tarde me escribió una considerada carta después de leer *Con una sola pierna*.[1]

Yo mantenía menos contacto con Gilliatt —creo que ambos éramos bastante tímidos—, pero éste me escribió cuando en 1973 se publicó *Despertares*, y me invitó a visi-

---

1. Kremer escribió:
   Me pidieron que viese a un paciente muy extraño en el pabellón de cardiología. Tenía fibrilación atrial y había disuelto un gran émbolo que le producía una hemiplejia izquierda, y me pidieron que le viese porque se caía continuamente de la cama de noche y los cardiólogos no podían descubrir el motivo.
   Cuando le pregunté lo que pasaba de noche me dijo con toda claridad que cuando despertaba en plena noche se encontraba siempre con que había en la cama con él una pierna peluda, fría, muerta, y que eso era algo que no podía entender pero que no podía soportar y, en consecuencia, con el brazo y la pierna sanos la tiraba fuera de la cama y, naturalmente, el resto del cuerpo la seguía.
   Era un ejemplo tan excelente de pérdida completa de conciencia de una extremidad hemipléjica que no pude lograr que me explicara, es curioso, si su pierna de aquel lado estaba en la cama con él, a causa de lo obsesionado que estaba con aquella pierna ajena tan desagradable que había allí.
   Cité este pasaje de la carta de Kremer cuando tuve ocasión de describir un caso parecido («El hombre que se cayó de la cama») en *El hombre que confundió a su mujer con un sombrero*.

tarlo al hospital de Queen Square. Entonces lo encontré mucho menos temible, y desprendía una calidez intelectual y emocional que nunca había imaginado. Al año siguiente volvió a invitarme cuando allí se proyectó el documental sobre mis pacientes de *Despertares*.

Me entristeció saber que Gilliatt había muerto de cáncer –todavía era relativamente joven y muy productivo cuando se le declaró–, y también cuando me enteré de que Kremer, que era tan sociable y le gustaba tanto la conversación, y que seguía visitando pacientes mucho después de su «jubilación», se había quedado afásico después de un ictus. Ambos influyeron en mí, de manera positiva pero muy distinta: Kremer me enseñó a ser más observador e intuitivo; Gilliatt a considerar siempre los mecanismos fisiológicos que intervenían. Más de cincuenta años después, los recuerdo a ambos con afecto y gratitud.

Los estudios de anatomía y fisiología que había llevado a cabo en Oxford en mis cursos preparatorios para la facultad de medicina no me habían preparado en lo más mínimo para la medicina de verdad. Visitar pacientes, escucharlos, intentar penetrar en sus experiencias y problemas (o al menos imaginarlos), interesarme por ellos, responsabilizarme de ellos, era algo completamente nuevo para mí. Los pacientes eran reales, a menudo individuos irascibles con problemas –y a veces dilemas– auténticos y a menudo angustiosos. No era sólo una cuestión de diagnóstico y tratamiento; podían presentarse cuestiones mucho más serias, relacionadas con la calidad de vida y si valía la pena vivir en esas circunstancias.

Cuando era interno en el Hospital Middlesex, hubo un caso que me afectó mucho. Joshua, un joven aficionado como yo a la natación, ingresó en la unidad médica con unos extraños y desconcertantes dolores en las piernas. A partir del análisis de sangre se le hizo un primer diagnóstico, y, a la espera del resultado de otras pruebas, se le permitió pasar el fin de semana en casa. El sábado por la noche, mientras estaba en una fiesta con un grupo de jóvenes, entre ellos algunos estudiantes de medicina, uno de éstos le preguntó a Joshua por qué lo habían ingresado en el hospital. Él contestó que no lo sabía, pero que le habían dado unas pastillas. Le enseñó el frasco a su interlocutor, que, al ver «6MP» (6-mercaptopurina) en la etiqueta, exclamó: «Jesús, debes de tener una leucemia grave.»

Cuando Joshua regresó de su permiso de fin de semana, estaba desesperado. Preguntó si el diagnóstico era cierto, qué tratamientos podía seguir y qué le esperaba. Se le practicó un análisis de médula ósea que confirmó el diagnóstico, y se le dijo que, aunque la medicación podría concederle un poco más de tiempo, iría cuesta abajo y moriría al cabo de un año, quizá antes.

Aquella tarde, vi a Joshua subirse a la barandilla del balcón de nuestro pabellón, que estaba en la segunda planta. Fui corriendo hacia la barandilla y le sujeté; le dije todo lo que se me ocurrió acerca de que la vida era algo que valía la pena, incluso en ese estado. A regañadientes —el momento de la decisión había pasado—, Joshua se dejó convencer para regresar al pabellón.

Los extraños dolores rápidamente se hicieron más severos, y comenzaron a afectarle los brazos y el tronco, además de las piernas. Quedó claro que estaban provocados por infiltraciones leucémicas de los nervios sensoriales cuando entraban en la médula espinal. La medicación contra el dolor no servía de nada, aunque se le administra-

50

ron opiáceos cada vez más fuertes, por vía oral y mediante inyecciones, y finalmente heroína. Comenzó a chillar de dolor, día y noche, y en esa disyuntiva el único recurso que quedaba era el óxido nitroso. En cuanto despertaba de la anestesia, se ponía a chillar de nuevo.

–No debería haberme sujetado –me dijo–. Pero supongo que tenía que hacerlo.

Unos días más tarde murió atormentado por el dolor.

En el Londres de la década de 1950 no era fácil, ni seguro, admitir la propia homosexualidad ni practicarla. Las actividades homosexuales, si se detectaban, podían conducir a penas severas, a la cárcel, o, como en el caso de Alan Turing, a la castración química mediante la administración obligatoria de estrógenos. La actitud de la gente era, por lo general, tan condenatoria como la ley. A los homosexuales no les resultaba fácil encontrarse; había algunos clubs y pubs gays, pero eran constantemente vigilados por la policía, que llevaba a cabo continuas redadas. Por todas partes había agentes provocadores, sobre todo en los parques y retretes públicos, entrenados para seducir a los incautos y cándidos y llevarlos a la destrucción.

Aunque yo visitaba ciudades «abiertas» como Ámsterdam siempre que podía, no me atrevía a buscar ninguna pareja sexual en Londres, y menos teniendo en cuenta que todavía vivía en casa, bajo la mirada vigilante de mis padres.

Pero en 1959, cuando estaba de interno de medicina y neurología en el Middlesex, sólo tenía que bajar por Charlotte Street, cruzar Oxford Street y ya estaba en Soho Square. Un poco más allá –bajando por Frith Street–, llegaba a Old Compton Street, donde había de todo a la

51

venta o en alquiler. Allí, en Coleman's, podía comprar mis habanos preferidos; un «torpedo» Bolívar podía durarme toda la tarde, y en las ocasiones especiales y festivas me permitía uno. Había un delicatessen donde vendían un pastel de semillas de amapola de una suculencia y una exquisitez como no he vuelto a probar, y había una pequeña confitería donde también vendían periódicos, y donde había anuncios sexuales pegados en las ventanas, anuncios discretamente ambiguos –cualquier otra cosa habría sido peligrosa–, aunque de significado inconfundible.

En uno de ellos un joven proclamaba que le encantaban las motos y toda la parafernalia relacionada con ellas. Aparecía su nombre de pila, o al menos *un* nombre, Bud, y un número de teléfono. No me atreví a demorarme mucho rato, y mucho menos a tomar nota del anuncio, pero mi memoria fotográfica de entonces lo retuvo en un instante. Nunca había contestado a ningún anuncio, ni se me había pasado por la cabeza, pero ahora, después de casi un año de abstinencia –no había estado en Ámsterdam desde diciembre anterior–, decidí telefonear al enigmático Bud.

Charlamos por teléfono, de manera cautelosa, hablando prácticamente sólo de nuestras motos. Bud tenía una BSA Gold Star, una gran moto de 500 cc y un solo cilindro con el manillar bajo, y yo tenía mi Norton Dominator de 600 cc. Quedamos en encontrarnos en un café de moteros y desde ahí ir a dar una vuelta con nuestras motos. Nos reconoceríamos por las motos y la parafernalia: chaqueta y pantalón de cuero, botas y guantes de cuero.

Nos encontramos, nos estrechamos la mano, admiramos la moto del otro, y a continuación fuimos a dar una vuelta por el sur de Londres. Yo, que había nacido y me había criado en el noroeste de Londres, me sentía perdido en el sur, así que era Bud quien iba delante. Me pareció muy gallardo, un caballero andante de la carretera, subido a su corcel y con su armadura de cuero negro.

Fuimos a cenar a su casa, que estaba en Putney; era un apartamento bastante desnudo, con muy pocos libros pero muchas revistas de motos y parafernalia de motero. Todas las paredes estaban cubiertas de fotografías de motos y motoristas y (eso no me lo esperaba) de hermosas fotos submarinas que había tomado Bud, pues su otra pasión, aparte de las motos, era el submarinismo. Yo me había iniciado en la práctica del submarinismo en 1956, cuando estaba en el Mar Rojo, por lo que ésa era otra afición que compartíamos (algo bastante insólito en la década de 1950). Además, Bud poseía un abundante equipo de submarinismo, mucho antes de la época de los trajes de neopreno, cuando se llevaban pesados trajes de buceo de goma.

Tomamos una cerveza y entonces, de repente, Bud dijo: «Vamos a la cama.»

No intentamos averiguar nada más el uno del otro; yo no sabía nada de él ni de su trabajo, ni siquiera sabía su apellido, y lo mismo sabía él de mí, aunque, de una manera intuitiva e inequívoca, sabíamos lo que queríamos, cómo darnos placer el uno al otro.

Después, no hizo falta manifestar lo mucho que habíamos disfrutado en este encuentro y las ganas que teníamos de volver a vernos. Yo estaba a punto de irme a Birmingham para trabajar de interno en cirugía durante seis meses, aunque el problema fue fácil de resolver. Los sábados cogía la moto para ir a pasar la noche en casa de mis padres, aunque lo que hacía era llegar antes y pasar la tarde con Bud, y a la mañana siguiente nos íbamos a dar una vuelta en moto. Me encantaban nuestros paseos en las frías y tonificantes mañanas del domingo, sobre todo cuando

53

dejaba mi moto y Bud me llevaba de paquete en la suya. Íbamos tan apretados que a veces parecíamos un solo animal de cuero.

En aquella época no tenía muy claro mi futuro: en junio de 1960 acabaría mi periodo de interno, y entonces tendría que hacer el servicio militar (algo que había pospuesto a base de prórrogas durante mis años de estudiante e interno).

No dije nada mientras le daba vueltas a todo eso, pero el 1 de junio le escribí a Bud diciéndole que me marchaba a Canadá el día de mi cumpleaños, el 9 de julio, y que quizá no volvería. No creo que eso le afectara demasiado; habíamos sido compañeros de moto y compañeros de cama, me dije, nada más. Nunca hablamos de lo que sentíamos el uno por el otro. Pero la respuesta de Bud fue una carta apasionada y dolorosa; decía que se sentía desolado, que había llorado al leer mi carta. Me sentí afligido por sus palabras, y comprendí demasiado tarde que debía de haberse enamorado de mí y que acababa de romperle el corazón.

AL DEJAR EL NIDO

De niño, a base de leer novelas de Fenimore Cooper y ver películas del Oeste, me había formado una imagen romántica de Estados Unidos y Canadá. Los escarpados espacios abiertos del Oeste americano que aparecen en los libros de John Muir y las fotografías de Ansel Adams parecían prometer una mentalidad abierta, una libertad y una ausencia de constricciones sociales de las que carecía Inglaterra, que todavía se recuperaba de la guerra.

Al ser estudiante de medicina en Inglaterra, había ido posponiendo el servicio militar, pero el hecho de haber acabado mi época de interno implicaba que tenía que presentarme para cumplir con mi deber en el ejército. No me atraía demasiado la idea del servicio militar (aunque mi hermano Marcus lo había disfrutado, y gracias a su conocimiento del árabe lo destinaron a Túnez, Cirenaica y el norte de África). Yo me había apuntado para una alternativa que me resultaba atractiva: cumplir un periodo de tres años como médico en el Servicio Colonial, y el destino elegido había sido Nueva Guinea. Pero el Servicio Colonial se estaba reduciendo, y su opción de servicio médico terminó antes de que yo acabara mis estudios de medicina. El propio servicio militar obligatorio tocaría a su fin justo meses después de la fecha de mi alistamiento, que era en agosto.

El hecho de que no existiera ya la posibilidad de un destino atractivo y exótico en el Servicio Colonial y de que la mía fuera la última de las quintas de reclutas me enfureció, y ése fue otro de los factores que me impulsaron a abandonar Inglaterra. No obstante, tenía la sensación de que, en cierto sentido, un deber moral me obligaba a servir a mi país. Estos sentimientos encontrados hicieron que, cuando llegué a Canadá, me presentara voluntario para la Real Fuerza Aérea Canadiense. (Me entusiasmaba un verso de Auden, ese que habla de «carcajada vestida de cuero» del aviador.) Cumplir el servicio militar en Canadá, al ser éste un país de la Commonwealth, habría sido aceptado como equivalente al servicio militar en Inglaterra, una consideración importante si regresaba a mi país.

Había otras razones para huir de Inglaterra, al igual que había hecho mi hermano Marcus diez años atrás cuando se fue a vivir a Australia. En la década de 1950, un gran número de hombres y mujeres altamente cualificados se marcharon de Inglaterra (en la así llamada fuga de cerebros), pues las universidades y las profesiones estaban saturadas, y (como pude comprobar al cumplir mi periodo de interno de neurología en Londres) personas brillantes de mucho talento se podían pasar años desempeñando papeles subordinados y sin disfrutar de autonomía ni responsabilidad. Creía que Estados Unidos, con un sistema médico de mucha más envergadura y mucho menos rígido que el de Inglaterra, tendría sitio para mí. También me marché porque, tal como ya le había pasado a Marcus, tenía la sensación de que había demasiados doctores Sacks en Londres: mi madre, mi padre, mi hermano mayor, David, un tío y tres primos, todos ellos compitiendo por el ya abarrotado mundo médico londinense.

Volé a Montreal el 9 de julio, cuando cumplí los veintisiete años. Pasé tres días en esa ciudad, donde me alojé con unos parientes, visité el Instituto Neurológico de Montreal y contacté con la Real Fuerza Aérea. Quería ser piloto, les dije, pero después de unas pruebas y entrevistas me dijeron que, teniendo en cuenta mis conocimientos de fisiología, sería más útil en la investigación. Un oficial de alto rango, un tal doctor Taylor, me hizo una entrevista muy detallada y me invitó a pasar un fin de semana con él a fin de evaluarme. Al final del proceso, intuyendo mi ambivalencia, me dijo: «No hay duda de que tiene usted talento, y nos encantaría tenerle con nosotros, pero no acabo de ver con claridad por qué quiere alistarse. ¿Por qué no se toma tres meses, viaja y se lo piensa? Si transcurrido este tiempo todavía quiere alistarse, póngase en contacto conmigo.»

Sus palabras me llenaron de alivio; me embargó tan repentina sensación de libertad y alegría que decidí aprovechar al máximo aquel «permiso» de tres meses.

Comencé a recorrer Canadá, y, como hacía siempre en mis viajes, llevé un diario. Mientras daba vueltas por Canadá, les escribía a mis padres alguna breve carta, y no tuve oportunidad de escribirles con más detalle hasta que llegué a la isla de Vancouver. Allí redacté una larguísima carta en la que describía mis viajes minuciosamente.

Al intentar evocar una imagen de Calgary, del Salvaje Oeste, para mis padres, dejé volar la imaginación; dudo que el auténtico Calgary fuera tan exótico como yo lo retrataba:

Calgary acaba de finalizar su «estampida» anual, y las calles están llenas de vaqueros que gandulean con sus tejanos o

57

sus trajes de ante, y se pasan el día sentados con el sombrero cubriéndoles la cara. Pero Calgary también tiene 300.000 habitantes. Es una ciudad en pleno auge. El petróleo ha atraído una gran afluencia de prospectores, inversores e ingenieros. La vida del Viejo Oeste se está viendo arrollada por las refinerías y las fábricas, las oficinas y los rascacielos (...) También hay enormes campos de mineral de uranio, oro y plata, y metales de baja ley, y puedes ver bolsitas de polvo de oro que pasan de mano en mano en las tabernas, y hombres que son de oro macizo tras sus caras curtidas y su mugriento mono.

A continuación me refería a la dicha de viajar:

Cogí el Canadian Pacific Railroad hasta Banff, deambulando entusiasmado por el vagón con «cúpula escénica» del tren. Pasamos de las ilimitadas y llanas praderas a las bajas estribaciones cubiertas de píceas de las Montañas Rocosas, ascendiendo suavemente sin parar. Y poco a poco el aire se hizo más frío, y la escala del país más vertical. Los altozanos se convirtieron en colinas, y las colinas en montañas, cada vez más altas y recortadas a cada kilómetro que avanzábamos. Qué poca cosa parecíamos al pasar por lo profundo de un valle, con las montañas coronadas de nieve imponentes a nuestro alrededor. El aire era tan transparente que se veían algunas cumbres a más de cien kilómetros de distancia, y las montañas que nos rodeaban parecían erguirse sobre nuestras mismísimas cabezas.

Desde Banff me adentré más profundamente en el corazón de las Montañas Rocosas de Canadá. Allí llevé un diario especialmente detallado, y posteriormente lo reelaboré y compuse un texto titulado «Canadá: Pausa, 1960».

CANADÁ: PAUSA, 1960

¡Cuánto me he movido! He recorrido casi cinco mil kilómetros en menos de dos semanas. Ahora hay quietud, una quietud como no había conocido antes en mi vida. Pronto comenzaré a moverme otra vez, y a lo mejor ya no pararé nunca.

Estoy tumbado en un prado de alta montaña, a más de dos mil quinientos metros sobre el nivel del mar. Ayer estuve paseando cerca de nuestro hotel con tres señoras de Calgary aficionadas a la botánica, delgadas y resistentes como amazonas, y de ellas aprendí los nombres de muchas flores.

El prado está cubierto de driadas de ocho pétalos, que ahora esparcen sus semillas y parecen enormes dientes de león, que descienden y flotan mientras se refleja en ellos el sol de la mañana. También hay castillejas que pasan de un pálido color crema a un bermellón intenso. Valerianas, con las flores redondas, en forma de cáliz, y saxífragas; pedicularis contraídas y apestosas asteráceas (dos de las más hermosas), frambuesas y fresones árticos, que rara vez florecen; y las fresones de tres hojas atrapan y retienen en su centro una reluciente gota de rocío. Arnicas en forma de

59

corazón, calypsos bulbosos, potentillas y aquilegias. Azucenas glaciales y verónicas de alta montaña. Algunas rocas están cubiertas de líquenes brillantes, que refulgen en la distancia como grandes masas de piedras preciosas; otras se arraciman como suculentos sedums, que estallan de manera lasciva bajo la presión de los dedos.

Estamos muy por encima del territorio de los grandes árboles. Hay muchos arbustos –sauces y enebros, arándanos y bayas de los búfalos–, pero más allá del límite de la vegetación arbórea sólo se ven alerces, con sus castos troncos blancos y su follaje aterciopelado.

Hay taltuzas, polillas penacho, ardillas y tamias, a veces una marmota a la sombra de una roca. Urracas, currucas, carrizos y tordos. Osos en abundancia, negros y marrones, aunque el oso pardo es escaso. Uapitíes y alces en los pastos inferiores. He visto la sombra de un ala enorme cruzando el sol, y enseguida he comprendido que se trataba de un águila de las Rocosas.

Sigo subiendo: a cierta altura toda la vida muere, todo se transforma en un gris uniforme, hasta que una vez más los líquenes y el musgo son los señores de la creación.

Ayer me uní al profesor, su familia y su amigo, «el viejo Marshall», a quien él llamaba «hermano», y la verdad es que parecían hermanos, pero sólo eran amigos y colegas. Fui con ellos a caballo hasta una inmensa meseta tan alta que podíamos bajar la mirada y ver los cúmulos que se formaban a nuestro alrededor.

«¡Aquí el hombre no ha hecho ningún cambio!», proclamó el profesor. «Tan sólo ha ensanchado los caminos de cabras.» No tengo palabras para la sensación –ni tampoco la había experimentado antes– de saber que uno está muy lejos de la humanidad, solo en un radio de miles de kilómetros cuadrados. Galopamos en silencio, pues habría sido absurdo hablar. Parecía la mismísima cima del mundo. Luego descendimos, y nuestros caballos pisaron con delicadeza el monte bajo, hasta llegar a la sucesión de lagos glaciales con sus extraños nombres: lago Esfinge, lago Escarabeo, lago Egipto. Sin hacer caso de sus cautas advertencias, me quité la ropa sudada y me zambullí en las claras aguas del Egipto, y allí hice el muerto. A un lado se alzaban las montañas Faraón, con sus viejas caras surcadas de gigantescos jeroglíficos; pero las demás cumbres no tenían nombre, y puede que nunca lo tengan.

Al regresar pasamos junto a una gran cuenca glacial llena de tersa morrena.

«¡Imagínese!», exclamó el profesor. «Esta prodigiosa cuenca estaba llena de hielo hasta una profundidad de mil metros. Y cuando nuestros hijos estén muertos, las semillas habrán brotado en el cieno y un joven bosque se inclinará hacia estas piedras. Aquí tiene, delante de usted, la escena de un drama geológico, el pasado y el futuro implícitos en el presente que percibe, y todo dentro de la duración de una sola generación humana, y una memoria humana.»

Me volví hacia el profesor mientras hablaba, una figura diminuta recortada contra la pared de roca y hielo de doscientos metros; una imagen absurda, con su sombrero y sus pantalones arrugados, y sin embargo lleno de dignidad y autoridad. Se veía el poder de los glaciares y los torrentes, y no eran nada en comparación con el poder de ese orgulloso insecto que los inspeccionaba y comprendía.

El profesor era un compañero maravilloso. Desde el punto de vista estrictamente práctico, me enseñó a reconocer los circos glaciales y las diferentes especies de morrenas; a descifrar el rastro de un alce y de un oso, y los estragos de los puercoespines; a examinar el terreno detenidamente en busca de suelos pantanosos o traidores; a marcar hitos mentales para no perderme; a identificar las siniestras nubes lenticulares que presagian insólitas tormentas. Pero el alcance de su saber era enorme, quizá absoluto. Hablaba de derecho y de sociología, de economía; de política y negocios, de publicidad; de medicina, psicología y matemáticas.

No había conocido nunca a un hombre que estuviera tan profundamente en contacto con todos los aspectos de su entorno: físicos, sociales y humanos; y no obstante le enriquecía aún más la visión irónica de su propia inteligencia y los motivos que equilibraban, y convertían en algo personal, todo lo que decía.

Había conocido al profesor la noche antes, y le confié que había huido de mi familia y de mi país, y que no tenía muy claro si quería seguir estudiando medicina.

—¡La profesión que me eligieron! —exclamé amargamente—. Que otros eligieron por mí. Ahora sólo quiero vagar y escribir. Creo que me pasaré un año haciendo de leñador.

—¡Olvídelo! —dijo el profesor en tono cortante—. Sería perder el tiempo. Vaya a las facultades de medicina, a las universidades de los Estados Unidos. Los Estados Unidos están hechos para usted. Allí nadie le dará órdenes. Si es bueno, ascenderá. Si es un farsante, enseguida le pillarán.

»Y ahora viaje, por supuesto... si tiene tiempo. Pero viaje de la manera correcta, tal como viajo yo. Siempre leo y pienso en la historia y la geografía de un lugar. Y en esos términos veo a sus gentes, ubicadas en el marco social del tiempo y el espacio. Fíjese en las praderas, por ejemplo; pierde el tiempo visitándolas a no ser que conozca la saga de los colonos, la influencia de la ley y la religión en diferentes épocas, los problemas económicos, las dificultades de comunicación, y los efectos de los sucesivos hallazgos minerales.

»Olvídese de los campamentos de leñadores. Vaya a California. Vea las secuoyas. Vea las misiones. Vea Yosemite. Vea Palomar: es una experiencia suprema para un hombre inteligente. En una ocasión hablé con Hubble y descubrí que tenía unos conocimientos prodigiosos de derecho. ¿Sabía que era abogado antes de dedicarse a las estrellas? ¡Y vaya a San Francisco! Es una de las doce ciudades más interesantes del mundo. California presenta inmensos contrastes: la mayor riqueza y la miseria más espantosa. Pero en todas partes hay belleza y es interesante.

»He cruzado los Estados Unidos por todas partes más de cien veces. Lo he visto todo. Le diré dónde ha de ir si me dice lo que quiere. Bueno, ¿qué me dice?

–¡Se me ha acabado el dinero!

–Le prestaré lo que necesite, y ya me lo devolverá cuando quiera.

Sólo hacía una hora que nos conocíamos.

Al profesor y a Marshall les encantan las Rocosas, y vienen cada verano desde hace veinte años. A nuestro regreso del lago Egipto, nos salimos del sendero y nos adentramos en el bosque hasta llegar a una cabaña oscura y de poca altura, medio enterrada en el suelo. El profesor nos impartió una conferencia breve pero esclarecedora:

«Ésta es la cabaña de Bill Peyto. Aparte de nosotros, sólo hay tres personas en el mundo que sepan dónde está; oficialmente fue destruida por el fuego. Peyto era nómada y misántropo, un gran cazador y observador de la vida natural, y padre de innumerables bastardos. Le pusieron su nombre a un lago y a una montaña. Una lenta enfermedad

63

le atacó en 1926, y al final ya no podía vivir solo. Se dirigió a Banff, donde era un personaje salvaje y legendario del que todo el mundo había oído hablar pero nadie conocía. Murió allí poco después.»

Avancé hacia la cabaña oscura y medio podrida. La puerta estaba entreabierta, y en ella descifré unas palabras garabateadas: VUELVO EN UNA HORA. Dentro vi sus utensilios de cocina y vetustas conservas, sus especímenes minerales (poseía una pequeña mina de talco), fragmentos de su diario, y la colección del *Illustrated London News* entre 1890 y 1926. Una sección temporal de la vida de este hombre, cortada limpiamente por las circunstancias. Me acordé del *Marie Celeste*. Ahora es de noche, y he pasado todo el día tumbado en este ancho prado, mascando una brizna de hierba y contemplando las montañas y el cielo. He reflexionado y casi he llenado mi cuaderno.

Una tarde de verano, en casa, el sol, al ponerse, ilumina las malvarrosas y los palos del campo de críquet del césped de la parte de atrás. Hoy es viernes, lo que significa que mi madre encenderá las velas del sabbat, y mientras ahueca las manos en torno a las llamas murmurará una silenciosa plegaria cuyas palabras nunca me he aprendido. Mi padre se pondrá su gorrito y, mientras levanta el vino, alabará a Dios por su fecundidad.

Se ha levantado un poco de viento que por fin ha roto la prolongada quietud del día, agitando la hierba y las flores con un inquieto temblor. Ha llegado el momento de levantarse y moverse, de alejarse de aquí y de ponerse de nuevo en marcha. ¿No me he prometido que pronto estaría en California?

Después de haber viajado en tren y en avión, decidí completar mi viaje hacia el oeste haciendo autostop, y casi de inmediato me reclutaron para formar parte de los equipos contra incendios. Les escribí a mis padres:

Hace más de treinta días que no llueve en la Columbia Británica, y por todas partes se declaran incendios forestales (probablemente lo habréis leído). Existe una especie de ley marcial, y la comisión forestal tiene derecho a reclutar a quien le parezca conveniente. Me gustó mucho la experiencia, y pasé un día en los bosques con otros perplejos reclutas, arrastrando mangueras de un lado a otro e intentando ser útil. Si bien sólo me alistaron para un incendio, cuando por fin compartimos una cerveza sobre aquella ruina humeante y menguada, sentí una auténtica oleada de orgullo fraternal por haber derrotado al fuego.

En esta época del año, la Columbia Británica parece embrujada. El cielo se ve muy bajo y de color violeta, incluso a mediodía, por culpa del humo de los innumerables incendios, y en el aire flota un calor terrible que te deja atontado y una completa calma. La gente parece desplazarse muy lentamente, con el tedio de una película a cámara lenta, y siempre se percibe una sensación de inminencia. En todas las iglesias se reza para que haya lluvia, y Dios sabe qué extraño rito practican en privado para provocarla. Cada noche un rayo cae en alguna parte, y más hectáreas de valiosa madera arden como la yesca. A veces se trata de una combustión instantánea, al parecer sin causa alguna, que surge como un cáncer multifocal en una zona condenada.

Como no quería que me volvieran a reclutar para apagar los incendios –un día lo disfruté, pero ya tenía suficiente–, cogí un autobús Greyhound para recorrer los novecientos kilómetros que me quedaban hasta Vancouver. Desde allí tomé un barco hasta la isla de Vancouver y me instalé en una casa de huéspedes de Qualicum Beach (me gustaba el nombre de Qualicum porque me evocaba el de Thudichum, un bioquímico del siglo XIX, y *Colchicum*, el azafrán de otoño). Allí me permití unos días de descanso y redacté una carta de ochocientas palabras a mis padres, que llegaba hasta el presente:

> El océano Pacífico resulta cálido (unos 24°) y relajante después de los lagos glaciales. Hoy he ido a pescar con un oftalmólogo, un tipo llamado North que trabajó en el St. Mary y el National, y ahora trabaja en Victoria. Describe la isla de Vancouver como «un trocito de cielo que se quedó en la tierra», y creo que tiene razón. Hay bosques y montañas, ríos y lagos, y el océano. (...) Por cierto, he pescado seis salmones, no hay más que echar el sedal y pican y pican; unas dulces bellezas plateadas que me tomaré mañana para desayunar.

«En dos o tres días llegaré a California», añadía, «probablemente en un autobús Greyhound, pues me ha parecido que la gente es especialmente hostil con los autostopistas, y a veces les disparan nada más verlos.»

Llegué a San Francisco un sábado por la tarde, y esa misma noche unos amigos que había conocido en Londres me llevaron a cenar. A la mañana siguiente me recogieron y fuimos a visitar el Golden Gate, las laderas cubiertas de pinos del monte Tamalpais y la calma catedralicia de Muir Woods. Aquellas secuoyas me sumieron en un callado sobrecogimiento, y ése fue el momento en que decidí que quería quedarme en San Francisco, en medio de aquel maravilloso entorno, durante el resto de mi vida.

Había muchísimas cosas que hacer: tenía que conseguir un permiso de residencia; tenía que buscar un lugar donde trabajar, un hospital que me contratara, de manera informal y sin paga, durante los meses que tardaría en conseguir el permiso de residencia; tenía que traer todo lo que tenía en Londres: ropa, libros, papeles y (no menos importante) mi fiel motocicleta Norton; necesitaba todo tipo de documentos, y necesitaba dinero.

A veces me ponía lírico y poético cuando escribía a mis padres, pero en aquel momento se imponía ser práctico y pragmático. Había concluido mi extensísima carta escrita en Qualicum Beach dándoles las gracias:

SI ME QUEDO en Canadá, dispondré de un salario razonablemente generoso y tiempo libre. Incluso podría ahorrar y devolver parte del dinero que tan generosamente me habéis dado durante veintisiete años. Por lo que se refiere a las otras cosas intangibles e incalculables que me habéis proporcionado, sólo puedo reembolsároslas llevando una vida lo más feliz posible y útil, manteniéndome en contacto con vosotros y visitándoos siempre que pueda.

Apenas una semana más tarde, todo había cambiado. Ya no estaba en Canadá, ya no pensaba en alistarme en la Real Fuerza Aérea Canadiense, ya no pensaba regresar a Inglaterra. Volví a escribirles a mis padres —con temor y culpa, pero también con resolución— para informarles de mi decisión. Imaginé que despertaría su rabia y sus reproches: ¿acaso no me había marchado y les había dado la espalda de manera repentina (y quizá también hipócrita) a ellos, a todos mis amigos y familia, y a la propia Inglaterra?

Me respondieron noblemente, pero también expresaron su tristeza por nuestra separación, con unas palabras que me desgarran al volver a leerlas cincuenta años más tarde, palabras que a mi madre debió de costarle mucho expresar, pues casi nunca hablaba de sus sentimientos.

13 de agosto de 1960

Mi querido Oliver:

Muchas gracias por tus diversas cartas y postales. Las he leído todas: con orgullo ante tu talento literario, feliz de que disfrutaras de tus vacaciones, pero con un deje de tristeza y pesar ante la idea de tu prolongada ausencia. Cuando naciste, la gente nos felicitaba por lo que consideraban una maravillosa familia de cuatro hijos varones. ¿Dónde estáis todos ahora? Me siento sola y abandonada. Los fantasmas habitan esta casa. Cuando entro en vuestras habitaciones, me inunda una sensación de pérdida.

Mi padre, con palabras de distinto tenor, escribió: «Nos vamos acostumbrando a que nuestra casa de Mapesbury esté relativamente vacía.» Pero añadía una posdata:

Cuando digo que nos vamos acostumbrando a una casa vacía, en realidad sólo es cierto a medias. No hace falta que diga que te echamos de menos constantemente. Echamos en falta tu alegre presencia, tus voraces ataques a la «nevera» y a la despensa, oírte tocar el piano, que te diviertas levantando pesas desnudo en tu habitación, tus inesperadas incursiones a medianoche con tu Norton. Estos y otros muchos recuerdos de tu personalidad vital permanecerán siempre con nosotros. Cuando contemplamos esta gran casa vacía, sentimos que se nos desgarra el corazón de la inmensa sensación de pérdida. No obstante, comprendemos que tienes que seguir tu camino en el mundo, y que sólo tú puedes tomar la decisión definitiva.

Mi padre se había referido a «una casa vacía», y mi madre había escrito: «¿Dónde estáis todos ahora? (...) Los fantasmas habitan esta casa.»

Pero todavía había una presencia real e importante en la casa, y era la de mi hermano Michael, que, desde sus primeros años, había sido, en cierto sentido, el hijo «raro». Siempre veías en él algo diferente a los demás; le costaba relacionarse, no tenía amigos y parecía vivir en su propio mundo.

Desde temprana edad, el mundo preferido de nuestro hermano mayor, Marcus, había sido el de los idiomas; a los dieciséis años, hablaba media docena. El de David era el de la música; podría haber sido músico profesional. El mío era el de la ciencia. Pero nadie sabía en qué tipo de mundo vivía Michael. Y sin embargo era muy inteligente; leía sin parar, tenía una memoria prodigiosa, y parecía extraer su conocimiento del mundo de los libros, más que de la «realidad». La hermana mayor de mi madre, la tía Annie, que llevaba cuarenta años de directora de una escuela en Jerusalén, consideraba que Michael era una persona tan extraordinaria que le legó toda su biblioteca, pese a que no lo había visto desde 1939, cuando él tenía tan sólo once años.

A Michael y a mí nos había evacuado juntos al principio de la guerra, y habíamos pasado dieciocho meses en Braefield, un espantoso internado en las Midlands dirigido por un sádico cuyo principal placer en la vida parecía ser golpear las nalgas de los niños que tenía bajo su control.[1]

1. He escrito con mucho más detalle acerca de esta escuela, y su influencia en nosotros, en *El tío Tungsteno*.

(Fue entonces cuando Michael se aprendió *Nicholas Nickleby* y *David Copperfield* de memoria, aunque nunca comparara de manera explícita nuestra escuela con Dotheboys, ni a nuestro director con el monstruoso personaje de Dickens, Mr. Creakle.)

En 1941, Michael, que por entonces tenía trece años, fue enviado a otro internado, Clifton College, donde sus compañeros lo maltrataron de manera inmisericorde. En *El tío Tungsteno* escribí acerca de cómo desarrolló su primera psicosis:

... la tía Len, que por entonces vivía en nuestra casa, espió a Michael mientras salía medio desnudo del baño. «¡Fijaos en su espalda!», les dijo a mis padres, «¡está llena de morados y verdugones! Si esto le ocurre a su cuerpo, ¿qué no le estará pasando a su mente?» Mis padres parecieron sorprendidos, dijeron que no habían notado nada raro, y que creían que a Michael le gustaba esa escuela, que no tenía problemas, que estaba «bien».

Poco después de eso, Michael se volvió psicótico. Creía que un mundo mágico y maligno se cernía en torno a él (...). Llegó a creer, con gran convencimiento, que era «el niño mimado de un Dios flagelomaníaco», en sus propias palabras, y que estaba sometido a las atenciones de «una Providencia sádica». (...) Fantasías o delirios mesiánicos aparecieron al mismo tiempo: si le torturaban o le castigaban era porque él era (o podría ser) el Mesías, aquel que habíamos esperado durante tanto tiempo. Desgarrado entre la dicha y el tormento, la fantasía y la realidad, intuyendo que se estaba volviendo loco (o quizá que ya lo estaba), Michael ya no podía dormir ni descansar, y recorría la casa con pasos agitados, pisando fuerte, con una mirada hostil, alucinando, chillando.

70

Me daba miedo y tenía miedo por él, al pensar en la pesadilla que se le estaba convirtiendo en realidad (...). ¿Qué le sucedería a Michael? ¿Me ocurriría a mí también algo parecido? Fue en esa época cuando instalé el laboratorio en la casa, y cerré las puertas, cerré los oídos, a la locura de Michael. No es que Michael me fuera indiferente; le compadecía enormemente, más o menos sabía lo que estaba pasando, pero también tenía que mantenerme a distancia, crear mi propio mundo a partir de la neutralidad y hermosura de la naturaleza, a fin de no verme arrastrado hacia el caos, la locura, la atracción del suyo.

El efecto que eso tuvo en mis padres fue devastador; sentían preocupación, compasión, horror y, sobre todo, perplejidad. Disponían de una palabra con la que calificar todo aquello, «esquizofrenia», pero ¿por qué había escogido precisamente a Michael, y a una edad tan temprana? ¿Se debía a los terribles malos tratos que había sufrido en Clifton? ¿Era algo genético? Nunca había parecido un chico normal; era difícil, ansioso, quizá «esquizoide» incluso antes de su psicosis. ¿O –y eso era lo que resultaba más doloroso para mis padres– todo aquello obedecía a la manera en que lo habían tratado, o maltratado? Fuera lo que fuera –la naturaleza o la crianza, un error en la química de su cerebro o una educación errónea–, sin duda la medicina podía ser de ayuda. A los dieciséis años, Michael fue ingresado en un hospital psiquiátrico y le administraron doce «tratamientos» de terapia de choque de insulina, que consistía en bajarle el nivel de azúcar hasta que perdía la conciencia, y luego volverlo a subir con un goteo de glucosa. Ése era el principal tratamiento para la esquizofrenia en 1944, y si hacía falta se complementaba con el tratamiento electroconvulsivo o la lobotomía. Los tranquilizantes todavía tardarían ocho años en descubrirse.

Bien como resultado de los comas insulínicos o por un proceso de resolución natural, Michael regresó del hospital tres meses más tarde. Ya no estaba psicótico, aunque sí profundamente afectado, y había perdido la esperanza de llevar una vida normal. Mientras estaba en el hospital había leído el libro de Eugen Bleuler *Demencia precoz. El grupo de las esquizofrenias.*

Marcus y David habían asistido a una escuela de Hampstead, a pocos minutos andando desde casa, y Michael se alegró de poder continuar su educación allí. Si su psicosis lo había cambiado, no se discernía a simple vista; mis padres decidieron considerarlo un problema «médico», algo de lo que uno se podía recuperar completamente. Michael, sin embargo, veía su psicosis en términos muy distintos; sentía que le había abierto los ojos a cosas en las que nunca había pensado, sobre todo a la opresión y explotación de los trabajadores del mundo. Comenzó a leer un periódico comunista, *The Daily Worker*, y a frecuentar una librería comunista de Red Lion Square. Devoraba a Marx y Engels, y los consideraba los profetas, si no los mesías, de una nueva era mundial.

Cuando Michael tenía diecisiete años, Marcus y David habían terminado sus estudios de medicina. Michael no quería ser médico, y estaba harto de estudiar. Quería *trabajar:* ¿acaso los trabajadores no eran la sal de la tierra? Uno de los pacientes en mi padre poseía una gran empresa de contabilidad en Londres, y dijo que estaría encantado de tener a Michael de aprendiz de contable o de lo que quisiera. Michael tenía claro el papel que quería desempeñar; deseaba ser mensajero, entregar cartas o paquetes que fueran demasiado importantes para dejar en manos de correos. En esa labor era absolutamente meticuloso; insistía en dejar cualquier mensaje o paquete que le confiaban directamente en las manos de su destinatario, y de nadie más. Le encantaba dar vueltas por Londres y almorzar en un banco del parque cuando hacía buen tiempo, mientras leía *The Daily Worker*. En una ocasión me dijo que los mensajes en apariencia anodinos que entregaba podrían poseer significados ocultos y secretos, que sólo sería capaz de descifrar el destinatario; por eso no se podían confiar a nadie más. Michael dijo que aunque podía *parecer* que él no era más que un mensajero común y corriente con mensajes comunes y corrientes, no era así ni mucho menos. No se lo había revelado a nadie –sabía que podía sonar extravagante, incluso propio de un demente–, y había comenzado a considerar que nuestros padres, sus hermanos mayores y toda la profesión médica estaban decididos a devaluar o «medicalizar» todo lo que él pensaba o hacía, sobre todo si había algún atisbo de misticismo, pues lo tomarían por un indicio de psicosis. Pero yo seguía siendo su hermano pequeño, sólo tenía doce años, por lo que todavía no podía «medicalizar», y era capaz de escuchar de manera atenta y comprensiva todo lo que decía, aun cuando no lo comprendiera del todo.

De vez en cuando –ocurrió muchas veces en la década de 1940 y a principios de la de 1950, mientras yo todavía iba al colegio– se volvía exuberantemente psicótico y delirante. A veces había algún aviso; no es que *dijera:* «Necesito ayuda», pero lo indicaba mediante algún acto extravagante, como arrojar un cojín o un cenicero al suelo en la consulta del psiquiatra (visitaba a uno desde su psicosis inicial). Aquello significaba, y así lo entendíamos: «Estoy descontrolado, llevadme al hospital.»

Otras veces, sin previo aviso, se sumía en un estado violento y agitado de gritos, patadas en el suelo y alucinaciones –en una ocasión arrojó el antiguo y hermoso reloj de pie de mi madre contra la pared–, y en esos momentos mis padres y yo nos quedábamos aterrados. Aterrados y muy avergonzados: ¿cómo podíamos invitar a amigos, parientes, colegas, *a quien fuera*, a nuestra casa, estando en ella Michael, que deliraba y se comportaba de manera violenta en el piso de arriba? ¿Y qué pensarían los pacientes de mis padres? Ambos tenían su consulta en casa. Marcus y David también se mostraban reacios a la hora de invitar a sus amigos a (lo que a veces parecía) un manicomio. Una sensación de vergüenza, de estigma, de disimulo, se coló en nuestras vidas, empeorando el estado de Michael.

Me aliviaba mucho pasar semanas o vacaciones lejos de Londres, vacaciones que, aparte de todo lo demás, implicaban alejarse de Michael, de su a veces intolerable presencia. Y sin embargo había ocasiones en que la dulzura innata de su carácter, su afecto, su sentido del humor, volvían a brillar. Y entonces comprendías que, incluso cuando deliraba, el auténtico Michael, cuerdo y amable, pervivía debajo de su esquizofrenia.

Cuando en 1951 mi madre se enteró de mi homosexualidad y afirmó: «Ojalá no hubieras nacido», lo dijo, aunque no estoy seguro de que en ese momento yo lo comprendiera, como una acusación, pero también fruto de su angustia, la angustia de una madre que, al percibir que había perdido a un hijo por culpa de la esquizofrenia, ahora temía perder a otro por culpa de la homosexualidad, una «enfermedad» que por entonces se consideraba vergonzosa y deshonrosa, y con una gran capacidad para estigmatizar y echar a perder una vida. Yo era su hijo preferido, su «pichurrín», su «corderito», cuando era pequeño, y ahora me había convertido en «uno de *ésos»:* una carga cruel que añadir a la esquizofrenia de Michael.

La situación cambió para Michael y millones de esquizofrénicos, para mejor y para peor, alrededor de 1953, cuando se puso a la venta el primer tranquilizante: un medicamento llamado Largactil en Inglaterra y Thorazine en Estados Unidos. Los tranquilizantes amortiguaban y quizá incluso impedían las alucinaciones y delirios: los «síntomas positivos» de la esquizofrenia, aunque a veces con un gran coste para el individuo. La primera vez que lo vi fue, para mi horror, en 1956, cuando regresé a Londres después de los meses que pase en Israel y Holanda y reparé en que Michael iba encorvado y caminaba arrastrando los pies.

–¡Pero si está parkinsoniano perdido! –les dije a mis padres.

–Sí –contestaron–, pero está mucho más tranquilo desde que toma el Largactil. Lleva un año sin psicosis.

Sin embargo, no pude evitar preguntarme cómo se encontraba Michael. Estaba muy afectado por los síntomas parkinsonianos –antes de eso había sido un gran caminante, con una gran zancada–, pero eran aún peores los efectos mentales de la medicación.

Era capaz de proseguir con su trabajo, pero había perdido el sentimiento místico que daba profundidad y sentido a su trabajo de mensajero; había perdido la agudeza y claridad con que anteriormente percibía el mundo; ahora todo parecía «apagado». «Es como si te mataran suavemente», concluyó.[1]

---

1. Años más tarde, cuando trabajaba en el Hospital Estatal del Bronx, tuve la oportunidad de ver graves trastornos motores, y escuchar quejas semejantes, a centenares de esquizofrénicos sumidos en la apatía después de habérseles administrado fuertes dosis de Thorazine, o una categoría de medicamentos que por entonces era nueva, llamada butiferononas, como el haloperidol.

Cuando a Michael le redujeron la dosis de Largactil, sus síntomas de Parkinson remitieron, y, más importante aún, comenzó a sentirse más vivo y recuperó parte de su sensibilidad mística..., lo que, una semana más tarde, provocó una exuberante psicosis.

En 1957, siendo estudiante de medicina, y como me interesaban ya el cerebro y la mente, telefoneé al psiquiatra de Michael y le pregunté si podíamos vernos. El doctor N. era un hombre decente y sensible que conocía a Michael desde sus psicosis iniciales, casi catorce años antes, y que también se sentía muy frustrado por los problemas relacionados con el Largactil, que afectaban a muchos de los pacientes a los que se lo administraba. Intentaba valorar el medicamento, encontrar una dosis justa, ni excesiva ni escasa. Me confesó que no albergaba grandes esperanzas.

Me preguntaba si los sistemas del cerebro relacionados con la percepción (o la proyección) del sentido, el significado y la intencionalidad, los sistemas subyacentes en la sensación de asombro y misterio, los sistemas para apreciar la belleza del arte y la ciencia, perdían su equilibrio en la esquizofrenia y producían un mundo mental sobrecargado de emociones intensas y distorsiones de la realidad. Al parecer, estos sistemas habían perdido su término medio, de manera que cualquier intento de valorarlos, amortiguarlos, podía provocar que el paciente pasara de un estado patológicamente agudizado a otro de gran ofuscación, una suerte de muerte mental.

La falta de habilidades sociales de Michael y su carencia de aptitudes para la vida diaria y rutinaria (apenas era capaz de prepararse una taza de té) exigían un enfoque social y «existencial». Los tranquilizantes surtían poco o ningún efecto sobre los síntomas «negativos» de la esquizofrenia −retraimiento, disminución del afecto, etc.− que, a su manera crónica e insidiosa, pueden debilitar más, pueden socavar más la vida que cualquier síntoma positivo. No es tan sólo una cuestión de administrar la dosis justa, sino de llevar una vida placentera y que tenga sentido: con sistemas de apoyo, participando en la comunidad, sintiendo respeto por uno mismo y que los demás te respetan. Los problemas de Michael no eran puramente «médicos».

Pude –y debería– haber sido más cariñoso, haberle dado más apoyo cuando volví a Londres para estudiar medicina; podría haber ido con Michael a un restaurante, al cine, al teatro, a un concierto (cosa que él nunca hacía solo); podría haberlo acompañado en sus visitas al campo o a la costa. Pero no lo hice, y la vergüenza que siento –la sensación de haber sido un mal hermano, de no haber estado a su lado cuando me necesitaba– todavía me corroe después de sesenta años.

No sé cómo habría reaccionado Michael de haber mostrado yo más iniciativa. Él tenía su propia vida, severamente controlada y limitada, y no le gustaba desviarse de ella.

Su existencia, ahora que tomaba tranquilizantes, era menos turbulenta, pero, a mi parecer, cada vez más pobre y constreñida. Ya no leía *The Daily Worker*, ya no visitaba la librería de Red Lion Square. Antaño había tenido la sensación de pertenecer a un colectivo, de compartir una perspectiva marxista con los demás, pero ahora, a medida que su ardor se enfriaba, se sentía cada vez más solo. Mi padre albergaba la esperanza de que nuestra sinagoga pudiera proporcionarle apoyo moral y pastoral, la sensación de pertenecer a una comunidad. Michael había sido religioso de joven –después de su *bar mitzvá* llevaba cada día el *tzitzit*, se colocaba las filacterias y asistía a la sinagoga siempre que podía–, pero su fervor también se había enfriado. Perdió interés por la sinagoga, y ésta, con una comunidad en constante disminución –cada vez había más judíos londinenses que emigraban o se asimilaban y se casaban con gente de otras religiones–, perdió interés por él. Las lecturas de Michael, antaño tan intensas y omnímodas –¿acaso la tía Annie no le había dejado toda su biblioteca?–, menguaron drásticamente; dejó de leer libros casi por completo, y apenas le echaba un vistazo desganado al periódico.

Creo que a pesar de los tranquilizantes –o puede que por culpa de ellos– se había ido sumiendo en un estado de desesperanza y apatía. En 1960, cuando R. D. Laing publicó su brillante libro *El yo dividido*, la esperanza de Michael resurgió brevemente. Ahí había un médico, un psiquiatra, que veía la esquizofrenia no tanto como una enfermedad sino como una manera de ser, incluso privilegiada. Aunque a veces Michael calificaba a los demás, el mundo no esquizofrénico, de «asquerosamente normal» (cuánta rabia contenía esa incisiva expresión), no tardó en cansarse del «romanticismo» de Laing, como lo llamaba él, y acabó considerándolo un necio un tanto peligroso.

Cuando me marché de Inglaterra, recién cumplidos los veintisiete, fue, entre otras razones, para alejarme de mi trágico, desesperado y mal dirigido hermano. Pero quizá, en otro sentido, también fue un intento de explorar la esquizofrenia y trastornos afines del cerebro-mente en mis propios pacientes y a mi manera.

SAN FRANCISCO

Había llegado a San Francisco, una ciudad con la que había soñado durante años, pero no tenía permiso de residencia ni de trabajo, por lo que no me podían dar empleo de manera legal, ni tampoco podía ganar dinero. Me había mantenido en contacto con Michael Kremer, mi neurólogo jefe en el Middlesex (se había manifestado a favor de que eludiera la llamada a filas; «ahora es una completa pérdida de tiempo», había dicho), y cuando le mencioné mi idea de ir a San Francisco, me sugirió que visitará a sus colegas Grant Levin y Bert Feinstein, neurocirujanos en el Hospital Monte Sión. Eran pioneros en el arte de la cirugía estereotáxica, una técnica que permite insertar una aguja directamente y sin ningún peligro en zonas pequeñas del cerebro de otro modo inaccesibles.[1]

1. Se había descubierto que si se provocaban pequeñas lesiones en ciertas áreas (inyectando alcohol o congelándolas), dichas lesiones, lejos de perjudicar a los pacientes, podían interrumpir un circuito que se había vuelto hiperactivo y era responsable de muchos síntomas del parkinsonismo. Dicha cirugía estereotáxica casi dejó de practicarse con la llegada de la L-dopa en 1967, pero ahora disfruta de una nueva vida con el implante de electrodos y el uso de la estimulación cerebral profunda en otras partes del cerebro.

Kremer les había escrito para presentarme, y cuando conocí a Levin y Feinstein, los dos coincidieron en darme trabajo de manera informal. Les sugerí que podría evaluar a los pacientes antes y después de la operación; no podían pagarme un sueldo, pues no tenía permiso de trabajo, pero para mantenerme a flote me iban dando billetes de veinte dólares. (En aquella época veinte dólares era mucho; un motel medio costaba unos tres dólares la noche, y en algunos parquímetros todavía se utilizaban centavos.)

Levin y Feinstein dijeron que en unas semanas me encontrarían una habitación para vivir en el hospital, pero mientras tanto, como tenía poco dinero, me alojé en un albergue de la YMCA; había oído hablar de la existencia de un gran edificio residencial de la asociación en el Embarcadero, delante de la terminal de los Ferrys. Tenía un aspecto abandonado, un poco ruinoso, pero era cómodo y agradable, y me trasladé a una pequeña habitación de la sexta planta.

A eso de las once de la noche llamaron suavemente a mi puerta. Dije: «Entre», pues no había echado el pestillo. Un joven asomó la cabeza por la puerta y al verme exclamó:

–Lo siento, me he equivocado de habitación.

–No estés tan seguro –contesté, apenas dando crédito a lo que decía–. ¿Por qué no entras?

Pareció pensárselo un momento, y después de entrar echó el pestillo. Ésa fue mi introducción a la vida de la YMCA, un continuo abrirse y cerrarse de puertas. Observé que algunos de mis vecinos podían llegar a tener cinco visitas en una noche. Experimentaba una sensación de libertad singular y sin precedentes: ya no estaba en Londres, ya no estaba en Europa; ése era el Nuevo Mundo, y –dentro de unos límites– podía hacer lo que se me antojara.

Unos días más tarde, en el Hospital Monte Sión me dijeron que disponían de una habitación para mí, y me mudé allí, sano y salvo a pesar de mis aventuras en la YMCA.

Pasé los ocho meses siguientes trabajando para Levin y Feinstein; mi etapa oficial de interno en el Monte Sión no comenzaría hasta el mes de julio siguiente. Es casi imposible imaginar dos personas tan distintas como Levin y Feinstein –el primero pausado y sensato, el segundo apasionado y excesivo–, pero como pareja se complementaban perfectamente, al igual que mis jefes de neurología Kremer y Gilliatt de Londres (y que mis jefes de cirugía Debenham y Brooks en el Hospital Reina Isabel de Birmingham).

Ya de niño me fascinaban este tipo de parejas; en mis días de afición a la química, había leído acerca de la pareja que formaban Kirchhoff y Bunsen, y cómo la unión de dos mentes tan distintas había resultado indispensable para el descubrimiento del estetoscopio. En Oxford me había fascinado leer el famoso ensayo sobre el ADN de James Watson y Francis Crick, y enterarme de lo distintos que eran los dos. Y mientras me esforzaba por superar mi poco inspirada etapa de interno en el Monte Sión, tuve que leer acerca de otra pareja de investigadores aparentemente inverosímil e incongruente, David Hubel y Torsten Wiesel, que desentrañaron la fisiología de la visión de la manera más alocada y hermosa.

Además de Levin y Feinstein y de sus ayudantes y enfermeras, la unidad también contaba con un ingeniero y un físico –en total éramos diez–, y el fisiólogo Benjamin Libet nos visitaba a menudo.[1]

1. Fue en el Monte Sión donde Libet llevó a cabo sus asombrosos experimentos, demostrando que si a los sujetos se les pedía que cerra-

Recuerdo en especial a un paciente, y les escribí a mis padres hablándoles de él en noviembre de 1960:

> ¿Os acordáis del relato de Somerset Maugham que trata de un hombre que cae bajo el maleficio de una isleña despechada y que muere de un hipo implacable? Uno de nuestros pacientes, un magnate del café posencefalítico, después de una operación se ha pasado seis días con hipo, sin reaccionar a los remedios usuales ni a los muy inusuales, y me temo que seguirá así a no ser que bloqueemos sus nervios frénicos o algo parecido. He sugerido traer a un buen hipnotista: me pregunto si funcionará. ¿Alguna vez os habéis enfrentado a un caso de hipo tan grave?

Mi sugerencia se recibió con escepticismo (yo mismo tampoco la veía muy clara) pero Levin y Feinstein aceptaron llamar a un hipnoterapeuta, pues todo lo demás había fallado. Para nuestro asombro, fue capaz de dormir al paciente, y a continuación le dio una orden poshipnótica: «Cuando chasquee los dedos, se despertará y ya no tendrá hipo.»

El paciente se despertó, libre del hipo, y no volvió a padecerlo.

Aunque había llevado un diario en Canadá, lo dejé en cuanto llegué a San Francisco y no volví a retomarlo hasta

---

ran el puño, o cualquier otra acción voluntaria, sus cerebros registraban una «decisión» casi medio segundo antes de que hubiera ninguna decisión consciente de actuar. Aunque los sujetos consideraban que habían ejecutado el movimiento conscientemente y por voluntad propia, su cerebro había tomado la decisión, al parecer, mucho antes que ellos.

que empecé a viajar de nuevo. Sin embargo, seguí escribiendo largas y detalladas cartas a mis padres, y en febrero de 1961 les conté que había visto a dos de mis ídolos, Aldous Huxley y Arthur Koestler, en una conferencia en la Universidad de California:

Después de cenar, Aldous Huxley pronunció un extraordinario discurso sobre Educación. No le había visto nunca, y me asombró su estatura y su cadavérica escualidez. Ahora está casi ciego, y parpadea los ojillos constantemente; también aprieta los puños delante de ellos (esto me desconcertó, pero creo que lo hacía para afianzar su visión estenopeica): tiene el pelo largo, como de cadáver, flotando hacia atrás, y la piel, pardusca y muy fláccida, cubre de manera muy imprecisa los contornos huesudos de su cara. Inclinado hacia delante, en intensa concentración, en cierto modo se parecía al esqueleto de Vesalio meditando. No obstante, su maravillosa mente está tan en forma como siempre, y va acompañada de un ingenio, una calidez, una memoria y una elocuencia que pusieron a la gente en pie más de una vez (...). Y finalmente Arthur Koestler habló del proceso creativo, un análisis maravilloso con una audición y una presentación tan pobres que la mitad del público se marchó. Koestler, por cierto, se parece un poco a Kaiser, es un poco como todos los profesores de hebreo del mundo, y habla exactamente igual que ellos [Kaiser, nuestro profesor de hebreo, había sido una figura familiar en casa desde que yo era muy pequeño]. A los americanos no les salen arrugas, mientras que la cara de judío lituano de Koestler estaba ostentosamente arrugada, recorrida de grandes surcos de angustia e inteligencia que casi parecían indecentes en esa reunión de caras tersas.

Grant Levin, mi simpático y generoso jefe, nos había conseguido entradas a todos los que formábamos parte de la unidad de neurocirugía para asistir a una conferencia titulada «El control de la mente», y a menudo nos repartía entradas para los acontecimientos musicales, teatrales culturales de San Francisco, una nutritiva dieta que me llevó a enamorarme cada vez más de la ciudad. Después de ver a Pierre Monteux dirigir la Orquesta Sinfónica de San Francisco, les escribí a mis padres:

> Estaba dirigiendo (siempre un compás por detrás de la orquesta, o eso me pareció), y el programa incluía la *Sinfonía fantástica* de Berlioz (la escena de la ejecución siempre me recuerda esa truculenta ópera de Poulenc), «Till Eulenspiegel», «Les Jeux» de Debussy (fantástico, parece que lo hubiera escrito el primer Stravinski) y una tontería de poca monta de Cherubini. El propio Monteux tiene casi noventa años, una maravillosa figura como de pera, que cabecea y anda como un pato, y un melancólico bigote francés un tanto parecido al de Einstein. El público se volvió loco con él, en parte para apaciguarlo (hace sesenta años lo abuchearon) y en parte por una mitomanía esnob y bastante condescendiente, mediante la cual la sola vejez es ya una recomendación. No obstante, admito que resulta excitante pensar en los incontables ensayos y noches de estreno, los demoledores fracasos, los éxitos celestiales, los miles de millones de notas que han revoloteado por ese viejo cerebro en sus noventa años.

En la misma carta mencioné que había tenido una extraña experiencia cuando fui a un festival beat en Monterey:

84

Me presentaron a mi anfitrión de una manera extraña: me dijeron: «está aquí» y me condujeron al cuarto de baño. Allí vi a una especie de Cristo con la barba levantada, entre grandes dolores, agarrándose el culo bajo la ducha caliente. Sin duda mi aparición, moreno y reluciente, recién bajado de la moto, le resultó a él igualmente inesperada y alarmante. El hombre sufría un doloroso acceso perianal, que abrí con una tosca aguja para coser lona esterilizada con una cerilla. Salió un gran chorro de pus, y el hombre soltó un gran berrido, seguido de un absoluto silencio: se había desmayado. Cuando se recuperó, se encontraba mucho mejor, y probé el recién descubierto placer de ser un hombre práctico, un hábil cirujano, que había llegado a curar a un artista. Ese mismo día se celebró una enloquecida fiesta estilo beatnik, en la que unos jóvenes con gafas se ponían en pie y recitaban poemas acerca de sus cuerpos.

En Inglaterra, uno quedaba clasificado (clase obrera, clase media, clase alta, lo que fuera) en cuanto abría la boca; uno no se relacionaba, no estaba a gusto con gente de clase distinta: un sistema que, aunque implícito, también era tan rígido e infranqueable como el sistema de castas de la India. Yo imaginaba que los Estados Unidos era una sociedad sin clases, un lugar donde todo el mundo, sin importar su procedencia, su color, religión, educación o profesión, se relacionaba con los demás en cuanto semejantes, animales hermanos, un lugar donde un profesor podía hablar con un camionero sin que entre ellos se interpusieran las categorías.

Había atisbado, había probado esa democracia, esa igualdad, cuando deambulé por Inglaterra en mi motocicleta en la década de 1950. Incluso en la rígida Inglaterra, las motocicletas parecían sortear las barreras, abrir una especie de relajación social y afabilidad en los demás. «Una buena moto», decía alguien, y de ahí arrancaba la conversación. Los motoristas eran un grupo amistoso; nos saludábamos al cruzarnos por la carretera, y entablábamos conversación sin ningún problema al encontrarnos en un café. Formábamos una especie de romántica sociedad sin clases dentro de la sociedad en general.

Al comprender que no tenía sentido llevarme a Estados Unidos la moto que tenía en Inglaterra, decidí comprar una nueva: una Norton Atlas, una todoterreno con la que podía salirme de la carretera y recorrer pistas desérticas o senderos de montaña. La dejaría en el patio del hospital.

Me junté con un grupo de moteros y cada domingo por la mañana nos encontrábamos en la ciudad, cruzábamos el Golden Gate hasta la estrecha carretera perfumada por los eucaliptos que ascendía por el monte Tamalpais, y a continuación seguíamos la cordillera de alta montaña con el Pacífico a la izquierda, descendiendo en unas amplias curvas para almorzar en Stinson Beach (o a veces en Bodega Bay, que pronto se haría famosa gracias a la película de Hitchcock *Los pájaros).* En aquellas excursiones matinales uno se sentía intensamente vivo, con el aire en la cara, el viento en el cuerpo, de una manera que sólo experimentan los que van en moto. Guardo en la memoria esas mañanas con una dulzura casi intolerable, y el olor a eucaliptos me provoca al instante imágenes nostálgicas de ellas.

En los días laborables, generalmente recorría San Francisco en moto por mi cuenta. En una ocasión me acerqué a un grupo –muy diferente a nuestro tranquilo y respetable grupo de Stinson Beach–, un grupo bullanguero y desinhibido, sentados en sus motos bebiendo latas de cerveza y fumando. Al acercarme un poco más vi en sus chaquetas el logo de los Ángeles del Infierno, pero era demasiado tarde para dar media vuelta. Mi audacia y mi acento inglés les intrigaron, al igual que el hecho de que fuera médico. Aprobaron mi presencia en el acto, sin tener que cumplir ningún rito de paso. Yo era una persona agradable, que no juzgaba a nadie, y además médico, y como tal me llamaron alguna vez para ayudar a los miembros del grupo que habían sufrido algún daño. No me uní a sus excursiones ni a sus otras actividades, y nuestra breve e inesperada relación –inesperada para mí, y también para ellos– se extinguió tranquilamente cuando me fui de San Francisco un año más tarde.

Si los doce meses transcurridos entre mi salida de Inglaterra y el inicio de mi periodo de interno en el Monte Sión habían estado llenos de aventuras, giros inesperados y emociones, hacer de interno –ir rotando en medicina interna, cirugía, pediatría, etc.– era, en comparación, monótono y aburrido, y también frustrante, porque ya lo había hecho en Inglaterra. Seguir de interno no me parecía más que una burocrática pérdida de tiempo, pero todos los licenciados extranjeros tenían que pasar por esos dos años, fuera cual fuera su formación anterior.

Pero había ventajas: podía permanecer otro año en mi amado San Francisco sin que me costara nada, pues el hospital proporcionaba comida y alojamiento. Mis colegas internos, procedentes de todos los rincones de los Estados Unidos, eran un grupo variado y a menudo con talento, pues el Hospital Monte Sión gozaba de una gran reputación, lo que (combinado con la oportunidad de pasar un año en San Francisco) resultaba enormemente atractivo para los médicos recién titulados: había centenares de solicitudes para hacer de interno en el Monte Sión, y el hospital podía permitirse ser extremadamente selectivo.

Me llevaba muy bien sobre todo con Carol Burnett, una mujer de color de mucho talento, una neoyorquina que hablaba con fluidez muchos idiomas. En una ocasión nos invitaron a los dos a ayudar en una compleja operación abdominal, aunque lo único que hicimos fue sujetar los retractores y pasarles los instrumentos a los cirujanos. En ningún momento intentaron mostrarnos ni enseñarnos nada, y aparte de alguna orden brusca de vez en cuando («¡Los fórceps, rápido!», «¡Sujete fuerte el retractor!»), los cirujanos no nos hicieron ningún caso. Hablaban mucho entre ellos, y en cierto momento se pasaron al yiddish y pronunciaron algunos comentarios desagradables y calumniosos en relación con tener una interna negra en el quirófano. Carol aguzó el oído al escuchar y les contestó en un fluido yiddish. Los cirujanos se sonrojaron, y la operación de pronto se interrumpió.

«¿Nunca han oído a una *schwartze* hablar yiddish?», fue la graciosa pulla que añadió Carol. Por un momento pensé que a los cirujanos se les iban a caer los instrumentos. Avergonzados, se disculparon con ella y se esforzaron por tratarla con especial consideración durante el resto de nuestra rotación en cirugía. (Nos preguntamos si el episodio –y el hecho de que llegaran a conocer y respetar a Carol como persona– tendría un efecto duradero en ellos.)

Casi todos los fines de semana, si no estaba de guardia, cogía la moto y me iba a explorar el norte de California. Me fascinaba la historia de los primeros buscadores de oro de California; me gustaba sobre todo la autopista 49, y una diminuta ciudad fantasma conocida como Copperopolis, por la que pasaba camino de Gold Country.

A veces subía por la carretera de la costa, la autopista 1, pasaba por los bosques de secuoyas más septentrionales hasta llegar a Eureka, y a continuación seguía hasta el lago Crater de Oregón (en aquella época no me importaba recorrer más de mil kilómetros de un tirón). Fue ese mismo año, por lo demás monótono a causa del interinaje, cuando descubrí las maravillas de Yosemite y el Valle de la Muerte, y llevé a cabo mi primera visita a Las Vegas, que, en aquellos días sin polución, se divisaba a más de setenta kilómetros de distancia, como un reluciente espejismo en el desierto.

Pero aunque entablé nuevas amistades en San Francisco, disfruté de la ciudad y me pasé casi todo los fines de semana recorriendo el estado, mi preparación neurológica permanecía en suspenso, o así habría sido de no ser por Levin y Feinstein, que me invitaban a conferencias y me permitían seguir viendo a sus pacientes.

Fue en 1958, creo, cuando mi viejo amigo Jonathan Miller me regaló un libro de poemas de Thom Gunn –*The Sense of Movement*, que se acababa de publicar– y me dijo: «Tienes que conocer a Thom; es la clase de persona que a ti te gusta.» Devoré el libro y decidí que si por fin llegaba a California, lo primero que haría sería buscar a Thom Gunn.

Cuando llegue a San Francisco, pregunté por Thom y me dijeron que estaba en Inglaterra, concretamente en Cambridge, con una beca. Pero regresó unos meses más tarde y lo conocí en una fiesta. Yo tenía veintisiete años, él más o menos treinta; no era una gran diferencia de edad, pero yo era muy consciente de su madurez y de su seguridad en sí mismo; era una persona que sabía quién era y lo que hacía y conocía muy bien cuál era su talento. Por entonces había publicado dos libros; yo no había publicado nada. Consideraba a Thom un maestro y un mentor (aun-

89

que no un modelo, pues nuestros estilos eran muy distintos). Yo sentía que aún estaba sin formar, como un feto, en comparación con él. En mi nerviosismo, le mencioné que admiraba enormemente su poesía, y que me había impactado mucho uno de sus poemas, «The Beaters» (Los golpeadores), con su tema sadomasoquista. Parecía un tanto avergonzado y me reprendió de manera delicada: «No debe confundir el poema con el poeta.»[1]

De algún modo –no sabría reconstruir exactamente cómo–, nació una amistad, y una semana después fui a visitarlo. En aquella época Thom vivía en el 975 de Filbert, una calle que, como saben todos los habitantes de San Francisco (aunque yo lo ignoraba), de repente desciende bruscamente en un ángulo de treinta grados. Yo iba con mi Norton todoterreno a toda velocidad por Filbert, sin duda demasiado deprisa, y de pronto me encontré volando por los aires, como en una prueba de saltos de esquí. Por fortuna, la moto amortiguó el aterrizaje bastante bien, pero yo me llevé un buen susto; aquello podía haber acabado mal. Cuando llamé al timbre de la casa de Thom, el corazón aún me palpitaba con fuerza.

Thom me invitó a entrar, me ofreció una cerveza y me preguntó por qué tenía tantas ganas de conocerlo. Simplemente le dije que muchos de sus poemas parecían apelar a algo muy profundo en mi interior. Thom me miró de manera un tanto escéptica. ¿Qué poemas?, me preguntó. ¿Por qué? El primer poema suyo que leí fue «On the Move» (En movimiento) y, al ser yo también aficionado a las motos, lo sentí muy cerca de mí, al igual que años antes había

---

1. Me resultó curioso comprobar que cuando, en 1994, se publicaron los *Collected Poems* de Thom, «The Beaters» fue el único poema de *The Sense of Movement* que decidió no reeditar.

sentido muy cerca de mí la breve pieza lírica de T. E. Lawrence, «The Road» (La carretera). Y también me gustaba su poema titulado «The Unsettled Motorcyclist's Vision of His Death» (Un motorista desasosegado ve su propia muerte), porque estaba convencido de que, al igual que Lawrence, yo también moriría conduciendo mi moto.

No sabría decir muy bien qué vio Thom en mí en ese momento, pero descubrí que poseía una gran calidez y simpatía, combinadas con una implacable integridad intelectual. Ya entonces, Thom era una persona lapidaria e incisiva, mientras que yo era centrífugo y efusivo. Era incapaz de engañar ni de salir con evasivas, pero su carácter directo siempre iba acompañado, me parecía a mí, de una especie de ternura.

Thom a veces me entregaba manuscritos de sus nuevos poemas. Me encantaba la contenida energía que había en ellos: cómo amarraba y dominada su pasión y energía rebeldes mediante las formas poéticas más estrictas y controladas. Entre sus poemas nuevos, mis favoritos eran quizá «The Allegory of the Wolf Boy» (La alegoría de un muchacho lobo) («En el tenis y en el té / sobre la suave hierba, no es nuestro, / pero juega contra nosotros con una triste doblez»). Aquello respondía a cierta doblez que sentía en mí, y que consideraba en parte como la necesidad de tener una personalidad para el día y otra para la noche. De día era el simpático doctor Oliver Sacks, enfundado en una bata blanca, y por la noche cambiaba la bata por un traje de cuero de motorista y anónimo, como un lobo, salía del hospital para merodear por las calles o ascender por las sinuosas curvas del monte Tamalpais y luego pisar el acelerador por la carretera iluminada por la luna hasta llegar a Stinson Beach o Bodega Bay. A esta impostura contribuía el hecho de que mi segundo nombre fuera Wolf (Lobo);

para Thom y mis amigos motoristas, mi nombre era Wolf, y para mis colegas médicos era Oliver. En octubre de 1961, Thom me regaló un ejemplar de su nuevo libro, *My Sad Captains*, y me lo dedicó con las siguientes palabras: «al Muchacho Lobo (¡aquí no hace falta alegorizar!), con *alles gute*, y admiración, de Thom».

En febrero de 1961, les escribí a mis padres para informarles de que ya tenía permiso de trabajo y era un auténtico inmigrante –un «residente extranjero»–, y que había declarado mi intención de convertirme en ciudadano estadounidense, cosa que se podía hacer sin renunciar a la ciudadanía británica.[1]

También mencioné que pronto me presentaría a la prueba médica estatal: un examen bastante exhaustivo destinado a licenciados en medicina extranjeros para comprobar si realmente daban la talla en sus conocimientos básicos científicos y también médicos.

En enero les había escrito a mis padres comentándoles que me estaba planteando llevar a cabo «un extenso viaje por los Estados Unidos, regresando por Canadá e incluso desviándome hasta Alaska, antes de los exámenes y de mi etapa de interno: en total casi 14.000 kilómetros. Sería una oportunidad única para ver el país y visitar otras universidades».

Y ahora que había aprobado los exámenes y tenía una moto más adecuada –había cambiado mi Norton Atlas

---

1. Ésa era en verdad mi intención, pero han pasado más de cincuenta años y todavía no soy ciudadano estadounidense. Algo parecido ocurrió con mi hermano que vive en Australia. Llegó allí en 1950, pero no se hizo ciudadano australiano hasta cincuenta años más tarde.

por una BMW R69 de segunda mano–, estaba preparado para ponerme en marcha. El tiempo de que disponía para viajar se había reducido, y ya no podía incluir Alaska en mi circuito por América. Volví a escribirles a mis padres:

> He dibujado una gran línea roja en el mapa: Las Vegas, el Valle de la Muerte, el Gran Cañón, Albuquerque, las cuevas de Carlsbad, Nueva Orleans, Birmingham, Atlanta, la Blue Ridge Parkway hasta Washington, Filadelfia, Nueva York, Boston. Cruzaría Nueva Inglaterra hasta Montreal, y me desviaría hasta Quebec. Toronto, las cataratas del Niágara, Búfalo, Chicago, Milwaukee. Las Ciudades Gemelas de Minneapolis y Saint Paul, y luego subiría hasta el Parque Nacional Los Glaciares y el de Waterton, hasta el Parque de Yellowstone, el Lago del Oso y Salt Lake City. Y de vuelta San Francisco. Más de 12.000 kilómetros. 50 días. 400 dólares. Si evito: las insolaciones, la congelación, la cárcel, los terremotos, las intoxicaciones alimentarias y los desastres mecánicos..., ¡caramba, será el mejor viaje de mi vida! La próxima carta desde la carretera.

Cuando le conté a Thom mis planes de viaje, me sugirió que llevara un diario –un relato de mis experiencias, «Descubriendo América»– y que se lo mandara. Me pasé dos meses en la carretera y llené varios cuadernos, que le fui remitiendo a Thom uno por uno. Parecían gustarle mis descripciones de la gente, los lugares, los esbozos y las escenas, y consideraba que tenía talento para la observación, aunque a veces me reprendía por mis «sarcasmos y extravagancias».

Uno de los diarios que le envié era «Travel Happy».

TRAVEL HAPPY (1961)

A unos cuantos kilómetros al norte de Nueva Orleans me falló la moto. Me detuve y comencé a manipular el motor en una zona de descanso desolada. Mientras estaba allí tumbado boca arriba detecté, con algo así como sexto sentido sísmico, un lejano temblor, una especie de terremoto distante. Avanzaba hacia mí, se convirtió primero en una vibración, luego en un ruido sordo y al final en un estruendo, culminando en el chirrido de unos frenos neumáticos y unos bocinazos tremendos y joviales. Levanté la mirada, paralizado, y me topé delante de mí con él camión más grande que había visto nunca, un auténtico Leviatán de la carretera. Un insolente Jonás asomó la cabeza por la ventanilla y me gritó desde la altura de su cabina.

–¿Puedo ayudarle en algo?

–¡Está hecha polvo! –contesté–. Una biela estropeada o algo parecido.

–¡Mierda! –comentó con simpatía–. ¡Si eso se suelta, le cortará la pierna! Nos vemos.

Hizo una mueca ambigua y regresó con el camión a la carretera.

Yo seguí con mi viaje, y pronto abandoné las pantanosas tierras bajas del Delta. No tardé en llegar a Mississippi. La carretera se volvía sinuosa aquí y allá, caprichosa y lenta, serpenteaba a través de espesos bosques y pastos abiertos, de huertos y prados, cruzaba media docena de ríos, entraba y salía de granjas y pueblos, todos tranquilos e inmóviles al sol de la mañana.

Pero, después de entrar en Alabama, la moto se deterioró rápidamente. Yo estaba pendiente de cada variación de sonido, sopesaba ruidos que eran siniestros pero ininteligibles. La máquina se desintegraba rápidamente, eso era seguro; pero, ignorante y fatalista, tenía la impresión de que ya no podía hacer nada para detener su destino.

A unos siete kilómetros después de Tuscaloosa, el motor falló y se agarrotó. Apreté el embrague, pero uno de los cilindros ya echaba humo junto a mi pie. Me bajé de la moto y la tumbé en el suelo. A continuación me dirigí hacia el borde de la carretera, con un pañuelo limpio y blanco en la mano izquierda.

El sol se estaba poniendo, y se levantó un viento helado. Cada vez había menos tráfico.

Ya casi había abandonado toda esperanza y movía el pañuelo de manera mecánica cuando de repente, para mi incredulidad, comprendí que se estaba parando un camión. Tenía un aire familiar. Entrecerré los ojos y miré la matrícula: 26539, Miami, FLA. Sí, era él: el enorme camión que se había detenido por la mañana.

Mientras me acercaba corriendo, el conductor se bajó de la cabina, asintió en dirección a la moto y sonrió.

–Así que al final se ha jodido del todo, ¿eh?

También se bajó del camión un muchacho, y juntos examinamos la máquina averiada.

–¿Alguna opción de que me remolque hasta Birmingham?

–¡Nooo, la ley lo prohíbe! –Se rascó la barba de dos días, y a continuación me guiñó el ojo–: ¡Metamos la moto en el camión!

A duras penas y jadeando conseguimos izar la pesada máquina y colocarla en el interior del camión. Finalmente la aseguramos con cuerdas entre los muebles y la escondimos de cualquier mirada curiosa cubriéndola con arpillera.

El camionero volvió a subirse a la cabina, seguido del muchacho, y luego yo, y los tres –en este orden– nos acomodamos en el amplio asiento. Hizo un breve saludo con la cabeza y llevó a cabo una presentación formal:

–Éste es mi compañero de viaje, Howard. ¿Cómo te llamas?

–Wolf.

–¿Te importa si te llamo Wolfie?

–No, adelante. ¿Cómo te llamas tú?

–Mac. Todos nos llamamos Mac, sabes, ¡pero yo soy el auténtico Mac original! Me lo puedes ver en el brazo.

Durante unos minutos avanzamos en silencio, observándonos de manera furtiva.

Mac aparentaba unos treinta años, aunque podría haber tenido cinco más o cinco menos. Su cara era vigorosa, despierta y bien parecida, con la nariz recta, los labios firmes y el bigote bien recortado. Podría haber sido un oficial de caballería británico; podría haber interpretado pequeños papeles románticos en la pantalla o en teatro. Ésas fueron mis primeras impresiones.

Llevaba esa gorra con visera y escudo que llevan todos los camioneros, y una camisa en la que se veía estampado el nombre de su empresa: ACE TRUCKERS, INC. En el brazo llevaba una insignia roja con la leyenda: COMPROMETIDOS CON LA CORTESÍA Y LA SEGURIDAD, y medio oculto bajo la manga remangada, su nombre, MAC, entrelazado con una pitón que se retorcía.

Howard podría haber aparentado dieciséis años de no haber sido por las arrugas en las comisuras de la boca. Tenía los labios siempre ligeramente entreabiertos, y se le veían unos dientes amarillos y grandes, irregulares pero poderosos, y una asombrosa extensión de encía. Tenía los ojos de un azul palidísimo, como los de un animal albino. Era alto y robusto, pero desgarbado.

Al cabo de un rato volvió la cabeza y me miró con sus ojos claros de animal. Primero me clavó la vista durante un minuto; a continuación amplió su visión para abarcar el resto de mi cara, mi cuerpo visible, la cabina del camión y la carretera que pasaba monótona al otro lado de la ventanilla. Al ampliar su atención, también perdió intensidad, y su cara adquirió una vez más su aire adormilado y ausente. El efecto fue primero inquietante, y luego extraño. De repente sentí horror y compasión al comprender que Howard era retrasado mental.

Mac soltó una breve carcajada en la oscuridad.

—Bueno, ¿crees que hacemos buena pareja?

—Pronto te lo diré —contesté—. ¿Hasta dónde vais a llevarme?

—Hasta los confines de la tierra, o al menos hasta Nueva York. Llegaremos el martes, quizá el miércoles.

Volvió a quedarse en silencio.

Unos cuantos kilómetros más tarde me preguntó de pronto:

—¿Has oído hablar del proceso Bessemer?

—Sí —dije—. En el colegio lo «hicimos» en química.

—¿Alguna vez has oído hablar de John Henry, el negro que trabajaba en la construcción de ferrocarriles? Bueno, pues vivió justo aquí. Cuando construyeron una máquina para clavar mejor las estacas de acero en el lecho del río, dijeron que ningún humano podría competir con la máquina. Los negros hicieron una apuesta y llevaron a su hombre más fuerte: John Henry. Dicen que tenía unos brazos de más de cincuenta centímetros de ancho. Llevaba un martillo en cada mano, iba clavando las estacas más deprisa que la máquina. Entonces se tumbó y murió. ¡Sí, señor! Ésta es una región de acero.

Estábamos rodeados de depósitos de chatarra, cementerios de automóviles, vías muertas de ferrocarril y fundiciones. En el aire resonaba el estrépito del acero, como si la totalidad de Bessemer fuera una forja o una fábrica de armas gigante. Salían llamas de las altas chimeneas, que rugían al ascender de los hornos de abajo.

Sólo había visto una vez una ciudad iluminada por las llamas, y había sido cuando tenía siete años: el Londres bombardeado por los alemanes en 1940.

Después de pasar Bessemer y Birmingham, Mac comenzó a hablar sin tapujos de sí mismo.

Había comprado el camión pagando 500 dólares al contado, y el resto –20.000 dólares– a desembolsar en un año. Podía llevar hasta 1,6 toneladas de carga y viajaba a todas partes: Canadá, Estados Unidos, México, siempre y cuando las carreteras fueran aceptables y pudiera ganar dinero. En una jornada de diez horas, recorría una media de 600 kilómetros; era ilegal estar más horas seguidas al volante, aunque lo hacía con frecuencia. Llevaba ya doce años al volante, aunque había descansado alguna temporada, y sólo hacía seis meses que formaba tándem con Howard. Había cumplido treinta y dos años y vivía en Florida, donde tenía mujer y dos hijos, y ganaba 35.000 dólares al año, dijo.

Se había escapado de la escuela cuando tenía doce años, y como parecía mayor, consiguió un trabajo de representante. A los diecisiete ingresó en la policía, y a los veinte tenía considerable experiencia con las armas de fuego. Aquel año se vio envuelto en un tiroteo y escapó por poco de que le dispararan en la cara a quemarropa. Después de aquello se amilanó y se hizo camionero, a pesar de lo cual seguía siendo miembro honorario de la policía de Florida, por lo que recibía un dólar al año.

Me preguntó si alguna vez me había visto envuelto en un tiroteo. Le contesté que no. Bueno, pues él se había visto involucrado en más de los que podía recordar, como policía y como camionero. Encontraría al «mejor amigo del camionero» justo debajo del asiento, si me molestaba en mirar. En la carretera, todos llevaban armas. Aunque la mejor arma en una pelea sin armas era un trozo de cuerda de piano. En cuanto rodeabas el cuello de tu oponente con ella, éste ya no podía hacer nada. Dabas un pequeño tirón y se le caía la cabeza: fácil, ¡como cortar queso! Disfrutaba contándolo, de eso no había duda.

Había llevado todo tipo de carga en sus camiones, desde dinamita hasta higos chumbos, pero ahora se limitaba a transportar muebles, aunque eso también incluyera cualquier cosa que un hombre pudiera guardar en su casa. Llevaba a bordo el contenido de diecisiete domicilios, incluyendo unos cientos de kilos de pesas (propiedad de un culturista que se marchaba de Florida); un piano de cola hecho en Alemania –el mejor de todos, según decían–; diez televisores (anoche sacamos uno en la parada para camiones y lo enchufamos); y una cama antigua con dosel que había que trasladar a Filadelfia. Si lo deseaba, podía dormir en ella cuando quisiera.

La cama con dosel le dibujó una sonrisa nostálgica y comenzó a relatar sus proezas sexuales. Parecía haber tenido un éxito increíble en todo tiempo y lugar, si bien había cuatro mujeres que ocupaban un lugar preeminente en su afecto: una chica de Los Ángeles que una vez se fugó con él como polizón en el camión, dos mujeres solteras de Virginia con las que había hecho un trío, y que durante años lo habían colmado de dinero y ropa, y una ninfómana de Ciudad de México que era capaz de hacer el amor con veinte hombres en una noche y todavía pedía más.

A medida que se iba animando, desaparecieron los últimos restos de retraimiento, y se mostró como el consumado Atleta Sexual y Narrador que era. Para cualquier mujer solitaria, su presencia era un regalo de Dios.

Durante este recital, Howard, que hasta entonces había permanecido tumbado en una especie de estupor, aguzó los oídos y mostró los primeros signos de animación. Mac, al verlo, primero le siguió la corriente, y luego comenzó a tomarle el pelo: dijo que aquella noche iba a meter a una chica en la cabina y a encerrar a Howard en el tráiler, aunque en una de ésas, si veía al muchacho espabilado, a lo mejor traía una puta auténtica para él. Howard se puso caliente y muy alborotado, y comenzó a jadear de excitación; finalmente se abalanzó furioso sobre Mac.

Mientras forcejeaban en la cabina, medio en serio y medio en broma, el volante recibió un violento golpe y el enorme camión serpenteó peligrosamente por la carretera.

Pero, entre burla y burla, Mac también educaba a Howard, de manera informal:

—¿Cuál es la capital de Alabama, Howard?

—¡Montgomery, asqueroso hijo de puta!

—Sí, muy bien. Aunque la ciudad más grande no es siempre la capital del estado. Y eso de ahí son pacanas, mira..., ¡allí!

—¡Que te den, no me importa! —farfullaba Howard, aunque de todos modos estiraba el cuello para verlo.

Y una hora más tarde nos deteníamos en una parada

para camiones en algún lugar desolado de Alabama pues Mac decidió que nos quedaríamos allí a pasar la noche: se llamaba Travel Happy.

Entramos a tomar un café. Mac, con educada determinación, se puso a entretenerme con sus «divertidas historias», y tenía una interminable y deplorable reserva, muy inferior a sus experiencias de primera mano. Una vez cumplido su deber de amigo, se dirigió hacia la gente que rodeaba la máquina de discos.

Los sábados por la noche los camioneros siempre se reúnen en torno a alguna máquina de discos, y no regatean esfuerzos para llegar a alguna parada en cuanto anochece. La máquina de discos del Travel Happy, en concreto, goza de cierta fama, pues cuenta con una magnífica colección de canciones y baladas de camioneros, épicas de la carretera: salvajes, obscenas, melancólicas o nostálgicas, pero todas con un ritmo y una energía insistentes, una excitación especial que expresa la mismísima poesía del movimiento y las carreteras infinitas.

Los camioneros suelen ser gente solitaria. Sin embargo, de vez en cuando —como por ejemplo en un abarrotado y caluroso café de carretera, escuchando un disco infinitamente familiar a un volumen atronador en la máquina de discos—, se conmueven, dejan de ser una multitud apática, y sin palabras ni gestos se transfiguran en una comunidad orgullosa: cada uno sigue siendo un ser anónimo y de paso, y sin embargo se identifica con todos los que le rodean, todos los que le precedieron, y todos los que protagonizan las canciones y baladas.

Aquella noche Mac y Howard, como todos los demás, estaban extasiados y orgullosos, y sin darse cuenta trascendían más allá de sí mismos. Se sumían en un ensueño intemporal.

A eso de la medianoche, Mac dio un violento respingo y agarró a Howard por el cuello.

–Muy bien, chaval –dijo–. Vamos a buscarnos un lugar para dormir. ¿No quieres decir la oración de los camioneros antes de acostarte?

Se sacó una tarjeta arrugada de la cartera y me la entregó. La alisé un poco y leí en voz alta:

Oh, Señor, dame fuerzas para hacer este recorrido
por dinero americano y no porque me haya divertido.
Por favor haz que no pinche una rueda,
que no se estropee el motor, que nada malo suceda.
Ayúdame a cumplir con la ICC y a llevar la carga justa
y a que el juez de paz no me ponga ninguna multa.
Que en la carretera no haya domingueros,
y tampoco mujeres al volante, te lo ruego.
Y que cuando me despierte en mi apestosa cabina
tenga a mi alcance unos huevos con cecina.
Que las mujeres sean débiles y el café fuerte
y la camarera no sea un monstruo y esté de muerte.
Que las carreteras sean mejores y la gasolina más barata
y a mi regreso, oh Señor, consígueme un coche cama.
Si haces todo esto, Señor, con un poco de suerte
seguiré conduciendo el maldito camión hasta la muerte.

Mac llevó su manta y su almohada a la cabina, Howard se instaló en un hueco entre los muebles y yo me acosté sobre un montón de sacos, junto a la moto (la cama con dosel prometida estaba en la parte delantera, inaccesible).

Cerré los ojos y agucé los oídos. Mac y Howard hablaban en susurros, utilizando las sobrias paredes del camión como conductor. Si acercaba el oído a parte de la estructura enrejada, oía también otros ruidos –gente bromeando, bebiendo, haciendo el amor– procedentes de los demás camiones que nos rodeaban, y que alcanzaban la antena de mi oído.

Me quedé tumbado, satisfecho, en la oscuridad, sintiéndome en un acuario de sonido; y no tardé en quedarme dormido.

El domingo era día de descanso, en Travel Happy y en el resto de los Estados Unidos. Sobre mi cabeza había un cristal iluminado, y me llegaba un olor a paja y a sacos, y el de la chaqueta de cuero que me servía de almohada. En un momento de confusión me imaginé en un gran granero, y de repente recordé dónde estaba.

Oí el ruido suave del agua corriente, que comenzaba con brusquedad y acababa de manera gradual, prolongándose, con el remate de dos pequeños chorros. Alguien estaba meando contra el lateral del camión; de *nuestro* camión, me dije, como si también fuera mío. Me levanté y fui de puntillas hasta la puerta. Un rastro humeante que iba de la rueda hasta el suelo daba fe del delito, aunque el infractor ya se había escabullido.

Eran las siete de la mañana. Me senté en el elevado escalón de la cabina y comencé a garabatear en mi diario. Una sombra pasó sobre la página; levanté la cabeza y reconocí a un camionero que la noche antes había entrevisto en el café lleno de humo. Era John, el donjuán rubio de la Mayflower Transit Co., quizá el mismísimo hombre que había meado contra nuestra rueda. Charlamos un rato y me contó que había salido de Indianápolis –nuestro destino inmediato– la noche antes, y que allí estaba nevando.

Unos minutos más tarde apareció otro camionero arrastrando los pies, un hombre bajito y gordo que llevaba la camisa estampada de la Tropicana Orange Juice Co.

103

Fla., medio desabrochada y revelando una barriga peluda e hinchada.

–Jesús, qué frío hace –murmuró–. ¡Ayer en Miami estábamos a treinta y dos!

Otros se congregaron a mi alrededor, y comenzaron a hablar de sus rutas y viajes, de las montañas, los océanos y las planicies; de bosques y desiertos; de nieve y granizo, de truenos y ciclones: en el curso de un solo día habían visto de todo. Un mundo de viajes y extrañas experiencias se reunía en el Travel Happy aquella y todas las noches.

Rodeé el camión hasta la parte de atrás y a través de las puertas entreabiertas vi a Howard durmiendo en su nicho. Tenía la boca abierta, y los ojos –observé con cierto reparo– tampoco estaban cerrados del todo. Por un momento creí que había muerto, hasta que lo vi respirar y retorcerse un poco.

Una hora más tarde se despertó Mac, despeinado y con la ropa arrugada, y salió tambaleándose de la cabina; desapareció en dirección a la «barraca» de la parada para camiones, cargado con un enorme maletín. Cuando volvió, unos minutos más tarde, iba perfectamente afeitado y peinado, con ropa limpia para el día del Señor.

Me uní a él y fuimos juntos hasta la cafetería.

–¿Y Howard? –pregunté–. ¿Quieres que lo despierte?

–No. El chaval se despertará más tarde.

Era evidente que Mac sentía la necesidad de explicarme por qué llevaba al muchacho con él.

–Dormiría todo el día si le dejara –refunfuñó mientras desayunaba–. Es un buen chico, sabes, pero no muy listo.

Había conocido a Howard seis meses antes –un vagabundo de veintitrés años– y le había dado lástima. El muchacho se había escapado de casa cuando tenía diez años, y el padre –un conocido banquero de Detroit– no se había esforzado demasiado para dar con él. Howard le había cogido afición a la carretera y vagaba de un lado para otro, trabajando en algo de vez en cuando; en ocasiones pedía limosna, otras robaba, y siempre trataba de evitar las iglesias y las prisiones. Había estado brevemente en el ejército, pero lo habían licenciado al poco tiempo por deficiente mental.

Mac lo recogió mientras hacía autostop y lo «adoptó»: ahora lo llevaba a todos los viajes, le mostraba el país, le enseñaba a empaquetar y embalar (y también a hablar y a comportarse), y le pagaba un sueldo regular. Cuando regresaran a Florida, una vez terminado el viaje, Howard se quedaría con la mujer y la familia de Mac, donde lo consideraban un hermano pequeño.

Mientras tomábamos nuestra segunda taza de café, los apuesto rasgos de Mac se ensombrecieron.

«Supongo que no se quedará mucho tiempo conmigo. Quizá incluso yo deje pronto de conducir.»

Me relató que unas semanas atrás había sufrido un extraño «accidente»: sin previo aviso perdió el conocimiento y su camión acabó en medio de un campo. La aseguradora pagó, pero insistió en que pasara un reconocimiento médico; también se opusieron a que llevara un compañero en el camión, fuera cual fuera el resultado del examen.

Está claro que Mac teme, y la compañía aseguradora seguramente lo sospecha, que ese desvanecimiento fuera un ataque epiléptico, y es posible que el reconocimiento médico ponga fin a sus días en la carretera. Ha tenido la previsión de solicitar un buen empleo en Nueva Orleans, en el mundo de los seguros.

En ese momento apareció Howard y Mac cambió de tema rápidamente.

Después de desayunar, Mac y Howard se sentaron sobre un neumático desechado y comenzaron a lanzar piedras a un poste de madera. Charlamos de manera vaga e incoherente de muchas cosas, dejando pasar la suave indolencia dominical de una parada para camioneros. Al cabo de un par de horas se aburrieron y volvieron a subirse al camión para seguir durmiendo.

Yo agarré un par de sacos del tráiler y me tumbé a tomar el sol, rodeado de botellas rotas, y pieles de salchicha, comida, latas de cerveza, anticonceptivos en descomposición y un increíble amontonamiento de papeles rotos y arrugados: aquí y allá, un tallo de cebollas silvestres o alfalfa asomaba entre los desperdicios.

Mientras estaba dormitando o escribiendo, a menudo me ponía a pensar en comida. Detrás de mí había una veintena de pollos miserables escarbando en el polvo, a los que yo contemplaba de vez en cuando con un suspiro de nostalgia, pues un rato antes Mac los había señalado con su «mejor amigo del camionero» (una automática de aspecto eficiente) y había dicho: «¡Esta noche tendremos pollo para cenar!» con una simpática risita.

Más o menos cada hora me levantaba a estirar las piernas, y me tomaba cuatro cafés y un helado de nuez, con lo que ya había consumido un total de veintiocho y siete, respectivamente.

También he visitado numerosas veces el retrete de la barraca, pues sufro una incandescente diarrea desde que probé las guindillas de Mac la noche anterior.

En el pequeño cuarto de baño hay cinco máquinas de anticonceptivos, un interesante ejemplo de cómo las presiones comerciales siguen a un hombre hasta sus actividades más íntimas. El coste de estos hermosos artículos («enrollados electrónicamente, sellados con celofán, flexibles, sensibles y transparente», tal como se describían con admiración) era de tres por un dólar, aunque el cartel se había modificado un tanto torpemente, y ahora decía: THREE FOR A DOLL (Tres por una chati). Había también una máquina llamada Prolong, que dispensaba un ungüento anestésico concebido, tal como se afirmaba, «para ayudar a prevenir el clímax prematuro». Pero John, el donjuán rubio, que está resultando ser un auténtico compendio de información sexual, cree que el ungüento para las hemorroides es mucho mejor. Prolong es demasiado fuerte: nunca sabes si te vas a correr o no.

A media tarde, Mac ha anunciado de repente que nos quedaríamos en Travel Happy otra noche. Nos ha dedicado una sonrisa satisfecha y deliberadamente misteriosa: sin duda esta noche ha concertado una cita con Sue o Nell en la cabina. En medio de este ambiente de intriga, Howard se ha comportado como un perro excitado. A pesar del numerito que ha montado, sospecho (y Mac lo ha confirmado) que nunca se ha acostado con una chica. De hecho, Mac le ha conseguido chicas de vez en cuando, pero Howard –tan bocazas en sus proezas imaginarias– se vuelve tímido y zafio cuando se enfrenta a la realidad, y las cosas siempre «quedan en nada» en el último momento.

He seguido escribiendo y tomando café. De vez en cuando iba a estirar las piernas, y he examinado con curiosidad a todos los camioneros que me rodeaban mientras roncaban en sus cabinas, comparando sus caras y sus posturas en reposo.

A las 4.20 amaneció, una luz tenue e indecisa al este. Un camionero se despertó y se dirigió hacia la barraca para echar una mirada. Al regresar al camión comprobó la carga, se metió en la cabina y cerró la puerta. Puso en marcha

107

el motor con un rugido y lentamente se alejó. Los demás camiones estaban en silencio, dormidos.

A las cinco, el malogrado amanecer se ha visto sustituido por una fina llovizna. Una de las zarrapastrosas gallinas se ha puesto a armar barullo, y en la hierba ha comenzado a oírse el gorjeo de los insectos.

Las seis, y en el café flota el olor de las tortitas, la mantequilla, el beicon y los huevos. Las camareras de noche acaban el turno y me desean buena suerte en mis viajes por América. Llega el personal de día y sonríe al verme sentado a la misma mesa que ocupé ayer.

Puedo entrar y salir del pequeño café cuando se me antoje. Ya no me cobran nada. He bebido más de setenta tazas de café en las últimas treinta horas, y este logro merece una pequeña concesión.

Las ocho. Mac y Howard se han ido el centro de Coleman para ayudar a los hombres de la Mayflower a bajar la carga. El ritmo de repente es diferente, pues hoy no han dicho nada, se han saltado el desayuno y no se han lavado. El maletín de Mac ha quedado arrinconado durante otra semana.

He subido a la cabina de la que Mac acababa de salir –todavía estaba caliente después de su húmedo sueño–, me he tapado con su vieja manta raída y al instante me he quedado dormido. A las diez me he despertado un momento por culpa de la fuerte lluvia en el tejado, pero no había señal de Mac ni de Howard.

Al final han regresado a las doce y media, con un andar cansado y empapados por haber bajado la pesada carga bajo la lluvia.

–¡Jesús! –ha dicho Mac–. Estoy hecho polvo. Vamos a comer algo. En una hora nos ponemos en marcha.

¡Eso fue hace tres horas, y todavía no nos hemos movido! Han estado fumando y fanfarroneando y enredando con cualquier cosa y coqueteando, como si tuvieran por delante mil años sin prisas. Loco de impaciencia, me he retirado a la cabina con mis cuadernos. John, el donjuán, ha intentado calmarme:

–¡No te enfades, chaval! Si Mac dice que el miércoles estará en Nueva York, entonces estará, aunque se quede en Travel Happy hasta el martes por la noche.

Después de cuarenta horas, esta parada para camiones se me ha hecho infinitamente familiar. Conozco a docenas de hombres: lo que les gusta y lo que no, sus chistes y su idiosincrasia. Y ellos me conocen a mí, o eso creen, y me llaman de manera indulgente «Doc» o «Profesor».

Conozco todos los camiones: su tonelaje y su carga, lo que se les puede pedir y sus rarezas, y su insignia.

Conozco a todas las camareras de Travel Happy: Carol, la jefa, me ha sacado una Polaroid acompañado de Sue y Nell, sin afeitar y deslumbrado por el flash. La ha colocado junto con las demás fotos, de manera que ahora tengo mi lugar en su familia de miles de colegas camioneros, sus «novios» que vienen y van mientras recorren las largas rutas de camiones de todo el país.

«¡Sí!», le dirá Carol a algún futuro y perplejo cliente que examine la foto. «Ése es Doc. Era un gran tipo, quizá un poco raro. Iba con Mac y Howard, los dos de ahí. A menudo me pregunto qué fue de él.»

109

MUSCLE BEACH

Cuando finalmente llegué a Nueva York, en junio de 1961, le pedí dinero prestado a un primo mío y me compré otra moto, una BMW R60, la más fiable de todos los modelos BMW. Ya no quería saber nada más de motos usadas, como la R69, a la que algún idiota o criminal había colocado los pistones equivocados, los pistones que se habían agarrotado en Alabama.

Pasé unos cuantos días en Nueva York y sentí la llamada de la carretera. Cubrí miles de kilómetros en mi lento y errático regreso a California. Las carreteras estaban maravillosamente vacías, y mientras cruzaba Dakota del Sur y Wyoming, a veces pasaba horas sin ver un alma. El silencio de la moto, la relajación del viaje, le otorgaban una mágica cualidad de ensueño.

Existe una unión directa con la motocicleta, pues se ajusta tanto a nuestra propiocepción, a los movimientos y posturas del que la maneja, que responde casi como si formara parte de nuestro cuerpo. Moto y motorista se convierten en una entidad única e indivisible; es como montar a caballo. Un coche nunca acaba formando parte de uno del mismo modo.

Llegué a San Francisco a finales de junio, justo a tiempo para quitarme mi traje de cuero y ponerme la bata blanca de interno en el Hospital Monte Sión. Durante mi largo viaje por carretera, comiendo donde podía, había perdido peso, pero ahora entrenaba en el gimnasio siempre que me era posible, así que cuando aparecí con mi moto nueva y mi cuerpo nuevo en Nueva York estaba en forma, y pesaba menos de noventa kilos. Pero cuando regresé a San Francisco decidí «ganar músculo» (como dicen los levantadores de pesas), e intentar lograr un récord de levantamiento de pesas, uno que estuviera a mi alcance. Ganar peso era especialmente fácil en el Monte Sión, pues su cafetería ofrecía hamburguesas dobles con queso y enormes batidos gratis para los residentes y los internos. Así que me sometí a una ración de cinco hamburguesas dobles con queso y media docena de batidos por noche, y entrenando duro conseguí ganar músculo rápidamente, pasando de la categoría de semipesado (hasta 94 kilos) a la de pesado (hasta 105 kilos) y luego la de superpesado (sin límite). Se lo conté a mis padres –les contaba casi todo– y se quedaron un poco preocupados, cosa que me sorprendió, pues mi padre no era ningún peso ligero y rondaba los 115 kilos.[1]

Yo había hecho un poco de levantamiento de pesas cuando era estudiante de medicina en Londres, en la década de 1950. Pertenecía a un club deportivo judío, el Maccabi, y teníamos competiciones de levantamiento de potencia con otros clubs deportivos. Las tres competiciones eran: el curl de bíceps, el press de banca y la sentadilla.

---

1. Mi padre comía continuamente si tenía comida delante, pero si no tenía, se podía pasar todo el día sin comer; lo mismo me pasa a mí. En ausencia de controles internos, necesito tenerlos externos. Tengo rutinas fijas para comer, y no me gusta desviarme de ellas.

Muy distintos de éstos eran los tres levantamientos olímpicos –press, la arrancada y los dos tiempos–, y en nuestro pequeño gimnasio había levantadores de peso de categoría mundial. Uno de ellos, Ben Helfgott, había capitaneado el equipo de levantadores de pesas británico en los Juegos Olímpicos de 1956. Se hizo buen amigo mío (e incluso ahora, ya cumplidos los ochenta, sigue siendo extraordinariamente fuerte y ágil).[1] Probé con los levantamientos olímpicos, pero era demasiado tarde. Mis arrancadas, en concreto, eran peligrosas para aquellos que estaban a mi alrededor, y me dijeron con toda claridad que abandonara la plataforma de levantamiento olímpico y regresara al levantamiento de potencia.

Además del Maccabi, a veces iba a entrenar al Central YMCA de Londres, que poseía una galería de levantamiento de pesas supervisada por Ken McDonald, que había representado a Australia en los Juegos Olímpicos. Ken ya acarreaba mucho peso por sí mismo, sobre todo en la mitad inferior; tenía unos muslos enormes y era un levantador de clase mundial. Yo admiraba su habilidad en la sentadilla, y también quería desarrollar unos muslos como los suyos, así como la fuerza en la espalda necesaria para las sentadillas y los levantamientos sobre la cabeza. Ken prefería el levantamiento de peso muerto con las piernas rígidas, una práctica que parecía pensada para lesionar la espalda, pues toda la carga se concentraba en la zona lumbar y no se transmitía, como debería ocurrir, a las piernas. Mientras seguía mejorando bajo su tutela, Ken me invitó a participar en una exhibición de levantamiento de pesas: los dos alternaríamos el levantamiento de peso muerto.

1. El logro de Helfgott fue aún más extraordinario porque había sobrevivido a los campos de Buchenwald y Theresienstadt.

Ken levantó 317 kilos. Yo sólo llegué a los 238, pero me aplaudieron igual, y sentí una breve satisfacción y orgullo al pensar que, a pesar de ser un novato, había conseguido acompañar a Ken cuando éste había roto el récord de levantamiento de peso muerto. Pero mi satisfacción no duró, pues en los días siguientes sentí un dolor en la zona lumbar tan intenso que apenas podía moverme ni respirar; me pregunté si me habría fracturado una vértebra. En la radiografía no vieron nada malo, y el dolor y los espasmos remitieron en unos días, pero seguí sufriendo terribles dolores de espalda durante los siguientes cuarenta años (sólo desaparecieron, no sé por qué, cuando tenía sesenta y cinco años, o quizá entonces fueron «reemplazados» por la ciática).

Mi admiración por el programa de entrenamiento de Ken se extendía a la dieta especial, en su mayor parte líquida, que había elaborado a fin de ganar musculatura. Se presentaba en los entrenamientos con una botella de dos litros llena de una espesa y empalagosa mezcla de melaza y leche, a la que añadía un surtido de vitaminas y levadura. Decidí hacer lo mismo, pero pasé por alto el hecho de que la levadura, si se le concede tiempo suficiente, fermenta el azúcar. Cuando saqué la botella de mi bolsa de gimnasio, abultaba de manera amenazante. Estaba claro que la levadura había fermentado la mezcla; la había metido allí con horas de antelación, mientras que Ken (como me explicó más tarde) la espolvoreaba justo antes de ir al gimnasio. El contenido de la botella estaba bajo presión, y yo me sentía un poco asustado; era como si de repente estuviera en posesión de una bomba. Creo que desenrosqué el tapón muy lentamente, para que hubiera una descompresión suave, pero en cuanto lo aflojé un poco, explotó; los dos litros de porquería negra y pegajosa (y ahora ligeramente alcohólica) ascendieron como un géiser y salpicaron todo el gimnasio. Al principio hubo carcajadas, y luego indignación, y me advirtieron seriamente que no volviera a llevar al gimnasio nada más que agua.

El Central YMCA de San Francisco tenía unas instalaciones de levantamiento de pesas especialmente buenas. La primera vez que fui me llamó la atención una barra en la press de banca con un peso de casi 180 kilos. Nadie en el Maccabi levantaba en la banca un peso así, y cuando miré a mi alrededor me di cuenta de que nadie en el gimnasio miraba ese peso. Nadie, al menos, hasta que un hombre bajito pero enormemente ancho, y con una gran caja torácica, una especie de gorila de pelo blanco, entró en el gimnasio cojeando –era un poco patizambo–, se colocó en la banca y, a modo de calentamiento, ejecutó una docena de repeticiones rápidas con aquella barra. Fue añadiendo pesas hasta llegar casi a los 225 kilos. Yo llevaba una Polaroid, y le saqué una foto mientras descansaba entre serie y serie. Luego me puse a hablar con él; era muy simpático. Me dijo que se llamaba Karl Norberg, que era sueco y que había trabajado toda la vida de estibador, y que ahora tenía setenta años. Su fenomenal fuerza la había adquirido de manera natural; su único ejercicio había sido levantar cajas y toneles en los muelles, a menudo uno en cada hombro, cajas y toneles que ninguna persona «normal» era capaz de levantar del suelo.

Karl me inspiró, y decidí que yo también levantaría pesos más grandes, y me puse a trabajar en el levantamiento que mejor se me daba entonces: la sentadilla. Me puse a entrenar de manera intensiva, casi obsesiva, en un pequeño gimnasio de San Rafael, y llevaba a cabo cinco series de cinco repeticiones con 250 kilos cada cinco días. La simetría de las cifras me complacía, pero la gente del gimnasio se lo tomaba un poco a guasa: «Sacks y sus cincos.» No comprendí lo excepcional que era aquello hasta que otro levantador me animó a intentar batir el récord de sentadilla de California. Así lo hice, no muy seguro de mí mismo, y para mi alegría fui capaz de establecer un nuevo récord, una sentadilla con una barra de 272 kilos sobre los hombros. Eso me serviría de introducción al mundo de la halterofilia; en esos círculos, un récord de halterofilia es equivalente a publicar un artículo científico o un libro en el mundo académico.

En la primavera de 1962, mi periodo de interno en el Monte Sión tocaba a su fin, y mi residencia en la UCLA comenzaría el 1 de julio. Pero necesitaba tiempo para visitar Londres antes de comenzar mi periodo de residente. Llevaba dos años sin ver a mis padres, y mi madre acababa de romperse una cadera, de manera que me alegró mucho estar con ella después de la operación. Mi madre afrontó el traumatismo, la operación y las semanas posteriores de dolor y rehabilitación con gran entereza, y estaba decidida a volver a visitar a sus pacientes en cuanto se liberara de las muletas.

Nuestra escalera en curva, con su raída alfombra y algunas de las varillas que la sujetaban a veces sueltas, no era segura para andar con muletas, de modo que yo la subía y bajaba en brazos siempre que lo necesitaba –se había opuesto a que levantara pesas, pero ahora estaba contenta de mi fuerza– y demoré mi retorno hasta que pudo subir y bajar las escaleras ella sola.[1]

1. Por desgracia, se había roto la cadera por un mal sitio, que comprometía el riego sanguíneo de la cabeza del fémur, lo que le pro-

En la UCLA, los residentes contábamos con un «Club de Publicaciones» semanal; leíamos los últimos ensayos de neurología y los comentábamos. Yo a veces irritaba al grupo, creo, al afirmar que también deberíamos discutir los textos de nuestros antecesores del siglo XIX, relacionando lo que veíamos en los pacientes con las observaciones de aquellos pioneros. Los demás lo consideraban un arcaísmo; íbamos escasos de tiempo, y teníamos mejores cosas que hacer que ocuparnos de asuntos tan «obsoletos». Esta actitud se reflejaba de manera implícita en muchos de los artículos que leíamos; hacían poca referencia a nada que tuviera más de cinco años de antigüedad. Era como si la neurología *careciera* de historia.

Aquello me dejaba consternado, pues yo pienso en términos narrativos e históricos. Cuando era un chaval obsesionado por la química, devoraba libros sobre la historia de la química, la evolución de sus ideas y la vida de mis químicos preferidos. Para mí, la química también tenía una dimensión humana e histórica.

Lo mismo ocurrió cuando pasé a interesarme por la biología. Naturalmente, mi pasión fundamental fue Darwin, y no sólo había leído *El origen de las especies* y *El origen del hombre,* no sólo *El viaje del «Beagle»,* sino todos sus libros sobre botánica, y también *Arrecifes de coral* y *Lombrices de tierra.* Y, sobre todo, me encantaba su autobiografía.

---

vocó una así llamada necrosis avascular y finalmente un colapso, con un dolor intenso y que no remitía. Aunque mi madre permaneció estoica y siguió visitando a sus pacientes, llevando una vida normal a pesar del dolor, aquello la envejeció, y cuando regresé a Londres en 1965 parecía diez años mayor que tres años antes.

Eric Korn sentía una pasión parecida, y con el tiempo abandonó su carrera de zoólogo en la universidad para convertirse en librero de antigüedades especializado en obras de Darwin y textos científicos del siglo XIX. (Lo consultaban libreros y eruditos de todo el mundo por su extraordinario conocimiento de Darwin y su época, y fue buen amigo de Stephen Jay Gould. A Eric incluso le pidieron —nadie más podría haberlo hecho— que reconstruyera la biblioteca de Darwin en Down House.)

Yo no era coleccionista de libros, y si compraba libros o artículos era para leerlos, no para enseñarlos. Así que Eric me guardaba sus libros rotos o deteriorados, libros a los que a lo mejor les faltaba una tapa o una portadilla: libros que ningún coleccionista querría pero que yo me podía permitir comprar. A medida que mi interés se desplazaba a la neurología, fue Eric quien me consiguió el *Manual* de 1888 de Gowers, las *Conferencias* de Charcot y una multitud de textos menos conocidos pero para mí igual de hermosos e inspiradores. Muchos de éstos llegaron a ser fundamentales para los libros que escribiría posteriormente.

Uno de los primeros pacientes que visité en la UCLA me dejó fascinado. No es insólito padecer un repentino espasmo mioclónico cuando uno se queda dormido, pero esta joven sufría un mioclono mucho más grave, y reaccionaba a la luz parpadeante de cierta frecuencia con repentinos espasmos convulsivos del cuerpo, y a veces con auténticos ataques. Era un problema que había afectado a su familia durante cinco generaciones. Con mis colegas Chris Herrmann y Mary Jean Aguilar, escribí sobre ella mi primer artículo (para la revista *Neurology)*, y, fascinado por los espasmos mioclónicos y las numerosas afecciones y circunstancias en los que ocurren, escribí un librillo acerca de todos ellos que titulé «Myoclonus».

Cuando, en 1963, Charles Luttrell, un neurólogo célebre por su extraordinario trabajo sobre el mioclono, visitó la UCLA, le hablé de mi interés por el tema y le dije que agradecería muchísimo su opinión sobre mi libro. Era un hombre agradable y le entregué el manuscrito; no tenía ninguna copia. Pasó una semana, y otra, y otra, y a las seis semanas ya no pude reprimir la impaciencia y le escribí al doctor Luttrell. Me enteré de que había muerto. Me quedé estupefacto. Le escribí una carta de condolencia a la señora Luttrell en la que expresaba mi admiración por el trabajo de su marido, pero en esas circunstancias me pareció un poco fuera de lugar pedirle que me devolviera el manuscrito. Nunca se lo pedí, y nunca lo recuperé. No sé si todavía existe; probablemente lo tiraron a la basura, pero quizá todavía cría polvo en algún cajón olvidado.

En 1964 conocí a un joven desconcertante, Frank C., en la clínica neurológica de la UCLA. Padecía incesantes movimientos espasmódicos de la cabeza y las extremidades, que habían comenzado cuando tenía diecinueve años y habían ido empeorando con los años; últimamente, unos fuertes espasmos afectaban todo su cuerpo cuando dormía. Había probado con los tranquilizantes, pero nada parecía mitigar los espasmos, hasta el punto de que Frank, deprimido, había comenzado a beber mucho. Decía que su padre había padecido movimientos idénticos que habían comenzado a los veintipocos años, que había terminado deprimido y alcohólico, y que finalmente se suicidó a los treinta y siete años. El propio Frank tenía ahora treinta y siete, y decía que imaginaba perfectamente cómo se sentía su padre; le daba miedo acabar dando el mismo paso.

Había ingresado en el hospital seis meses antes, y allí habían considerado diversos diagnósticos: corea de Huntington, parkinsonismo posencefalítico, la enfermedad de Wilson, etc., pero no pudieron confirmar ninguno. Así que Frank y su extraña enfermedad planteaban un enigma. En cierto momento recuerdo que me quedé contemplando su cabeza mientras pensaba: «¿Qué ocurre aquí dentro? Ojalá pudiera *ver* tu cerebro.»

Media hora después de que Frank saliera de la clínica, una enfermera entró corriendo y dijo: «Doctor Sacks, su paciente acaba de morir. Lo ha atropellado un camión. Ha muerto al instante.» De inmediato llevamos a cabo la autopsia, y dos horas más tarde tenía el cerebro de Frank en las manos. Me sentía fatal... y culpable. ¿Era posible que mi deseo de ver su cerebro hubiera provocado en parte ese fatal accidente? Además, no podía evitar preguntarme si él había decidido acabar con todo y se había arrojado deliberadamente delante del camión.

Su cerebro era de tamaño estándar y no mostraba ninguna anormalidad evidente, pero cuando unos días más tarde coloqué algunas muestras bajo el microscopio, me quedé asombrado al ver la hinchazón y tortuosidad de los axones nerviosos, masas pálidas y esféricas, y una pigmentación marrón óxido procedente de depósitos de hierro en la sustancia negra, el globo pálido y el núcleo subtalámico –todas las partes del cerebro que regulan el movimiento–, y en ninguna otra parte.

Nunca había visto una hinchazón tan enorme limitada a los axones nerviosos ni fragmentos de axón separados; era algo que no ocurría en la enfermedad de Huntington ni en ninguna otra que yo hubiera visto. Pero me había encontrado con imágenes de esas hinchazones axonales, fotografías que ilustraban una enfermedad muy rara descrita por dos patólogos alemanes, Hallervorden y Spatz, en 1922: una enfermedad que comenzaba en la juventud con movimientos anormales, pero que luego, a medida que avanzaba, provocaba síntomas neurológicos generalizados, demencia y finalmente la muerte. Hallervorden y Spatz observaron esa enfermedad fatal en cinco hermanas. En la autopsia, los cerebros de éstas contenían hinchazones axonales y grumos de axones separados, así como decoloraciones marronosas en el globo pálido y en la sustancia negra.

En aquel momento parecía posible que Frank hubiera padecido la enfermedad de Hallervorden-Spatz, y que su trágica muerte nos había permitido ver la base nerviosa de dicha afección en una fase muy inicial.

Si yo tenía razón, nos enfrentábamos a un caso que ejemplificaba, mejor que ningún otro descrito anteriormente, los cambios iniciales y fundamentales de la enfermedad de Hallervorden-Spatz, sin contaminar por los rasgos secundarios observados en casos más avanzados. Me intrigaba la rareza de una patología que parecía afectar tan sólo los axones nerviosos y no se transmitía a los cuerpos de las células nerviosas ni a los haces de mielina.

Justo un año antes había leído un artículo de David Cowen y Edwin Olmstead, neuropatólogos de la Universidad de Columbia, que describían una enfermedad axonal primaria en niños pequeños: la enfermedad podía presentarse ya en el segundo año, y solía ser fatal a los siete. Pero en contraste con la enfermedad de Hallervorden-Spatz, donde las anormalidades axonales se restringían a zonas pequeñas pero cruciales, en la distrofia neuroaxonal infantil (tal como la llamaban Cowen y Olmstead) había una distribución generalizada de hinchazones y fragmentos axonales.

Me pregunté si había modelos animales de distrofia axonal, y por casualidad me encontré con que los investigadores de nuestro departamento de neuropatología trabajaban precisamente en eso.[1] Uno de ellos, Stirling Carpenter, trabajaba con ratas, a las que administraba una dieta deficiente en vitamina E; esas patéticas ratas perdían el control de sus patas posteriores y de la cola porque la sensibilidad procedente de ellas quedaba bloqueada por el daño axonal en los tractos sensoriales de la médula espinal, y sus núcleos en el cerebro: una distribución de deterioro axonal completamente distinta de la que se veía en la enfermedad de Hallervorden-Spatz pero que quizá arrojaba alguna luz sobre los mecanismos patogénicos implicados.

Otro colega de la UCLA, Anthony Verity, trabajaba en un síndrome agudo neurológico que se podía provocar en animales de laboratorio administrándoles un compuesto de hidrógeno tóxico: el iminodipropionitrilo (IDPN).[2] Los ratones a los que se administraba esta sustancia desarrollaban una excitación desaforada, daban vueltas en círculo de manera incesante o corrían hacia atrás, todo ello acompañado de movimientos espasmódicos involuntarios, ojos saltones y priapismo; también sufrían importantes cambios axonales, pero éstos se daban en los sistemas de activación cerebral.

1. Naturalmente, fue algo más que una coincidencia fortuita. Un ensayo publicado en 1963 había descrito los cambios axonales asociados a la deficiencia de vitamina E en las ratas, y otro de 1964 había descrito cambios axonales parecidos en ratones a los que se había administrado IDPN (iminodipropionitrilo). Los descubrimientos nuevos se han de replicar en otros laboratorios, y eso era lo que estaban haciendo mis colegas de la UCLA.

2. El IDPN y compuestos semejantes producen una excitación excesiva e hiperactividad no sólo en mamíferos, sino en peces, saltamontes e incluso protozoos.

El término «ratón bailarín» se utilizaba a veces para referirse a esos roedores tan acelerados e incesantemente activos, pero este término decoroso no acaba de representar la tremenda gravedad del síndrome. El habitual silencio del departamento de neuropatología se veía salpicado por chillidos y gritos agudos procedentes de los ratones hiperexcitados. Si bien los ratones a los que se administraba el IDPN eran muy diferentes de las ratas deficientes en vitamina E que arrastraban las patas traseras extendidas, y muy distintos de afecciones humanas como la enfermedad de Hallervorden-Spatz y la distrofia neuroaxonal infantil, todos parecían compartir una patología común: un grave deterioro confinado a los axones de las células nerviosas.

¿Qué se podía colegir del hecho de que síndromes humanos y animales tan distintos tuvieran su origen, al parecer, en el mismo tipo de distrofia axonal, aunque en regiones distintas del sistema nervioso?

Después de trasladarme a Los Ángeles, echaba de menos mis excursiones del domingo por la mañana hasta Stinson Beach con mis amigos moteros, y volví a convertirme en un viajero solitario; los fines de semana me embarcaba en solitarios y largos viajes. Los viernes, en cuanto salía de trabajar, me montaba en mi caballo —así es como veía a veces la moto— y ponía rumbo al Gran Cañón, que se encontraba a más de setecientos kilómetros, aunque en línea recta por la ruta 66. Viajaba toda la noche, tumbado sobre el depósito de gasolina; la moto sólo tenía 30 caballos de potencia, pero si me tumbaba podía superar un poco los ciento cincuenta kilómetros por hora, y así acurrucado me pasaba horas conduciendo. Iluminado por los faros —o, si había, por la luna llena—, la rueda

123

delantera iba engullendo la carretera plateada, y a veces experimentaba extrañas inversiones e ilusiones perceptivas. A veces tenía la impresión de estar inscribiendo una línea sobre la superficie de la tierra, y otras de encontrarme inmóvil sobre el suelo, y que todo el planeta giraba en silencio debajo de mí. Sólo paraba en las gasolineras para llenar el depósito, para estirar las piernas e intercambiar unas palabras con el dependiente. Si colocaba la moto a máxima velocidad, podía llegar al Gran Cañón a tiempo para ver salir el sol.

A veces hacía una pausa en un pequeño motel, no muy lejos del cañón, donde dormía unas horas, pero por lo general dormía al aire libre, dentro de mi saco de dormir. La cosa tenía sus peligros, y no sólo los osos, los coyotes o los insectos. Una noche, después de tomar la ruta 33, la carretera que cruza el desierto desde Los Ángeles a San Francisco, me paré y desenrollé el saco de dormir sobre lo que, en la oscuridad, me pareció un lecho natural de un musgo blando y hermoso. Dormí muy bien, respirando el aire en el desierto, pero por la mañana me di cuenta de que me había echado sobre una enorme masa de esporas de hongos, que debía de haber inhalado toda la noche. Se trataba del *Coccidioides*, un conocido hongo autóctono de Central Valley que puede provocar desde una leve enfermedad respiratoria hasta la llamada fiebre del Valle y, a veces, una neumonía o una meningitis fatales. La prueba cutánea del hongo dio positivo, pero por suerte no desarrollé ningún síntoma.

Pasaba los fines de semana dando caminatas por el Gran Cañón, o a veces por el Cañón de Oak Creek, con sus maravillosos colores rojo y morado. A veces iba hasta Jerome, una ciudad fantasma (hasta años más tarde no la emperifollaron para los turistas), y en una ocasión visité la tumba de Wyatt Earp, una de las grandes figuras románticas del Viejo Oeste.

Regresaba a Los Ángeles el domingo por la noche y, con la resistencia de la juventud, me presentaba fresco como una rosa para las visitas de neurología de las ocho de la mañana del lunes, sin ninguna señal apenas de haber recorrido mil quinientos kilómetros el fin de semana.

Algunas personas, quizá más en los Estados Unidos que en Europa, tienen «algo» contra las motos y los motoristas: una fobia o un odio irracional que a veces los lleva a actuar.

Mi primera experiencia tuvo lugar en 1963, mientras iba en moto por Sunset Boulevard, bastante despacio, disfrutando de un perfecto día de primavera y pensando en mis cosas. Al ver un coche detrás de mí por el retrovisor, le hice señas de que me adelantara. El coche aceleró, pero cuando estaba justo en paralelo conmigo, de repente viró hacia mí y tuve que desviarme para evitar la colisión. No pensé que aquello fuera deliberado; me dije que el conductor probablemente estaba borracho o era incompetente. Después de adelantarme, el coche aminoró. Yo también aminoré la velocidad, hasta que me hizo señas de que lo adelantara. Al hacerlo, dio un volantazo y se colocó en mitad de la carretera, y por muy poco evité que me diera de refilón.

Nunca he iniciado una pelea. Nunca he atacado a nadie a no ser que me atacaran primero. Pero aquel segundo ataque, que podía haberme matado, me enfureció y decidí tomar represalias. Me mantuve a unos cien metros o más por detrás del coche, justo donde no pudiera verme, pero preparado para saltar si se veía obligado a pararse en algún semáforo, cosa que ocurrió cuando llegamos a Westwood

Boulevard. Sin hacer ruido –mi moto era prácticamente silenciosa–, me coloqué al lado del conductor, con la intención de romper una ventanilla o rascar la pintura del coche mientras me situaba su lado. Pero la ventanilla estaba abierta, y al darme cuenta introduje la mano por la ventanilla, lo agarré por la nariz, y se la retorcí con todas mis fuerzas; el conductor soltó un chillido, y cuando me marché tenía la cara llena de sangre. Se quedó demasiado estupefacto para hacer nada, y yo seguí adelante, con la sensación de que se lo tenía más que merecido por haber intentado atentar contra mi vida.

Un segundo incidente ocurrió mientras me dirigía a San Francisco por la carretera del desierto, la ruta 33, muy poco transitada; me encantaba aquella ausencia de tráfico, e iba tranquilamente a unos cien kilómetros por hora cuando por el retrovisor vi un coche que (juzgué) debía de ir a unos ciento veinte. El conductor tenía toda la carretera para adelantarme, pero (al igual que el conductor de Los Ángeles) intentó sacarme de la calzada. Y lo consiguió, y me lanzó al arcén reservado para emergencias y averías, un arcén blando. De milagro conseguí mantener la moto erguida, levantando una enorme nube de polvo, después de lo cual regresé a la carretera. Mi atacante iba ahora unos doscientos metros por delante. Mi principal reacción fue más de rabia que de miedo, y saqué un monopod del portaequipajes (en aquella época era muy aficionado a la fotografía paisajística, y siempre llevaba conmigo la cámara, el trípode, el monopod, etc.). Le di vueltas y vueltas por encima de la cabeza, como el coronel enloquecido que se coloca a horcajadas sobre la bomba en la escena final de *¿Teléfono rojo? Volamos hacia Moscú*. Debía de parecer un loco –y peligroso–, pues el coche aceleró. Yo también aceleré, y forzando el motor todo lo que pude comencé a adelantarlo. El conductor intentó esquivarme conduciendo de manera errática, aminorando el paso de repente, o yendo de un lado a otro de la carretera vacía, y cuando eso falló, de repente tomó una carretera secundaria en la pequeña población de Coalinga: un error, porque se metió en un laberinto de carreteras más pequeñas, y al final acabó en un callejón sin salida. Me bajé de la moto (con mis 117 kilos de peso) y avancé hacia el coche atrapado esgrimiendo el monopod. Dentro distinguí a dos parejas de adolescentes, cuatro personas aterradas, pero cuando vi su juventud, su desamparo, su miedo, abrí el puño y el monopod se me cayó de la mano.

Me encogí de hombros, recogí el monopod, regresé a la moto y les hice señas de que siguieran. Creo que todos nos habíamos llevado el susto de nuestra vida, habíamos sentido la proximidad de la muerte en nuestro estúpido duelo potencialmente fatal.

Mientras deambulaba por California con la moto, siempre llevaba mi Nikon F con una variedad de lentes. Me gustaba sobre todo la lente macro, que me permitía sacar primeros planos de flores y cortezas de árboles, líquenes y musgo. También tenía una cámara de fuelle Linhof 4 × 5 con un recio trípode. Todo ello, envuelto en mi saco de dormir, quedaba bien protegido de baches y sacudidas.

De niño había aprendido la magia de revelar y positivar fotos, cuando mi pequeño laboratorio de química, con sus cortinas que lo oscurecían por completo, me servía de cuarto oscuro, y seguí practicando esa magia en la UCLA; teníamos un cuarto oscuro magníficamente equipado en el departamento de neuropatología, y me encantaba ver cómo las imágenes aparecían poco a poco mientras movía suavemente las copias grandes en las bandejas de revelado. La fotografía paisajística era mi preferida, y mis excursiones de fin de semana a veces estaban inspiradas en la revista *Arizona Highways*, que contenía maravillosas fotografías de Ansel Adams, Eliot Porter y otros: fotografías que se convirtieron en mi ideal.

Tenía un apartamento cerca de Muscle Beach, en Venice, justo al sur de Santa Mónica. De Muscle Beach ha salido gente importante, entre ellos Dave Ashman y Dave Sheppard, dos levantadores de pesas que participaron en los Juegos Olímpicos. Dave Ashman era policía, y su modestia y sobriedad eran la excepción en un mundo de obsesos por la salud, adictos a los esteroides, borrachos y fanfarrones. (Aunque en esa época yo tomaba drogas en abundancia, nunca probé los esteroides.) Me dijeron que no tenía rival en la sentadilla frontal, un levantamiento mucho más duro y complicado que la sentadilla trasera, porque se sujeta la barra delante del pecho en lugar de sobre los hombros, y hay que mantener un equilibrio y una posición erecta perfectos. Cuando un domingo por la tarde me dirigí a la plataforma de levantamiento de Venice Beach, Dave se quedó mirándome como el novato que yo era, y me retó a igualar su peso en la sentadilla frontal. No podía negarme, pues eso me habría granjeado el estigma de alfeñique o cobarde. Dije: «¡Muy bien!», con una voz que pretendía ser poderosa y confiada, pero que salió como un débil graznido. Lo igualé kilo a kilo hasta los 225, pero me dije que estaba acabado cuando pasó a los 250. Para mi sorpresa –apenas había hecho sentadillas frontales anteriormente–, conseguí levantar el peso. Dave dijo que ése era su límite, pero yo, en un impulso jactancioso, pedí los 260. Lo logré –por poco–, aunque tuve la sensación de que se me salían los ojos de las órbitas, y por un momento temí por la presión sanguínea en la cabeza. Después de eso, me aceptaron en Muscle Beach y me pusieron el sobrenombre de doctor Sentadilla.

Había muchos otros hombres fuertes en Muscle Beach. Mac Batchelor, que poseía un bar al que íbamos todos, tenía las manos más grandes y más fuertes que he visto nunca; era el campeón de pulsos del mundo, algo que nadie le disputaba, y se decía que era capaz de doblar un dólar de plata con las manos, aunque eso no lo vi nunca. Había dos hombres gigantescos –Chuck Ahrens y Steve Merjanian– que era venerados como semidioses y se mantenían un tanto alejados del resto de los habituales de Muscle Beach. Chuck era capaz de llevar a cabo un levantamiento lateral de una pesa de 170 kilos, y Steve había inventado un nuevo levantamiento: la press de banca inclinada. Ambos pesaban cerca de 140 kilos, y exhibían unos brazos y unos pectorales inmensos; eran compañeros inseparables y llenaban completamente el Volkswagen Escarabajo que compartían.

Aunque Chuck ya era enorme, estaba ansioso por volverse aún más enorme, y un día apareció de repente, llenando todo el hueco de la puerta, mientras yo trabajaba en el departamento de neuropatología de la UCLA. Había estado cavilando sobre la hormona de crecimiento humano, y me pidió si podía enseñarle dónde se localizaba la glándula pituitaria. Yo estaba rodeado de cerebros en conserva, y extraje uno de su tarro para enseñarle a Chuck la pituitaria, que es del tamaño de un guisante y está situada en la base del cerebro. «Así que ahí es donde está», dijo Chuck, y se marchó satisfecho. Pero aquello me dejó intranquilo: ¿qué se le había ocurrido? ¿Había hecho bien en enseñarle la pituitaria? En mis fantasías, Chuck asaltaba el laboratorio de neuropatología, cogía los cerebros –un poco de formalina no le detendría– y extraía sus pituitarias, como si recogiera moras, y, para hacerlo aún más truculento, iniciaba una serie de extraños asesinatos en los que las víctimas aparecían con la cabeza abierta, el cerebro extraído y las pituitarias devoradas.

Y luego estaba Hal Connolly, un lanzador de martillo olímpico al que a menudo veía en el gimnasio de Muscle Beach. Hal tenía un brazo casi paralizado, y le colgaba inerte del hombro con la mano torcida hacia atrás. El neurólogo que había en mí al instante lo reconoció como una parálisis de Erb; dichas parálisis se originan en una tracción del plexo braquial durante el parto si, como ocurre a veces, el bebé se presenta de lado y hay que sacarlo tirando de un brazo. Pero si bien Hal tenía un brazo inútil, el otro era un campeón mundial. Su dedicación al atletismo era una conmovedora lección del poder de la voluntad y de la compensación; me recordaba algo que a veces leía en la UCLA: pacientes con parálisis cerebral y escaso uso de los brazos que habían aprendido a escribir o a jugar al ajedrez con los pies.

Saqué fotos de Muscle Beach, intentando captar sus numerosos personajes y los lugares que frecuentaba; en aquella época proyectaba publicar un libro sobre la playa: descripciones de personas y lugares, escenas y hechos, de ese extraño mundo que era Muscle Beach a principios de la década de 1960.

No sé si habría sido *capaz* o no de escribir ese libro, un montaje de descripciones y retratos verbales salpicadas de fotografías. Cuando me marché de la UCLA, recogí mis fotos, todas las que había tomado entre 1962 y 1985, junto con mis esbozos y notas, y las introduje en una gran

130

maleta. La maleta nunca llegó a Nueva York; en la UCLA nadie parecía saber qué le había ocurrido, y en las oficinas de correos de Los Ángeles y Nueva York tampoco me dieron ninguna explicación. Así que perdí casi todas las fotografías que había tomado en mis tres años rondando por la playa; sólo sobrevivieron cerca de una docena. Me gusta imaginar que la maleta todavía existe, y que podría aparecer el día menos pensado.

Jim Hamilton formaba parte del grupo de levantamiento de pesas de Muscle Beach, pero era muy distinto a los demás. Tenía una cabeza enorme y el pelo rizado, y también una enorme barba rizada y bigote, por lo que la única parte de su cara visible era la punta de la nariz y sus ojos risueños y hundidos. Tenía el pecho ancho y fornido, con una barriga de proporciones falstaffianas; era uno de los mejores levantadores de press de banca de la playa. Cojeaba un poco; tenía una pierna más corta que la otra y cicatrices de operaciones en toda su extensión. Me contó que había sufrido un accidente de moto en el que había padecido múltiples fracturas compuestas, y había permanecido más de un año en el hospital. En aquella época tenía dieciocho años, y acababa de terminar la secundaria. Fue una época muy difícil, solitaria y llena de dolor, que habría resultado insoportable de no haber descubierto, para su sorpresa y la de todos los demás, que poseía un extraordinario talento matemático. Era algo de lo que nadie se había percatado en la escuela, que a él le desagradaba, pero ahora lo único que quería eran libros sobre matemáticas y teoría de juegos. Los dieciocho meses de obligada inactividad física –le habían practicado casi una docena de operaciones para reconstruir la pierna destrozada– resultaron ser una época de enorme y excitante actividad mental, a medida que se movía con una autoridad y una libertad cada vez mayores en el universo de las matemáticas.

Jim no tenía ni idea de qué haría cuando se graduara en el instituto, pero cuando salió del hospital, gracias a su talento matemático consiguió un trabajo como programador de ordenadores en la Rand Corporation. Pocos de sus amigos y compañeros de juerga de Muscle Beach conocían el lado matemático de Jim.

Jim no tenía dirección fija; al repasar nuestra correspondencia de los años sesenta, encuentro postales procedentes de moteles de Santa Mónica, Van Nuys, Venice, Brentwood, Westwood, Hollywood y docenas de lugares más. No tengo ni idea de qué dirección figuraba en su carnet de conducir; sospecho que quizá era su domicilio infantil en Salt Lake City. Procedía de una distinguida familia mormona, descendientes de Brigham Young.

Para Jim era fácil ir de motel en motel, o dormir en su coche, porque guardaba sus escasas posesiones –ropa y libros, sobre todo– en Rand, y a veces pasaba la noche allí. Ideó una variedad de programas de ajedrez para sus superordenadores, y los ponía a prueba (y a sí mismo) jugando contra ellos. Era algo de lo que disfrutaba especialmente cuando estaba colocado de LSD; le parecía que gracias a la droga sus partidas eran más impredecibles y más inspiradas.

Si Jim tenía un círculo de amigos en Muscle Beach, también tenía otro círculo de colegas matemáticos, y al igual que el famoso matemático húngaro Paul Erdös, a veces los visitaba en plena noche, pasaba un par de horas con ellos dándole vueltas a algún problema, y luego se tumbaba en el sofá y dormía allí toda la noche.

Antes de conocer a Jim, éste pasaba algún esporádico fin de semana en Las Vegas observando las mesas de blackjack, e ideó una estrategia que permitiría que cualquier jugador ganara de manera lenta pero constante. Consiguió un permiso de tres meses en la Rand y se instaló en un hotel de Las Vegas, dedicándose a jugar al blackjack todas las horas que no pasaba durmiendo. De manera gradual pero constante, acabó acumulando unas ganancias de más de cien mil dólares, una cantidad considerable a finales de la década de 1950, hasta que un día lo visitaron dos caballeros bastante voluminosos. Le dijeron que se habían fijado en que ganaba de manera constante, que debía de tener algún tipo de «método», pero que le había llegado el momento de abandonar la ciudad. Jim entendió a qué se referían y abandonó Las Vegas ese mismo día.

Jim poseía un enorme y sucio descapotable que en algún momento había sido blanco, lleno de cartones de leche vacíos y otros desperdicios; bebía casi cuatro litros de leche al día mientras conducía, y simplemente arrojaba los cartones vacíos a la parte de atrás. Nos cogimos afecto. Me gustaba que Jim me hablara de sus pasiones preferidas –la lógica matemática, la teoría de juegos y los juegos de ordenador–, y él me invitaba a perorar sobre mis intereses y pasiones. Cuando me compré mi casita en Topanga Canyon, él y su novia, Kathy, me visitaban a menudo.

Como neurólogo, me interesaban profesionalmente los estados cerebrales y los estados mentales de todo tipo, no sólo aquellos inducidos o modificados por las drogas. Los nuevos descubrimientos acerca de las drogas psicoactivas y sus efectos sobre los neurotransmisores del cerebro se acumulaban rápidamente a principios de la década de 1960, y yo deseaba experimentarlas por mí mismo. Creía que esas experiencias podrían ayudarme a comprender lo que sentían mis pacientes.

Algunos de mis amigos de Muscle Beach me habían insistido para que intentara colocarme con Artane, del que sólo sabía que era un tratamiento para el Parkinson. «Tómate tan sólo veinte tabletas», me dijeron, «y todavía controlarás parcialmente. Verás como se trata de una experiencia muy diferente.» Así que, un domingo por la mañana, tal como describí en *Alucinaciones:*

Conté veinte pastillas, las tragué con un sorbo de agua y me senté a esperar el efecto. (...) Tenía la boca seca, las pupilas dilatadas y me costaba leer, pero eso era todo. No hubo ningún efecto psíquico; fue de lo más decepcionante. Yo no sabía qué esperaba exactamente, pero desde luego esperaba *algo.*

Me encontraba en la cocina, calentando el agua para el té, cuando llamaron a la puerta. Eran mis amigos Jim y Kathy, que a menudo pasaban por mi casa los domingos por la mañana. «Entrad, la puerta está abierta», dije, y mientras se acomodaban en el salón, les pregunté: «¿Cómo os gustan los huevos?» A Jim le gustaban fritos sólo por un lado. Kathy los prefería por los dos. Charlamos un rato mientras les preparaba sus huevos con jamón: entre la cocina y la sala había unas puertas batientes de poca altura, por lo que podíamos oír fácilmente lo que hablaba el otro. Cinco minutos después grité: «Ya están los huevos», puse los huevos con jamón en una bandeja, entré en la sala... y la encontré completamente vacía. Ni Jim, ni Kathy, ni la menor señal de que hubieran estado allí. Me quedé tan estupefacto que casi se me cae la bandeja.

Ni por un instante se me había ocurrido que las voces de Jim y Kathy, sus «presencias», fueran irreales, alucinatorias. Habíamos mantenido una conversación normal y amistosa, como hacíamos siempre. Sus voces eran las mismas de siempre; hasta que abrí las puertas batientes y encontré la sala vacía no hubo el menor indicio de que la conversación, o al menos lo que ellos decían, hubiera sido completamente inventado por mi cerebro.

No sólo estaba sorprendido, sino también asustado. Con el LSD y las otras drogas, sabía lo que ocurría. El mundo parecía diferente, se percibía de modo distinto; notabas que tenía todas las características de una experiencia especial y extrema. Pero mi «conversación» con Jim y Kathy no había tenido ninguna cualidad especial; había sido completamente banal, y nada indicaba que fuera una alucinación. Me acordé de los esquizofrénicos que conversaban con sus «voces», aunque lo habitual era que las voces de la esquizofrenia fueran burlonas o acusadoras, no que hablaran de huevos con jamón o del tiempo.

«Cuidado, Oliver», me dije. «No pierdas el control de la situación. No dejes que esto vuelva a ocurrir.» Sumido en mis pensamientos, me comí lentamente mis huevos con jamón (y también los de Jim y Kathy) y entonces decidí ir a la playa, donde vería a Jim y Kathy y a todos mis amigos, nadaría y pasaría la tarde sin hacer nada.

Jim era una parte muy importante de mi vida cuando vivía en el sur de California –nos veíamos dos o tres veces por semana–, y le eché muchísimo de menos cuando me trasladé a Nueva York. Después de 1970, su interés por los juegos de ordenador (incluyendo los juegos de guerra) se extendió al uso de la animación por ordenador en películas de ciencia ficción y dibujos animados, cosa que le retenía en Los Ángeles.

Cuando Jim me visitó en Nueva York en 1972, se le veía feliz, con buen aspecto; miraba al futuro con optimismo, aunque no estaba claro si ese futuro estaría en California o en Sudamérica (había pasado un par de años en Paraguay, donde había disfrutado enormemente de la vida y se había comprado un rancho).

Decía que no había tomado una copa en dos años, cosa que me alegró especialmente, pues tenía la peligrosa costumbre de coger borracheras repentinas, y había oído que la última le había provocado una pancreatitis. Se dirigía a Salt Lake City para pasar una temporada con su familia. Tres días más tarde recibí una llamada telefónica de Kathy, informándome de que Jim había muerto: había cogido otra borrachera y se le había reproducido la pancreatitis, seguida esta vez de una necrosis del páncreas y una peritonitis generalizada. Sólo tenía treinta y cinco años.[1]

Un día de 1963 fui a barrenar olas a Venice Beach; el mar estaba bastante picado, y no había nadie más, pero tan fuerte (y presuntuoso) me sentía que estaba seguro de poder manejar la situación. El mar me zarandeó un poco —eso fue divertido—, pero entonces vi una enorme ola levantándose muy por encima de mi cabeza. Cuando intenté zambullirme debajo de ella, me vi arrojado de espaldas y di varias vueltas sin poder hacer nada. No comprendí lo lejos que la ola me había llevado hasta que vi que estaba a punto de aplastarme contra la orilla. En la costa del Pacífi-

1. Había albergado la esperanza de publicar póstumamente algunos de los trabajos matemáticos de Jim; imaginaba algo parecido al libro póstumo de F. P. Ramsey, *Los fundamentos de las matemáticas* (Ramsey murió a los veintiséis). Pero Jim era alguien que esencialmente resolvía los problemas que se presentaban en el momento: garabateaba una ecuación, una fórmula o un diagrama lógico en el dorso de un sobre, y luego lo arrugaba o lo perdía.

co, esos impactos son la causa más común de rotura de cuello; apenas tuve tiempo de extender el brazo derecho. El impacto me lanzó el brazo hacia atrás y me dislocó el hombro, pero salvé el cuello. Con un brazo inútil, no podía alejarme del oleaje lo bastante deprisa para esquivar la siguiente ola, que no tardaría en suceder a la primera. Pero en el último segundo unos fuertes brazos me agarraron y me llevaron a un lugar seguro. Pertenecían a Chet Yorton, un joven culturista muy fuerte. Una vez a salvo en la playa, con un dolor atroz y con la cabeza del húmero asomando por donde no tocaba, Chet y algunos de sus colegas culturistas me agarraron –dos por la cintura y dos estirando el brazo– hasta que el hombro volvió a estar en su sitio con un ruido como de succión. Chet acabó ganando la competición de Míster Universo, y todavía estaba fabulosamente musculado a los setenta años; yo no estaría aquí si no me hubiera sacado del agua en 1963.[1] En cuanto la articulación volvió a estar en su sitio, desapareció el dolor del hombro, y comprendí que también me dolían los brazos y el pecho. Me subí a la moto y me dirigí a urgencias

1. Debería haber sabido que el mar abierto no era lo mío, que las olas altas y «raras» entrañaban un peligro especial, y que pueden surgir de la nada, incluso en un mar aparentemente en calma. Posteriormente sufrí dos incidentes un tanto similares. Uno tuvo lugar en Westhampton Beach, Long Island; esa ola me desgarró los músculos del tendón de la corva del lado izquierdo, y también fue un amigo, Bob Wasserman, el que me llevó a la orilla. El otro incidente, al que por suerte sobreviví, ocurrió mientras, de manera estúpida, nadaba espalda en alta mar, cerca de la costa del Pacífico de Costa Rica.
Ahora me dan miedo las olas, y a la hora de nadar prefiero los lagos y los ríos de corriente lenta, aunque todavía me encanta practicar el buceo y el submarinismo, que aprendí en las serenas aguas del Mar Rojo en 1956.

137

de la UCLA, donde descubrieron que tenía un brazo roto, y también varias costillas.

Algunos fines de semana estaba de guardia en la UCLA, y otros complementaba mis escasos ingresos trabajando también en el Doctors Hospital de Beverly Hills. En una ocasión vi allí a Mae West, que se había sometido a una pequeña operación. (No reconocí su cara, pues soy malo para las caras, pero sí su voz: ¿cómo no?) Charlamos un buen rato. Cuando fui a despedirme de ella, me invitó a visitarla a su mansión de Malibú; le gustaba tener a jóvenes musculosos alrededor. Ahora lamento no haber aprovechado nunca esa invitación.

En una ocasión, mi fuerza muscular también resultó útil en el pabellón neurológico. Estábamos probando los campos visuales de un paciente que había tenido la desgracia de desarrollar una meningitis por coccidioidomicosis y un poco de hidrocefalia. Mientras le hacíamos las pruebas, de repente se le pusieron los ojos en blanco y comenzó a sufrir un colapso. Padecía una hernia en el tallo cerebral, un término que se utiliza para un suceso aterrador en el que, por una excesiva presión en la cabeza, las amígdalas cerebelosas y el tallo cerebral son empujados a través del orificio del foramen magno de la base del cráneo. Esta hernia puede ser fatal a los pocos segundos, y con velocidad de reflejos cogí al paciente y lo coloqué cabeza abajo; las amígdalas cerebelosas y el tallo cerebral regresaron al interior del cráneo, y tuve la sensación de haberlo rescatado de las mismísimas fauces de la muerte.

Otra paciente del pabellón, ciega y paralizada, se estaba muriendo de una rara enfermedad llamada neuromielitis óptica o enfermedad de Devic. Cuando se enteró de que yo tenía una moto y vivía en Topanga Canyon, expresó un último deseo especial: quería que la llevara a dar una vuelta en la moto, a subir y bajar por las curvas de Topanga Canyon Road. Llegué al hospital un domingo con tres colegas culturistas, y conseguimos secuestrar a la paciente y amarrarla de manera segura en el asiento de atrás de la moto. Me puse en marcha despacio y la llevé por la carretera de Topanga, tal como ella deseaba. Cuando regresamos se armó un escándalo, y creí que me despedirían en el acto. Pero mis colegas y la paciente hablaron en mi favor, y aunque me amonestaron severamente, no me despidieron. Por lo general, yo era más o menos una vergüenza para el departamento de neurología, pero también alguien de quien podían presumir –era el único residente que había publicado artículos científicos–, y creo que eso me salvó el cuello en varias ocasiones.

A veces me pregunto por qué me metí de manera tan obsesiva en el mundo del culturismo. Creo que mis motivos fueron bastante vulgares; yo no era el alfeñique de cuarenta y cinco kilos que aparecía en los anuncios de culturismo, pero sí una persona tímida, insegura, retraída y sumisa. Me volví fuerte –muy fuerte– a base de levantar pesas, pero descubrí que eso no influía en absoluto en mi carácter, que seguía siendo exactamente el mismo. Y, al igual que muchos excesos, un exceso de levantamiento de pesas también tuvo sus consecuencias desagradables. Había llevado mis cuádriceps, a base de sentadillas, mucho más allá de sus límites naturales, y eso los predisponía a las lesiones, y seguramente tuvo que ver con mi desenfrenada práctica de la sentadilla el hecho de que me desgarrara un tendón del cuádriceps en 1974 y el otro en 1984. Mientras estaba en el hospital, en 1984, compadeciéndome de mí mismo y con una escayola alargada en la pierna, recibí la visita de Dave Sheppard, el poderoso Dave de mi época de Muscle Beach. Entró en la habitación con una cojera lenta y dolorosa; padecía una fuerte artritis en ambas caderas, y esperaba que le implantaran una prótesis en cada una. Nos miramos el uno al otro, nuestros cuerpos medio destruidos por el culturismo.

«Qué estúpidos fuimos», dijo Dave. Yo asentí con la cabeza.

Me gustó en cuanto le vi haciendo ejercicio en el Central YMCA de San Francisco; fue a principios de 1961. Me gustaba su nombre: Mel, que significa «miel» o «dulce» en griego. En cuanto me dijo su nombre, una serie de palabras con «mel-» comenzaron a pasarme por la cabeza: «melificar», «melífero», «melifluo», «melívoro»...

«Bonito nombre... Mel», dije. «El mío es Oliver.»

Poseía un cuerpo fornido de atleta, con unos hombros y unos muslos poderosos, y una piel tersa e impoluta color leche. Me dijo que sólo tenía diecinueve años. Estaba en la marina –su barco, el *Norton Sound*, estaba atracado en San Francisco–, y cuando podía se entrenaba en el Central YMCA. Yo también entrenaba mucho en aquella época: me preparaba para romper el récord de sentadilla, y nuestras horas de ejercicio a veces coincidían.

Después de entrenarme y ducharme, llevaba a Mel de vuelta a su barco en mi moto. Mel tenía una chaqueta de piel de ciervo marrón y suave –me dijo que él mismo había cazado el ciervo en su Minnesota natal–, y yo le prestaba el casco extra que siempre llevaba en la moto. Creo que formábamos una buena pareja, y cuando él se sentaba detrás de mí y me agarraba con fuerza por la cintura sentía un cosquilleo de excitación; me dijo que era la primera vez que iba en moto.

140

Disfrutamos de estar juntos durante un año, el año que estuve de interno en el Monte Sión. Los fines de semana nos íbamos de excursión en moto, acampábamos al aire libre, nadábamos en estanques y lagos y a veces practicábamos un poco la lucha, lo que me provocaba un escalofrío erótico, y quizá también a Mel. Erótico por la apremiante oposición de nuestros cuerpos, aunque no existía ningún elemento sexual explícito, y ningún observador habría visto nada más que una pareja de jóvenes luchando. Los dos estábamos orgullosos de la tableta de chocolate de nuestros abdominales, y hacíamos series de abdominales, cien o más seguidos. Mel se sentaba a horcajadas sobre mí y jugaba a darme puñetazos en el estómago a cada abdominal, y yo hacía lo mismo con él.

Aquello me parecía sexualmente excitante, y creo que a él también; Mel siempre decía «Luchemos», «Hagamos abdominales», aunque no era un acto sexual consciente. Hacíamos abdominales o luchábamos y eso nos daba placer, juntos y al mismo tiempo. Siempre y cuando las cosas no fueran más allá.

Yo percibía la fragilidad de Mel, su miedo latente y no plenamente consciente a mantener contacto sexual con otro hombre, pero también que sentía algo especial por mí, algo que, me atrevía a pensar, podría superar aquellos miedos. Comprendí que tendría que ir muy despacio.

Nuestra bucólica y, en cierto sentido, inocente luna de miel, en la que disfrutamos del presente y no pensamos mucho en el futuro, duró un año, pero a medida que se acercaba el verano de 1962, nos vimos obligados a hacer planes.

El servicio militar de Mel en la marina tocaba a su fin —había entrado directamente en el ejército después de salir del instituto— y ahora su esperanza era ir a la universidad.

141

Yo tenía que trasladarme a Los Ángeles para llevar a cabo mi residencia en la UCLA, así que decidimos compartir un apartamento en Venice, California, cerca de Venice Beach y del Gimnasio de Muscle Beach, donde podíamos ir a entrenar. Ayudé a Mel con los impresos de solicitud para el Santa Monica College, y le compré una BMW de segunda mano, idéntica a la mía. A Mel no le gustaba aceptar regalos ni dinero de mí, y consiguió un trabajo en una fábrica de alfombras, a poca distancia andando de nuestro apartamento. El apartamento era pequeño, un estudio con una cocina americana. Mel y yo teníamos camas separadas, y el resto del apartamento estaba lleno de libros y de los diarios y papeles que yo había ido acumulando durante años; Mel tenía muy pocas posesiones.

Las mañanas eran agradables: era un placer tomar un café y desayunar juntos, y luego nos íbamos a trabajar por separado: Mel a la fábrica de alfombras, y yo a la UCLA. Después de trabajar, nos encontrábamos en el gimnasio de Muscle Beach, y luego íbamos al Sid's Café, en la playa, donde se reunían los culturistas. Una vez a la semana íbamos al cine, y un par de veces por semana Mel se iba de excursión en moto solo.

Las veladas podían llegar a ser un poco tensas: a mí me costaba concentrarme, y era consciente, de una manera casi exagerada, de la presencia física de Mel, y también de su viril olor animal, que me encantaba. A Mel le gustaba que lo masajearan, y se tumbaba desnudo boca abajo en la cama y me pedía que le diera un masaje en la espalda. Yo me sentaba a horcajadas sobre él, con mis pantalones cortos de gimnasia, y le untaba la espalda de aceite —aceite de pie de buey, que utilizábamos para mantener flexible el cuero de nuestras chaquetas de motorista—, y lentamente masajeaba su espalda bien torneada y poderosa. A Mel le encantaba, se relaja-

142

ba y se abandonaba a mis manos, y yo también disfrutaba; de hecho, me llevaba al borde del orgasmo. Pararse en el borde estaba bien..., más o menos; siempre podías fingir que no pasaba nada especial. Pero en una ocasión no puede contenerme y derramé el semen sobre su espalda. Cuando aquello ocurrió, vi que de pronto Mel se quedaba rígido; sin decir una palabra se puso en pie y se duchó. No me habló durante el resto de la noche; era evidente que había ido demasiado lejos. (De repente me acordé de las palabras de mi madre y de que *MEL* eran también sus iniciales: Muriel Elsie Landau.)

A la mañana siguiente Mel dijo de manera lacónica: «Tengo que dejar este apartamento, buscar un sitio para mí.» Yo no contesté, pero estaba a punto de llorar. Me contó que semanas antes, en una de sus excursiones en moto, había conocido a una joven –en realidad no era tan joven, tenía un par de hijos adolescentes– que lo había invitado a quedarse en su casa. Había rechazado su oferta por nuestra amistad, pero ahora consideraba que tenía que dejarme. No obstante, esperaba que siguiéramos siendo «buenos amigos».

Yo no la conocía, pero consideraba que me había robado a Mel. Al acordarme de Richard, al que había conocido diez años antes, me pregunté si no sería mi destino enamorarme de hombres «normales».

Cuando Mel me dejó, me sentí desesperadamente solo y rechazado, y fue en ese momento cuando me pasé a las drogas, como una especie de compensación. Alquilé la casita de Topanga Canyon; estaba bastante aislada, en lo alto de un camino sin asfaltar, y decidí que no volvería a vivir con nadie.[1]

1. Unos años más tarde, Topanga Canyon se convertiría en una meca de músicos, artistas y hippies de todo tipo, pero a principios de

De hecho, Mel y yo nos mantuvimos en contacto durante otros quince años, aunque bajo la superficie siempre hubo algo de marejada; sobre todo en el caso de Mel, pues él no se sentía cómodo del todo con su propia sexualidad y anhelaba el contacto físico conmigo, mientras que yo, por lo que se refería al sexo, abandoné cualquier ilusión y esperanza que albergara hacia él.

Nuestro último encuentro no fue menos ambiguo. Yo visité San Francisco en 1978, y quedamos en que Mel iría desde Oregón. Lo encontré curiosa e insólitamente nervioso, e insistió en que fuéramos juntos a unos baños públicos. Yo nunca había estado; el ambiente de los baños públicos gays de San Francisco no era de mi agrado. Cuando nos desnudamos, descubrí que la piel de Mel, tan lechosa e impoluta antes, ahora estaba cubierta de manchas de un marrón *café au lait*. «Sí, es neurofibromatosis», dijo. «Mi hermano también la tiene. He pensado que deberías verlo.» Abracé a Mel y lloré. Me acordé de Richard Selig y su linfosarcoma. ¿Acaso los hombres que yo amaba estaban condenados a sufrir terribles enfermedades? Me despedí de él, estrechándole la mano de manera bastante formal cuando salimos de los baños públicos. Nunca volvimos a vernos ni a escribirnos.

En nuestro periodo de «luna de miel», soñaba que pasábamos la vida juntos y teníamos una feliz vejez; en aquella época sólo tenía veintiocho años. Ahora tengo ochenta

---

la década de 1960, cuando yo vivía allí, era un lugar relativamente poco poblado y muy tranquilo. Las casas situadas en caminos sin asfaltar, como la mía, carecían de vecinos en sus inmediaciones, y el agua me la traía un camión en entregas de cinco mil setecientos litros, que almacenaba en una cisterna.

En Oxford, *c.* 1953.

Con algunos estudiantes de medicina, colegas míos,
en el Hospital Central Middlesex, en 1957.

Con mi moto nueva Norton de 250 cc en 1956.

En un viaje a Jerusalén en 1955, mi madre saluda al primer ministro, Levi Eshkol. Mi padre y yo permanecemos detrás de ella.

Mayo de 1961, en la carretera con Mac y Howard, mis compañeros en el camión.

Levantando pesas como un novato en el club Maccabi de Londres, 1956.

Yo soy el que está de pie a la izquierda, observando la escena de la plataforma de levantamiento de Venice Beach.

Dr. Oliver Sacks of the Mar-Vel Athletic Club of San Rafael holds the new California State record in weightlifting.

At the Pacific Coast Championships in San Francisco last Saturday, the British medical doctor interning at Mount Zion Hospital in San Francisco, performed a full squat with 600 pounds across his shoulders.

Una sentadilla completa de 272 kilos, récord estatal de California que establecí en 1961.

Mi retrato oficial de
residente en la UCLA,
y en el laboratorio de
neuropatología, 1964.

Mi pequeña casa de Topanga Canyon parecía diminuta a causa de ese enorme roble, pero era lo bastante grande para acomodar un piano.

La tía Len.

Mi madre.

Thom Gunn en 1961, más o menos en la
época en que nos conocimos.

Saqué esta foto de mi amiga Carol
Burnett en Central Park en 1966.

Algunas de las fotos
que yo sacaba allá por
1963: una tiendecita
en Topanga Canyon,
Mel caminando cerca
de Venice Beach y
un salón de billares
en Santa Mónica.

En Nueva York, *c.* 1970.

En Muscle Beach con mi adorada moto BMW.

En Greenwich Village, 1961, con mi BMW R60 nueva.

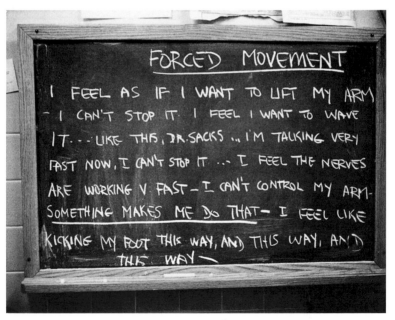

Algunas de mis «pizarras de pensar» de mi época de *Despertares*.

Recuperándome
de mi accidente
en la pierna en
Noruega, 1974.

Escribiendo: en el techo de un coche y en la estación de tren de Ámsterdam.

e intento reconstruir una especie de biografía. De repente me encuentro pensando en Mel, en los dos juntos, en aquellos días de nuestra juventud, líricos e inocentes, me pregunto qué fue de él, si todavía vive (la neurofibromatosis, la enfermedad de Von Recklinghausen, es impredecible). Me pregunto si leerá lo que acabo de escribir y tendrá un recuerdo más amable de nuestra confusa y ardiente personalidad juvenil.

Aunque cuando Richard Selig me dio calabazas no me sentí rechazado ni desconsolado («Yo no soy así, pero aprecio tu amor y también te quiero, a mi manera»), el repudio casi asqueado de Mel me afectó profundamente, privándome (o eso me pareció) de cualquier esperanza de una vida amorosa *auténtica*, sumiéndome en mí mismo y empujándome a buscar satisfacción en fantasías y placeres alimentados por la droga.

Durante mis dos años en San Francisco, había mantenido esa especie de inofensiva doble vida durante los fines de semana, cambiando mi bata blanca de interno por pieles de animales y devorando kilómetros con la moto, pero ahora me había embarcado en una doble vida más peligrosa y sombría. De lunes a viernes, me dedicaba a mis pacientes de la UCLA, pero durante los fines de semana no me iba de excursión en moto, sino que me dedicaba al viaje virtual: los viajes que me proporcionaba el cannabis, las semillas de dondiego de noche o el LSD. Era un secreto que no compartía con nadie ni mencionaba a nadie.

Un día un amigo me ofreció un porro «especial»; no me dijo qué tenía de especial. Di una calada, nervioso, luego otra, y otra, y con un impulso voraz me fumé el resto, y digo voraz porque me estaba produciendo algo que el

145

cannabis solo no había provocado nunca: una sensación voluptuosa, casi orgásmica, de gran intensidad. Cuando le pregunté qué contenía aquel porro, me dijo que le habían puesto anfetamina.

No sé hasta qué punto la propensión a la adicción es algo «innato» o hasta qué punto depende de las circunstancias o del estado de ánimo. Lo único que sé es que después de esa noche me enganché a los porros empapados en anfetamina, y me quedé enganchado durante los cuatro años siguientes. Cuando estás bajo la influencia de las anfetaminas, no hay manera de dormir, rechazas la comida, y todo queda subordinado a la estimulación de los centros de placer del cerebro.

Fue mientras combatía la adicción a la anfetamina —rápidamente había pasado de la marihuana con *speed* a la metanfetamina por vía oral o venosa— cuando leí los experimentos de James Olds con ratas. Implantaban unos electrodos en los centros de recompensa del cerebro de las ratas (el núcleo accumbens y otras estructuras profundas subcorticales), y éstas eran capaces de estimular esos centros apretando una palanca. Entonces lo hacían sin parar, hasta que morían de agotamiento. En cuanto iba cargado de anfetamina, me sentía tan irremediablemente enganchado como las ratas de Olds. Las dosis que tomaba eran cada vez más altas, y el corazón se aceleraba y la presión sanguínea llegaba a un extremo letal. Este estado se caracterizaba por su insaciabilidad: nunca tenía suficiente. El éxtasis de las anfetaminas era mecánico y autosuficiente —no necesitaba nada ni a nadie para «completar» mi placer—, y esencialmente completo, aunque completamente vacío. Todos los demás motivos, metas, intereses, deseos, desaparecían en la vacuidad del éxtasis.

No me paraba a pensar demasiado en lo que aquello le

146

estaba haciendo a mi cuerpo y quizá a mi mente. Conocía a algunas personas de Muscle Beach y Venice Beach que habían muerto por ingerir enormes dosis de anfetaminas, y tuve mucha suerte de no sufrir un ataque al corazón o un ictus. No me daba cuenta de que estaba jugando con la muerte.

Los lunes por la mañana volvía al trabajo agitado y casi narcoléptico, pero creo que nadie se daba cuenta de que había pasado el fin de semana en un espacio interestelar, o reducido a una rata con electrodos. Cuando la gente me preguntaba qué había hecho durante el fin de semana, yo decía que había estado «fuera», pero probablemente no se imaginaban lo «fuera» que había estado, ni en qué sentido.

Por aquel entonces ya había publicado un par de artículos en revistas de neurología, pero tenía planeado algo más ambicioso: una exposición en el encuentro anual de la Academia Americana de Neurología (AAN).

Con la ayuda del excelente fotógrafo del departamento, Tom Dolan –un amigo que compartía mi interés por la biología marina y los invertebrados–, pasé de fotografiar paisajes del Oeste a los paisajes interiores de la neuropatía. Nos esforzamos mucho por obtener las mejores imágenes posibles para transmitir el aspecto microscópico de los axones enormemente distendidos que se veían en la enfermedad de Hallervorden-Spatz, la deficiencia de vitamina E en las ratas y la intoxicación por IDPN en ratones. Las convertimos en transparencias de Kodachrome y construimos un visor especial con luz para iluminar las transparencias desde dentro y los pies de foto que las acompañarían. Tardamos meses en reunir todo aquello, empaquetarlo y montarlo para el encuentro que la AAN celebró en Cleveland en 1965. Nuestra exposición fue un éxito, tal como había esperado, y yo mismo, que normalmente me mostraba tímido y reticente, me descubrí arrastrando a la gente a la exposición, explayándome acerca de la belleza y el interés de nuestras tres distrofias axonales, tan distintas clínica y topográficamente, aunque tan parecidas a nivel de axones y células individuales.

La exhibición fue mi manera de presentarme; mi manera de decirle «Aquí estoy, fijaos en lo que puedo hacer» a la comunidad neurológica de los Estados Unidos, al igual que mi récord de sentadillas de California, cuatro años antes, había sido mi carta de presentación ante la comunidad de culturistas de Muscle Beach.

Temía quedarme sin trabajo cuando mi residencia terminara, a finales de junio de 1965. Pero la exposición sobre la distrofia axonal me granjeó ofertas de trabajo procedentes de todos los rincones de los Estados Unidos, incluyendo dos que valoré enormemente y que me llegaron de Nueva York: una de Cowen y Olmstead, de la Universidad de Columbia, y otra de Robert Terry, un distinguido neuropatólogo de la Escuela de Medicina Albert Einstein. Yo me enamoré del trabajo pionero de Terry cuando en 1964 presentó en la UCLA sus últimos hallazgos de la enfermedad de Alzheimer gracias al uso del microscopio electrónico; en aquella época, mis intereses se centraban especialmente en las enfermedades degenerativas del sistema nervioso, ya se dieran en la juventud –como la enfermedad de Hallervorden-Spatz– o en la vejez, como en el caso del Alzheimer.

A lo mejor podría haberme quedado en la UCLA, viviendo en mi casita de Topanga Canyon, pero sentía la necesidad de moverme, y sobre todo de ir a Nueva York. Tenía la impresión de que me lo estaba pasando demasiado bien en California, de que me había vuelto adicto a una vida fácil e insustancial, por no hablar de que cada vez era más adicto a las drogas. Me parecía que necesitaba un lugar sólido y real, un lugar donde pudiera dedicarme a trabajar y quizá descubrir o crear una identidad auténtica, una voz propia. A pesar del interés por la distrofia axonal –el campo especializado de Cowen y Olmstead–, quería hacer algo más, crear un estrecho vínculo entre la neuropatología y la neuroquímica. La Escuela Einstein era una facultad muy nueva que ofrecía becas especiales interdisciplinarias en neuropatología y neuroquímica –disciplinas unidas por el genio de Saul Korey–, así que acepté la oferta de la Escuela Einstein.[1]

En mis tres años en la UCLA trabajé muchísimo, salí muchísimo de fiesta, y no hice vacaciones. De vez en cuando me iba a ver a mi jefe, el imponente (pero amable) Augustus Rose, para decirle que quería tomarme unos días libres, pero él siempre me contestaba: «Cada día es fiesta para ti, Sacks», y yo agachaba la cabeza y abandonaba la idea.

Pero seguía yendo en moto los fines de semana, y a menudo iba al Valle de la Muerte, y a veces a Anza-Borrego; me encantaba el desierto. En alguna ocasión llegué hasta Baja California, donde percibí la existencia de una cultura completamente distinta, aunque la carretera era

---

1. Korey, un hombre de inmensa visión de futuro, imaginó el auge de la neurociencia años antes de que se inventara el término. No le conocí, pues murió joven, de manera trágica, en 1963, pero como legado dejó la estrecha interacción de todos los laboratorios «neuro» (así como los departamentos de neurología clínica) de la Escuela Einstein, una interacción que prosigue hoy en día.

muy mala una vez rebasabas Ensenada. Para cuando me marché de la UCLA y me trasladé a Nueva York, había recorrido más de 150.000 kilómetros en la moto. En 1965 las carreteras comenzaban a estar abarrotadas, sobre todo en el Este, y ya no volví a disfrutar de ir en moto, de la vida en la carretera, con aquella libertad y dicha que había sentido en California.

A veces me pregunto por qué he pasado más de cincuenta años en Nueva York, cuando era el Oeste, sobre todo el Suroeste, lo que me fascinaba. Ahora tengo muchos vínculos en Nueva York –con mis pacientes, mis alumnos, mis amigos, mi psicoanalista–, pero nunca me ha emocionado como lo hizo California. Sospecho que la nostalgia que siento no es sólo por el lugar, sino por mi juventud, y una época muy distinta, y estar enamorado, y poder decir: «Tengo todo el futuro por delante.»

FUERA DEL ALCANCE

En septiembre de 1965 me trasladé a Nueva York para llevar a cabo mi especialización en neuroquímica y neuropatología en la Escuela de Medicina Albert Einstein. Todavía albergaba esperanzas de convertirme en un auténtico científico, un científico del laboratorio, aun cuando mi investigación en Oxford había terminado de manera desastrosa y debería haberme servido de advertencia para no repetir. Pero no quise darme por enterado y me dije que debería volver a intentarlo.

El fogoso Robert Terry, cuyos hermosos estudios con el microscopio electrónico de la enfermedad de Alzheimer tanto me habían cautivado cuando habló en la UCLA, se había tomado un año sabático cuando llegué a Nueva York, y en su ausencia el departamento de neuropatología lo dirigía Ivan Herzog, un emigrado húngaro afable y de buen carácter que fue asombrosamente tolerante y paciente conmigo.

En 1966 yo tomaba enormes dosis de anfetaminas, y estaba ¿psicótico?, ¿maniático?, ¿desinhibido?, ¿crecido? La verdad es que no sé qué término utilizar, pero iba acompañado de un extraordinario aguzamiento del sentido del olfa-

151

to y de mi capacidad de memoria e imaginería, habitualmente poco notable.

Cada jueves pasábamos un test, en el que Ivan nos pedía que identificáramos fotomicrografías de afecciones neuropatológicas poco habituales. A mí aquello normalmente se me daba muy mal, pero un jueves Ivan presentó algunas fotos y dijo:

–Ésta es una dolencia extremadamente insólita, no espero que la reconozcan.

Entonces exclamé:

–¡Microglioma! –Todos se me quedaron mirando, perplejos. Normalmente yo nunca decía nada–. Sí –continué–, en la literatura médica mundial sólo se han descrito seis casos. –Y los cité en detalle. Ivan me miró con los ojos como platos.

–¿Cómo lo sabes? –preguntó.

–Oh, lo leí por casualidad –contesté, aunque estaba tan estupefacto como él. No tenía ni idea de cómo, ni cuándo, podía haber asimilado ese conocimiento de manera tan rápida e inconsciente. Todo aquello formaba parte del aguzamiento mental provocado por la anfetamina.

Como residente, me había interesado sobre todo por enfermedades raras, a menudo familiares, llamadas lipidosis, en las que hay una acumulación de grasa anormal en las células del cerebro. Fue apasionante descubrir que esos líquidos también se podían acumular en las células nerviosas que residían en las paredes del intestino. Gracias a ello, sería posible diagnosticar las enfermedades incluso antes de que aparecieran los síntomas, llevando a cabo no una biopsia del cerebro, sino del recto: un procedimiento mucho menos traumático. (Ya había visto el informe original en el *British Journal of Surgery*.) Sólo hacía falta encontrar una única neurona distendida por lípidos para llevar a cabo un diagnóstico. Me pregunté si otras enfermedades –como por ejemplo el Alzheimer– podrían provocar también cambios en las neuronas del intestino y ofrecer un diagnóstico precoz. Desarrollé, o adapté, una técnica para «despejar» la pared rectal, a fin de que quedara casi transparente, y teñir las células nerviosas con metileno azul; de este modo se podían ver docenas de células nerviosas en imágenes microscópicas de poca ampliación, aumentando las probabilidades de encontrar alguna anormalidad. Me convencí a mí mismo y a mi jefe, Ivan, de que al mirar nuestros portaobjetos podríamos ver cambios en las células nerviosas rectales: los ovillos neurofibrilares y cuerpos de Lewy que parecían característicos de las enfermedades de Alzheimer y Parkinson. Había depositado grandes esperanzas en la importancia de nuestros descubrimientos; supondrían un gran avance, una técnica de diagnóstico valiosísima. En 1967 mandamos un resumen del artículo que esperábamos presentar en el inminente encuentro de la Academia Americana de Neurología.

Por desgracia, en ese punto las cosas se torcieron. Necesitábamos mucho más material, aparte de las escasas biopsias rectales que poseíamos, pero no pudimos conseguirlo.

No podíamos avanzar con nuestra investigación, e Ivan y yo le dimos vueltas al asunto: ¿debíamos retirar nuestro resumen preliminar? Al final no lo hicimos, pensando que los demás examinarían la cuestión; el futuro decidiría. Y así fue: el «descubrimiento» que esperaba que me hiciera famoso como neuropatólogo resultó ser un artefacto.

Tenía un apartamento en Greenwich Village, y a no ser que hubiera mucha nieve, cogía la moto para ir a trabajar al Bronx. La moto no tenía alforjas, pero sí un recio portaequipajes en la parte de atrás en el que podía asegurar todo lo que necesitara con unas fuertes bandas elásticas.

Mi proyecto de neuroquímica consistía en extraer mielina, el material graso que reviste grandes fibras nerviosas, y permitir que condujera los impulsos nerviosos a más velocidad. En aquella época se planteaban muchas cuestiones: la mielina de los invertebrados, si se podía extraer, ¿tenía una estructura o composición diferente de la mielina de los vertebrados? Escogí las lombrices de tierra como animal para experimentar; siempre me habían gustado, y poseían unas fibras nerviosas gigantes y revestidas de mielina que conducían rápidamente los impulsos y les permitían esos grandes repentinos movimientos cuando se sentían amenazadas. (Por la misma razón había elegido las lombrices de tierra diez años antes, al estudiar la desmielinización provocada por el TOCP.)

Cometí un auténtico genocidio de lombrices de tierra en el jardín de la facultad: se necesitaban miles de lombrices para extraer una muestra decente de mielina; me sentía como Marie Curie al procesar toneladas de pechblenda para obtener un decigramo de radio. Me convertí en experto en la extracción del cordón nervioso y los ganglios cerebrales con una sola y rápida escisión, y los aplastaba hasta formar una sopa espesa y rica en mielina a punto para el fraccionamiento y la centrifugación.

Lo anotaba todo con esmero en mi cuaderno de laboratorio, un gran volumen verde que a veces me llevaba a casa para reflexionar por la noche sobre lo anotado. Eso supuso mi perdición, pues un día que iba con prisas al trabajo después de haberme quedado dormido, me olvidé de asegurar las bandas elásticas del portaequipajes de la moto y mi precioso cuaderno, que contenía nueve meses de detallados datos experimentales, escapó de las tiras sueltas y sa-

154

lió volando de la moto mientras recorría la Cross Bronx Expressway. Me paré en el lateral y vi cómo el atronador tráfico iba descuartizando el cuaderno página a página. Intenté meterme entre los coches dos o tres veces para recuperarlo, pero el tráfico era tan denso y rápido que resultaba una locura. Lo único que pude hacer fue presenciar impotente cómo el cuaderno quedaba hecho trizas.

Cuando llegué al laboratorio me consolé pensando que al menos tenía la mielina; podía analizarla, mirarla bajo el microscopio electrónico y regenerar algunos de los datos perdidos. En las semanas siguientes conseguí hacer un buen trabajo, y empecé a sentirme de nuevo optimista, a pesar de algún otro percance, como cuando, en el laboratorio de neuropatología, atravesé varias muestras irreemplazables con el objetivo de inmersión en aceite del microscopio.

Y, desde el punto de vista de mis jefes, fue aún peor que me las apañara para esparcir migas de hamburguesa no sólo en mi mesa de trabajo, sino también en una de las centrifugadoras, un instrumento que yo utilizaba para refinar las muestras de mielina.

Y luego sufrí un golpe definitivo e irreversible: *perdí* la mielina. No sé cómo desapareció –quizá la tiré al cubo de la basura por error–, pero aquella diminuta muestra que había tardado diez meses en extraer desapareció para siempre.

Se convocó una reunión: nadie negaba mi talento, pero tampoco discutía nadie mis defectos. De una manera amable pero firme, mis jefes me dijeron: «Sacks, es usted una amenaza para el laboratorio. Por qué no se dedica a visitar pacientes..., cometerá menos desastres.» Ése fue el innoble comienzo de mi carrera clínica.[1]

---

1. A lo mejor nunca esperé tener éxito en la investigación. En una carta de 1960 a mis padres, cuando aún me planteaba dedicarme

Polvo de ángel, ¡qué nombre tan dulce y atractivo! Y también engañoso, pues sus efectos estaban muy lejos de ser dulces. Dado que en la década de 1960 era un impulsivo consumidor de droga, estaba dispuesto a probarlo todo, y, conociendo mi curiosidad peligrosa e insaciable, un amigo me invitó a participar en una «fiesta» de polvo de ángel en un loft del East Village.

Llegué un poco tarde –la fiesta ya había comenzado– y cuando abrí la puerta me encontré con una escena tan surrealista, tan delirante, que el té del Sombrerero Loco parecía, en comparación, un ejemplo de cordura y decoro. Había casi una docena de personas, todas ellas sonrojadas, algunas con los ojos inyectados en sangre, varias se tambaleaban. Un hombre profería gritos estridentes y saltaba sobre el mobiliario, quizá pensando que era un chimpancé. Otro «despiojaba» a su vecino, arrancándole insectos imaginarios del brazo. Uno había defecado en el suelo y jugaba con las heces, haciendo dibujos en ellas con el dedo. Dos de los invitados estaban inmóviles, catatónicos, y otro hacía muecas y balbuceaba un fárrago que sonaba como las «ensaladas de palabras» de los esquizofrénicos. Telefoneé a urgencias, y todos los participantes fueron trasladados a

---

a la investigación fisiológica en la UCLA, escribí: «Probablemente soy demasiado temperamental, demasiado indolente, demasiado torpe e incluso demasiado deshonesto para ser un buen investigador. Lo único que me gusta de verdad es hablar..., leer y escribir.»

Y cité una carta que acababa de recibir de Jonathan Miller, el cual, refiriéndose a sí mismo, a Eric y a mí, decía: «A mí, al igual que a Wells, me cautiva la perspectiva y me paraliza la realidad de la investigación científica. El único lugar en el que nos movemos con soltura o con gracia es con las ideas y las palabras. Nuestro amor por la ciencia es totalmente literario.»

Bellevue. Algunos tuvieron que permanecer hospitalizados durante semanas. Me alegré enormemente de haber llegado tarde y no haber probado el polvo de ángel.

Tiempo después, cuando ya trabajaba de neurólogo en el Hospital Estatal del Bronx, vi a algunos pacientes a los que el polvo de ángel (fenciclidina, o PCP) había precipitado a estados pseudoesquizofrénicos que a veces duraban meses. Algunos también sufrían ataques, y descubrí que muchos mostraban un electroencefalograma muy anormal incluso transcurrido ya un año desde que probaran el polvo de ángel. Uno de mis pacientes asesinó a su novia cuando los dos estaban colocados de PCP, aunque no recordaba nada del hecho. (Años más tarde publiqué un relato de esta compleja y trágica historia, con su compleja y trágica secuela, en *El hombre que confundió a su mujer con un sombrero*.)

El PCP se introdujo originariamente como anestésico en la década de 1950, pero en 1965 ya no se le daba ningún uso médico debido a sus espantosos efectos secundarios. Casi todos los alucinógenos ejercen sus efectos principales sobre la serotonina, uno de los muchos neurotransmisores del cerebro, pero el PCP, al igual que la quetamina, afecta a la glutamina, un transmisor, y su efecto es mucho más peligroso y duradero que el de los demás alucinógenos. Se sabe que causa lesiones estructurales, así como cambios químicos, en el cerebro de las ratas.[1]

---

1. No habría creído que el uso recreativo del polvo de ángel sobreviviera a la década de 1960, pero al examinar las últimas cifras disponibles de la Administración para el Control de Drogas descubro que en 2010 más de cincuenta mil adultos y alumnos de secundaria fueron atendidos en urgencias después de tomar PCP.

El verano de 1965 fue especialmente difícil y peligroso para mí, pues disponía de tres meses sin nada que hacer entre el fin de mi residencia en la UCLA y mi incorporación a la Escuela Einstein.

Vendí mi fiel BMW R60 y me fui a Europa unas semanas, donde me compré un modelo nuevo y más modesto, una R50, en la fábrica BMW de Múnich. Primero fui al pequeño pueblo de Gunzenhausen, cerca de Múnich, para ver las tumbas de algunos de mis antepasados; algunos eran rabinos, y llevaban el nombre de Gunzenhausen.

A continuación me dirigí a Ámsterdam, que desde mucho tiempo atrás había sido mi ciudad preferida de Europa y donde había tenido mi bautismo sexual, mi introducción a la vida gay, diez años antes. Había conocido a algunas personas en anteriores visitas, y en aquella ocasión, durante una cena, conocí a un joven director de teatro llamado Karl. Vestía con elegancia y era elocuente; habló con inteligencia y conocimiento de Bertolt Brecht, muchas de cuyas obras había dirigido. A mí me parecía encantador y civilizado, pero no lo veía especialmente atractivo en términos sexuales, y no pensé más en él cuando do regresé a Londres.

Por ello me sorprendió que me mandara una postal unas semanas más tarde, sugiriendo que nos viéramos en París. (Mi madre vio la postal, me preguntó quién la mandaba, y a lo mejor sospechó algo; yo contesté: «Es un viejo amigo», y lo dejamos ahí.)

La invitación me intrigó, de manera que me fui a París por carretera y ferry, llevándome mi moto nueva. Karl había encontrado una cómoda habitación en un hotel que disponía de una espaciosa cama doble. Dividimos nuestro largo fin de semana en París entre los monumentos y hacer el amor. Yo había llevado una provisión de anfetaminas, y me tomé unas veinte tabletas antes de irnos a la cama. Encendido por la excitación y el deseo, que no había sentido antes de tomarme las tabletas, hice el amor apasionadamente. Karl, sorprendido por mi ardor e insensibilidad, me preguntó qué me había pasado. He tomado anfetaminas, dije, y le enseñé el frasco. Lleno de curiosidad, se tomó una, y otra, y otra, y pronto, al igual que yo, echaba chispas, estaba tan excitado como si hubiera estado en el «orgasmotrón» de Woody Allen. Después de no sé cuántas horas, nos separamos agotados, hicimos una breve pausa y volvimos a empezar.

Que nos revolcáramos como dos animales en celo quizá no sea del todo sorprendente, dadas las circunstancias, además de la anfetamina. Pero lo que no esperaba era que esa experiencia nos llevara a enamorarnos.

Cuando volví a Nueva York en octubre, le escribí a Karl fervientes cartas de amor y recibí otras igual de fervientes. Nos idealizamos el uno al otro; nos veíamos llevando una vida amorosa, creativa y longeva juntos: Karl realizándose como artista, y yo como científico.

Pero de repente el sentimiento comenzó a languidecer. Nos preguntamos si la experiencia que compartíamos era real, auténtica, dado el inmenso impulso afrodisíaco de las anfetaminas. Aquella cuestión me pareció especialmente humillante: ¿era posible que un éxtasis tan elevado como enamorarse pudiera reducirse a algo puramente fisiológico?

En noviembre oscilábamos entre la duda y la afirmación, e íbamos de un extremo al otro. En diciembre ya nos habíamos desenamorado (sin lamentar ni negar la extraña fiebre que nos había atrapado), y ya no deseábamos proseguir nuestra correspondencia. En mi última carta le escribí: «Recuerdo una dicha febril, intensa, irracional... que ha desaparecido del todo.»

Tres años más tarde recibí una carta de Karl en la que me contaba que venía a vivir a Nueva York. Tenía curiosidad por verle, por volver a encontrarme con él, ahora que yo ya no tomaba drogas.

Karl tenía un pequeño apartamento en Christopher Street, cerca del río, y cuando entré, el aire olía mal y estaba lleno de humo. El propio Karl, antes tan elegante, iba sin afeitar, descuidado, sucio. Había un mugriento colchón en el suelo y en un estante, encima de él, pastilleros. No vi ningún libro, ningún vestigio de su vida anterior como lector y director. Parecía haber perdido todo interés por cualquier actividad intelectual o cultural. Se había convertido en traficante de drogas, y ése era su único tema de conversación, y cómo el mundo podía salvarse gracias al LSD. En sus ojos había una mirada opaca y fanática. Todo aquello me pareció desconcertante y terrible. ¿Qué le había ocurrido al hombre civilizado, refinado y con talento que había conocido tres años antes?

Me invadió una sensación de espanto... y también, en parte, de culpa. ¿Acaso no era yo quien había introducido a Karl en las drogas? ¿No era yo, hasta cierto punto, responsable de haber destrozado a aquel ser humano antaño tan digno? No volví a ver a Karl. En la década de 1980 oí decir que estaba enfermo de sida y había vuelto a Alemania para morir.

Mientras llevaba a cabo mi residencia en la UCLA, Carol Burnett, mi amiga del Monte Sión, había vuelto a Nueva York para su residencia de pediatría. Cuando yo me trasladé a Nueva York, reanudamos nuestra amistad; los domingos por la mañana a menudo íbamos a Barney Greengrass («el Rey del Esturión») a tomar un *brunch* con pescado ahumado. Carol se había criado en el Upper West Side, había ido muchas veces a ese local y había aprendido a hablar un yiddish fluido e idiomático a base de escuchar las conversaciones que se mantenían en la tienda y el restaurante los domingos por la mañana. En noviembre de 1965, yo tomaba enormes dosis de anfetaminas cada día, y como luego no podía dormir, ingería inmensas dosis de hidrato de cloral, un hipnótico, cada noche. Un día, sentado en un café, comencé a experimentar unas alucinaciones desenfrenadas y súbitas, tal como escribí en *Alucinaciones:*

> Mientras removía el café, éste se volvió repentinamente verde, y luego púrpura. Levanté la mirada asombrado, y vi que un cliente que pagaba la cuenta en la caja tenía una enorme cabeza proboscídea, como si fuera un elefante marino. El pánico se apoderó de mí; dejé un billete de cinco dólares sobre la mesa y crucé la calle para coger un autobús. Pero todos los pasajeros del autobús parecían tener la cabeza blanca y tersa, como si fuera un huevo gigante, y los ojos inmensos y relucientes como los ojos compuestos de los insectos; y movían los ojos a bruscas sacudidas, como si fueran alienígenas, lo que daba cada vez más miedo. Me di cuenta de que estaba sufriendo una alucinación o experimentando algún extraño desorden perceptivo, que no podía detener lo que ocurría en mi cerebro, y que tenía que mantener al menos un control externo y no dejarme llevar por el pánico ni chillar ni quedarme catatónico, a pesar de aquellos monstruos de ojos saltones que me rodeaban.

Cuando me bajé del autobús, los edificios que había alrededor se agitaban y se movían de un lado a otro, como banderas ondeando en un vendaval. Telefoneé a Carol.

–Carol –dije en cuanto descolgó–, quiero despedirme. Me he vuelto loco, psicótico, demente. Ha comenzado esta mañana, y va a peor.

–¡Oliver! –me dijo–. ¿Qué has tomado?

–Nada –repliqué–. Por eso estoy tan asustado.

Carol se quedó un momento pensativa y a continuación me preguntó:

–¿Qué has *dejado* de tomar?

–¡Eso es! –dije–. Estaba tomando grandes cantidades de hidrato de cloral, y anoche se me acabó.

–¡Oliver, eres un tontorrón! Siempre te pasas –dijo Carol–. Sufres un caso clásico de delírium trémens.

Carol se sentó a mi lado, me cuidó y me ancló a la realidad a lo largo de cuatro días de delirio, cuando las oleadas de alucinación y delusión amenazaban con engullirme; ella era el único punto estable en un mundo caótico y hecho trizas.

La segunda vez que la llamé en un estado de pánico fue tres años más tarde, cuando una noche comencé a sentirme un poco mareado, confuso y extrañamente excitado sin razón alguna. No podía dormir, y me alarmé al ver que algunas pequeñas zonas de piel cambiaban de color ante mis ojos. En aquella época, mi casera era una anciana valiente y encantadora que llevaba años luchando con la esclerodermia, una enfermedad muy rara que gradualmente endurece y encoge la piel, provocando deformidades en las extremidades, y que a veces requiere amputaciones. Marie la padecía desde hacía más de cincuenta años; me dijo orgullosa que era el caso de supervivencia más largo conocido por la profesión médica. En plena noche, cuando algunas zonas de mi piel parecían cambiar de textura, volviéndose duras y céreas, de repente tuve una terrible intuición: yo también padecía esclerodermia, una «esclero-

162

dermia galopante». La verdad es que nunca había oído nada parecido; por lo general, la esclerodermia es la más indolente de las enfermedades. Pero siempre hay una primera vez, y me dije que yo también sorprendería a la profesión médica al sufrir el primer caso mundial de esclerodermia *aguda*.

Telefoneé a Carol, y cuando ésta vino a verme, provista de su maletín negro, me echó un vistazo –yo tenía fiebre alta y estaba cubierto de ampollas– y me dijo: «Oliver, eres un idiota, tienes la varicela.»

«¿Últimamente has examinado a alguien con herpes?», prosiguió. Le dije que sí. En el Beth Abraham había examinado a un anciano con herpes hacía exactamente catorce días. *«Experientia docet»*, dijo Carol. «Ahora ya *sabes*, y no sólo porque lo dicen los libros de texto, que la varicela y el herpes proceden del mismo virus.»

Carol, una mujer brillante, ingeniosa y generosa, que se había enfrentado a la diabetes juvenil, así como a los prejuicios contra las mujeres y los negros en su profesión, llegó a decana del Mount Sinai, y mientras ocupaba ese cargo resultó fundamental, durante muchos años, para que los médicos –hombres y mujeres– de color fueran respetados y tratados con igualdad. Nunca olvidó el episodio con los cirujanos que padeció en el Monte Sión.

Mi consumo de drogas había aumentado cuando me instalé en Nueva York, alimentado en parte por el amargo asunto amoroso con Karl y en parte por el hecho de que mi trabajo iba mal: tenía la sensación de que, para empezar, no debería haber optado por la investigación. En diciembre de 1965 había empezado a perder días de trabajo seguidos con la excusa de que estaba enfermo. Tomaba anfetaminas constantemente y comía muy poco; había perdido mucho peso –treinta y cinco kilos en tres meses– y apenas soportaba ver mi cara demacrada en el espejo.

En Nochevieja experimenté un repentino momento de lucidez en medio del éxtasis de las anfetaminas, y me dije: «Oliver, si no consigues ayuda no llegarás al año que viene. Tienes que hablar con alguien.» Mi impresión era que sufría problemas psicológicos muy profundos subyacentes a mi adicción y a mi pulsión autodestructiva, y que si no abordaba estos problemas siempre volvería a las drogas y tarde o temprano me acabaría matando.

Más o menos un año antes, cuando todavía estaba en Los Ángeles, Augusta Bonnard, una amiga de la familia que era psicoanalista, me había sugerido que fuera a ver a un analista. Fui a ver de mala gana al que me había recomendado, un tal doctor Seymour Bird. Cuando me preguntó: «Bueno, ¿qué le trae por aquí, doctor Sacks?», le espeté: «Pregúntele a la doctora Bonnard, ella es quien me envía.»

No solamente me mostraba reacio a visitarlo; casi siempre estaba colocado. Cuando vas colocado de anfetaminas, todo es simple y superficial, y las cosas parecen avanzar con milagrosa rapidez, pero al final todo se lo lleva el viento y no deja huella.

A principios de 1966 todo era completamente diferente, pues fui yo quien buscó la ayuda de un psicoanalista neoyorquino, sabiendo que sin ella no sobreviviría. Al principio recelaba del doctor Shengold porque era muy joven. Me dije: ¿qué experiencia de la vida, qué conocimientos, qué poder terapéutico podía encontrar en alguien que apenas era un poco mayor que yo? Pronto comprendí que se trataba de alguien de un calibre y un carácter excepcional, alguien capaz de abrirse paso entre mis defensas y no dejarse desviar por mi palabrería, alguien que consideró que yo podría tolerar y sacar provecho de un análisis intensivo y de los sentimientos intensos y ambiguos que implicaba la transferencia. Pero Shengold insistió desde el principio en que eso sólo funcionaría si dejaba las drogas. Dijo que las drogas me llevaban fuera del alcance del psicoanálisis, que no podría continuar visitándolo a no ser que dejara de tomarlas. Posiblemente Bird pensaba lo mismo, pero no me lo dijo, mientras que Shengold me lo dejaba bien claro cada vez que lo visitaba. Me aterraba la idea de estar «fuera del alcance» del psicoanálisis, y me aterraba aún más perder a Shengold. A veces todavía estaba medio psicótico por las anfetaminas, que aún no había dejado. Me acordé de mi hermano esquizofrénico, Michael, y le pregunté a Shengold si yo también lo era.

«No», me contestó.

Le pregunté si entonces era «simplemente neurótico».

«No», me contestó.

Lo dejé ahí, lo dejamos ahí, y ahí se ha quedado durante los últimos cuarenta y nueve años.

El año 1966 fue un año nefasto, pues lo pasé luchando por dejar las drogas; y también nefasto porque mi investigación no iba a ninguna parte, y comenzaba a comprender que nunca llegaría a ninguna parte, y que yo no tenía madera de científico investigador.

Me di cuenta de que continuaría buscando satisfacción en las drogas hasta que encontrara un trabajo satisfactorio, y esperaba que también creativo. Para mí era fundamental encontrar algo con significado, y en mi caso eso consistía en visitar pacientes.

En cuanto comenzó mi trabajo clínico, en octubre de 1966, me sentí mejor. Los pacientes me parecían fascinantes, me *importaban*. Comencé a saborear mi talento clínico y terapéutico, y, por encima de todo, la sensación de autonomía y responsabilidad que me habían negado cuando todavía estaba de residente. Recurría menos a las drogas y podía estar más abierto el proceso psicoanalítico.

En febrero de 1967 tuve otro colocón o manía provocado por las drogas, el cual –de manera paradójica y distinta a todos mis anteriores colocones– adquirió un sesgo creativo y me mostró lo que podía y debía hacer: escribir un libro que valiera la pena sobre la migraña y quizá, después de ése, otro. No era sólo la vaga sensación de que podía hacerlo: lo que me llegó estando colocado –y ya no me abandonó– fue la visión clara y concentrada de que podía escribir una obra neurológica.

No volví a tomar anfetaminas, a pesar del intenso deseo que a veces me invadía (el cerebro de un adicto o un alcohólico cambia de por vida; la posibilidad, la tentación de regresión nunca lo abandona). Y con ello ya no estaba fuera del alcance del psicoanálisis, y éste podía llegar a alguna parte.

De hecho, creo que me salvó la vida muchas veces. En 1966 mis amigos no creían que llegara a los treinta y cinco, y yo tampoco. Pero a base de psicoanálisis, buenos amigos, la satisfacción del trabajo clínico y la escritura, y, por encima de todo, buena suerte, contra todas las expectativas he conseguido rebasar los ochenta.

Todavía visito al doctor Shengold dos veces por semana, como he estado haciendo durante los últimos cincuenta años. Mantenemos las convenciones –él es siempre el «doctor Shengold» y yo soy siempre el «doctor Sacks»–, pero precisamente gracias a ellas podemos comunicarnos libremente. Y es algo que también observo en mis pacientes. Me cuentan cosas, y yo les pregunto cosas que no se-

166

rían permisibles en una relación social corriente. Por encima de todo, el doctor Shengold me ha enseñado a prestar atención, a escuchar lo que hay más allá de la conciencia o las palabras.

Sentí un enorme alivio cuando, en septiembre de 1966, dejé el trabajo de laboratorio y comencé a visitar pacientes de verdad en una clínica de cefaleas del Bronx. Creía que mi principal preocupación serían los dolores de cabeza y poco más, pero pronto descubrí que la situación podía ser mucho más compleja, al menos en pacientes que sufrían la así llamada migraña clásica, que podía provocar no sólo un sufrimiento intenso, sino una amplia variedad de síntomas, casi una enciclopedia de neurología.

Muchos de esos pacientes me decían que habían visitado a su internista, a su ginecólogo o a su oftalmólogo, pero que éstos no les habían prestado la atención debida. Comencé a tener la sensación de que algo no funcionaba en la medicina estadounidense, en la que cada vez más todo se fiaba a los especialistas. Se iba reduciendo el número de médicos de atención primaria, la base de la pirámide. Mi padre y mis dos hermanos mayores eran todos médicos de cabecera, y comencé a sentirme no tanto como un superespecialista de la migraña, sino como el médico de cabecera que esos pacientes deberían haber visitado en primer lugar. Me pareció que mi deber, mi responsabilidad, consistía en preguntarles por todos los aspectos de su vida.

Vi a un joven que padecía «dolores de cabeza con náuseas» todos los domingos. Describió los centelleantes zigzags que veía antes del dolor de cabeza, de manera que resultó fácil diagnosticarlo como migraña clásica. Le dije

167

que disponíamos de medicación para su dolencia, y que si se ponía una pastilla de ergotamina bajo la lengua en cuanto comenzara a ver los zigzags, aquello podría servir para frenar el ataque. Me telefoneó muy entusiasmado una semana después. La pastilla había funcionado, y no le dolía la cabeza. Me dijo: «¡Dios le bendiga, doctor!», y yo pensé: «¡Caramba, qué fácil es esto de la medicina!»

El fin de semana siguiente no tuve noticias de él, y como sentía curiosidad por saber cómo le iba, le telefoneé. Con una voz bastante apagada me dijo que la pastilla había vuelto a funcionar, pero expresó una curiosa queja: se aburría. Durante los últimos quince años había dedicado cada domingo a las migrañas –su familia iba a verlo, era el centro de atención–, y ahora echaba de menos todo aquello.

A la semana siguiente recibí una llamada de emergencia de su hermana, que me dijo que el paciente padecía un grave ataque de asma y que le estaban administrando oxígeno y adrenalina. Su voz parecía sugerir que aquello podía ser culpa mía, que de alguna manera yo «había desbaratado su equilibrio». Aquel mismo día llamé a mi paciente, quien me contó que había sufrido ataques de asma de niño, pero que posteriormente éstos habían sido «reemplazados» por la migraña. Se me había pasado por alto una parte importante de su historial por atender tan sólo a sus síntomas actuales.

–Podemos darle algo para el asma –sugerí.

–No –me contestó–. Tendré otra cosa... ¿Cree que tengo *necesidad* de estar enfermo los domingos?

Sus palabras me dejaron estupefacto, pero dije:

–Vamos a analizarlo.

A continuación pasamos dos semanas explorando su supuesta necesidad de estar enfermo los domingos. En esas dos semanas sus migrañas se volvieron menos molestas, y al final desaparecieron más o menos. Para mí aquello era un ejemplo de cómo los motivos inconscientes a veces se alían con las propensiones fisiológicas, de cómo no se puede abstraer una dolencia o su tratamiento de la totalidad, del contexto, de la economía de la vida de una persona.

Otro paciente de la clínica de cefaleas era un joven matemático que también padecía migrañas los domingos. Comenzaba a sentirse nervioso e irritable los miércoles, y aquello empeoraba los jueves; los viernes no podía trabajar. Los sábados se sentía atormentado, y el domingo padecía una migraña terrible. Pero luego, hacia la tarde, la migraña iba desapareciendo. A veces, a medida que una migraña se disipa, la persona puede verse afectada por un débil sudor o eliminar grandes cantidades de una orina pálida; se trata casi de una catarsis tanto a nivel fisiológico como emocional. A medida que ese hombre expulsaba la migraña y la tensión, se sentía vigorizado y renovado, sereno y creativo, y el domingo por la noche, el lunes y el martes llevaba a cabo un trabajo matemático extremadamente original. Luego volvía a estar irritable.

Cuando a ese hombre le administré la medicación y le curé las migrañas, también le curé de las matemáticas: interrumpí ese extraño ciclo semanal de enfermedad y sufrimiento, seguido de una especie de salud y creatividad trascendentes.

No había dos pacientes con migraña que fueran iguales, y todos ellos resultaban extraordinarios. Trabajar con ellos fue mi verdadero aprendizaje en la medicina.

El director de la clínica de cefaleas era un hombre de cierta eminencia llamado Arnold P. Friedman. Había escrito mucho sobre el tema, y llevaba más de veinte años dirigiendo esa clínica, la primera de esa especialidad. Creo que Friedman me cogió afecto. Pensaba que yo era brillante, y me parece que deseaba que fuera una especie de protegido suyo. Se mostraba amistoso conmigo, y lo arregló todo para que hiciera más visitas que el resto y cobrara un poco más. Me presentó a su hija, e incluso me pregunté si me veía como un yerno potencial.

Entonces ocurrió un episodio extraño. Me veía con él los sábados por la mañana y le hablaba de los pacientes interesantes que había visto durante la semana, y un sábado de principios de 1967 le hablé de un paciente que no sufría dolor de cabeza después de los centelleantes zigzags que preceden a muchas migrañas, sino un fuerte dolor abdominal y vómitos. Le dije que había visto un par de pacientes así, que al parecer pasaban del dolor de cabeza al dolor abdominal, y le pregunté si no deberíamos desenterrar la antigua expresión victoriana «migraña abdominal». Después de esas palabras, Friedman se convirtió en un hombre distinto. Se puso rojo y me gritó: «¿Qué quiere decir con eso de "migraña abdominal"? Esto es una clínica de *cefaleas*. ¡La palabra "migraña" procede de hemi-*crania!* ¡Significa dolor de cabeza! ¡No le toleraré que hable de migrañas sin dolor de cabeza!»

Perplejo, no quise discutirle. (Ésta fue una de las razones por las que en la primera frase del libro que posteriormente escribí recalqué que el dolor de cabeza nunca es el único síntoma de una migraña, y la razón por la que el segundo capítulo de *Migraña* estaba dedicado completamente a formas de migraña *sin* dolor de cabeza.) Pero ese estallido fue poca cosa. El más importante tuvo lugar en el verano de 1967.

He relatado en *Alucinaciones* que, en febrero de 1967, en una epifanía provocada por la anfetamina, leí de cabo a

170

rabo el libro que Edward Liveing publicó en 1873, *On Megrim*, y decidí escribir un libro comparable, una *Migraña* propia, una *Migraña* para los años sesenta, incorporando muchos ejemplos de mis pacientes.

En el verano de 1967, después de trabajar un año en la clínica de cefaleas, regresé a Inglaterra de vacaciones, y para mi gran sorpresa escribí un libro sobre la migraña en el curso de un par de semanas. Surgió de repente, sin una planificación consciente.

Le mandé un telegrama a Friedman desde Londres contándole que, sin saber muy bien cómo, me había salido un libro, que lo había llevado a Faber & Faber, un editor británico (que había publicado un libro de mi madre), y que estaban interesados en su edición.[1] Esperaba que a Friedman pudiera gustarle el libro y me escribiera un prefacio. El telegrama que me mandó de respuesta decía: «¡Basta! Interrúmpalo todo.»

Cuando volví a Nueva York, a Friedman no se le veía muy amistoso, sino más bien agitado. Casi me arrancó el manuscrito de las manos. ¿Quién me había creído que era para escribir un libro sobre la migraña?, me preguntó. ¡Menudo atrevimiento! Le dije: «Lo siento, simplemente ocurrió.» Dijo que daría a revisar el manuscrito a una de las máximas eminencias en el mundo de la migraña.

Aquellas reacciones me desconcertaron. Unos días más tarde vi que uno de los ayudantes de Friedman fotocopiaba mi manuscrito. No le presté mucha atención, pero tomé nota mental. Al cabo de tres semanas, Friedman me entregó una carta de la persona que había revisa-

---

1. Un lector de Faber, sin embargo, realizó un comentario peculiar. Dijo: «El libro es demasiado fácil de leer. Hará que la gente lo vea con recelo; dele un enfoque más profesional.»

do el texto, de la cual se habían eliminado todas las características que pudieran identificarla. La carta carecía de cualquier sustancia crítica constructiva y real, y estaba llena de críticas personales y a menudo envenenadas referidas al estilo del libro y a su autor. Cuando se lo comenté a Friedman, me contestó: «Al contrario, tiene toda la razón. En eso consiste su libro: básicamente es basura.» Siguió diciendo que en el futuro no me permitiría acceder a las notas que yo mismo tomaba acerca de mis pacientes, que todo quedaría cerrado con llave. Me advirtió que no se me ocurriera volver a pensar en el libro, y dijo que si lo hacía no sólo me despediría, sino que jamás volvería a conseguir trabajo de neurólogo en los Estados Unidos. En aquella época, Friedman era presidente de la sección de cefaleas de la Asociación Neurológica Americana, y me habría sido imposible conseguir otro trabajo sin su recomendación.

Mencioné las amenazas de Friedman a mis padres con la esperanza de que me apoyaran, pero mi padre, de una manera que me pareció bastante cobarde, dijo: «Más te vale no enfurecer a ese hombre, podría arruinarte la vida.» Así que reprimí mis sentimientos durante muchos meses, que se cuentan entre los peores de mi vida. Seguí viendo a otros pacientes de la clínica de migrañas, hasta que en junio de 1968 decidí que ya no lo soportaba más. Llegué a un acuerdo con el conserje para que me dejara entrar en la clínica por la noche. Entre medianoche y las tres de la mañana sacaba mis propias notas y copiaba lo que podía laboriosamente a mano. Posteriormente le dije a Friedman que quería tomarme unas largas vacaciones en Londres, y de inmediato me preguntó:

–¿Va a retomar ese libro suyo?

–Tengo que hacerlo –contesté.

–Será lo último que haga –me dijo. Regresé a Inglaterra en un estado de inquietud, literalmente temblando, y una semana después recibí un telegrama de Friedman en el que me comunicaba mi despido. Aquello empeoró los temblores, hasta que un día, de repente, me invadió una sensación completamente distinta. Me dije: «Ya no tendré a ese simio subido a la chepa. Soy libre de hacer lo que quiera.»

Ahora disponía de libertad para escribir, pero también de la intensa presión de la inminente fecha de entrega, algo que casi me volvía loco. No estaba satisfecho con el manuscrito de 1967, y decidí reescribir el libro. Eso fue el 1 de septiembre, y me dije: «Si no tengo el manuscrito acabado y en manos de Faber el 10 de septiembre, tendré que matarme.» Y con esa amenaza comencé a escribir. Al cabo de un día la sensación de amenaza había desaparecido, transformada en el placer de la escritura. Ya no tomaba drogas, pero fue una época de extraordinaria euforia y energía. Tenía la impresión de que alguien me dictaba el libro, de que todo se sucedía de manera rápida y automática. Tan sólo dormía un par de horas cada noche. Y un día antes de la fecha de entrega, el 9 de septiembre, llevé al libro a Faber & Faber. Sus oficinas estaban en Great Russell Street, cerca del Museo Británico, y después de entregar el manuscrito me encaminé hacia el museo. Mientras contemplaba los artefactos que allí había –cerámica, escultura, herramientas, y sobre todo libros y manuscritos que habían sobrevivido con mucho a sus creadores–, tuve la sensación de que yo también había producido algo. Quizá algo modesto, pero con una realidad y una existencia propias, algo que podría pervivir después de que yo hubiera desaparecido.

Nunca he sentido una sensación tan intensa –la sensación de haber hecho algo real y de algún valor– como cuando escribí ese primer libro, redactado ante las amenazas de Friedman y también de mí mismo. Al regresar a Nueva York, me invadió un sentimiento de dicha, casi de bienaventuranza. Quería gritar: «¡Aleluya!», pero era demasiado tímido. Lo que hacía era ir a un concierto cada noche –óperas de Mozart, Fischer-Dieskau cantando a Schubert–, y me sentía eufórico y vivo.

Durante esas excitadas y exaltadas seis semanas del otoño de 1968 seguí escribiendo, pensando que quizá podría añadir al libro sobre la migraña una descripción mucho más detallada de los dibujos geométricos que se ven en una aura visual, y especular un poco acerca de lo que podría ocurrir en el cerebro en esos casos. Envié esos apasionados apéndices a William Gooddy, un neurólogo inglés que había escrito un hermoso prefacio a mi libro. Y éste me contestó: «No, déjalo. El libro está bien como está. Éstas son ideas a las que volverás una y otra vez en años futuros.»[1] Me alegró que protegiera el libro contra mi desmesura y exaltación, que creo que en aquel momento había llegado a un punto casi frenético.

Trabajé con denuedo con mi editor para preparar las ilustraciones y la bibliografía, y todo estaba listo para la primavera de 1969. Pero pasó 1969, y luego 1970, sin que se publicara el libro, para mi furia y frustración crecientes. Finalmente contraté a una agente literaria, Innes

1. De hecho, en 1992 amplié el libro, estimulado en parte por una exposición que vi sobre la migraña, y en parte por mis conversaciones con mi amigo Ralph Siegel, muy buen matemático y neurocientífico. (Veinte años después, en 2012, volví al tema del aura de la migraña desde otra perspectiva al escribir *Alucinaciones.*)

Rose, que consiguió que el libro saliera en enero de 1971 (aunque la fecha que aparece en la portada es 1970).

Fui a Londres para su publicación. Como siempre, me alojé en el 37 de Mapesbury, y el día de la publicación mi padre entró en mi dormitorio, pálido y tembloroso, con un ejemplar de *The Times* en las manos, y dijo, casi aterrado: «Sales en los periódicos.» En el periódico había una reseña muy amable que calificaba *Migraña* de libro «equilibrado, serio y brillante», o algo parecido. Pero por lo que se refería a mi padre, aquello daba igual; había cometido una grave inconveniencia, si no una locura criminal, apareciendo en los periódicos. En aquellos días, te podían expulsar del Colegio de Médicos de Inglaterra por entregarte a cualquiera de las «cuatro *Aes»:* alcoholismo, adicción, adulterio o anunciarte; mi padre consideraba que una reseña de *Migraña* en la prensa generalista podía considerarse un anuncio, publicidad. Había salido a la luz pública, me había hecho visible. Él siempre había mantenido, o eso creía, un «perfil bajo». Sus pacientes, familiares y amigos lo conocían y lo estimaban, pero se mantenía al margen del resto del mundo. Yo había cruzado un límite, había llevado a cabo una trasgresión, y tenía miedo por mí. Aquello coincidía con mis propias sensaciones, y en aquellos días, a menudo, cuando veía la palabra «publicar» *(publish)* a menudo leía «castigar» *(punish).* Tenía la impresión de que me castigarían si publicaba algo, y sin embargo tenía que hacerlo; ese conflicto casi me destrozó.

Para mi padre, el conservar su buen nombre, *shem tov,* ser respetado por los demás, era fundamental, más importante que cualquier éxito o poder mundano. Era una persona modesta, que tampoco se tenía en mucho. Restaba importancia al hecho de ser, entre otras cosas, un diagnosticador extraordinario; algunos especialistas a menudo le mandaban los casos más difíciles, sabiendo que poseía una asombrosa habilidad para emitir los diagnósticos más inesperados.[1] Pero él se sentía seguro, tranquilo y feliz con su trabajo, su lugar en el mundo, la reputación y el buen nombre que eso comportaba. Esperaba que todos sus hijos, hicieran lo que hicieran, también se labraran un buen nombre y no deshonraran el apellido Sacks.

Con el tiempo, mi padre, que tanto se había alarmado al ver la reseña en *The Times*, comenzó a tranquilizarse al leer también buenas críticas en la prensa médica; después de todo, el *British Medical Journal* y *The Lancet* eran publicaciones fundadas en el siglo XIX por médicos y para médicos. Creo que en ese momento comenzó a pensar que a lo mejor yo había escrito un libro aceptable y que había hecho lo correcto al perseverar en su publicación, aun cuando me hubiera costado mi trabajo (y quizá, si el poder de Friedman estaba a la altura de sus amenazas, volver a trabajar de neurólogo en los Estados Unidos).

A mi madre le gustó el libro desde el principio, y por primera vez en muchos años tuve la sensación de que mis

---

1. En 1972 vino a la consulta de mi padre nuestro primo Al Capp, que presentaba una variedad de síntomas peculiares que desconcertaban a sus médicos. Mi padre le echó un vistazo mientras se estrechaban la mano y le preguntó: «¿Estás tomando Apresolina?» (Era un medicamento que entonces se utilizaba para controlar la tensión alta.)

—Sí —dijo Al, sorprendido.

—Sufres LES, lupus sistémico eritematoso, provocado por la Apresolina —le explicó mi padre—. Por suerte, esta forma de la enfermedad provocada por el medicamento es totalmente reversible, pero si no dejas de tomar Apresolina, será fatal.

Al consideró que mi padre, con su iluminadora intuición, le había salvado la vida.

padres estaban de mi lado, reconocían que su hijo demente y renegado, tras años de tropelías y locura, ahora estaba clínicamente encarrilado: que quizá había algo bueno en mí, después de todo.

Mi padre, que a su manera humorística, quitándose importancia, solía referirse a sí mismo como «el marido de la inminente ginecóloga Elsie Landau» o «el tío de Abba Eban», ahora empezó a llamarse a sí mismo «el padre de Oliver Sacks».[1]

Creo que quizá subestimé a mi padre del mismo modo que él se subestimó a sí mismo. Me quedé asombrado y profundamente conmovido cuando, años después de su muerte, el gran rabino de Inglaterra, Jonathan Sacks (que no tenía relación con nuestra familia), me escribió:

> Conocí a su difunto padre. A veces nos sentábamos juntos en la *Shul*. Era un auténtico *tzaddik:* le consideraba uno de los (...) treinta y seis «hombres justos ocultos» cuya bondad sostiene el mundo.

Incluso ahora, muchos años después de su muerte, siempre hay alguien que se me acerca, o me escribe, para

1. La cosa fue recíproca, tal como escribió Abba Eban en una necrológica de mi padre en *The Jewish Chronicle*:
   Recuerdo que en 1967, después de la guerra de los Seis Días, cuando pasé por Londres de regreso de las Naciones Unidas, el taxi en el que viajaba se detuvo al lado de otro taxi en un semáforo. Mi taxista le dijo a su colega: «¿Sabes a quién llevo? ¡A un sobrino del doctor Sacks!»
   Recibí el elogio sin el menor sentimiento de humillación, y desde luego me sentí orgulloso del tío Sam, que se pasó meses contando esa historia con su característica exuberancia.

hablarme de la bondad de mi padre, afirmando que fue paciente (él, sus padres o sus abuelos) de mi padre durante los setenta años que practicó la medicina. Otros, vacilantes, me preguntan si estoy emparentado con Sammy Sacks, como le llamaba todo el mundo en Whitechapel. Me siento feliz y orgulloso de poder decir que sí.

Cuando se publicó *Migraña*, me llegaron un par de cartas de algunos colegas perplejos que me preguntaban por qué había publicado versiones anteriores de algunos capítulos con el seudónimo de A. P. Friedman. Les contesté que de ninguna manera había publicado esos capítulos, y que debían formularle esa pregunta al doctor Friedman de Nueva York. Friedman había apostado estúpidamente a que no publicaría el libro, y cuando se editó debió de darse cuenta de que estaba metido en un lío. Yo no le dije nada, y no volví a verlo.

Creo que Friedman no sólo creía poseer la propiedad exclusiva del tema de la migraña, sino también la propiedad de la clínica y de todos los que trabajaban en ella, y que eso le granjeaba el derecho a apropiarse de sus pensamientos y su trabajo. Esta desagradable historia –desagradable por ambas partes– no es infrecuente: una figura paternal y anciana, y su joven protegido, ven invertidos sus papeles cuando el hijo comienza a eclipsar al padre. Lo mismo les ocurrió a Humphry Davy y a Michael Faraday. Al principio Davy le prestó todo su apoyo a Faraday, y posteriormente intentó obstaculizar su carrera. También ocurrió con Arthur Eddington, el astrofísico, y su joven y brillante protegido Subrahmanyan Chandrasekhar. Yo no soy Faraday ni Chandrasekhar, y Friedman no era Davy ni Eddington, pero creo que entre nosotros funcionó la misma dinámica letal, aunque a un nivel mucho más humilde.

Helena Penina Landau, mi tía Lennie, nació en 1892, dos años antes que mi madre. Los trece hijos de mi abuelo y su segunda esposa estaban muy unidos, intercambiaban frecuentes cartas cuando la distancia los separaba, pero Lennie y mi madre mantuvieron una relación muy cercana que perduró a lo largo de su vida.

Cuatro de las siete hijas –Annie, Violet, Lennie y Doogie– fundaron escuelas.[1] (Mi madre, Elsie, se hizo médico, una de las primeras cirujanas de Inglaterra.) Lennie había sido maestra de escuela en el East End de Londres antes de fundar la Escuela Judía al Aire Libre para Niños Delicados en la década de 1920. («Delicados» podía significar cualquier cosa, desde asma o autismo a simple «nerviosismo».) La escuela estaba situada en Delamere Forest, en Cheshire, y puesto que llamarla «la Residencia y Escuela al Aire Libre» o «JFAS» (sus siglas en inglés) era incómodo, todos la llamábamos «Delamere». Me encanta-

1. Annie Landau, la mayor, abandonó las comodidades de Londres para irse a Palestina en 1899. Allí no conocía a nadie, pero estaba decidida a ayudar a proporcionar una amplia educación a las muchachas anglojudías de Jerusalén, en una época en que casi todas eran pobres y analfabetas, se les negaba la educación y se las empujaba a casarse siendo aún adolescentes o a la prostitución. No podían haber encontrado una defensora mejor que mi tía, cuya pasión por la educación de las mujeres superaba todo tipo de obstáculos culturales y políticos. Las fiestas que celebraba, donde se reunían judíos, árabes, cristianos y miembros del Mandato Británico, eran legendarias, y la escuela que dirigió durante cuarenta y cinco años dejó un perdurable legado en el desarrollo de la Jerusalén moderna. (La historia de Annie Landau y su escuela, la Evelina de Rothschild School, se relata en el libro de Laura S. Schor *The Best School in Jerusalem: Annie Landau's School for Girls, 1900-1960.)*

ba visitarla, mezclarme con los niños «delicados»; a mí no me lo parecían. A todos los niños (incluso a mí como visitante) se les asignaba un metro cuadrado de tierra rodeado por una tapia bajita de piedras en la que podían plantar lo que quisieran. Me encantaba dedicarme a la botánica con mi tía o sus colegas maestras de Delamere –sobre todo ha quedado en mi memoria las colas de caballo– y nadar en el pequeño y somero estanque de Hatchmere («Hatchmere de dichoso recuerdo», como escribió mi tía en una ocasión, mucho después de marcharse de Delamere). En los terribles años de la guerra, cuando me evacuaron a Braefield, deseé apasionadamente que me hubieran mandado a Delamere.

Lennie se jubiló en 1959, después de casi cuarenta años en Delamere, y hacia finales de 1960 encontró un pequeño piso en Londres, pero por entonces yo ya me había marchado a Canadá y los Estados Unidos. Nos escribimos cuatro o cinco cartas en la década de 1950, pero sólo cuando el océano se interpuso entre nosotros comenzamos a remitirnos largas y frecuentes cartas.

Lennie me había enviado dos cartas en mayo de 1955: la primera después de que yo le mandara un ejemplar de *Seed*, una revista de corta vida (expiró después de tan sólo un número) que unos amigos y yo compusimos en mi tercer año en Oxford.

«Estoy disfrutando mucho con *Seed*», me escribió Lennie, «y me gusta el formato: el diseño de la portada, el espléndido papel, la magnífica impresión, y el gusto por las palabras que tenéis todos los colaboradores, ya sea en un estilo grave o desenfadado. (...) No os sorprenderá que os diga lo maravillosamente jóvenes (y por tanto vitales) que sois todos.»

Esta carta, como todas las cartas, venía encabezada

con un «Querido Bol» (ocasionalmente «Boliver»), mientras que mis padres, más serios, escribían «Querido Oliver». No me parecía que Lennie utilizara la palabra «Querido» a la ligera; me sentía muy querido por ella, y yo también la quería intensamente, y era un amor sin ambivalencia, incondicional. Nada de lo que yo dijera la repelía ni la escandalizaba; su capacidad de comprensión y tolerancia no parecían conocer límites, ni tampoco su generosidad ni la amplitud de su corazón.

Cuando se iba de viaje siempre me mandaba alguna postal. «Aquí me tienes disfrutando de este magnífico sol en el jardín de Grieg», me escribió en 1958, «contemplando un fiordo mágico. No me extraña que se sintiera inspirado a la hora de componer música. (Qué lástima que no estés aquí. Hay algunos jóvenes bastante agradables en el grupo (...) somos una mezcla de edades y sexos bastante civilizada.)»

Fue una coincidencia que yo también viajara a Noruega en 1958 y me instalara en una pequeña isla llamada Krokholmen, en el fiordo de Oslo (donde un amigo mío, Gene Sharp, tenía una casita). «Cuando me llegó tu idílica postal de Krokholmen», me escribió Lennie, «me dije que ojalá pudiera haber ido y que tú fueras Robinson Crusoe y yo tu Viernes.» Acababa la carta deseándome «lo mejor para tus exámenes finales de diciembre».

Mil novecientos sesenta fue un año de profundo cambio para los dos. Lennie abandonó Delamere después de haber dirigido la escuela durante casi cuarenta años, y yo me fui de Inglaterra. Yo tenía veintisiete años, y ella sesenta y siete, pero los dos sentíamos que nos estábamos embarcando en una nueva vida. Lennie decidió hacer un viaje de placer por todo el mundo antes de instalarse en Londres, y yo me encontraba en Canadá cuando me llegó una carta procedente del barco en el que viajaba, el *Strathmore*. «Mañana llegamos a Singapur», me escribió. «Durante un par de días [después de salir de Perth], junto a unos delfines que retozaban, nos siguieron unos magníficos albatros (...) se mueven con una elegancia maravillosa, ascendiendo y descendiendo en su vuelo, con una tremenda envergadura.»

En octubre, cuando comencé a trabajar en San Francisco, me escribió: «Me encantó recibir tu carta (...) desde luego pareces haber encontrado una válvula de escape más satisfactoria para tu espíritu inquieto e inquisitivo. (...) Te echo de menos.» También me transmitió un mensaje de mi madre: «¡Su deporte de interior favorito sigue siendo preparar paquetes para ti!»

En febrero de 1961, Lennie me escribió para hablarme de un problema recurrente con mi hermano Michael: «Nunca había visto a Michael en un estado tan alarmante como ahora, y me repugna confesar que mi compasión se transformó en asco y miedo, y la feroz actitud protectora de tu madre de algún modo sugería (aunque esperé que nadie se diera cuenta de mis sentimientos) que eran los demás, y no Michael, quienes iban a contrapié.»

Lennie le tenía un gran cariño a Michael cuando éste era un crío; al igual que la tía Annie, admiraba su intelecto precoz y le daba todos los libros que él deseaba. Pero opinaba que ahora mis padres negaban la gravedad –y el peligro– de la situación. «En las semanas anteriores a que volviera a Barnet [un hospital psiquiátrico] temí por la vida de tus padres. Qué existencia tan patética y malograda.» Por entonces Michael tenía treinta y dos años.

Tras mucho buscar –los alquileres eran altos en Londres y Lennie nunca había podido ahorrar mucho («Como

182

a ti, el dinero se me va de las manos»)–, Lennie había encontrado un lugar en Wembley: «Creo que te gustará este pisito que tengo. Me agrada la idea de tener mi propia casa, y me compensa en parte por haber perdido Delamere. Mientras te escribo, los almendros que hay delante de mi ventana están en flor, hay azafranes, campanillas de invierno, narcisos e incluso un pinzón que finge que ya ha llegado la primavera.»

Ir al teatro era mucho más fácil ahora que estaba en Londres, me escribió: «Tengo muchísimas ganas de que llegue mañana para ver la obra de Harold Pinter *El portero*. (...) Estos escritores jóvenes no poseen las frases pulidas y redondas de mi generación, pero tienen algo auténtico que decir, y lo dicen con vigor.» También disfrutaba de la nueva generación de sobrinos nietos, tal como había hecho con mi generación, sobre todo con los hijos de mi hermano David.

En mayo de 1961 le mandé el manuscrito de «Canadá: Pausa, 1960», que describía mis viajes por Canadá, y otro diario («99») en el que relataba un viaje nocturno en moto de San Francisco a Los Ángeles. En cierto sentido, ésas fueron mis primeras «piezas literarias»: de tono afectado y preciosista, pero piezas que esperaba poder publicar algún día.

«He recibido los asombrosos fragmentos de tus diarios», me escribió Len. «El conjunto me ha parecido impresionante. De repente me he dado cuenta de que me había quedado literalmente sin aliento.» La única persona que había leído aquellos textos era Thom Gunn, y el entusiasmo de la tía Len, sin que prestara el menor atisbo de crítica, fue enormemente importante para mí.

Lennie les tenía especial cariño a Jonathan Miller y a su mujer, Rachel, y ellos también la querían mucho. Me escribió que Jonathan «sigue siendo el mismo genio modesto, sencillo, complejo, brillante, adorable, desaliñado... igual que tú. (...) Una tarde estuvimos juntos en Mapesbury y no paramos de cotorrear. (...) Es increíble cómo integra en su vida todo lo que hace».

Le encantaron las fotografías de California que le mandé. Como yo siempre llevaba la cámara cuando viajaba a lugares lejanos, le mandé fotografías de los paisajes de California. «Qué fotos tan bonitas», me escribió. «Se parecen tanto a los paisajes griegos que vi durante mi breve y fascinante visita a ese país a mi vuelta de Australia. (...) ¡Ve con cuidado cuando montes ese corcel tuyo!»

A Len le gustó «Travel Happy» cuando se lo mandé a principios de 1962, pero consideró que se me había ido la mano con los «joder» y «mierda» de los camioneros. A mí aquella manera de hablar me parecía exótica, muy americana —en Inglaterra nunca íbamos más allá de «cabrón»—, pero Len opinaba que acababa «aburriendo cuando se escribía con tanta frecuencia».

En noviembre de 1962 me escribió: «Tu madre ha comenzado a operar otra vez [se había fracturado la cadera a principios de año], cosa que le encanta, y ya no se siente frustrada. Tu padre es el mismo personaje adorable, loco y desaliñado de siempre, que deja pizcas de amabilidad en forma de especificaciones, jeringas, cuadernos, etc., allí adonde va. Y unas manos diligentes y serviciales las recogen y las entregan, como si fuera el mayor honor del mundo.»

Lennie se mostró entusiasmada cuando presenté una ponencia en un congreso de neurología —mi primera incursión en el mundo académico—, pero «*no* me entusiasma que hagas ejercicio para volver a ganar mucho peso; cuando estás normal se te ve un muchacho bien parecido».

Un par de meses más tarde le mencioné que sufría una

184

depresión. «Sé que todos sufrimos a veces», me escribió Len. «Bueno, pues no sufras más. Tienes mucho a tu favor: inteligencia, encanto, buen aspecto, sentido del ridículo, y un montón de gente que cree en ti.»

Que Len creyera en mí había sido importante desde mi infancia, pues yo creía que mis padres *no* creían en mí, y mi autoestima era bastante frágil.

Al salir de la depresión, le mandé a Lennie un paquete de libros, y aunque me reprochó el «dispendio», contestó: «Todo mi agradecimiento para mi sobrino favorito.» (Me gustó que dijera eso, pues Lennie era sin duda mi tía favorita.) Añadía: «Imagíname cómodamente instalada junto al hogar, con una manzana reineta cortada a trozos dentro de un cuenco a mi vera, inmersa en la elegante riqueza de Henry James, y percatándome de pronto de que ya es de madrugada.» Algunos fragmentos de la carta eran ilegibles: «No, no es que mi caligrafía haya empeorado, es que estoy intentando acostumbrarme a una nueva estilográfica, pues he perdido la que me acompañó durante cincuenta y un años, y que tanto apreciaba.»

Siempre escribía con un estilográfica de punta ancha (igual que yo, cincuenta años más tarde). «Querido Bol», concluía, «que seas feliz.»

«Me han llegado noticias de tu batalla con las olas, loco insensato», me escribió en 1964. Le había contado que me había dislocado un hombro cuando una ola gigantesca me levantó por los aires en Venice Beach, y que mi amigo Chet me había salvado.

Esperaba que le mandara algunos de mis artículos de neurología, «de los que no entenderé una palabra, pero resplandeceré de amor y orgullo por mi ridículo, brillante y absolutamente encantador sobrino».

Y así continuamos escribiéndonos, siete u ocho cartas al año. Le conté que me iba de California y mis primeras impresiones de Nueva York:

Se trata de una ciudad realmente maravillosa, rica, excitante, infinita en variedad y profundidad, igual que Londres; aunque son dos ciudades de lo más diferentes. Nueva York está formada de puntos brillantes, tal como se ven las ciudades desde un avión por la noche: es un *mosaico* de cualidades y personas, fechas y estilos, una especie de enorme rompecabezas urbano. Mientras que Londres posee esa cualidad de ciudad *evolucionada,* y la actual es como una transparencia que se superpone a las láminas del pasado, capa sobre capa, que se va ampliando con el tiempo, al igual que la Troya de Schliemann, o la corteza de la superficie terrestre. Y sin embargo, a pesar de toda su cualidad sintética y chispeante, Nueva York es extrañamente anticuada, arcaica. Las enormes vigas del tren elevado son una fantasía ferroviaria de la década de 1880, la cola de langosta del edificio Chrysler una pura vanidad eduardiana. No me puedo imaginar el Empire State Building sin la enorme silueta de King Kong trepando por él. El East Bronx es como Whitechapel a principios de los años veinte (antes de la diáspora a Golders Green).

Len me ponía al corriente de los acontecimientos familiares, de los libros que había leído y las obras de teatro que había visto, y sobre todo de sus largas caminatas. A sus setenta años seguía subiendo montañas con entusiasmo, y ahora tenía tiempo libre para explorar las partes más inhóspitas de Irlanda, Escocia y Gales.

Junto con sus cartas, me mandaba paquetitos de Blue Vinny, un queso azul que sólo se fabricaba en una lechería

186

de Dorset; me apasionaba ese queso, y me parecía mejor que el Stilton. Me encantaba el leve olor que desprendían esos paquetes que llegaban cada mes, y cada uno de ellos contenía un cuarto de Blue Vinny. Había comenzado a mandarme ese queso en mi época en Oxford, y continuaba con esa costumbre quince años más tarde.

En 1966, Len me contó que habían operado a mi madre de la cadera por segunda vez. Me decía: «Tu madre ha pasado una mala semana. (...) Tu padre ha estado muy preocupado.» Pero todo fue bien –mi madre comenzó a caminar con muletas, y luego con un bastón–, y al mes siguiente Lennie me escribió: «Su valor y determinación son increíbles.» (A mí me parecía que todos los hermanos Landau poseían un enorme valor y determinación.)

Le escribí a Lennie a principios de 1967, después de haber leído el libro de Liveing, *On Megrim*, y decidido escribir mi propio libro sobre el tema. A Lennie le entusiasmó mi decisión; desde que yo era un niño, ella había pensado que yo podía y *debía* ser «escritor». Le conté la reacción de Friedman cuando le di el manuscrito y que mi padre consideraba que haría bien en respetar su experiencia, pero Lennie, con esa lucidez y tenacidad característica de los Landau, no estuvo de acuerdo.

«Tu doctor Friedman», me escribió en octubre de 1967, «parece un sujeto de lo más desagradable, pero no te obsesiones con él. No pierdas la fe en ti mismo.»

En el otoño de 1967, mis padres hicieron escala en Nueva York a su regreso de Australia, donde habían visitado a mi hermano mayor, Marcus, y a su familia. Nuestros padres se habían preocupado por mí, de una u otra manera, y ahora podían ver por sí mismos que disfrutaba de una vida profesional, apreciaba a mis pacientes y ellos me apreciaban –mi hermano David había visitado Nueva York unos meses antes y les había contado que mis pacientes me «adoraban»–, y escribía acerca de los extraordinarios pacientes posencefalíticos que ahora visitaba en Nueva York. Unas semanas más tarde, Lennie me escribió: «Tu padre y tu madre volvieron a casa muy tranquilos después de haber visto a su hijo mayor y al menor en sus hábitats respectivos», y añadía que Marcus, en Australia, le había escrito una carta de «éxtasis lírico» acerca de su hijita pequeña.

En 1968 asomaban amenazas más importantes: la guerra de Vietnam y la intensificación del reclutamiento para ir a la contienda; me convocaron para una entrevista militar, pero conseguí convencerlos de que yo no estaba hecho para el ejército.

«Deja que te diga que todos nos sentimos muy aliviados de que sigas siendo un civil», me escribió Len. «La guerra de los vietnamitas és más horrible cada día, y la telaraña se va enredando cada vez más. (...) ¿Qué opinas del horrible caos en que está sumido el mundo (y de las cosas buenas que ocurren a veces)? Escríbeme y cuéntame cómo estás.»

DESPERTARES

En el otoño de 1966 comencé a visitar a los pacientes del Beth Abraham, un hospital para enfermedades crónicos afiliado a la Escuela de Medicina Albert Einstein. Pronto comprendí que entre sus quinientos residentes había unos ochenta pacientes, dispersos en varios pabellones, que eran supervivientes de la extraordinaria pandemia de encefalitis letárgica (o enfermedad del sueño) que se había extendido por el mundo a principios de la década de 1920. La enfermedad del sueño había matado a muchos millones de personas al instante, y aquellos que al parecer se habían recuperado a menudo sufrían, a veces décadas más tarde, extraños síndromes posencefalíticos. Muchos se quedaban paralizados en estados profundamente parkinsonianos, otros en posturas catatónicas, no inconscientes, sino con la conciencia suspendida en el momento en que la enfermedad se había cernido sobre ciertas partes del cerebro. Me quedé estupefacto al enterarme de que algunos pacientes llevaban así treinta o cuarenta años; de hecho, el hospital se había abierto originariamente en 1920 para las primeras víctimas de la encefalitis letárgica.

Durante las décadas de 1920 y 1930, en todo el mun-

189

do se habían construido o transformado hospitales para acomodar a los pacientes posencefalíticos; uno de ellos, el Hospital Highlands del norte de Londres, había sido al principio un hospital de enfermedades infecciosas, con docenas de pabellones que se extendían a lo largo de muchas hectáreas, pero luego se utilizó para albergar a casi veinte mil posencefalíticos. Pero a finales de la década de 1930 casi todos los afectados habían muerto, y la propia enfermedad –que antaño había ocupado los titulares de los periódicos– estaba prácticamente olvidada. En la literatura médica había muy poca información acerca de los extraños síndromes posencefalíticos, que podían no ser aparentes hasta décadas después.

Las enfermeras, que conocían muy bien a esos pacientes, estaban convencidas de que detrás de su apariencia de estatua –encerrados, encarcelados en sí mismos– su mente y su personalidad estaban intactas. Las enfermeras también mencionaban que los pacientes a veces disfrutaban de liberaciones esporádicas y muy breves de sus estados de parálisis; la música, por ejemplo, podía animar a esos pacientes y permitirles bailar, aun cuando no pudieran caminar, y cantar, aun cuando no pudieran hablar. Además, en raras ocasiones algunos se movían de manera espontánea y repentina, a la velocidad del rayo, en la llamada *cinesia paradójica*.

Lo que me fascinaba era el espectáculo de una enfermedad que nunca era igual en dos pacientes, una enfermedad que podía adquirir cualquier forma posible, acertadamente denominada «fantasmagoría» por aquellos que la estudiaron en las décadas de 1920 y 1930. Era un síndrome que incluía una gran variedad de alteraciones que ocurrían en todos los niveles del sistema nervioso, un trastorno que podía mostrar mejor que ningún otro cómo se

190

organizaba el sistema nervioso, cómo funcionaban el cerebro y el comportamiento en sus niveles más primitivos.

Mientras me paseaba entre mis pacientes posencefalíticos, a veces me sentía como un naturalista en una selva tropical; a veces, de hecho, en una selva *antigua*, presenciando comportamientos prehistóricos, pero humanos: despiojarse, arañar, lamer, chupar, jadear, todo un repertorio de extraños comportamientos respiratorios y fonatorios. Se trataba de «comportamientos fósiles», vestigios darwinianos de épocas anteriores que salían del limbo fisiológico a causa de la estimulación de sistemas primitivos del tallo cerebral, deteriorados y sensibilizados en primer lugar por la encefalitis, y ahora «despertados» por la L-dopa.[1]

Pasé un año y medio observando y tomando notas, a veces filmando a los pacientes y grabándolos, y en ese tiempo llegué a conocerlos no sólo como pacientes, sino como personas. Muchos de ellos habían sido abandonados por sus familias y sólo tenían contacto con las enfermeras. Hasta que conseguí desempolvar sus gráficos de las décadas de 1920 y 1930 no pude confirmar sus diagnósticos, y en ese momento le pedí al director del hospital si podríamos trasladarlos a un solo pabellón en el que estuvieran juntos, con la esperanza de que eso permitiría que se formara una comunidad.

Desde el principio tuve la impresión de que estaba viendo individuos en un estado y una situación sin precedentes que jamás se había descrito, y a las pocas semanas de descubrirlos, en 1966, ya sopesaba la posibilidad de es-

1. Macdonald Critchley, en su biografía de William R. Gowers, el neurólogo victoriano (y botánico aficionado), escribe: «Para él, las enfermedades neurológicas eran como la flora de una jungla tropical.» Al igual que Gowers, a veces veo a mis pacientes con trastornos insólitos como formas de vida diferentes y extraordinarias.

cribir un libro sobre ellos; pensé en adoptar uno de los títulos de Jack London, *La gente del abismo*. La idea de la dinámica de la enfermedad y la vida, del organismo o sujeto que se esfuerza por sobrevivir, a veces bajo las circunstancias más extrañas y sombrías, era un punto de vista que no se había recalcado cuando yo era estudiante residente, ni tampoco lo encontré en la literatura médica de mi época. Pero cuando descubrí a esos pacientes posencefalíticos, lo vi con una claridad abrumadora. Lo que casi todos mis colegas habían rechazado con desdén («hospitales de enfermedades crónicas: nunca verás nada interesante en ellos») resultaba ser todo lo contrario: una situación ideal para ver cómo se desarrollaban vidas enteras.

A finales de la década de 1950 había quedado establecido que el cerebro parkinsoniano era deficiente en dopamina, un neurotransmisor, y que por tanto se podría «normalizar» elevando el nivel de dopamina. Pero los intentos de hacerlo administrando L-dopa (un precursor de la dopamina) en miligramos presentaba efectos poco claros, y no se vieron las consecuencias terapéuticas hasta que George Cotzias, con gran audacia, administró dosis mil veces más grandes a un grupo de pacientes con Parkinson. Con la publicación de sus resultados, en febrero de 1967, la perspectiva de los pacientes con Parkinson cambió de la noche a la mañana: pacientes cuyo único futuro hasta entonces era padecer una incapacidad creciente y deprimente, ahora se veían transformados por el nuevo medicamento. El ambiente bullía de entusiasmo, y me pregunté si la L-dopa podría ayudar a mis pacientes, aunque fueran muy distintos.

¿Debía administrar L-dopa a nuestros pacientes del Beth Abraham? Vacilé; la verdad es que no padecían un Parkinson normal, sino un trastorno posencefalítico de complejidad, gravedad y rareza mucho mayores. ¿Cómo reaccionarían *esos* pacientes con una enfermedad tan distinta? Me pareció que debía ser cauto, casi de una manera exagerada. ¿Podría activar la L-dopa los problemas neurológicos que algunos de esos pacientes habían padecido en los primeros años de su enfermedad, antes de verse sojuzgados por el Parkinson?

En 1967, con cierta aprensión, solicité a la Administración para el Control de Drogas una autorización especial de investigador para utilizar la L-dopa, todavía un medicamento experimental en la época. La autorización tardó varios meses en llegar, y por diversas razones hasta marzo de 1969 no pude iniciar una prueba de doble ciego con seis pacientes que duraría noventa días. La mitad de ellos recibieron un placebo, pero ni ellos ni yo sabíamos quién había recibido el compuesto real.

Pero al cabo de pocas semanas los efectos de la L-dopa resultaron claros y espectaculares. Pude inferir de la tasa de fracaso, que era exactamente del 50 %, que no se había dado ningún efecto placebo significativo. En conciencia, no podía seguir utilizando el placebo, pero decidí administrar L-dopa a cualquier paciente que estuviera dispuesto a probarla.[1]

---

1. Más o menos en esa época, tuve una discusión con mi jefe en la Escuela Einstein, Labe Scheinberg:

–¿Cuántos pacientes tiene tomando L-dopa? –me preguntó.

–Tres, señor –contesté enseguida.

–Caramba, Oliver –dijo Labe–, yo tengo *trescientos* tomando L-dopa.

–Sí, pero yo aprendo cien veces más que usted con cada paciente –repliqué, molesto por su sarcasmo.

Las series son necesarias –todo tipo de generalizaciones son posibles al enfrentarse a amplias poblaciones–, pero también hace falta lo

Al principio, casi todos los pacientes mostraron una respuesta feliz; aquel verano hubo un asombroso y festivo «despertar» a medida que estallaban en una explosión de vida tras haber permanecido inanimados durante décadas. Pero luego casi todos tuvieron problemas, y no sólo desarrollaron «efectos secundarios» específicos de la L-dopa, sino que sus dificultades también siguieron ciertos patrones generales: fluctuaciones repentinas e impredecibles de respuesta y una extrema sensibilidad a la L-dopa. Algunos de los pacientes reaccionaban de manera distinta al compuesto cada vez que se la administraba. Yo procuraba alterar las dosis, valorarlas cuidadosamente, pero eso ya no funcionaba; el «organismo» ahora parecía poseer una dinámica propia. En el caso de muchos pacientes, la diferencia entre demasiada L-dopa y demasiado poca era nula.

Me acordé de Michael y de sus problemas con los tranquilizantes (que atenuaban los sistemas de la dopamina, mientras que la L-dopa los activaba) cuando intentaba calcular la dosis para mis pacientes, y me encontré con las incorregibles limitaciones de cualquier enfoque puramente médico o de tratamiento al abordar sistemas cerebrales que al parecer habían perdido su elasticidad o flexibilidad habitual.[1]

---

concreto, lo particular, lo personal, y es imposible transmitir la naturaleza y el impacto de ninguna afección neurológica sin entrar en las vidas de los pacientes individuales y sin describirlas.

1. En agosto de 1969, los «despertares» de mis pacientes posencefalíticos aparecieron en *The New York Times* en forma de un artículo largo e ilustrado de Israel Shenker. Describía lo que yo llamaba el «efecto yoyó» en algunos pacientes –repentinas oscilaciones de los efectos del medicamento–, un fenómeno no descrito por otros colegas, ni en otros pacientes, hasta varios años más tarde (y luego llamado «efecto intermitente»). Aunque la L-dopa se presentaba como «un

Cuando yo era residente en la UCLA, la neurología y la psiquiatría se presentaban como disciplinas casi sin ninguna relación, pero cuando acabé la residencia y me encontré con la cruda realidad de los pacientes, a menudo me di cuenta de que tenía que ejercer de psiquiatra tanto como de neurólogo. Esta sensación era más acusada con los pacientes de migraña, y la percibí ya de manera exagerada con los posencefalíticos, que presentaban una multitud de trastornos tanto «neurológicos» como «psiquiátricos»: el Parkinson, el mioclono, la corea, los tics, extrañas compulsiones, pulsiones, obsesiones, «crisis» repentinas y arrebatos de cólera. En tales pacientes, un enfoque puramente neurológico o puramente psiquiátrico no llevaba a ninguna parte, y había que combinar lo neurológico y lo psiquiátrico.

Los posencefalíticos habían pasado décadas en un estado de suspensión: suspensión de la memoria, de la percepción y la conciencia. Y de repente regresaban a la vida, a la plena conciencia y a la movilidad. ¿Se verían como anacronismos, al igual que Rip Van Winkle, en el mundo en el que habían aparecido?

Cuando administré L-dopa a esos pacientes, su «despertar» no fue sólo físico, sino también intelectual, perceptivo y emocional. Ese despertar o animación global contradecía los conceptos de neuroanatomía de la década de 1960, una neuroanatomía que veía lo motor, lo intelectual y lo afectivo en compartimentos del cerebro bastante separados que no se comunicaban. El anatomista que hay en

---

medicamento milagroso», yo comentaba en el artículo lo importante que era prestar atención a la totalidad de la vida y las situaciones de los pacientes, y no sólo a los efectos del medicamento en su cerebro.

195

mí, supeditado a esa idea, decía: «Esto no puede ser. Este "despertar" no debería ocurrir.»

Pero estaba claro que *estaba* ocurriendo.

El Departamento para la Lucha contra la Droga quería que rellenara los cuestionarios habituales de síntomas y reacciones al compuesto, pero lo que ocurría era tan complejo, tanto desde una perspectiva neurológica como humana, que dichos cuestionarios ni por asomo se adaptaban a la realidad de lo que yo estaba presenciando. Sentí la necesidad de llevar un diario y notas detalladas, al igual que algunos pacientes. Comencé a llevar conmigo una grabadora y una cámara, y posteriormente una pequeña cámara de cine Super 8, pues sabía que lo que estaba viendo quizá no volvería a ocurrir nunca más, y era fundamental contar con imágenes grabadas.

Algunos de los pacientes dormían durante gran parte del día, pero se pasaban la noche despiertos, lo que significaba que yo tenía que estar pendiente de ellos las veinticuatro horas. Aunque eso derivó en una falta de sueño, acabé manteniendo una relación íntima con ellos, y también me permitió estar en el turno de noche con los quinientos pacientes del Beth Abraham. Era un trabajo en el que tal vez había que tratar a un paciente con un fallo cardíaco agudo, enviar a otro a urgencias o solicitar una autopsia si alguien moría. Aunque habitualmente había un médico distinto cada noche, me pareció que yo podría ocuparme del turno de noche de manera permanente, así que me presenté voluntario.

A los administradores del Beth Abraham les gustó la idea y me ofrecieron, por un alquiler prácticamente simbólico, un apartamento en una casa contigua al hospital, el apartamento normalmente reservado al médico que estuviera de guardia. Aquel arreglo contentó a todo el mundo:

casi todos los demás médicos odiaban estar de guardia, y a mí me encantaba contar con un apartamento siempre abierto a mis pacientes. Los demás miembros del personal –psicólogos, asistentes sociales, fisioterapeutas, logopedas, terapeutas musicales, entre otros– venían a visitarme para hablar de los pacientes. Casi cada día entablábamos fértiles y apasionantes discusiones acerca de los sucesos sin precedentes que se desarrollaban ante nosotros, que exigían de todos nosotros un enfoque sin precedentes.

James Purdon Martin, un eminente neurólogo de Londres que había decidido dedicar su jubilación a observar y trabajar con los pacientes posencefalíticos del Hospital Highlands, había publicado en 1967 un libro extraordinario sobre la cuestión del equilibrio y las alteraciones posturales. En septiembre de 1969 se desplazó a Nueva York sólo para ver a mis pacientes; quizá no le resultó fácil, pues ya tenía más de setenta años. Se quedó fascinado al ver a los pacientes que habían tomado L-dopa, y dijo que no había presenciado nada igual desde la época más aguda de la epidemia, cincuenta años antes. «Tiene que escribir algo sobre este fenómeno, con todo detalle», insistió.

En 1970 comencé a escribir acerca de los posencefalíticos en lo que siempre ha sido uno de mis géneros preferidos, las cartas al director. En una semana mandé cuatro cartas al director de *The Lancet*, que fueron inmediatamente aceptadas para su publicación. Pero mi jefe, el director médico del Beth Abraham, no se sintió muy complacido. Me dijo: «¿Por qué lo publica en Inglaterra? Está en Estados Unidos; debería escribir algo para *The Journal of the American Medical Association*. No estas cartas sobre casos individuales, sino un estudio estadístico de todos los pacientes y de cómo les va.»

197

En el verano de 1970, en una carta a *JAMA*, relaté mis descubrimientos, describiendo los efectos totales de la L-dopa en sesenta pacientes a los que se la había administrado durante un año. Observé que a casi todos ellos les había ido bien al principio, pero que tarde o temprano habían acabado descontrolándose y entrando en estados complejos, impredecibles y a veces grotescos. Escribí que no se los podía considerar tan sólo «efectos secundarios», sino que había que verlos como parte integrante de una totalidad en evolución.

JAMA publicó mi carta, pero aunque mis cartas en *The Lancet* obtuvieron reacciones positivas de numerosos colegas, la carta que apareció en *JAMA* se topó con un silencio extraño y bastante alarmante.

El silencio se rompió unos meses más tarde, cuando en el número de *JAMA* de octubre la sección de cartas se dedicó a las reacciones enormemente críticas y a veces furibundas de diversos colegas. Fundamentalmente afirmaban: «Sacks ha perdido la cabeza. Nosotros hemos visto docenas de pacientes, y nunca hemos presenciado algo parecido.» Uno de mis colegas de Nueva York afirmaba que había visitado a más de cien pacientes con Parkinson que habían tomado L-dopa y que nunca había visto ninguna de las complejas reacciones que yo describía. Le contesté con las siguientes palabras: «Querido doctor M.: Quince de sus pacientes están ahora bajo mi cuidado en el Beth Abraham. ¿Le gustaría visitarlos y ver cómo les va?» No me contestó.

Tuve la impresión de que algunos de mis colegas minimizaban ciertos efectos negativos de la L-dopa. Una carta afirmaba que aun cuando lo que yo había escrito fuera real, no debería haberlo publicado, pues «afectaría de manera negativa al ambiente de optimismo necesario para una reacción terapéutica a la L-dopa».

Consideré incorrecto que *JAMA* publicara sus ataques sin darme la oportunidad de responderles en el mismo número. Lo que ya había dejado claro era la extrema sensibilidad de los pacientes posencefalíticos, una sensibilidad que los llevaba a reaccionar a la L-dopa mucho antes y de manera más drástica que los pacientes que sufrían la enfermedad de Parkinson normal. Así, a los pocos días o semanas veía en mis pacientes efectos que mis colegas que trataban la enfermedad de Parkinson normal tardaban años en observar. Pero también había cuestiones más profundas. En mi carta a *JAMA* no tan sólo arrojé dudas acerca de lo que al principio parecía ser la sencillísima cuestión de administrar un medicamento y controlar sus efectos; también puse en entredicho su mismísima predictibilidad. Yo postulaba que la contingencia era un fenómeno esencial e inevitable que surgía de la continua administración de la L-dopa.

Sabía que se me había concedido una oportunidad única; sabía que tenía algo muy importante que decir, pero no veía la manera de decirlo, de mantenerme fiel a mis experiencias, sin renunciar a la «publicabilidad» médica o aceptación entre mis colegas. Esa sensación alcanzó un punto máximo cuando un largo artículo que había escrito acerca de los posencefalíticos y sus reacciones a la L-dopa fue rechazado por *Brain*, la revista de neurología más antigua y respetada.

En 1958, cuando estudiaba medicina, el gran neuropsicólogo A. R. Luria vino a Londres para dar una charla acerca del desarrollo del habla en un par de gemelos idénticos, y supo combinar la capacidad de observación, la profundidad teórica y el calor humano de una manera que me pareció reveladora.

En 1966, después de llegar a Nueva York, leí dos libros de Luria: *Las funciones corticales superiores del hombre* y *El cerebro humano y los procesos psíquicos*. Este último, que incluía abundantes historiales clínicos de pacientes con lesiones en el lóbulo frontal, me llenó de admiración.[1]

En 1968, leí *La mente de un mnemonista* de Luria. Durante las primeras treinta páginas pensé que se trataba de una novela, pero de repente comprendí que en realidad era un historial clínico: el historial más profundo y detallado que había leído nunca, con la capacidad dramática, el sentimiento y la estructura de una novela.

Luria había alcanzado renombre internacional por ser el fundador de la neuropsicología. Pero él consideraba que sus historiales, extremadamente humanos, no eran menos importantes que sus grandes tratados neuropsicológicos. La empresa de Luria –combinar lo clásico y romántico, la ciencia y el relato– se convirtió en la mía propia, y su «librito», como él lo denominaba siempre *(La mente de un mnemonista* sólo tiene ciento sesenta páginas), transformó el foco y la dirección de mi vida, y me sirvió de ejemplo no sólo para *Despertares*, sino para todo lo que he escrito.

En el verano de 1969, después de haber estado trabajando dieciocho horas al día con los posencefalíticos, me fui a Londres en un estado de agotamiento y excitación. Inspirado por el «librito» de Luria, pasé seis semanas en casa de mis padres, donde escribí los nueve primeros casos de *Despertares*. Cuando les ofrecí el libro a mis editores de Faber & Faber, dijeron que no les interesaba.

1. Y miedo, pues mientras lo leía me dije: ¿queda lugar para mí en el mundo? Luria ha visto, dicho, escrito y pensado todo lo que yo pueda decir, escribir o pensar. Me afectó tanto que partí el libro en dos (tuve que comprar otro ejemplar para la biblioteca, y uno para mí).

También escribí un manuscrito de cuarenta mil palabras sobre los tics y comportamientos posencefalíticos, y además tenía planeado un tratado titulado «Funciones subcorticales en el hombre», un complemento al libro de Luria *Las funciones corticales superiores del hombre*. Pero Faber también rechazó esos proyectos.

Cuando comencé a trabajar en el Beth Abraham, en 1966, el hospital albergaba, además de los ochenta y pico pacientes posencefalíticos, centenares que padecían otras enfermedades neurológicas: pacientes más jóvenes que sufrían la enfermedad de la neurona motora (ELA), siringomelia, la enfermedad de Charcot-Marie-Tooth, etc.; pacientes mayores con enfermedad de Parkinson, ictus, tumores cerebrales o demencia senil (en aquellos días, el término «enfermedad de Alzheimer» se reservaba para aquellos escasos pacientes con demencia presenil).

El director de neurología de la Escuela de Medicina Einstein me pidió que utilizara esa singular población de pacientes para iniciar a sus estudiantes de medicina en el campo de la neurología. En aquella época yo tenía ocho o nueve estudiantes de medicina, estudiantes que sentían un especial interés por la neurología y que venían los viernes por la tarde durante dos meses (había sesiones otros días para los estudiantes ortodoxos que no podían venir los viernes). Los estudiantes no sólo aprendían lo que era un trastorno neurológico, sino también lo que significaba permanecer internado y vivir con una discapacidad crónica. De manera gradual pasábamos de los trastornos del sistema nervioso periférico y de la médula espinal a los trastornos del tallo cerebral y el cerebelo, luego abordábamos los trastornos del movimiento, y por fin los

201

trastornos de la percepción, el lenguaje, el pensamiento y el juicio.

Siempre comenzábamos reuniéndonos junto a la cama de un paciente para que nos contara su historia, para hacerle preguntas y examinarlo. Yo permanecía junto al paciente, sin entrometerme casi nunca, sino sólo para procurar que el paciente fuera tratado con respeto, cortesía y la debida atención.

Los únicos pacientes que mostraba a los estudiantes eran aquellos a los que conocía bien y aceptaban que se les interrogara y se les examinara. Algunos eran profesores natos. Goldie Kaplan, por ejemplo, padecía una rara afección congénita que le afectaba la médula espinal, y les decía a los estudiantes: «No intentéis memorizar "siringomielia" de vuestros libros de texto, pensad en *mí*. Observad esta gran quemadura que tengo en el brazo izquierdo, de cuando me apoyé en un radiador sin sentir calor ni dolor. Recordad la manera tan retorcida que tengo de sentarme en una silla, mis dificultades con el habla porque el siringe comienza a alcanzar el tallo cerebral. ¡Yo *ejemplifico* la siringomielia!», decía. «¡Pensad en *mí*!» Todos los estudiantes le hacían caso, y algunos, al escribirme años más tarde, mencionaban a Goldie y afirmaban que todavía podían verla en su imaginación.

Después de tres horas de ver pacientes, hacíamos una pausa para tomar el té, que se servía en mi abarrotada y pequeña consulta, con las paredes cubiertas de un palimpsesto de papeles clavados: artículos, notas y pensamientos, diagramas del tamaño de un póster. Luego, si el tiempo lo permitía, cruzábamos la calle y nos dirigíamos al Jardín Botánico de Nueva York, donde nos sentábamos debajo de un árbol y hablábamos de filosofía y de la vida en general. A lo largo de aquellas nueve tardes de viernes acabamos conociéndonos bastante bien.

En cierto momento, el departamento de neurología me pidió que hiciera un examen para calificar a mis estudiantes. Entregué el impreso exigido, y les puse a todos sobresaliente. El director estaba indignado. «¿Cómo pueden haber sacado todos sobresaliente?», me preguntó. «¿Es algún tipo de broma?»

Le contesté que no, que no era ninguna broma, pero que cuanto más conocía a cada estudiante, más especial lo encontraba. Mi sobresaliente no era un intento de afirmar alguna cualidad espuria, sino el reconocimiento de la singularidad de cada estudiante. Me parecía que no se podían reducir a un número o a un examen, no más que los pacientes. ¿Cómo podía juzgar a un estudiante sin verlo en diversas situaciones, cómo apreciar cualidades imposibles de calificar como la empatía, el interés, la responsabilidad y el sentido común?

Al final dejaron de pedirme que calificara a mis alumnos.

De vez en cuando tenía a un estudiante durante un periodo más largo. Uno de ellos, Jonathan Kurtis, me visitó hace poco y me contó que ahora, transcurridos más de cuarenta años, lo único que recordaba de sus días de estudiante de medicina eran los tres meses que pasó conmigo. A veces le decía que visitara a un paciente que sufría, por ejemplo, esclerosis múltiple; que fuera a su habitación y pasara un par de horas con él. Luego él me redactaba un informe lo más detallado posible no sólo acerca de sus problemas neurológicos y su manera de afrontarlos, sino también sobre su personalidad, sus intereses, su familia, toda su historia vital.[1]

1. Quizá en este caso me influyó algo que William James había escrito de su profesor Louis Agassiz: éste «solía encerrar a un estudiante dentro de una habitación llena de caparazones de tortuga o de langosta o de conchas de ostra, sin ningún libro ni obra que le ayuda-

Hablábamos del paciente y de su «estado» en términos más generales, y entonces yo le sugería alguna lectura; a Jonathan le llamaba la atención el hecho de que yo a menudo recomendara la lectura de testimonios originales (especialmente del siglo XIX). Jonathan me dijo que nadie de la escuela de medicina le había sugerido nunca que leyera dichas obras; si se mencionaban se las consideraba «material antiguo», obsoleto e irrelevante, sin interés ni utilidad para nadie que no fuera un historiador.

Los celadores, acompañantes, camilleros y enfermeras del Beth Abraham (al igual que los de los hospitales de todo el mundo) trabajaban muchas horas y cobraban muy poco, y en 1972 su sindicato, conocido como Local 1199, convocó una huelga. Parte del personal llevaba muchos años trabajando en el hospital y estaba muy apegado a los pacientes. Hablé con algunos de los que formaban parte del piquete, y me dijeron que abandonar a sus pacientes les provocaba un gran conflicto; algunos lloraban.

Yo temía por algunos pacientes, sobre todo por aquellos que estaban inmóviles y necesitaban que les dieran la vuelta con frecuencia para evitar que se les formasen úlceras, así como ejercicios de movimiento pasivo para sus articulaciones, que de lo contrario se agarrotaban. Si pasaban un solo día sin que les dieran la vuelta o sin sus ejercicios, esos pacientes podrían empeorar rápidamente, y daba la impresión de que la huelga podría durar una semana o más.

Telefoneé a un par de estudiantes, les expliqué la situación y les pregunté si podían ayudar. Estuvieron de

---

ra, y no lo dejaba salir hasta que hubiera descubierto todas las verdades de los objetos que había allí dentro».

acuerdo en convocar una reunión de la junta estudiantil para discutir el asunto. Me llamaron dos horas más tarde, y en tono de disculpa me dijeron que la junta estudiantil no podía aprobar romper la huelga como grupo. Pero, añadieron, cada estudiante, como individuo, podía seguir su propia conciencia; los dos estudiantes a los que había llamado dijeron que vendrían enseguida.

Crucé con ellos el piquete –los trabajadores en huelga los dejaron pasar– y dedicamos las cuatro horas siguientes a cambiar de posición a los pacientes, a ejercitar sus articulaciones y a cuidar de sus necesidades fisiológicas. Pasadas esas horas los dos estudiantes fueron relevados por otros dos. Era un trabajo agotador que duraba las veinticuatro horas, y nos hizo comprender lo duro que era normalmente la labor de las enfermeras, celadores y camilleros, pero conseguimos evitar que los más de quinientos pacientes sufrieran úlceras de decúbito u otros problemas.

Finalmente se resolvió el tema de las jornadas laborales y los salarios, y el personal volvió al trabajo a los diez días. Pero aquella última noche, cuando fui a coger el coche, me encontré con que habían hecho añicos el parabrisas. Junto a él habían colocado una nota escrita a mano con letra grande que decía: «Le queremos, doctor Sacks. Pero ha hecho de esquirol.» De todos modos, habían esperado hasta el final de la huelga para que mis estudiantes y yo pudiéramos cuidar de los pacientes.[1]

1. No sería éste el caso en la huelga de 1984, en la que no se permitió que nadie cruzara el piquete durante cuarenta y siete días. Muchos pacientes sufrieron; en una carta le conté a mi padre que treinta murieron por falta de atención, aun cuando unos empleados y gerentes temporales cuidaron de ellos.

A medida que uno se hace mayor, los años se confunden y se solapan, pero 1972 permanece nítidamente grabado en mi memoria. Los tres años anteriores habían sido de una enorme intensidad, entre los despertares y las tribulaciones de mis pacientes; una experiencia así no se da dos veces en la vida, y generalmente ni siquiera una. Su trascendencia y profundidad, su intensidad y alcance, me llevaron a pensar que tenía que articularla de alguna manera, pero no se me ocurría una forma apropiada, una forma que combinara la objetividad de la ciencia con la intensa sensación de camaradería, de proximidad que tenía con mis pacientes, y el auténtico prodigio (y a veces la tragedia) que aquello suponía. Entré en 1972 con una acusada sensación de frustración, la incertidumbre de si alguna vez encontraría una manera de ensamblar mis experiencias y darles una unidad y forma orgánicas.

Todavía veía Inglaterra como mi casa, y mis doce años en los Estados Unidos como poco más que una visita prolongada. Me pareció que necesitaba regresar, volver a casa para escribir. «Casa» significaba muchas cosas: Londres, nuestra amplia y laberíntica casa de Mapesbury Road, donde nací y donde mis padres, que ya habían rebasado los setenta, vivían con Michael; y Hampstead Heath, donde solía jugar de niño.

Decidí tomarme el verano libre y me busqué un piso al borde de Hampstead Heath, a poca distancia de sus senderos, de sus bosques llenos de setas, de los estanques donde tanto me gustaba nadar, e igualmente cerca de Mapesbury Road. Mis padres celebrarían sus bodas de oro en junio, y se reuniría un gran número de familiares; no sólo mis hermanos y hermanas, sino también los hermanos de mis padres, sobrinos y primos lejanos.

Pero yo tenía una razón más específica para estar cerca

de ellos: mi madre era una narradora nata. Les contaba historias médicas a sus colegas, sus alumnos, sus pacientes y sus amigos. Y nos había contado –a mis tres hermanos y a mí– historias médicas desde que éramos pequeños, historias a veces macabras y aterradoras, pero siempre evocadoras de las cualidades personales, de la valía y el valor especial del paciente. También mi padre era un gran narrador médico, y su manera de asombrarse ante los caprichos de la vida, su combinación de una mentalidad clínica y narrativa al mismo tiempo, se había transmitido con gran fuerza a todos nosotros. Mi impulso de escribir –no de escribir narrativa ni poemas, sino de atestiguar y describir– parecía proceder directamente de ellos.

Mi madre se quedó fascinada cuando le hablé de mis pacientes posencefalíticos y sus despertares y tribulaciones al administrarles L-dopa. Me apremió a que escribiera esas historias, y en el verano de 1972 me dijo: «¡Ahora! Éste es el momento.»

Pasaba las mañanas paseando y nadando en Hampstead Heath, y las tardes escribiendo y dictando los relatos de *Despertares*. Por las noches me iba caminando por Frognal hasta Mill Lane, y luego hasta el 37 de Mapesbury Road, donde le leía a mi madre el último episodio que había escrito. Cuando era niño mi madre me leía durante horas –ella fue quien me dio a conocer a Dickens, Trollope, D. H. Lawrence–, y ahora ella quería que fuera yo quien le leyera, oír de mis labios la forma narrativa de esas historias que ya conocía a fragmentos. Escuchaba atentamente, siempre con emoción, pero también con un agudo sentido crítico, afilado por su concepto de lo que era clínicamente real. Toleraba, con sentimientos encontrados, mis divagaciones y reflexiones, pero el criterio definitivo era que «pareciera creíble». «¡Eso no es creíble!», me

207

decía a veces, pero luego, cada vez más: «Ahora lo tienes. Ahora parece creíble.»

En cierta manera, se podría decir que aquel verano escribimos las historias de *Despertares*, y parecía como si el tiempo se hubiera detenido, como si se hubiese obrado un hechizo que me permitiera tomarme un privilegiado descanso de las prisas de la vida cotidiana, un tiempo especial dedicado a la creación.

Mi piso de Hampstead Heath también se encontraba a poca distancia caminando del despacho de Colin Haycraft, en Gloucester Crescent. Recuerdo haber visto a Colin en 1951, cuando yo era un novato en el Queen's College. Estaba en su último año, y era una figura enérgica, de poca estatura, con su toga de alumno, ya con una seguridad en sí mismo y una afectación gibbonianas, pero de movimientos ágiles y veloces, y del que se comentaba que además de un erudito en el mundo clásico era un brillante jugador de squash. Pero lo cierto es que no nos conocimos hasta veinte años más tarde.

Había escrito los nueve primeros casos de *Despertares* en el verano de 1969, pero éstos ya los había rechazado Faber & Faber, un rechazo que me había desconcertado y me había llevado a preguntarme si volvería a completar o publicar algún otro libro.[1] Había guardado el manuscrito en un cajón y luego lo había perdido.

Por aquel entonces, Colin Haycraft poseía una edito-

---

1. Raymond Greene, de Heinemann (que había reseñado de manera favorable *Migraña* cuando se publicó, a principios de 1971) quería encargarme que escribiera un libro sobre el Parkinson que fuera «exactamente igual» que *Migraña*. Aquello me animó y desanimó al mismo tiempo, porque no quería repetirme; consideraba que el tema que ahora tenía entre manos reclamaba un tipo de libro distinto, aunque no tenía ni idea de qué tipo de libro debía ser.

rial muy respetada, Duckworth, que quedaba justo enfrente de la casa de Jonathan Miller. A finales de 1971, al ver el dilema en que yo me encontraba, Jonathan le llevó una copia en papel carbón de los nueve primeros relatos; se me había olvidado por completo que él poseía una copia. A Colin le gustaron aquellas historias y me instó a que escribiera más. Aquello me entusiasmó, pero también me asustó. Colin insistía, pero no demasiado; yo ponía reparos; él daba marcha atrás, esperaba, volvía a insistir; era un hombre muy sensible, muy delicado con mi falta de seguridad y mis angustias. Me pasé seis meses escurriendo el bulto.

Al comprender que necesitaba otro empujoncito, Colin, con ese estilo entre impulsivo e intuitivo que tenía de hacer las cosas, convirtió en pruebas de imprenta el original que le había entregado Jonathan. Lo hizo sin avisarme y sin consultarme, en julio. Fue un acto de lo más generoso, por no decir extravagante –¿quién podía garantizarle que yo seguiría escribiendo?–, y también un importantísimo acto de fe. Todo eso ocurrió antes de la llegada de la composición digital, por lo que para producir esas largas galeradas incurrió en un gasto considerable. Y para mí ésa fue la prueba definitiva de que en verdad creía que el libro era bueno.

Me procuré una taquimecanógrafa; en aquella época sufría un traumatismo cervical, pues había subido corriendo las escaleras del sótano y me había dado con la cabeza contra una viga baja, lo que me había provocado la pérdida del uso de la mano derecha y no podía sujetar la pluma. Me obligaba a trabajar y a dictar diariamente, un deber que rápidamente se convirtió en placer a medida que el trabajo iba avanzando. Dictar no es la palabra correcta. Me apoltronaba en el sofá, con el collarín puesto, repasaba mis notas, y a continuación le contaba mis historias a la taquígrafa, al tiempo que observaba atentamente sus expresiones faciales mientras transcribía mis palabras en taquigrafía. Sus reacciones eran cruciales: yo no le hablaba a una máquina, sino a *ella;* era como una escena de Scherezade, pero al revés. Cada mañana ella me traía las transcripciones del día anterior, perfectamente mecanografiadas, y yo se las leía a mi madre por la noche.

Y casi cada día le mandaba a Colin un fajo de hojas mecanografiadas, que él repasaba con minucioso detalle. Aquel verano nos pasamos horas encerrados juntos. Y sin embargo observo, a partir de las cartas que intercambiamos, que seguíamos tratándonos con bastante formalidad: él siempre era «el señor Haycraft», y yo siempre era «el doctor Sacks». El 30 de agosto de 1972 escribí:

> Querido señor Haycraft:
> Por la presente le incluyo cinco historias más. Los dieciséis relatos reunidos hasta ahora suman un total de 240 páginas, lo que sería entre 50.000 y 60.000 palabras. (...) Estoy pensando en añadir cuatro más (...) pero, naturalmente, me remito a su criterio en este asunto. (...)
> He intentado convertir las recopilaciones y compendios de casos médicos en relatos, aunque evidentemente sin conseguirlo del todo. Tiene razón en lo de que el Arte posee una forma y la Vida no; quizá debería haber trazado una línea o un tema más nítido o marcado en todos ellos, pero son muy complejos, como tapices. En cierto sentido son mineral en bruto, que otros (yo mismo incluido) pueden excavar y refinar posteriormente.
> Reciba mis mejores saludos,
> Oliver Sacks

Una semana más tarde, le escribí:

> Querido señor Haycraft:
> He pasado varios días escribiendo una introducción
> (...) que le incluyo con la presente. Al parecer, sólo consigo
> encontrar el camino correcto después de meter la pata de
> todas las maneras posibles, y al final agotando todos los ca-
> minos equivocados. (...) Necesito hablar con usted pronto
> (...) como siempre, para que me ayude a salir de la confu-
> sión en que me encuentro.

En el verano de 1972, Mary-Kay Wilmers, vecina de
Colin en Gloucester Crescent y directora de *The Listener*,
una revista semanal publicada por la BBC, me invitó a escribir un artículo acerca de mis pacientes y sus «despertares». Nadie me había encargado antes escribir un artículo,
y *The Listener* gozaba de muy buena reputación, así que
me sentí honrado y emocionado: sería mi primera oportunidad de transmitirle a un público no especializado aquella experiencia tan asombrosa. Y en lugar de los rechazos
censorios que había obtenido de las publicaciones de neurología, ahora me invitaban a escribir, me ofrecían la
oportunidad de publicar libremente y con todo detalle lo
que se había estado acumulando y no había podido salir a
la luz durante tanto tiempo.

A la mañana siguiente escribí el artículo de una sentada
y lo mandé por mensajero a Mary-Kay. Pero por la tarde
me puse a darle vueltas y le telefoneé para decirle que podía
escribir algo mejor. Ella dijo que el artículo que había enviado estaba bien, pero que si quería añadir o revisar algo,
estaría encantada de leerlo. «Aunque no *necesita* ninguna re-
visión», recalcó. «Es muy claro, se lee con facilidad, y esta-
ríamos encantados de publicarlo tal como lo ha enviado.»

Pero yo tenía la impresión de no haber dicho todo lo que quería, y en lugar de ponerme a repasar el original escribí otro, muy distinto en su enfoque del primero. Mary-Kay también estuvo encantada con éste; me dijo que los dos eran publicables tal como estaban. A la mañana siguiente, volví a sentirme de nuevo insatisfecho, y escribí un tercer borrador, y por la tarde un cuarto. Durante el curso de la semana le mandé a Mary-Kay un total de nueve borradores. Entonces ella se marchó a Escocia y me dijo que intentaría refundirlos de alguna manera. Regresó unos días más tarde y me dijo que era imposible combinarlos en un solo texto; cada uno tenía un carácter distinto y estaba escrito desde una perspectiva diferente. Dijo que no eran versiones paralelas, sino «ortogonales» entre sí. Tendría que elegir una, y si yo no me sentía capaz, lo haría ella. Finalmente escogió la séptima (¿o era la sexta?) versión, y ésa fue la que apareció en *The Listener* el 26 de octubre de 1972.

Tengo la impresión de ir descubriendo mis pensamientos mediante el acto de escribir, *durante* la escritura propiamente dicha. A veces un texto surge sin problemas, pero lo más habitual es que lo que escribo precise una amplia poda y corrección, porque puede darse el caso de que exprese el mismo pensamiento de muchas maneras diferentes. A veces me asaltan pensamientos y asociaciones tangenciales a media frase, lo que provoca un paréntesis, oraciones subordinadas, frases que duran un párrafo. Nunca utilizo un adjetivo si utilizar seis me parece mejor y, en su acumulación, más incisivo. Me obsesiona la densidad de la realidad e intento captarla con (en expresión de Clifford Geertz) una «descripción espesa». Todo ello crea problemas de organización. A veces me embriaga el flujo incesante de pensamientos, y estoy demasiado impaciente por organizarlos en el orden correcto. Pero hace falta una cabeza fría, intervalos de sobriedad, del mismo modo que se necesita esa exuberancia creativa.

Al igual que Mary-Kay, Colin se vio obligado a elegir entre muchas versiones, refrenando mi prosa a veces excesiva y creando una continuidad. En ocasiones me decía, señalando un pasaje: «Eso no va ahí», y tras pasar unas cuantas páginas, añadía: «Va *ahí.*» Y, nada más decirlo, me daba cuenta de que tenía razón, aunque, de manera misteriosa, no lo hubiera visto por mí mismo.

En aquella época, lo que le pedía a Colin no era tan sólo que me aportara claridad, sino también apoyo emocional cuando me sentía bloqueado o flaqueaban mi ánimo y mi seguridad en mí mismo, como así ocurrió, hasta casi hundirse, una vez acabó ese primer periodo de febril actividad.

19 de septiembre de 1972

Querido señor Haycraft:

Me parece que me encuentro en una de esas fases estériles y deprimidas en las que o no hago nada o doy vueltas en círculos. Y lo peor es que sólo necesito tres días buenos de trabajo para acabar el libro, pero no sé si seré capaz de hacerlo en este momento.

En este momento me encuentro de tan mal humor, tan corroído por la culpa, que no soporto la idea de que se pueda reconocer a mis pacientes, o de que se identifique el hospital de *Despertares;* a lo mejor es una de las cosas que me impiden acabar el libro.

Ya había pasado la fiesta del Día del Trabajo, el país había vuelto al tajo y yo tenía que regresar a la rutina en Nueva York. Había terminado otros once casos, pero no tenía ni idea de cómo completar el libro.

Regresé al apartamento junto al Beth Abraham que ocupaba desde 1969, pero al mes siguiente el director del hospital me dijo de manera repentina que tenía que marcharme: necesitaba el apartamento para su madre, anciana y enferma. Dije que comprendía la necesidad de su madre, pero que tenía entendido que el apartamento estaba reservado para el médico del hospital que estaba de guardia, y que como tal lo había ocupado durante los últimos tres años y medio. Mi respuesta irritó al director, que me contestó que, puesto que ponía en entredicho su autoridad, podía abandonar el apartamento *y* el hospital. Así que de golpe me quedé sin trabajo, sin ingresos, sin mis pacientes y sin un lugar donde vivir. (No obstante, seguí visitando a mis pacientes, aunque de manera no oficial, hasta 1975, cuando formalmente me readmitieron en el Beth Abraham.)

El apartamento, que había llenado con mis cosas, entre ellas un piano, mostraba un aspecto desolado cuando me lo llevé todo, y me encontraba en mi apartamento vacío cuando el 3 de noviembre mi hermano David telefoneó para decirme que nuestra madre había muerto: había sufrido un ataque al corazón durante un viaje a Israel y había fallecido mientras caminaba por el Negev.

Cogí el primer avión a Inglaterra, y en compañía de mis hermanos llevé el ataúd a hombros en su funeral. Me pregunté cuál sería mi reacción durante el *shiva*, el periodo de duelo del judaísmo. No sabía si soportaría pasarme el día sentado en un escabel bajo, junto a mis compañeros de duelo durante siete días seguidos, recibiendo a gente constantemente, y hablando, hablando y hablando sin parar de los difuntos. Pero descubrí que compartir las emociones y recuerdos era una experiencia profunda, importante y afirmativa, pues cuando estaba solo me sentía destrozado por la muerte de mi madre.

Sólo seis meses antes había visitado a la doctora Margaret Seiden, una neuróloga de Columbia, tras haberme golpeado la cabeza en una viga baja mientras subía corriendo las escaleras del sótano de mi apartamento y lesionarme el cuello. Después de examinarme, me preguntó si mi madre era una tal «señora Landau». Al decirle que sí, la doctora Seiden me contó que había sido alumna de mi madre; en aquella época era muy pobre, y mi madre le había pagado la matrícula de la escuela de medicina. Durante el funeral de mi madre conocí a algunos de sus ex alumnos, y allí comprendí que había ayudado a muchos de ellos a terminar la carrera, a veces pagando el coste completo. Mi madre nunca me había contado (quizá no se lo había contado a nadie) hasta qué punto había apoyado a sus alumnos más necesitados. Siempre la había considerado una persona frugal, incluso tacaña, pero nunca fui consciente de lo generosa que era. Hasta que fue demasiado tarde no me di cuenta de que había muchas facetas de ella que ignoraba por completo.

El hermano mayor de mi madre, mi tío Dave (lo llamábamos el tío Tungsteno, y fue el hombre que de niño me inició en el mundo de la química), me contaba muchas historias de cuando mi madre era joven, historias que me fascinaban, me consolaban y a veces me hacían reír. Hacia el final de la semana, me dijo: «Cuando vuelvas a Inglaterra, ven a verme y charlaremos largo y tendido. Soy el único que recuerda a tu madre de niña.»[1]

---

1. Sin embargo, cuando unos meses más tarde regresé a Londres, el tío Dave estaba mortalmente enfermo. Lo visité en el hospi-

Lo que más me conmovió fue ver a muchos pacientes y alumnos de mi madre, y comprobar que la recordaban con tanta viveza, con tanto humor y afecto; ver a través de los ojos de esas personas a la doctora, profesora y narradora que había sido. Mientras me hablaban de ella, me venía a la mente mi propia identidad como médico, profesor y narrador, y cómo esa coincidencia nos había unido, añadiendo una nueva dimensión, a lo largo de los años, a nuestra relación. También me hizo pensar que era mi obligación completar *Despertares* como un último tributo a ella. Durante aquel periodo de duelo, de día en día, crecía en mí una extraña sensación de paz y serenidad, de cuáles eran las cosas realmente importantes, la percepción de las dimensiones alegóricas de la vida y la muerte.

La muerte de mi madre fue la pérdida más terrible de mi vida: la pérdida de la relación más profunda y quizá, en cierto sentido, más auténtica de mi vida. Me resultaba imposible leer cosas mundanas; sólo era capaz de leer la Biblia o las *Devociones* de John Donne cuando por fin me acostaba por la noche.

Al término del periodo formal de duelo, me quedé en Londres y me puse a escribir otra vez, aunque ahora la vida y la muerte de mi madre y las *Devociones* de Donne dominaban todos mis pensamientos. Y con este estado de ánimo escribí las partes últimas y más alegóricas de *Despertares*, con un sentimiento y una voz que no había experimentado nunca.

---

tal, pero estaba demasiado débil y no podía hablar mucho, por lo que, por desgracia, aquélla fue una visita de despedida a un tío que tanto había significado para mí, que había actuado de mentor en mi infancia, y al final no averigüé cómo había sido mi madre de niña.

Colin aportaba claridad y me tranquilizaba, y también enderezaba el estilo intrincado, enrevesado y a veces laberíntico del libro, por lo que en diciembre estuvo finalmente acabado. No soportaba la casa de Mapesbury vacía y sin mi madre, y durante el último mes de redacción del libro más o menos me trasladé a las oficinas de Duckworth, a la Antigua Fábrica de Pianos, aunque por las noches regresaba a Mapesbury para cenar con mi padre y Lennie (Michael, al percibir el regreso de la psicosis por culpa de la muerte de mi madre, tuvo que ingresar en un hospital). Colin me cedió una pequeña habitación en Duckworth, y como en aquella época el impulso de tachar o corregir lo que acababa de escribir era tan grande, acordamos que le deslizaría cada página por debajo de la puerta en cuanto estuviera escrita. Colin no sólo me aportaba su agudeza crítica, sino una sensación de amparo y apoyo, finalmente casi un hogar, algo que me resultaba muy necesario en aquella época.

Y en diciembre concluí el libro.[1] Le había entregado la última página a Colin, y había llegado el momento de regresar a Nueva York. Cogí un taxi para ir al aeropuerto

---

1. Con la muerte de mi madre y la conclusión de *Despertares* (todavía no tenía título), me entró una compulsión de leer y ver obras de Ibsen; Ibsen me llamaba, apelaba a mi estado emocional, y era la única voz que soportaba.

En cuanto regresé a Nueva York, fui a ver todas las obras de Ibsen que pude, aunque no estaba en cartel la que más deseaba ver, *Al despertar de nuestra muerte*. Finalmente, a mediados de enero, descubrí que la representaban en un pequeño teatro al norte de Massachusetts y fui a verla sin pensarlo dos veces; hacía mal tiempo y las carreteras eran muy traicioneras. No fue una gran representación, pero me identifiqué con Rubek, el artista afligido por la culpa. En ese momento decidí titular mi libro *Despertares*.

con la sensación de que el libro estaba acabado. Pero entonces, en el taxi, me di cuenta de que había omitido algo absolutamente fundamental, algo sin lo cual toda la estructura del libro se derrumbaría. Lo escribí rápidamente, y ése fue el comienzo de un periodo de dos meses en el que me puse a escribir notas al pie de manera febril. Eso fue mucho antes de la era del fax, pero en febrero de 1973 le había enviado a Colin más de cuatrocientas notas al pie por correo urgente.

Lennie había estado en contacto con Colin, y éste le dijo que yo estaba «embarullando» el manuscrito e inundándolo de notas al pie desde Nueva York, lo que provocó que Lennie me dirigiera una severa advertencia: *«¡Basta, basta, basta* de alterar el manuscrito y de añadir más notas!»*, me escribió.

Colin dijo: «Las notas son todas fascinantes, pero en conjunto triplica la longitud del libro, y lo hundirán.» Dijo que podía mantener una docena.

«Muy bien», le contesté. «Elígelas tú.»

Pero él me contestó (con prudencia): «No, elígelas tú, porque de lo contrario te enfadarás conmigo por mi elección.»

Y así fue como la primera edición sólo tenía una docena de notas al pie. Entre Lennie y Colin salvaron *Despertares* de mi tendencia al exceso.

Me emocioné cuando me llegaron las galeradas de *Despertares*, a principios de 1973. Un mes más tarde ya estaban listas las pruebas, pero Colin no me las mandó, porque temía que yo aprovechara la oportunidad para llevar a cabo innumerables cambios y añadidos, como había hecho con las galeradas, lo que retrasaría la fecha de publicación.

La ironía fue que el propio Colin, unos meses más tarde, sugirió posponer la publicación para poder publicar algunos fragmentos por adelantado en *The Sunday Times*, algo a lo que yo me oponía de manera enérgica, pues quería ver publicado el libro para el día de mi cumpleaños, en julio, o antes. Iba a cumplir cuarenta, y quería poder decir: «Puede que tenga cuarenta años, y que haya perdido mi juventud, pero al menos he hecho algo, he escrito este libro.» Colin pensaba que me estaba comportando de manera irracional, pero al ver mi estado de ánimo aceptó atenerse a la fecha original de publicación de finales de junio. (Posteriormente recordó que Gibbon no había dado su brazo a torcer hasta ver el volumen final de *Decadencia y caída del imperio romano* publicado el día de *su* cumpleaños.)

Cuando pasé algunos días en Oxford después de mi graduación, y en mis frecuentes visitas a finales de la década de 1950, a veces veía a W. H. Auden paseándose por sus calles. Lo habían nombrado profesor visitante de poesía, y solía ir cada mañana al Cadena Cafe a charlar con cualquiera que se dejará caer por ahí. Era muy simpático, pero yo era demasiado tímido para abordarlo. En 1967, sin embargo, coincidimos en un cóctel en Nueva York.

Me invitó a visitarlo, y a veces iba a su apartamento de St. Mark's Place a tomar el té. Era muy buen momento para verlo, porque a eso de las cuatro había terminado el trabajo del día y todavía no había empezado a beber. Bebía muchísimo, aunque no dejaba de repetir que no era un alcohólico, sino un borracho. En una ocasión le pregunté cuál era la diferencia, y me contestó: «Un alcohólico sufre un cambio de personalidad después de un par de copas, pero un borracho puede beber todo lo que quiera. Yo soy un borracho.» Y lo cierto es que bebía muchísimo; a la hora de cenar, ya fuera en su casa o en la de otro, abandonaba la mesa a las 21.30 y se llevaba todas las botellas que hubiera encima. Pero, por mucho que bebiera, a las seis de la mañana del día siguiente ya estaba en pie y trabajando. (Orlan Fox, el amigo que nos presentó, dijo que se trataba de la persona menos perezosa que había conocido.)

Wystan, al igual que yo, había nacido en una familia de médicos. Su padre, George Auden, era médico en Birmingham, y fue médico militar durante la gran epidemia de encefalitis letárgica. (Al doctor Auden le interesaba sobre todo cómo la enfermedad podía alterar la personalidad en los niños, y publicó varios artículos sobre el tema.) A Wystan le encantaba hablar de medicina, y sentía debilidad por los médicos. (En su libro *Epistle to a Godson* (Epístola a un ahijado) hay cuatro poemas dedicados a los médicos, entre ellos uno a mí.) Consciente de todo esto, en 1969 invité a Wystan a visitar el Beth Abraham para que conociera a mis pacientes posencefalíticos. (Posteriormente escribió un poema titulado «Old People's Home» (Residencia de ancianos), pero nunca he sabido con certeza si trataba del Beth Abraham o de otra residencia.)

Había escrito una amable reseña de *Migraña* en 1971, cosa que me llenó de entusiasmo; también fue importantísimo para mí durante la redacción de *Despertares*, sobre todo cuando me dijo: «Vas a tener que ir más allá del aspecto clínico. (...) Tendrás que ser metafórico, místico, lo que haga falta.»

A principios de 1972, Wystan había decidido abandonar los Estados Unidos y pasar el resto de sus días en Inglaterra y Austria. El arranque de aquel invierno le pareció especialmente deprimente, con una sensación de enfermedad y aislamiento, afectado también por los complejos y contradictorios sentimientos suscitados por su decisión de abandonar los Estados Unidos, el país donde había vivido tanto tiempo y que tanto amaba.

Sólo consiguió desembarazarse realmente de esa sensación el día de su cumpleaños, el 21 de febrero. A Wystan siempre le habían encantado los cumpleaños y las celebraciones de todo tipo, y ésta iba a ser especialmente importante y emotiva. Tenía sesenta y cinco años; sería su último cumpleaños en Estados Unidos, y sus editores le habían preparado una fiesta especial en la que estaría rodeado de una asombrosa variedad de viejos y nuevos amigos (recuerdo a Hannah Arendt sentada a su lado). Fue sólo entonces, en esta extraordinaria reunión, cuando comprendí plenamente la riqueza de la personalidad de Wystan, su genio para las amistades de todo tipo. Allí estaba, con una sonrisa radiante, en medio de sus amigos, totalmente relajado. O eso me pareció: nunca lo había visto tan feliz. Y sin embargo, entreverada con todo eso, también flotaba una sensación de ocaso, de despedida.

Justo antes de que Wystan abandonara definitivamente los Estados Unidos, Orlan Fox y yo le ayudamos a clasificar y empaquetar sus libros, una tarea dolorosa. Después de horas de acarrear cajas y sudar, hicimos una pausa para tomar una cerveza y pasamos un rato sentados sin decir nada. Al final, Wystan se puso en pie y me dijo: «Coge un libro, algunos libros, los que quieras.» Hizo una pausa, y al ver que yo no me movía, añadió: «Bueno, entonces decidiré yo. Éstos son mis libros preferidos..., ¡al menos dos de ellos!»

Me entregó su libreto de *La flauta mágica* y un volumen bastante destrozado de las cartas de Goethe que tenía en la mesita de noche. El viejo volumen de Goethe estaba lleno de afectuosos garabatos, anotaciones y comentarios.[1]

A final de semana –era el sábado 15 de abril de 1972–, Orlan y yo llevamos a Wystan al aeropuerto. Llegamos unas tres horas antes, porque Wystan era de una puntualidad obsesiva y sentía un horror absoluto a perder el tren o el avión. (Una vez me contó uno de sus sueños recurrentes: corría para coger un tren en un estado de extrema agitación; sentía que su vida, todo, dependía de que lo cogiera. Surgían obstáculos, uno tras otro, que lo sumían en un estado de pánico en el que chillaba sin emitir ningún ruido. Y entonces, de repente, comprendía que era demasiado tarde, que había perdido el tren y que no importaba lo más mínimo. En ese momento lo invadía un sentimiento de liberación, prácticamente de dicha, y eyaculaba y se despertaba con una sonrisa en la cara.)

Así pues, llegamos temprano y dejamos pasar las horas charlando de una cosa y otra; sólo más tarde, cuando se hubo marchado, comprendí que toda nuestra charla y sus digresiones acababan regresando a un punto: el núcleo de la conversación era la despedida: de nosotros, de esos treinta y tres años, de la mitad de su vida, que había pasado en los Estados Unidos (solía decir, sólo medio en broma, que era un Goethe transatlántico). Justo antes de la llamada para embarcar, se nos acercó un completo desconocido que dijo tartamudeando: «Usted debe de ser el se-

---

1. Dejó su equipo de música y todos sus discos –una gran cantidad de 78 revoluciones, así como sus elepés– en Nueva York, y me preguntó si «se los cuidaría». Los guardé y los estuve escuchando durante muchos años, aunque me fue cada vez más difícil reemplazar las lámparas del amplificador. En el año 2000, los doné al archivo Auden de la Biblioteca Pública de Nueva York.

ñor Auden. (...) Nos hemos sentido muy honrados de tenerlo en nuestro país, señor. Siempre será bienvenido de vuelta como invitado de honor... y como amigo.» Le tendió la mano y dijo: «Adiós, señor Auden. ¡Dios le bendiga por todo!», y Wystan se la estrechó con gran cordialidad. El hombre quedó muy conmovido, y tenía lágrimas en los ojos. Me volví hacia Wystan y le pregunté si esos encuentros eran comunes.

«Comunes», dijo, «pero nunca comunes. Existe un auténtico amor en estos encuentros casuales.» Cuando el decoroso desconocido se retiró discretamente, le pregunté a Wystan cómo veía el mundo, si le parecía un lugar muy pequeño o muy grande.

«Ni una cosa ni otra», me contestó. «Ni grande ni pequeño. Acogedor, acogedor.» Añadió en voz baja: «Es como mi casa.»

No dijo nada más, y no había nada más que decir. Sonó la voz sonora e impersonal que llamaba al embarque de su vuelo y se apresuró hacia la puerta. Allí se dio media vuelta y nos besó a los dos: el beso de un padrino abrazando a sus ahijados, un beso de bendición y despedida. De repente le vimos terriblemente viejo y frágil, pero tan noble y grave como una catedral gótica.

En febrero de 1973 me encontraba en Inglaterra y fui a Oxford a ver a Wystan, que por entonces se alojaba en Christ Church. Quería darle las galeradas de *Despertares* (me las había pedido, y de hecho fue la única persona que vio las galeradas, aparte de Colin y la tía Len). Era un hermoso día, y en lugar de tomar un taxi a la estación, decidí ir andando. Llegué un poco tarde, y cuando vi a Wystan, éste me dijo, haciendo oscilar su reloj: «Llegas diecisiete minutos tarde.»

Pasamos un buen rato discutiendo un artículo de *Scientific American* que le había entusiasmado: «Lo prematuro y lo singular en el descubrimiento científico», de Gunther Stent. Auden había escrito una respuesta a Stent en la que contrastaba la historia intelectual de la ciencia y la del arte (se publicó en el número de febrero de 1973). De vuelta en Nueva York, me llegó una carta de Wystan. Estaba fechada el 21 de febrero –«mi cumpleaños», añadió–. Era breve y muy, muy cariñosa:

> Querido Oliver:
> Muchísimas gracias por tu encantadora carta. He leído *Despertares* y creo que es una obra maestra. Mi única petición, si quieres que el gran público la lea –como debería ser–, es que añadas un glosario acerca de los términos técnicos que utilizas.
> Un abrazo,
>
> Wystan

Lloré al recibir la carta de Auden. Ahí estaba ese gran escritor, poco dado a palabras superficiales o aduladoras, calificando mi libro de «obra maestra». ¿Se trataba, sin embargo, de un juicio puramente «literario»? ¿Poseía *Despertares* algún valor *científico*? Yo esperaba que sí.

Esa misma primavera, Wystan volvió a escribirme. Me contó que el corazón le había estado «dando un poco de guerra», y esperaba que pudiera visitarlo en la casa que compartía con Chester Kallman en Austria. Pero, por una u otra razón, no fui a verlo, y lamento profundamente no haberlo visitado aquel verano, pues murió el 29 de septiembre.

El 28 de junio de 1973 (el día de la publicación de *Despertares*), *The Listener* publicó una maravillosa reseña de *Despertares* escrita por Richard Gregory, y en el mismo número mi propio artículo sobre Luria (me habían invitado a reseñar *El hombre con su mundo destrozado*, y a ampliar la reseña para incluir toda la obra de Luria). Al mes siguiente, me emocionó recibir una carta del propio Luria.

Posteriormente Luria me contó que de joven, a los diecinueve años había fundado la Asociación Psicoanalítica de Kazán, de grandilocuente título, había recibido una carta de Freud (que no se enteró de que le estaba escribiendo a un adolescente). El propio Luria se quedó maravillado al recibir una carta de Freud, la misma emoción que yo experimenté al recibir la suya.

Me dio las gracias por escribir el artículo, y abordó en gran detalle todos las cuestiones que yo había suscitado, indicando, de manera cortés pero con toda claridad, que consideraba que me había equivocado profundamente en algunos aspectos.[1]

Unos días más tarde me llegó otra carta en la que Luria me contaba que había recibido el ejemplar de *Despertares* que Richard le había enviado:

Mi querido doctor Sacks:
He recibido *Despertares* y lo he leído de un tirón y con gran placer. Siempre he tenido la certeza de que una buena

---

1. Luego su carta cambiaba de tono, y me relató la increíble historia de cuando conoció a Pávlov: el anciano (Pávlov tenía entonces más de ochenta años), que tenía un aire a Moisés, rompió el libro de Luria por la mitad, arrojó los fragmentos a sus pies y gritó: «¡Y usted se llama científico!» Este asombroso episodio fue relatado por Luria con tal viveza y gracia que consiguió transmitir su aspecto cómico y terrible al mismo tiempo.

descripción clínica de los casos desempeña un papel fundamental en la medicina, sobre todo en la Neurología y la Psiquiatría. Por desgracia, la capacidad de describir, que tan común era en los grandes neurólogos y psiquiatras del siglo XIX, ahora se ha perdido, quizá por culpa de un error básico: pensar que los dispositivos mecánicos y eléctricos pueden reemplazar el estudio de la personalidad. Su excelente libro demuestra que la importante tradición de estudiar los casos clínicos se puede revivir con un gran éxito. ¡Muchísimas gracias por este delicioso libro!

A. R. Luria

Yo veneraba a Luria como fundador de la neuropsicología y de la «ciencia romántica», y su misiva me proporcionó un gran placer y una especie de seguridad intelectual que nunca había experimentado.

El 9 de julio de 1973 cumplí cuarenta años. Me encontraba en Londres, se acababa de publicar *Despertares* y celebré mi cumpleaños nadando en uno de los estanques de Hampstead Heath, el mismo en el que mi padre me había sumergido cuando tenía pocos meses de edad.

Nadé hasta una de las boyas del estanque, y me agarraba a ella, contemplando la escena –hay pocos lugares tan hermosos donde nadar–, cuando de pronto alguien me agarró bajo el agua. Di un violento respingo y la persona que me había agarrado emergió a la superficie. Se trataba de un joven apuesto con una sonrisa pícara.

Le devolví la sonrisa y comenzamos a charlar. Me contó que estudiaba en Harvard y que era la primera vez que venía a Inglaterra. Le encantaba sobre todo Londres, y durante el día visitaba la ciudad y por las tardes iba a conciertos y al teatro. Añadió que las noches le resultaban un poco solitarias. Tenía que regresar a los Estados Unidos al cabo de una semana. Un amigo que ahora estaba fuera de la ciudad le había prestado su piso. ¿Me importaría ir a visitarlo? Muy contento, dije que iría visitarlo, sin mi carga habitual de inhibiciones y miedos: contento de que fuera tan bien parecido, de que hubiera llevado la iniciativa, de que fuera una persona tan directa, franca y feliz, de que fuera mi cumpleaños y de poder considerarlo, a él y nuestro encuentro, un perfecto regalo de cumpleaños.

Fuimos a su piso, hicimos el amor, comimos, por la tarde fuimos a la Tate, luego a Wigmore Hall, y después de vuelta a la cama.

Pasamos juntos una semana de felicidad –los días, ocupados; las noches, íntimas; una semana feliz, festiva y deliciosa– antes de su regreso a los Estados Unidos. No hubo sentimientos profundos ni dolorosos; nos gustamos, disfrutamos de nuestro cuerpo, y nos separamos sin dolor ni promesas cuando acabó la semana.

También ayudó el que yo no pudiera leer el futuro, pues después de esa dulce aventura de cumpleaños no volví a tener relaciones sexuales durante los siguientes treinta y cinco años.[1]

1. En 2007, mientras comenzaba un periodo de cinco años como profesor de neurología en Columbia, tuve que completar una entrevista médica para obtener autorización para trabajar en el hospital. Kate, mi amiga y ayudante, me acompañaba, y en cierto momento la entrevistadora, una enfermera, dijo: «He de preguntarle algo bastante personal. ¿Prefiere que la señora Edgar salga de la habitación?»
«No es necesario», contesté. «Está al corriente de todos mis asuntos.» Pensé que iba a preguntarme por mi vida sexual, de manera que sin esperar su pregunta solté: «No he practicado el sexo en treinta y cinco años.»

A principios de 1970, *The Lancet* había publicado mis cuatro cartas al director acerca de mis pacientes posencefalíticos, y su reacción a la L-dopa. Suponía que esas cartas sólo las leerían mis colegas médicos, y me quedé muy sorprendido cuando, un mes más tarde, la hermana de Rose R., una de mis pacientes, me mostró un ejemplar del *Daily News* de Nueva York, que reproducía, de hecho destacaba, una de mis cartas bajo un titular.

«¿Ésta es su discreción médica?», me preguntó, agitando el periódico delante de mí. Aunque sólo una amiga íntima o pariente podría haber reconocido a la paciente a partir de esa descripción, yo me quedé tan escandalizado como ella: no se me había ocurrido que *The Lancet* cediera un artículo a una agencia de noticias; creía que los textos profesionales poseían una circulación muy limitada, y que nunca llegaban a la esfera pública.

A mediados de la década de 1960 había escrito algunos artículos un poco más técnicos –para publicaciones como *Neurology* y *Acta Neuropathologica*–, que no se habían filtrado a las agencias de noticias. Pero ahora, con los «despertares» de mis pacientes, había entrado en un ámbito mucho más amplio, y ésa fue la introducción a una zona muy delicada y a veces ambigua: el límite o zona fronteriza entre lo que se puede decir y lo que no.

Naturalmente, no podría haber escrito *Despertares* sin el acicate y el permiso de los propios pacientes, que experimentaban la desalentadora sensación de que la sociedad

---

«¡Oh, pobrecillo!», dijo la enfermera. «¡Tendremos que hacer algo para remediarlo!» Todos nos reímos; simplemente iba a preguntarme mi número de la Seguridad Social.

228

se había desembarazado de ellos, los había encerrado, olvidado, y ahora querían contar su historia. No obstante, después del episodio del *Daily News*, ya no tenía tan claro si quería que *Despertares* se publicara en los Estados Unidos. Pero de algún modo una de mis pacientes se enteró de la publicación en Inglaterra y le escribió a Colin, quien le mandó un ejemplar de *Despertares*. Y entonces ya no hubo manera de ocultarlo.

A diferencia de *Migraña*, que había tenido buenas reseñas tanto en el ámbito médico como en el ámbito no especializado, la publicación de *Despertares* fue recibida con desconcierto. Por lo general obtuvo buenas reseñas en la prensa. De hecho, en 1974 se le concedió el Hawthornden Prize, un venerable premio a la «literatura de imaginación». (Algo que me emocionó, pues me uní a una lista en la que figuraban, entre otros, Robert Graves y Graham Greene, por no hablar de James Hilton por *Horizontes perdidos*, un libro que me había entusiasmado de muchacho.) Pero mis colegas médicos se sumieron en un mutismo absoluto. Ninguna publicación médica reseñó el libro. Finalmente, en enero de 1974, el editor de una publicación de vida bastante efímera llamada *The British Clinical Journal* escribió que dos de los fenómenos más extraños ocurridos en Inglaterra el año anterior habían sido la publicación de *Despertares* y la absoluta falta de reacción al libro por parte del ámbito de la medicina, lo que él calificaba de «el extraño mutismo» de la profesión.[1]

1. Hasta años más tarde, los estados extraños e inestables que presencié en mis pacientes posencefalíticos no se observaron en pacientes parkinsonianos «normales» que tomaban regularmente L-dopa. Estos pacientes, con unos sistemas nerviosos más estables, a veces

Sin embargo, cinco eminentes escritores lo votaron Libro del Año, y en diciembre de 1973 Colin combinó la publicación con una fiesta navideña, a la que asistió mucha gente de la que yo había oído hablar y a la que admiraba, pero que no conocía y jamás había imaginado que conocería. Mi padre, que acababa de recuperarse de un año de luto por la pérdida de mi madre, asistió a la fiesta, y después de todo el desasosiego que le había producido la publicación del libro, se quedó mucho más tranquilo al ver a tanta gente eminente. Yo mismo, que me había sentido tan perdido, tan anónimo, ahora me sentía enormemente agasajado, todo un personaje. Jonathan Miller también asistió a la fiesta, y me dijo: «Ahora eres famoso.»

La verdad es que no sabía qué quería decir; era algo que nadie me había dicho nunca.

En Inglaterra se publicó una reseña que me irritó, aunque en casi todos los aspectos era bastante positiva. Naturalmente, me había referido a los pacientes con seudónimo, y también le había cambiado el nombre al Hospital Beth Abraham. Lo había llamado Monte Carmelo, y lo había ubicado en el pueblo ficticio de Bexley-on-Hudson. El autor de la reseña escribió algo parecido a lo siguiente: «Se trata de un libro asombroso, tanto más cuanto que Sacks habla de pacientes inexistentes en un hospital inexistente, pacientes con una enfermedad inexistente, porque en la década de 1920 no hubo ninguna epidemia mundial de enfermedad del sueño.» Les enseñé la reseña a algunos de mis pacientes, y muchos de ellos dijeron: «Que nos *vean*, o la gente no se creerá lo que cuenta el libro.»

---

no exhibían esos efectos durante varios años (mientras que los posencefalíticos los desarrollaban a las pocas semanas o meses).

Les pregunté a todos los pacientes qué les parecería rodar un documental. Ya me habían animado a publicar el libro: «Adelante; cuenta nuestra historia o nadie la conocerá.» Y ahora me decían: «Adelante; fílmanos. Deja que hablemos por nosotros mismos.»

Yo no estaba seguro de si era correcto que mis pacientes aparecieran en una película. Lo que ocurre entre un médico y el paciente es confidencial, e incluso el hecho de escribirlo, en cierto sentido, quiebra esa confianza, aunque escribir permite cambiar los nombres y lugares, así como otros detalles. Ese artificio es imposible en un documental, donde se exponen las caras, las voces, las vidas y las identidades reales.

Así que tenía mis recelos, pero cuando recibí las propuestas de varios productores de documentales me impresionó especialmente uno de ellos, Duncan Dallas, de Yorkshire Television, sobre todo por su combinación de conocimiento científico y sensibilidad humana. Duncan vino a visitar el Beth Abraham en septiembre de 1973, y conoció a todos los pacientes. Reconoció a muchos después de haber leído sus historias en *Despertares*. «Le conozco», les dijo a varios. «Tengo la impresión de que le conocía de antes.»

También me preguntó: «¿Dónde está la terapeuta musical? Al parecer, es la persona más importante del lugar.» Se refería a Kitty Stiles, una terapeuta musical de un talento extraordinario. En aquellos días era bastante insólito *contar* con una terapeuta musical —los efectos de la música, si es que tenía alguno, se consideraban poco más que marginales—, pero Kitty, que trabajaba en el Beth Abraham desde principios de la década de 1950, sabía que pacientes de todo tipo reaccionan poderosamente a la música, y que incluso los posencefalíticos, aunque a menudo

231

incapaces de iniciar movimientos de manera voluntaria, podían responder al ritmo de manera involuntaria, como hacemos todos.[1]

Duncan se ganó la simpatía de casi todos los pacientes, que comprendieron que él los presentaría con objetividad y discreta compasión, sin cargar las tintas ni en el aspecto médico ni en el sentimental. Cuando vi lo deprisa que se creaba un vínculo de comprensión y respeto mutuos, accedí a la filmación, y al mes siguiente Duncan regresó con su equipo. Naturalmente, algunos de los pacientes no querían que los filmaran, pero casi todos consideraron que era importante mostrarse como seres humanos que se habían visto obligados a morar en un mundo profundamente extraño.

Duncan incorporó algunas de las películas de Super 8 que yo había grabado en 1969, en las que se veía el despertar de los pacientes cuando les administraban L-dopa, y luego cuando sufrían extrañísimas tribulaciones de todo tipo, y añadió conmovedoras entrevistas con los pacientes mientras evocaban esos hechos y describían cómo vivían ahora, después de haber estado tantos años fuera del mundo.

1. En 1978, Kitty decidió retirarse; creíamos que había llegado a la edad habitual de jubilación, los sesenta y cinco años, pero descubrimos que ya había cumplido los noventa, aunque se la veía asombrosamente juvenil y llena de vida (¿era la música lo que la mantenía joven?). La sustituta de Kitty fue Connie Tomaino, una enérgica joven con un máster en terapia musical que seguiría organizando un extenso y variado programa de terapia musical, explorando el enfoque musical más adecuado para los pacientes con demencia, con amnesia y afasia. Connie y yo colaboramos durante muchos años, y todavía sigue en el Beth Abraham, donde ahora es directora del Instituto para la Música y la Función Neurológica.

232

El documental de *Despertares* se emitió en Inglaterra a principios de 1974. Es el único testimonio documental de esos últimos supervivientes de una epidemia olvidada, y de cómo sus vidas se transformaron durante un tiempo gracias a un medicamento nuevo; de lo intensamente humanos que eran, a pesar de todas sus vicisitudes.

Después de la muerte de mi madre, regresé al invierno de Nueva York. Como acababan de despedirme del Beth Abraham, no tenía apartamento, ni un trabajo de verdad, ni ingresos dignos de mención. No obstante, había estado trabajando de especialista pasando consulta semanal de neurología en el Centro Psiquiátrico del Bronx, habitualmente conocido como Hospital Estatal del Bronx. Examinaba a los pacientes, habitualmente los diagnosticaba como esquizofrénicos o maníaco depresivos, o veía si padecían también algún problema neurológico. Al igual que mi hermano Michael, los pacientes que tomaban tranquilizantes a menudo desarrollaban trastornos del movimiento (parkinsonismo, distonía, discinesia tardía, etc.), y estos trastornos del movimiento a menudo persistían mucho después de haber retirado la medicación. Hablé con muchos pacientes que me dijeron que podían vivir con sus trastornos mentales pero no con los trastornos del movimiento que les habíamos provocado.

También me visitaron algunos pacientes cuyas psicosis o estados pseudoesquizofrénicos se debían a enfermedades neurológicas, o eran intensificados por éstas. En salas remotas del Hospital Estatal del Bronx reconocí a varios pacientes posencefalíticos sin diagnosticar, diagnosticados, y a otros que padecían tumores cerebrales o enfermedades cerebrales degenerativas.

Pero este trabajo sólo me llevaba unas horas semanales, y estaba mal pagado. Al comprender mi situación, el director del Hospital Estatal del Bronx, Leon Salzman (un hombre muy afable que había escrito un libro excelente sobre la personalidad obsesiva), me invitó a trabajar media jornada en el hospital. Consideró que me interesaría de manera especial el pabellón 23, compartido por jóvenes adultos con diversos problemas: autismo, retraso, síndrome alcohólico fetal, esclerosis tuberosa, esquizofrenia de inicio precoz, etc.

En aquella época el autismo no era un tema que estuviera de moda, pero me interesaba, y acepté la oferta. Al principio disfrutaba trabajando en aquella sala, aunque también me afectaba profundamente. El neurólogo, quizá más que ningún otro especialista, ve casos trágicos, personas con enfermedades incurables e implacables que pueden provocar gran sufrimiento. El médico no sólo tiene que experimentar camaradería, comprensión y compasión, sino que también debe mantener cierta distancia para no identificarse en exceso con los pacientes.

Pero en el pabellón 23 imperaba una supuesta política de modificación del comportamiento, que utilizaba recompensas y castigos, y, en concreto, el «castigo terapéutico». Yo detestaba ver la manera en que se trataba a los pacientes, a los que a veces se encerraba en salas de aislamiento, no se les daba de comer o se les aplicaban medidas de contención. Entre otras cosas, me recordaba la manera en que me habían tratado de niño, cuando me mandaron a un internado en el que yo (y otros chicos) éramos castigados a menudo por un director caprichoso y sádico. A veces, casi sin poder evitarlo, me identificaba completamente con los pacientes.

Observaba a los pacientes de cerca, sentía lástima por ellos, y como médico procuraba extraer de ellos todo su potencial positivo. Intentaba interactuar con ellos, siempre que era posible, en el ámbito moralmente neutro del juego. En el caso de John y Michael, unos gemelos autistas y retrasados que padecían el síndrome del *savant* con gran habilidad para el cálculo numérico y calendárico, jugábamos a buscar factores o números primos; en el caso de José, un muchacho autista con un gran talento gráfico, el juego se circunscribía al ámbito del dibujo y las artes visuales; mientras que para Nigel –un autista incapaz de hablar, y probablemente retrasado– la música era fundamental. Hice que transportaran mi viejo piano vertical al pabellón 23, y cuando yo tocaba, Nigel y algunos de los pacientes jóvenes se congregaban alrededor del piano. Nigel, si le gustaba la música, llevaba a cabo extrañas y elaboradas danzas. (En unas notas tomadas durante la consulta me referí a él como «un Nijinski *idiot*».)

Steve, que también era mudo y autista, se sentía atraído por una mesa de billar que encontré en el sótano del hospital e hice trasladar a la sala. Aprendió a jugar con una velocidad increíble, y aunque pasaba horas solo en la mesa, estaba claro que disfrutaba jugando al billar conmigo. Por lo que pude ver, ésa era su única actividad social o personal. Cuando no estaba concentrado en la mesa de billar, se mostraba interactivo, corría de un lado a otro, siempre estaba en movimiento, cogía cosas y las examinaba: una suerte de comportamiento exploratorio, medio compulsivo, medio juguetón, igual que el que se observa a veces en el síndrome de Tourette o en algunos trastornos de lóbulo frontal.

Me fascinaban esos pacientes, y comencé a escribir acerca de ellos a principios de 1974. En abril había completado veinticuatro textos, lo bastante, me dije, para un librito.

El pabellón 23 estaba cerrado con llave, y a Steve el hecho de estar encerrado le resultaba especialmente duro. A veces se quedaba sentado junto a la ventana o junto a la puerta de vidrio armado, anhelando estar fuera. El personal nunca le sacaba. «Se escapará», decían. «Conseguirá escapar.»

Yo sentía mucha lástima por Steve, y aunque no hablaba, por la manera en que me miraba y permanecía a mi lado cuando estábamos en la mesa de billar, tenía la impresión de que no se escaparía. Hablé con un colega –un psicólogo de los Servicios Psicológicos del Bronx, un programa de día donde yo también tenía una sesión semanal–, y después de conocer a Steve estuvo de acuerdo en que entre los dos podíamos sacarlo del hospital sin ningún riesgo. Le mencionamos la idea al doctor Taketomo, jefe de unidad del pabellón 23; le estuvo dando vueltas y al final accedió, diciendo: «Si lo sacan del hospital es bajo su responsabilidad. Procuren que vuelva sano y salvo.»

Steve se sobresaltó cuando lo saqué de la sala, pero pareció comprender que íbamos a salir del hospital. Se metió en el coche y nos dirigimos al Jardín Botánico de Nueva York, a diez minutos del hospital. A Steve le encantaban las plantas; era mayo, y las lilas estaban en plena floración. Le encantó la hondonada cubierta de hierba y la sensación de espacio. En cierto momento, cogió una flor, la miró, y pronunció las primeras palabras que le oíamos decir: «¡Diente de león!»

Nos quedamos de una pieza; no teníamos ni idea de que Steve fuera capaz de reconocer las flores, por no hablar de pronunciar su nombre. Pasamos media hora en el jardín, y luego regresamos despacio para que Steve pudiera ver con todo detalle la gente en las tiendas de Allerton Avenue, el ajetreo de la vida de la que tan ausente estaba en el pabellón 23. Se resistió un poco mientras regresábamos a la sala, pero pareció comprender que habría otras salidas.

El personal, que se había opuesto de manera unánime a la excursión y había predicho que acabaría en desastre, pareció furioso cuando le contamos lo bien que se había portado Steve y su evidente felicidad en el jardín, aparte del hecho de que hubiera pronunciado sus primeras palabras. Todos nos recibieron con mala cara.

Yo siempre procuraba evitar las nutridas reuniones de personal de los miércoles, pero el día después de nuestra salida con Steve el doctor Taketomo insistió en que asistiera. Me daba miedo lo que pudiera oír, y más aún lo que pudiera decir. Y mis aprensiones estuvieron completamente justificadas.

El psicólogo jefe dijo que se había establecido un programa de modificación del comportamiento bien organizado y fructífero, y que yo estaba socavándolo con mis ideas de «juego» no condicionado a recompensas o castigo externo. Contesté defendiendo la importancia del juego y criticando el modelo de recompensa y castigo. Dije que, en mi opinión, eso constituía un monstruoso abuso de los pacientes en nombre de la ciencia, y que a veces olía a sadismo. Mi respuesta no fue muy bien recibida, y la reunión finalizó con un airado silencio.

Dos días más tarde, Taketomo vino a verme y me dijo: «Corren rumores de que está abusando sexualmente de sus jóvenes pacientes.»

Me quedé indignado y contesté que eso era algo que jamás se me ocurriría. Consideraba que los pacientes estaban a mi cargo, que eran mi responsabilidad, y que nunca utilizaría mi poder de figura terapéutica para aprovecharme de ellos.

Con una cólera creciente, añadí: «Debería usted saber que Ernest Jones, colega y biógrafo de Freud, trabajó con niños retrasados y trastornados en Londres, cuando era un joven neurólogo, hasta que se propagaron rumores de que estaba abusando de sus jóvenes pacientes. Estos rumores le obligaron a abandonar Inglaterra, y entonces se fue a Canadá.»

«Sí, lo sé. He escrito una biografía de Ernest Jones», contestó.

Me entraron ganas de decirle con malos modos: «Maldito idiota, ¿por qué me ha metido en esto?» Pero me callé; él probablemente pensó que había conseguido que mantuviéramos una discusión civilizada.

Fui a ver a Leon Salzman y le expliqué la situación; se mostró comprensivo y furioso en mi nombre, pero consideró que lo mejor sería que abandonara el pabellón 23. Me invadió un sentimiento de culpa terrible aunque racional por abandonar a mis jóvenes pacientes, y la noche de mi partida arrojé al fuego los veinticuatro textos que había escrito. Había leído que Jonathan Swift, en un momento de desesperación, había arrojado el manuscrito de *Los viajes de Gulliver* al fuego, y que su amigo Alexander Pope lo había recuperado. Pero yo estaba solo, y ningún Pope rescató mi libro.

El día después de marcharme, Steve se escapó del hospital y se subió al puente Throgs Neck; por suerte, lo rescataron antes de que pudiera saltar. Eso me hizo comprender que el abandono repentino y obligado de mis

240

pacientes resultaba para ellos al menos tan duro y peligroso como para mí. Abandoné el pabellón 23 rebosante de culpa, remordimiento y rabia: culpa por abandonar a los pacientes, remordimiento por haber destruido el libro, y rabia ante las acusaciones de abusos. Eran falsas, pero me incomodaban profundamente, y me dije que las pocas palabras que había pronunciado con tan funestas consecuencias acerca de la gestión de la sala en la reunión del miércoles ahora las expondría al mundo en un libro denuncia que se titularía «Pabellón 23».

Puse rumbo a Noruega poco después de mi marcha del pabellón 23, porque me dije que sería un lugar adecuado y pacífico para escribir mi diatriba. Pero sufrí una serie de accidentes seguidos, cada vez más graves. Primero me puse a remar por Hardangerfjord, uno de los fiordos más grandes de Noruega, y me alejé demasiado, y luego, por pura torpeza, se me cayó un remo al agua y no pude recuperarlo. Conseguí regresar con un solo remo, pero tardé varias horas, y un par de veces llegué a pensar que no lo lograría.

Al día siguiente me fui de excursión por una pequeña montaña. Iba solo y no le había comunicado a nadie adónde iba. Al pie de la montaña vi un cartel en noruego que decía: «Cuidado con el toro»; incluía un dibujito de un hombre corneado por un toro. Me pareció un chiste noruego. ¿Cómo iba a haber un toro en una montaña?

Lo olvidé por completo, pero unas horas más tarde, al rodear despreocupadamente una gran roca, me encontré con un enorme toro que ocupaba todo el sendero. «Terror» es una palabra demasiado suave para expresar lo que sentí, y el miedo me provocó una especie de alucinación:

241

la cara del toro pareció ensancharse hasta llenar el universo. Con gran cautela, decidí terminar la caminata en aquel mismo momento, di media vuelta y comencé a volver sobre mis pasos. Pero entonces perdí los nervios, el pánico se apoderó de mí y eché a correr por el sendero enlodado y resbaladizo. Oí a mi espalda el retumbar de las fuertes pisadas y una respiración pesada (¿era el toro que me perseguía?), y de repente –la verdad es que no sé cómo ocurrió– me encontré al pie de un precipicio con la pierna izquierda retorcida debajo de mí en un ángulo grotesco.

En situaciones críticas uno puede sufrir disociaciones. Lo primero que pensé fue que alguien, alguien que yo conocía, había tenido un accidente, un accidente grave, y sólo después comprendí que ese alguien era yo. Intenté levantarme, pero la pierna cedió como si fuera un espagueti, completamente fláccida. Me examiné la pierna de manera muy profesional, imaginando que era un traumatólogo que se dirigía a un grupo de alumnos: «Podéis ver cómo el tendón del cuádriceps se ha desgarrado por completo, la rótula se puede doblar adelante y atrás, por lo que la rodilla podría estar dislocada hacia atrás: así.» Entonces solté un chillido. «Esto hace chillar al paciente», añadí, y entonces volví a comprender que no era ningún profesor enseñando la lesión de un paciente a sus alumnos, sino que *yo* era la persona lesionada. Había utilizado un paraguas a modo de bastón, y en ese momento, tras quitar el mango, me entablillé la pierna utilizando el bastón del paraguas y tiras de tela que arranqué de mi anorak. A continuación comencé el descenso, haciendo palanca con los dos brazos. Al principio lo hice en medio de un gran silencio, porque pensaba que el toro podía estar en las inmediaciones.

Pasé por muchos estados de ánimo distintos mientras arrastraba mi pierna inútil por el sendero. No vi pasar toda mi vida delante de mí, pero sí muchos recuerdos. Casi todos eran buenos y agradables, recuerdos de tardes de verano, de haber sido amado, de haber recibido cosas, y de gratitud por haber dado yo también. En concreto, me dije que había escrito un libro bueno y un gran libro; me di cuenta de que recordaba en pasado. Un verso de Auden, «Que tus últimos pensamientos sean todos de agradecimiento», no dejaba de darme vueltas por la cabeza.

Pasaron ocho largas horas, y me encontraba ya casi en estado de shock, con la pierna considerablemente hinchada, aunque por suerte no sangraba. Pronto oscurecería; la temperatura ya estaba bajando. No había nadie buscándome; nadie sabía dónde estaba. De repente oí una voz. Levanté la vista y vi a dos figuras sobre una cima: un hombre que llevaba una escopeta y una figura más pequeña a su lado. Bajaron a rescatarme, y entonces me dije que ser rescatado de una muerte casi segura debía de ser una de las experiencias más agradables de la vida.

Me subieron a un avión y me mandaron a Inglaterra, y cuarenta y ocho horas más tarde me operaron para reparar el tendón y el músculo del cuádriceps. Pero después de la operación, durante dos semanas o más, no pude mover la pierna ni sentirla. Era algo ajeno, ya no formaba parte de mí, y eso me desconcertaba y confundía enormemente. lo primero que pensé fue que había sufrido una apoplejía mientras estaba bajo los efectos de la anestesia. Lo segundo, que se trataba de una parálisis histérica. Me resultaba imposible comunicarle mi experiencia al cirujano que me operó; lo único que éste era capaz de decir era: «Sacks, es usted único. ¡Nunca había oído nada parecido!»

Con el tiempo los nervios se recuperaron y el cuádriceps volvió a la vida: primero en forma de fasciculaciones, grupos de fibras musculares que se contraían en el múscu-lo anteriormente inerte y sin tono; luego como la capaci-dad para llevar a cabo pequeñas contracciones voluntarias del cuádriceps, para tensar el músculo (había estado como gelatina, imposible de contraer, durante los doce días an-teriores); y finalmente con la capacidad para flexionar la cadera, aunque el movimiento era errático, débil, y me fa-tigaba fácilmente.

En esa fase me llevaron a la sala de enyesado para cambiarme la escayola y quitarme los puntos. Cuando re-tiraron el yeso, la pierna me pareció algo bastante ajeno, no «mía»; semejaba más una hermosa imitación en cera sacada de un museo de anatomía, y no sentí nada en abso-luto cuando me quitaron los puntos.

Después de escayolarme otra vez, me llevaron al de-partamento de fisioterapia para que me pusieran de pie y me hicieran caminar. Utilizo esta extraña construcción pa-siva —«me pusieran de pie y me hicieran caminar»— porque ya no sabía permanecer en pie ni caminar, hacerlo de ma-nera activa y por mi cuenta. Mientras me levantaba e in-tentaba permanecer en pie, me asaltaron imágenes de la pierna izquierda que fluctuaban rápidamente: parecía muy larga, muy corta, muy delgada, muy gruesa. Estas imáge-nes se modulaban hasta adquirir una estabilidad relativa al cabo de un par de minutos, mientras se recalibraba mi sis-tema propioceptivo, imaginé, ante la acometida de estí-mulos sensoriales y la primera y vacilante respuesta moto-ra en una pierna que había estado durante dos semanas sin sensación ni movimiento. Pero mover la pierna era como manipular la extremidad de un robot: había que hacerlo de manera consciente y experimental, un paso cada vez. No era como el caminar normal y fluido. Y entonces, de repente, «oí», con una fuerza alucinatoria, un pasaje rítmico y maravilloso del Concierto para Violín de Mendelssohn. (Jonathan Miller me había regalado una cinta de este concierto cuando ingresé en el hospital, y la había estado escuchando constantemente.) Con esa música en la cabeza, de repente me vi capaz de caminar, de recuperar (tal como dicen los neurólogos) la «melodía cinética» del andar. Cuando a los pocos segundos cesó la música interior, yo también me detuve; necesitaba la música de Mendelssohn para seguir adelante. Pero al cabo de una hora había recuperado mi manera de andar automática y fluida, y ya no necesitaba acompañarla de mi imaginería musical.

Dos días más tarde me trasladaron a Caenwood House, una baronía convertida en residencia para convalecientes en Hampstead Heath. Durante el mes que permanecí allí llevé una vida social insólita. No sólo me visitaban mi padre y Lennie, sino también mi hermano David (que se había encargado de que me trajeran desde Noruega en avión y de que me ingresaran de urgencia en un hospital de Londres), e incluso Michael. Vinieron sobrinos y primos, vecinos, conocidos de la sinagoga, y, casi a diario, mis viejos amigos Jonathan y Eric. Todo ello, combinado con la sensación de que había escapado de la muerte y de que día a día iba recuperando la movilidad y la independencia, otorgó una peculiar cualidad festiva a esas semanas de convalecencia.

Mi padre a veces me visitaba tras sus horas de consulta matinales (aunque tenía casi ochenta años, todavía tenía una apretada jornada laboral). Procuraba visitar a algunos de sus pacientes parkinsonianos de más edad de Caenwood, y cantaba con ellos canciones de la época de la Primera Guerra Mundial; muchos, aunque apenas eran capaces de hablar, podían cantar perfectamente cuando mi padre los hacía arrancar. Lennie venía por las tardes, y nos sentábamos fuera, al tibio sol de octubre, y nos pasábamos horas charlando. Cuando pude moverme y cambié las muletas por un bastón, caminábamos hasta los salones de té de Hampstead o de Highgate Village.

El incidente de la pierna me enseñó de una manera que quizá no podría haber aprendido de otro modo que el cuerpo y el espacio que nos rodea ocupan un lugar en el mapa del cerebro, y que este mapa central se puede ver profundamente alterado cuando uno se lesiona una extremidad, sobre todo si se combina con la inmovilización y el recubrimiento de dicha extremidad. También me provocó una sensación de vulnerabilidad y mortalidad que nunca había experimentado. En mis días de motero, yo era muy audaz. Mis amigos decían que me creía inmortal o invulnerable. Pero después de aquella caída que casi me provoca la muerte, el miedo y la cautela entraron en mi vida, y para bien o para mal me han acompañado desde entonces. Mi despreocupada vida se convirtió, hasta cierto punto, en una existencia prudente. Sentí que eso era el final de mi juventud, y que a partir de entonces pasaba a la mediana edad.

Muy poco después del accidente, Lennie intuyó que con aquello se podía escribir un libro, y le gustaba verme escribir en mi cuaderno, pluma en ristre. («¡No utilices bolígrafo!», me amonestaba severamente; ella también escribía siempre con pluma estilográfica, con su letra hermosa, legible y redondeada.)

Colin se alarmó al enterarse de mi accidente, pero se quedó fascinado cuando le conté cómo había ocurrido y lo sucedido conmigo en el hospital. «¡Esto es un material maravilloso!», exclamó. «Tienes que contarlo.» Hizo una pausa y añadió: «Es como si en este mismo momento vivieras el libro.» Unos días más tarde me trajo una enorme maqueta del libro que acababa de publicar (una maqueta no tiene texto, son sólo las tapas del libro y en medio páginas en blanco), setecientas páginas de un blanco cremoso, para que pudiera escribir mientras permanecía postrado en el hospital. Me encantó contar con ese cuaderno gigante, el más grande que he tenido, y apunté detalladas notas de mi viaje involuntario de ida y vuelta, tal como yo lo veía, al limbo neurológico. (Otros pacientes, al verme con ese enorme libro, decían: «Eres un cabrón afortunado. Nosotros todavía nos estamos recuperando y tú ya lo estás convirtiendo en libro.») Colin venía con frecuencia para ver cómo avanzaba –cómo avanzaba el «libro», y también yo como paciente–, y su esposa, Anna, también venía a menudo y me traía fruta y trucha ahumada.

El libro que quería escribir trataría de la pérdida y la recuperación de una extremidad. Puesto que había llamado mi último libro *Despertares*, pensaba que éste se podría titular «Reanimaciones».

Pero este libro presentaba un tipo de problemas que no había experimentado antes, porque escribirlo implicaba revivir el accidente, revivir la pasividad y los horrores de ser un paciente; también implicaba revelar algunos de mis sentimientos más íntimos de una manera que nunca había hecho en mis escritos más «médicos».

También se planteaban muchos otros problemas. La recepción de *Despertares* me había llenado de euforia, y me había intimidado un poco. Auden y otros habían dicho lo que yo apenas me había atrevido a pensar, que *Despertares* era una obra importante. Pero si era así, no veía cómo podría escribir otra comparable. Y si *Despertares*, con esa riqueza de observación clínica, se había topado con el desinterés de mis colegas, ¿qué podía esperar de un libro totalmente centrado en la extraña y subjetiva experiencia de un solo tema: yo mismo?

En mayo de 1975 había escrito un primer borrador de «Reanimaciones» (posteriormente titulado, por sugerencia de Jonathan Miller, «Con una sola pierna»). Me parecía, y también a Colin, que pronto podría estar listo para su publicación. De hecho, Colin se sentía tan seguro de sí mismo que lo incluyó en el catálogo de novedades en 1976-1977. Pero aquel verano de 1975, mientras me esforzaba por acabar el libro, surgió una desavenencia entre Colin y yo. Los Miller se fueron a Escocia en agosto y me permitieron utilizar su casa de Londres, que quedaba justo delante de la de Colin. No podía estar más cerca, y ¿qué podía ser más ideal para el trabajo que me esperaba? Pero la proximidad que había sido tan satisfactoria, tan productiva en el caso de *Despertares*, en esa ocasión tuvo, por desgracia, el efecto opuesto. Yo escribía cada mañana, pasaba la tarde caminando o nadando, y luego, a eso de las siete o las ocho, Colin pasaba a verme. Por entonces ya había comido, y generalmente también había bebido mucho, y con mucha frecuencia estaba acalorado, irritable y discutidor. Las noches de agosto eran cálidas y asfixiantes, y quizá había algo en mi texto o en mí que despertaba su cólera; y aquel verano ya estaba tenso y preocupado, y lo que escribía no acababa de satisfacerme. Colin cogía una de las páginas que yo había mecanografiado, leía una frase o un párrafo, y a continuación lo atacaba: el tono, el estilo, la sustancia. Cogía cada frase, cada pensamiento, y arremetía contra él a muerte..., o eso me parecía. Me dije que ya no exhibía el humor y la simpatía que me había prodigado anteriormente, sino una censura tan estricta que me dejaba petrificado. Después de esas sesiones vespertinas, mi primer impulso era romper todo lo que había hecho durante el día: el libro me parecía una estupidez... que quizá valía más no continuar.

El verano de 1975 terminó con una nota de maldad, y (aunque nunca volví a ver a Colin en un estado semejante) aquello ensombreció nuestra relación en años venideros. Y así fue como, después de todo, *Con una sola pierna* no se completó ese año.

Lennie se preocupaba por mí: *Despertares* estaba terminado, *Con una sola pierna* estaba encontrando dificultades, y yo no parecía tener ningún proyecto especial que me animara. Me escribió: «Espero (...) que se te ocurra alguna obra adecuada a tu temperamento, y que no sea la única. No tengo la menor duda de que tienes que continuar escribiendo, estés de humor para ello o no.» Dos años más tarde añadió: «Sácate de la cabeza el libro de la pierna y escribe el siguiente.»

A lo largo de los años siguientes escribí muchas versiones de *Con una sola pierna*, cada una más larga, más complicada y laberíntica que la anterior. Incluso las cartas que le mandaba a Colin eran de una longitud desproporcionada. Una de ellas, fechada en 1978, tenía más de cinco mil palabras, con un apéndice de otras dos mil.

También escribí a Luria, que respondía de manera paciente y considerada a mis extensísimas cartas. Finalmente, cuando vio que me obsesionaba de manera exagerada por un posible libro, me envió un telegrama de una palabra: «HÁGALO.»

Después me mandó una carta en la que hablaba de las «resonancias centrales de una lesión periférica». Añadía: «Está usted descubriendo un campo completamente nuevo. (...) Por favor, publique sus observaciones. A lo mejor pueden contribuir a cambiar ese enfoque "veterinario" con que se abordan los trastornos periféricos, y abrir el camino a una medicina más profunda y humana.»

Pero la escritura –ese incesante redactar y romper borradores– continuó. *Con una sola pierna* fue lo más doloroso y difícil que había escrito nunca, y algunos de mis amigos (Eric en concreto), al verme tan obsesionado y atascado, me aconsejaron que lo abandonara, pues no valía la pena continuar.

En 1977, Charlie Markham, un antiguo mentor de neurología en la UCLA, visitó Nueva York. Yo le tenía cariño a Charlie, y había compartido bastante tiempo con él mientras investigaba los trastornos del movimiento. Durante el almuerzo me preguntó por mi trabajo y exclamó:

–¡Pero no tienes ningún puesto!

Le dije que *sí* tenía un puesto.

–¿Ah, sí? ¿Y cuál es? –preguntó (hacía poco él había ascendido a catedrático de neurología en la UCLA).

–Mi puesto está en el corazón de la medicina –contesté–. Ahí es donde estoy.

–¡Bah! –exclamó Charlie, con un breve gesto de rechazo.

Eso era lo que había acabado pensando durante los años de «despertares» de mis pacientes, cuando vivía junto al hospital y a veces pasaba doce o quince horas al día con ellos. Los recibía encantado cuando me visitaban; algunos de los más activos venían a mi casa a tomar una taza de cacao los domingos por la mañana, y a algunos los llevaba al Jardín Botánico de Nueva York, que estaba justo delante del hospital. Controlaba su medicación, sus estados neurológicos a menudo inestables, pero también hacía lo que podía para que llevaran una vida plena, lo más plena posible, teniendo en cuenta sus limitaciones físicas. Mi impresión era que intentar abrir las vidas de esos pacientes, que habían permanecido inmovilizados y encerrados

250

en un hospital durante tantos años, era parte esencial de mi papel como médico.

Aunque ya no ocupaba ningún puesto ni cobraba del Beth Abraham, seguía acudiendo allí de manera regular. Tenía una relación demasiado estrecha con mis pacientes como para permitirme romper nuestro contacto, aun cuando había comenzado a visitar pacientes en otras instituciones: casas de reposo por toda la ciudad de Nueva York, desde Staten Island hasta Brooklyn y Queens.[1] Me había convertido en un neurólogo peripatético.

En algunos de esos lugares, que recibían el nombre genérico de «mansiones», presencié la completa supeditación de lo humano a la arrogancia y a la tecnología médicas. En algunos casos, la negligencia era deliberada y delictiva: los pacientes permanecían horas sin ser atendidos, o incluso se abusaba física y mentalmente de ellos. En una de esas «mansiones» me encontré con un paciente con la cadera rota que sufría un dolor intenso sin que el personal le hiciera caso mientras él yacía en un charco de orina. Trabajé en otras casas de reposo donde no había negligencia, pero no se iba más allá de los cuidados médicos básicos. Que aquellos que entraban en esas casas de reposo necesitaran un sentido –una vida, una identidad, dignidad, amor propio, cierto grado de autonomía– era algo que se ignoraba o se pasaba por alto; los «cuidados» eran puramente mecánicos y médicos.

1. A finales de la década de 1970 y principios de la de 1980, también pasé algún tiempo en una clínica de Alzheimer de la Escuela de Medicina de Einstein, y preparé cinco largas historias basadas en algunos de esos pacientes. Le mandé el texto a mi ex jefe en la Escuela Einstein, Bob Katzman (ahora ocupaba la cátedra de neurología en la Universidad de California en San Diego). Pero, no sé cómo, en medio de todo este trajín se perdió. Otro libro, al igual que «Mioclono», que nunca vería la luz.

251

Esas casas de reposo me parecieron, a su manera, tan horribles como el pabellón 23, y quizá incluso más perturbadoras, pues no podía evitar preguntarme si representaban un presagio o un «modelo» para el futuro. Encontré justo lo contrario de las «mansiones» en las residencias de las Hermanitas de los Pobres.

La primera vez que oí hablar de las Hermanitas de los Pobres yo era un niño, pues en Londres mi padre y mi madre tenían la consulta en casa: mi padre como médico de cabecera y mi madre como especialista en cirugía. La tía Len siempre decía: «Si me da un ictus, Oliver, o me quedo incapacitada, llévame a las Hermanitas de los Pobres; son las que mejor te cuidan del mundo.»

En sus residencias se palpa la vida: procuran ofrecer una vida lo más plena y significativa posible dadas las limitaciones y necesidades de los residentes. Algunos han sufrido un ictus, otros padecen demencia o Parkinson, algunos dolencias «médicas» (cáncer, enfisema, enfermedades coronarias, etc.), otros están ciegos, sordos, y otros, aunque gozan de buena salud, se sienten tan solos y aislados que anhelan calor humano y el contacto de una comunidad.

Aparte del cuidado médico, las Hermanitas de los Pobres ofrecen todo tipo de terapias: terapia física, terapia ocupacional, terapia del habla, terapia musical, y (si hace falta) psicoterapia y orientación psicológica. Además de la terapia, encontramos actividades (no menos terapéuticas) de todo tipo, actividades no inventadas, sino reales, como la jardinería y la cocina. Muchos residentes poseen un papel o una identidad especial –desde ayudar en la lavandería a tocar el órgano en la capilla– y algunos también poseen mascotas a las que cuidan. Hay salidas a museos, hipódromos, teatros, jardines. Los residentes que tienen familiares pueden salir a comer los fines de semana o quedarse con sus parientes durante las vacaciones, y esas residencias son visitadas regularmente por niños de las escuelas cercanas, que interactúan de manera espontánea y desinhibida con personas que les llevan setenta u ochenta años, y con las que pueden entablar lazos de afecto. La religión es importante pero no obligatoria; no te sermonean, ni hay evangelización ni presión religiosa de ningún tipo. No todos los residentes son creyentes, aunque hay una gran devoción religiosa entre las hermanas, y se hace difícil imaginar un cuidado tan esmerado sin una devoción profunda.[1]

Puede (y quizá debe) existir un difícil periodo de ajuste al abandonar el hogar individual por uno comunitario, pero la gran mayoría de los que ingresan en las residencias de las Hermanitas de los Pobres son capaces de llevar una vida significativa y placentera –a veces más que en años anteriores–; y además tienen la certeza de que todos sus problemas médicos serán seguidos y tratados con sensibilidad, y que, cuando llegue el momento, morirán en paz y de manera digna.

Todo esto representa una antigua tradición a la hora de cuidar de los otros, conservada por las Hermanitas de

---

1. No es infrecuente que surjan dilemas insólitos, y en esos casos las Hermanitas de los Pobres muestran una gran amplitud moral y lucidez mental. Una de sus residentes, Flora D., una mujer con Parkinson, obtuvo un gran alivio con la L-dopa, pero comenzó a sufrir unos sueños de extrema viveza que le preocupaban. No es infrecuente tener sueños o pesadillas eróticos con la L-dopa, pero Flora sufría sueños incestuosos en los que mantenía relaciones con su padre. Se sentía culpable y en extremo ansiosa por ello, hasta que le describió los sueños a una de las monjas, que le dijo: «Usted no es responsable de los sueños que tiene de noche. Sería muy distinto si se tratara de ensoñaciones diurnas.» Ésa fue una distinción moral clara en consonancia con una distinción fisiológica clara.

los Pobres desde la década de 1840, y que, de hecho, se remonta a las tradiciones eclesiásticas de la Edad Media (tal como Victoria Sweet describe de manera tan conmovedora en *God's Hotel*), combinada con lo mejor que puede ofrecer la medicina moderna.

Aunque las «mansiones» me desanimaron, y pronto dejé de visitarlas, las Hermanitas de los Pobres me inspiran, y me encanta ir a sus residencias, que visito desde hace más de cuarenta años.

A principios de 1976 recibí una carta de Jonathan Cole, estudiante de medicina en el Hospital Middlesex de Londres. Me contaba que había disfrutado leyendo *Migraña* y *Despertares*, y añadía que había llevado a cabo un año de investigación en neurofisiología sensorial en Oxford antes de dedicarse al trabajo clínico. Me preguntó si podía pasar conmigo su periodo optativo, unos dos meses. «Me gustaría», escribió, «observar los métodos de su departamento y estaría dispuesto a adaptarme a cualquier curso que exista.»

El hecho de que un alumno del hospital donde yo había sido estudiante de medicina hacía casi veinte años me propusiera trabajar conmigo me llenó de satisfacción e hizo que me sintiera halagado. Pero tuve que dejarle claros algunos puntos en relación con mi puesto y mi capacidad para ofrecer el tipo de enseñanza que uno se encuentra en la facultad de medicina, así que le contesté:

> Querido señor Cole:
> Gracias por su carta del 27 de febrero, y lamento haber tardado tanto en contestarle.
> Mi demora se debe a que no sé qué decirle. En líneas generales, ésta es mi situación:

No *tengo* departamento.

No estoy *en* ningún departamento.

Soy un gitano, y sobrevivo –de manera bastante marginal y precaria– trabajando aquí y allá.

Cuando trabajaba a tiempo completo en el Beth Abraham, a menudo tenía estudiantes que pasaban un tiempo conmigo al escogerme para sus optativas, una experiencia que siempre me pareció muy agradable y gratificante. Pero ahora, por así decir, no tengo ningún puesto ni sede ni hogar, sino que soy un peripatético que va de aquí para allá. No puedo ofrecerle ninguna enseñanza *académica*, ni nada que se le pueda reconocer académicamente.

De manera no académica (creo a veces), veo, aprendo y hago muchas cosas, con los pacientes enormemente variados que visito en diversas clínicas y residencias, y todas esas situaciones en las que veo, aprendo y hago cosas son, *eo ipso*, situaciones en las que se pueden enseñar muchas cosas. Todos los pacientes que veo en cualquier parte me parecen intensamente vivos, interesantes y gratificantes; nunca he visto un paciente que no me enseñara algo nuevo, o que no despertara en mí nuevas sensaciones y nuevas líneas de pensamiento; y creo que los que están conmigo en esas situaciones comparten esa sensación de aventura y también contribuyen a ella. (¡Considero toda la neurología, *todo*, una especie de aventura!)

Escríbame y hágame saber lo que le interesa, y le repito que estaré encantado de tenerle de manera informal, esporádica, peripatética, pero de ninguna manera estoy en posición de ofrecerle ninguna enseñanza académica.

Con mis mejores deseos... y agradecimiento,

Oliver Sacks

Jonathan tardó casi un año en disponerlo todo y conseguir fondos, pero a principios de 1977 llegó para hacer conmigo su periodo optativo.

Creo que los dos estábamos un poco nerviosos: después de todo, yo era el autor de *Despertares*, aunque no dispusiera de ningún puesto académico ni médico, y Jonathan había llevado a cabo una investigación en neurofisiología sensorial en Oxford, y evidentemente estaba más preparado y más al día que yo en los estudios fisiológicos. Iba a ser para los dos una experiencia nueva y sin precedentes.

Pronto descubrimos que había algo que nos interesaba mucho a ambos; a los dos nos fascinaba «el sexto sentido», la propiocepción: inconsciente, invisible, pero posiblemente más vital que cualquier otro sentido o que todos juntos. Uno podía ser ciego y sordo, igual que Helen Keller, y aun así llevar una vida bastante rica, pero la propiocepción resultaba vital para percibir el propio cuerpo, la posición y el movimiento de las extremidades en el espacio, crucial, de hecho, para la percepción de su *existencia*. Si desaparecía la propiocepción, ¿cómo podía sobrevivir un ser humano?

Esa cuestión casi nunca se suscita en el curso habitual de la vida; la propiocepción está siempre ahí, nunca se hace visible, sino que guía discretamente todos los movimientos que hacemos. No estoy seguro de si habría pensado tanto en la propiocepción de no haber sufrido esa extraña alteración acerca de la que (en la época en que Jonathan vino a Nueva York) intentaba escribir en el libro sobre mi lesión en la pierna: una alteración que surgía en gran medida, o eso pensaba yo, de un fallo en la propiocepción, un fallo tan profundo que me hacía incapaz de adivinar, sin mirar, dónde estaba mi pierna izquierda, ni *si* estaba, pues tampoco la sentía como «mía».

Y, por casualidad, más o menos en la época en que Jonathan vino a Nueva York, mi amiga y colega Isabelle Rapin me envió a una paciente, una joven que, de resultas de una enfermedad viral, había perdido de repente toda la propiocepción y toda la sensación del tacto de cuello para abajo.[1] En 1977 Jonathan no podía saber hasta qué punto su vida iría unida en el futuro a la de otra paciente que sufrió la misma dolencia.

Jonathan me acompañó a las Hermanitas de los Pobres y a otra residencia de Nueva York, y vio a una amplia variedad de pacientes. Hubo uno que se nos grabó especialmente en la memoria, un hombre que padecía el síndrome de Korsakoff, y cuya falta de memoria le obligaba a fabular continuamente. En el curso de tres minutos, «el señor Thompson (como le llamé posteriormente) me identificó (enfundado en mi bata blanca de médico) como cliente de su charcutería, un viejo amigo que le acompañaba a las carreras, un carnicero kosher y el empleado de una gasolinera; sólo entonces, tras ayudarle un poco, intuyó que a lo mejor yo era médico.[2] Solté una carcajada mientras él pasaba de una cómica identificación errónea o fabulación a otra, y Jonathan, que era muy serio, luego me contó que se quedó escandalizado, pues dio la impresión de que yo me reía de un paciente. Pero cuando el señor Thompson, un irlandés lleno de vida, se echó también a reír de las jugarretas de su imaginación korsakoffiana, Jonathan se relajó y también se echó a reír.

1. Unos años más tarde, con el título de «La dama desencarnada», relaté su historia en *El hombre que confundió a su mujer con un sombrero*.
2. Conté la historia del señor Thompson en «Una cuestión de identidad», en *El hombre que confundió a su mujer con un sombrero*.

Yo solía llevar una cámara de vídeo cuando iba a ver a los pacientes, y a Jonathan le intrigaba el uso de las grabaciones y su reproducción instantánea; la grabación en vídeo era algo bastante nuevo en aquellos días, y casi nunca se utilizaba en los hospitales. Jonathan se quedó fascinado al ver cómo los pacientes con Parkinson, por ejemplo, que no eran conscientes de su tendencia a acelerar o inclinarse a un lado, reparaban en su postura o manera de andar al verlas en vídeo, y aprendían medidas para corregirlas.

Varias veces llevé a Jonathan al Beth Abraham; en particular, él tenía muchas ganas de conocer a los pacientes acerca de los que había leído en *Despertares*. Me dijo que se sentía muy intrigado por el hecho de que hubiera sido posible escribir sobre esos pacientes e incluso filmarlos, y que siguieran viéndome como a un médico digno de confianza y no como a alguien que los había explotado o traicionado. Jonathan debía de tener todo esto en mente cuando, ocho años más tarde, conoció a Ian Waterman, el hombre que iba a cambiar su vida.

Ian, al igual que Christina –la dama desencarnada–, había sufrido una devastadora neuropatía sensorial. Era un robusto muchacho de diecinueve años cuando de repente un virus le privó de toda la propiocepción de cabeza para abajo. En esta extraña situación, casi nadie es capaz de controlar sus extremidades, y lo único que se puede hacer es arrastrarse o ir en silla de ruedas. Pero Ian había descubierto maneras increíbles de enfrentarse a su dolencia, y podía llevar una vida bastante normal a pesar de sus profundos déficits neurológicos.

Gran parte de lo que para los demás resulta automático, y ocurre sin necesidad de una supervisión consciente, Ian sólo puede llevarlo a cabo con una deliberación y un control conscientes. Cuando se sienta, debe mantenerse erecto de manera consciente para no caerse hacia delante; sólo es capaz de andar si bloquea las rodillas y mantiene la mirada fija en la tarea. Al carecer del «sexto sentido» de la propiocepción, debe sustituirlo por la visión. Esta atención y concentración implica cierta dificultad para hacer dos cosas a la vez. Puede estar de pie, o puede hablar, pero para poder estar de pie *y* hablar debe apoyarse en algo. Puede parecer perfectamente normal, pero si las luces se apagan sin previo aviso, inevitablemente se cae al suelo.

A lo largo de los años, Jonathan e Ian han forjado una profunda relación: como doctor y paciente, investigador y sujeto, y cada vez más como colegas y amigos (ahora llevan treinta años trabajando juntos). En el curso de esta colaboración de décadas, Jonathan ha escrito docenas de artículos científicos y un libro extraordinario, *Pride and a Daily Marathon*, acerca de Ian. (Ahora está trabajando en una secuela.)[1]

A lo largo de los años, pocas cosas he encontrado más conmovedoras que ver cómo Jonathan, mi alumno, se convertía en un eminente médico, fisiólogo y escritor; ahora es autor de cuatro importantes libros y de más de cien artículos sobre fisiología.

---

1. A principios de la década de 1990, le presenté a Jonathan a mi amiga Marsha Ivins, una astronauta que había estado en cinco misiones espaciales. (Me contó que leyó «La mujer desencarnada» cuando estaba en órbita.)

Nos preguntamos cómo le iría a Ian en el espacio. Por lo que se refería a la gravedad, Marsha dijo que lo más parecido sería viajar en el avión de entrenamiento para astronautas conocido como Cometa del Vómito, el cual, al ascender bruscamente y luego caer a plomo, por un momento lleva a sus pasajeros de casi 2 g a 0 g. Casi todo el mundo experimenta una ingravidez generalizada a 0 g y una correspondiente pesadez a 2 g, pero Ian no sintió nada.

Después de trasladarme a Nueva York en 1965, comencé a explorar las carreteras rurales con mi moto, en busca de un lugar que me gustara para retirarme algún fin de semana. Un domingo, mientras recorría los Catskills, encontré un viejo y pintoresco hotel de madera junto a un lago: el Hotel Lake Jefferson. Los propietarios eran una simpática pareja germano-americana: Lou y Berta Grupp, y no tardamos en hacernos amigos. Me robó especialmente el corazón su preocupación por mi moto, que me permitieron guardar en el vestíbulo. Pronto, durante los fines de semana, se convertiría en una visión familiar para los del pueblo. «Doc ha vuelto», decían al ver la moto.

Sobre todo me encantaban los sábados por la noche en aquel viejo bar, lleno de personajes pintorescos que bebían y contaban historias, y viejas fotografías que mostraban el hotel durante sus años de apogeo: las décadas de 1920 y 1930. Escribí mucho en un pequeño rincón que había junto a la barra, donde podía tener intimidad y mantenerme apartado e invisible, y a la vez sentirme reconfortado y estimulado por la animación reinante en el bar.

Al cabo de una docena de fines de semana llegué a un acuerdo con los Grupp: alquilaría una habitación en el sótano del hotel, iría y vendría cuando se me antojara y guardaría allí mis cosas, básicamente una máquina de escribir y un bañador. Tenía aquel cuarto a mi disposición y podía disfrutar de la cocina y la barra, y de todos los servicios del hotel por sólo 200 dólares al mes.

La vida en el lago Jeff era saludable y monástica. Dejé de ir en moto a principios de la década de 1970 –el tráfico de Nueva York comenzaba a parecerme demasiado peligroso, e ir en moto ya no era un placer–, pero siempre llevaba un soporte para bicicletas en el coche, y en los largos días de verano me pasaba horas pedaleando. A menudo me detenía en el viejo molino de sidra y llenaba dos jarras de dos litros cada una de sidra fuerte, que transportaba colgadas de los manillares. Me encanta la sidra, y aquellas jarras de dos litros, que bebía de manera gradual y simétrica –un sorbo de una y un sorbo de la otra–, me mantenían hidratado y un tanto achispado durante toda la jornada de pedaleo.

Había una cuadra no lejos del hotel, y los sábados por la mañana a veces me pasaba un par de horas cabalgando un gigantesco percherón que tenía la espalda tan ancha que era como montar un elefante. Yo entonces pesaba bastante, más de 110 kilos, pero aquel enorme animal apenas lo notaba; reflexioné que era esa raza de caballos la que transportaba a los reyes y caballeros vestidos con armadura completa; se contaba que Enrique VIII, con toda la armadura, pesaba más de 225 kilos.

Pero mi mayor alegría era nadar en aquel plácido lago, donde a veces había algún pescador sentado en su bote de remos, pero sin que el nadador incauto se viera amenazado por lanchas motoras ni motos acuáticas. El Hotel Lake Jefferson había visto días mejores, y sus elaboradas plataformas flotantes, sus balsas y pabellones estaban abandonados y se pudrían lentamente. Poder nadar sin parar, sin miedo ni preocupación, me relajaba y mantenía mi cerebro activo. Pensamientos e imágenes, a veces párrafos enteros, comenzaban a fluir a través de mi mente, y de vez en cuando tenía que acercarme a la orilla para plasmarlos en un cuaderno amarillo que guardaba sobre una mesa de picnic junto al lago. A veces era tan imperiosa la necesidad de anotar algo que no tenía tiempo de secarme y corría hacia el cuaderno chorreando.

Eric Korn y yo nos conocimos cuando todavía íbamos en cochecito, o eso nos contaron, y hemos seguido siendo amigos íntimos durante casi ochenta años. A menudo hemos viajado juntos, y en 1979 cogimos un barco para ir a Holanda y alquilar bicicletas para recorrer el país, y al final regresamos a nuestra ciudad favorita, Ámsterdam. Yo llevaba algunos años sin pisar Holanda –aunque Eric, que vivía en Inglaterra, había ido a menudo–, por lo que me quedé sorprendido cuando, sin el menor disimulo, nos ofrecieron cannabis en un café. Estábamos sentados a una mesa cuando se nos acercó un joven y, con un gesto ensayado, abrió una especie de carpeta que contenía más o menos una docena de tipos de marihuana y hachís; la posesión y uso de estas sustancias en cantidades moderadas era perfectamente legal en Holanda durante la década de 1970.

Eric y yo compramos un paquetito, pero se nos olvidó fumárnoslo. De hecho, lo llevamos encima hasta que llegamos a La Haya para coger el barco de vuelta a Inglaterra y tuvimos que pasar la aduana. Nos formularon las preguntas habituales.

¿Habíamos comprado algo en Holanda? ¿Licor, quizá?

«Sí, ginebra», contestamos.

¿Cigarrillos? No, no fumábamos.

¿Marihuana? Vaya, sí, nos habíamos olvidado por completo.

«Bueno, pues es mejor que la tiren antes de llegar a Inglaterra», dijo el agente de aduanas. «Allí no es legal.»

Nos la llevamos, con la idea de fumar un poco a bordo del ferry.

Fumamos un poquito y arrojamos el resto por la borda. A lo mejor fumamos más de un poquito; ni él ni yo habíamos fumado en años, y la marihuana era mucho más fuerte de lo que esperábamos.

Eché a andar y a los pocos minutos me encontré cerca de la cabina de mando del capitán. Iluminada por la luz del crepúsculo, parecía un lugar maravilloso, como de cuento de hadas. El capitán navegaba con las manos en el timón, y a su lado había un muchacho de unos diez años, fascinado por el uniforme del capitán, el latón y el tablero de instrumentos, y el mar que se abría ante la popa del barco. Como la puerta no estaba cerrada con llave, yo también entré en la cabina. Ni el capitán ni el muchacho que había a su lado parecieron alterarse por mi aparición, y yo me coloqué en silencio al otro lado del capitán. Éste nos enseñó cómo gobernaba el barco, para qué servían todos los instrumentos del tablero; el muchacho y yo le formulamos un montón de preguntas. Estábamos tan enfrascados que perdimos la noción del tiempo, y nos quedamos sorprendidos cuando el capitán dijo que nos acercábamos a Harwich, en la costa británica. Los dos salimos de la cabina, el muchacho en busca de sus padres y yo en busca de Eric.

Cuando encontré a Eric, se le veía consumido por la angustia, y casi lloró de alivio al verme.

–¿Dónde estabas? –dijo–. Te he buscado por todas partes; pensaba que habías saltado por la borda. ¡Gracias a Dios que estás vivo!

Le conté a Eric que había estado en el castillo de proa del capitán y que me lo había pasado muy bien. Entonces, sorprendido por la intensidad de sus palabras y su expresión, exclamé:

–¡Te preocupas por mí de verdad!

–Naturalmente –dijo–. ¿Cómo puedes dudarlo?

Pero no me resultaba fácil creer que alguien se preocupaba por mí; creo que a veces tampoco me daba cuenta de lo mucho que mis padres se preocupaban por mí. Sólo ahora, al leer las cartas que me escribieron cuando me fui a los Estados Unidos, hace cincuenta años, comprendo su desvelo.

Y quizá ha habido muchos otros que se han preocupado mucho por mí. De hecho, esa incapacidad para imaginar que los demás se interesaban por mí, ¿era quizá una proyección de alguna deficiencia o inhibición por mi parte? En una ocasión oí un programa de radio dedicado a los recuerdos y pensamientos de los que, al igual que yo, habían sido evacuados durante la Segunda Guerra Mundial, separados de sus familias durante sus primeros años de vida. El entrevistador comentaba lo bien que esas personas se habían adaptado a los dolorosos y traumáticos años de su infancia. «Sí», dijo un hombre. «Pero todavía me cuesta establecer vínculos afectivos, integrarme y tener fe en los demás.» Creo que, hasta cierto punto, a mí me pasa lo mismo.

En septiembre de 1978 le mandé a Lennie otra parte del manuscrito de *Con una sola pierna*, y me contestó diciendo que ahora tenía la impresión de que podía ser «un libro alegre y juguetón», y que se sentía aliviada al ver que por fin había pasado a otros temas. Hacia el final de la carta, abordó un tema sombrío:

Estoy a la espera de ingresar en el hospital, pues mi cirujano, un hombre muy bueno y simpático, cree que ha llegado el momento de realizar una importante operación para curarme esta estúpida hernia de hiato, que ya me afecta el esófago. Tu padre y David no parecen muy entusiasmados, pero yo tengo mucha confianza en ese médico.

Ésa fue la última carta de Len. Ingresó en el hospital, pero la cosa se torció. Lo que supuestamente iba a ser una

264

operación sencilla se convirtió casi en una evisceración desastrosa. Cuando Lennie se enteró, consideró que vivir con alimentación intravenosa y un cáncer que se iba extendiendo no valía la pena. Decidió dejar de comer, aunque bebería agua. Mi padre insistió en que la viera un psiquiatra, pero el psiquiatra dijo: «Es la persona más cuerda que he visto. Tiene que respetar su decisión.»

En cuanto me enteré cogí un avión a Inglaterra, y pasé muchos días felices, aunque infinitamente tristes, junto a la cama de Lennie mientras ella se iba debilitando poco a poco. Pero, a pesar de su debilidad, siguió siendo la misma de siempre. Cuando regresé a los Estados Unidos, pasé una mañana reuniendo todas las hojas de árbol diferentes que pude encontrar en Hampstead Heath y se las llevé. Le encantaron, las identificó todas y dijo que le recordaban sus años en Delamere Forest.

A finales de 1978 le envíe la última carta; no sé si la leyó.

Queridísima Len:

Todos hemos esperado con mucha impaciencia que durante este mes recuperaras la salud; pero, por desgracia, eso no va a ocurrir.

Se me rompe el corazón cuando me cuentan lo débil que estás, lo mucho que sufres, y que ahora deseas morir. Tú, que siempre amaste tanto la vida, y has sido un ejemplo de fuerza y vida para muchos, puedes encarar la muerte, incluso elegirla, con serenidad y valor, mezclados, naturalmente, con el dolor por todo lo que dejas atrás. Nosotros, yo, soportamos mucho menos la idea de perderte. Estás entre las personas que más quiero en este mundo.

Mi esperanza, por vana que resulte, es que consigas sobrellevar ese sufrimiento y recuperes de nuevo toda la alegría de vivir. Pero si éste no fuera el caso, he de darte las gracias: gracias de nuevo, y por última vez, por vivir, por haber sido así.

Con todo mi cariño,

Oliver

Soy tímido en los contextos sociales habituales; no tengo ninguna facilidad para «charlar»; me cuesta reconocer a la gente (me ha ocurrido toda la vida, aunque ahora que tengo mala vista la cosa ha empeorado); sé muy poco y tengo muy poco interés por lo que ocurre en el mundo, ya sea en la política, en la sociedad o en el sexo. Además, ahora soy duro de oído, un término suave para una sordera cada vez más acusada. La combinación de todos estos factores provoca que acabe en un rincón, con el deseo de ser invisible, de que nadie se fije en mí. Todo esto me resultaba muy contraproducente en los años sesenta, cuando iba a bares gays a conocer gente; sufría, encogido en un rincón, y me iba al cabo de una hora, solo y triste, pero un tanto aliviado. Pero si en una fiesta, o donde sea, encuentro a alguien que comparte algunos de mis intereses, generalmente científicos –los volcanes, las medusas, las ondas gravitatorias, lo que sea–, inmediatamente entablo una animada conversación (aunque un momento después puede que no reconozca a la persona con la que he hablado).

Casi nunca hablo con nadie por la calle. Pero hace algunos años hubo un eclipse lunar y salí a verlo con mi telescopio de 20X. Todo el mundo caminaba deprisa por la acera, al parecer ajenos al extraordinario suceso celestial que ocurría sobre sus cabezas, por lo que yo iba parando a los que pasaban y les decía: «¡Mire! ¡Mire lo que le ocurre a la luna!», y les ponía el telescopio en la mano. La gente se quedaba desconcertada al verse abordada de tal manera,

266

pero, intrigados por mi entusiasmo, evidentemente inocente, se llevaban al telescopio a los ojos, exclamaban «uau» y me lo devolvían. «Eh, tío, gracias por dejarme mirar», o «Caramba, gracias por enseñármelo».

Al pasar junto al aparcamiento que hay delante del edificio, vi a una mujer que discutía furiosa con el empleado del parking. Me acerqué a ellos y les dije: «¡Dejen de discutir un momento y miren la luna!» Estupefactos, callaron y levantaron la mirada hacia el eclipse, pasándose el telescopio. A continuación me lo devolvieron, me dieron las gracias y al instante reanudaron su furiosa discusión.

Un incidente parecido me ocurrió hace unos años, cuando trabajaba en *El tío Tungsteno,* mientras escribía un capítulo que trata de la espectroscopia. Estaba deambulando por la calle con un diminuto espectroscopio de bolsillo, que utilizaba para examinar diferentes luces, maravillándome ante sus diversas líneas espectrales: la línea dorada brillante de las luces de sodio, las luces rojas del neón, las complejas líneas de las lámparas halógenas de mercurio y los fósforos de tierras raras. Al pasar junto a un bar del barrio, me llamó la atención la variedad de luces de color de su interior, y pegué el estetoscopio a la ventana para examinarlas. Sin embargo, los clientes del local se inquietaron por mi extraño comportamiento, el hecho de que los mirara (o eso creían) con un instrumento peculiar, de manera que entré con gran atrevimiento —era un bar gay— y dije: «¡Basta de hablar de sexo todos! Echad un vistazo a algo realmente interesante.» Se hizo un silencio de perplejidad, pero de nuevo acabó imperando mi entusiasmo ingenuo e infantil, y todo el mundo se pasó el espectroscopio, con comentarios como: «¡Vaya, qué guay!» Después de que todo el mundo hubiera mirado con el espectroscopio, me lo devolvieron dándome las gracias. Y enseguida siguieron hablando de sexo.

Pasé varios años más luchando con el libro de *Con una sola pierna*, y finalmente le mandé el texto completo a Colin en enero de 1983, casi nueve años después de haberlo comenzado. Todas las secciones del libro estaban perfectamente mecanografiadas en un papel de color distinto, aunque el libro tenía ahora más de 300.000 palabras. A Colin le enfureció la extensión del texto, y se pasó casi todo el año 1983 editándolo. La versión definitiva se redujo a menos de una quinta parte del original, apenas 58.000 palabras.

Sin embargo, entregarle el libro acabado a Colin me produjo un gran alivio. Nunca había podido desembarazarme del todo de la supersticiosa sensación de que el incidente de 1974 podía volver a ocurrirme en cualquier momento, y que así sucedería si no lo exorcizaba divulgándolo en forma de libro. Ahora estaba hecho, y ya no corría el peligro de repetirlo. Pero el inconsciente es más terco de lo que suponemos, y diez días más tarde –era un día helado en el Bronx– me caí en muy mala postura, repitiéndose el accidente que tanto temía.

Me había parado en una gasolinera de City Island. Le entregué la tarjeta de crédito al empleado, y me dije que saldría un momento a estirar las piernas. En cuanto puse el pie fuera del coche, resbalé en un charco de hielo negro, y cuando el empleado regresó con el recibo me encontró en el suelo, medio debajo del coche.

–¿Qué está haciendo? –me dijo.

–Tomando el sol –contesté.

–No, de verdad..., ¿qué está haciendo?

–Me he roto un brazo y una pierna –dije.

–Está bromeando otra vez –me contestó.

–No, esta vez no bromeo; será mejor que llame a una ambulancia.

Cuando llegué al hospital, el cirujano residente me preguntó:

–¿Qué lleva escrito en el dorso de la mano? –Había escrito las letras *C B S*.

–Se trata de una paciente que sufre alucinaciones –dije–. Padece el síndrome de Charles Bonnet, y me dirigía a visitarla.[1]

A lo que el hombre contestó:

–Doctor Sacks, ahora el paciente es *usted*.

Cuando Colin se enteró de que estaba en el hospital –allí seguía cuando llegaron las pruebas de *Con una sola pierna*– me dijo: «¡Oliver! Eres capaz de lo que sea por una nota al pie.»

Entre 1977 y 1982, *Con una sola pierna* se completó por fin, en parte mientras nadaba en el lago Jeff. Jim Silberman, mi editor en los Estados Unidos, se quedó desconcertado cuando le mandé la parte del libro escrita en el lago Jeff. Llevaba treinta años sin recibir un manuscrito escrito realmente a mano, dijo, y parecía que se me hubiera caído en la bañera. Afirmó que no se trataba tanto de mecanografiarlo como de descifrarlo, y lo mandó a una de sus antiguas editoras, Kate Edgar, que trabajaba de freelance en San Francisco. Mi manuscrito ilegible y manchado de agua, con sus frases toscas e incompletas, flechas y tachaduras vacilantes, me llegó hermosamente mecanogra-

1. Había sido mi intención incluir su historia en *El hombre que confundió a su mujer con un sombrero*, pero al final tardé más de veinticinco años en volver a escribir sobre el síndrome de Charles Bonnet, en *Alucinaciones*.

fiado y anotado con sabios comentarios editoriales. Le escribí a la señora Edgar que consideraba que había hecho un trabajo extraordinario con un manuscrito muy difícil y que viniera a verme si regresaba a la Costa Este.

Kate regresó al año siguiente, en 1983, y desde entonces ha trabajado conmigo como editora y colaboradora. Es posible que haya vuelto locos a Mary-Kay y a Colin con mis numerosos borradores, pero durante los últimos treinta años he tenido la suerte de contar, al igual que contaron ellos, con el trabajo de Kate para aclarar, destilar y encajar mis interminables borradores en una totalidad coherente. (Además, ha sido una investigadora y compañera en todos mis libros posteriores; ha conocido a pacientes, escuchado mis historias y compartido aventuras, que van desde aprender la lengua de signos a visitar laboratorios químicos.)

UNA CUESTIÓN DE IDENTIDAD

Aunque tardé casi una década en escribir *Con una sola pierna*, durante ese tiempo también me dediqué a otros temas. El principal fue el síndrome de Tourette.

En 1971 volvió a visitarme Israel Shenker, el periodista de *The New York Times* que había venido al Beth Abraham en el verano de 1969 y publicado un largo artículo acerca de los efectos iniciales de la L-dopa. Ahora volvía a interesarse por cómo les iba a los pacientes.

Muchos disfrutaban de un «despertar» duradero con la L-dopa, contesté, aunque otros presentaban extrañas y complicadas reacciones al medicamento. Sobre todo, sufrían tics. Muchos de ellos habían comenzado a presentar movimientos o ruidos repentinos y convulsivos, a veces palabrotas que les salían sin querer; yo creía que se debía probablemente a una activación explosiva de mecanismos subcorticales que se habían visto dañados por la enfermedad original, y que ahora despertaban a la vida por la continua estimulación de la L-dopa. Le indiqué a Shenker que, con todos esos múltiples tics y palabrotas, algunos posencefalíticos mostraban algo que se parecía a una rara enfermedad llamada síndrome de Gilles de la Tourette. Yo nun-

271

ca había visto a nadie que lo sufriera, pero había leído sobre el tema.

Así que Shenker volvió al hospital para observar y entrevistar a los pacientes. La noche antes de que se publicara el artículo, fui corriendo a un quiosco de Allerton Avenue para conseguir uno de los primeros ejemplares de la mañana.

Shenker había expuesto meticulosamente los matices de lo que él denominaba «una asombrosa topografía de tics». Observó que una mujer sufría un tic que le cerraba un ojo, y que era capaz de transformarlo en un tic que le cerraba el puño, y que otro paciente ahuyentaba sus tics concentrándose en escribir a máquina o hacer punto.

Después de la aparición del artículo, comenzaron a llegarme montones de cartas de personas que sufrían múltiples tics y solicitaban una opinión médica. Me pareció que no sería correcto visitarlos, porque en cierto sentido eso sería sacar provecho de un artículo del periódico. (Aquí quizá me hacía eco de la primera reacción de mi padre al encontrarse con una reseña de *Migraña* en el *Times*.) Pero había un joven persistente y simpático al que sí visité. Ray poseía toda una panoplia de tics convulsivos, y lo que él denominaba «agudezas con tics» y «tics con agudezas» (se autodenominaba el *ticqueur* ingenioso). Estaba completamente fascinado por lo que le ocurría, no sólo por sus velocísimos tics, sino por la velocidad de su pensamiento y de su ingenio, así como por las estrategias que utilizaba para sobrellevar su Tourette. Tenía un buen trabajo y estaba felizmente casado, pero no podía ir por la calle sin que todo el mundo lo mirara; desde que tenía cinco años había sido objeto de miradas perplejas o de desaprobación.

Ray a veces consideraba su yo touréttico (que denominaba señor T.) distinto de su yo «real», al igual que Frances D., una señora posencefalítica normalmente callada y reservada, tenía la impresión de que poseía un «yo alocado de dopa» muy distinto de su yo «real» y civilizado.

El yo touréttico convertía a Ray en impulsivo y desinhibido, y por lo general en una persona de réplicas y reacciones insólitamente ágiles. Casi siempre ganaba las partidas de ping-pong, no tanto por su habilidad en el juego como por la extraordinaria velocidad e impredecibilidad de sus saques y restos. (Se había observado algo parecido en los pacientes posencefalíticos: los primeros días que se les administraba L-dopa, su parkinsonismo y catatonia solían dar paso a una actitud hipercinética e impulsiva, y en ese estado eran capaces de derrotar a jugadores normales en un partido de fútbol americano.) La rapidez e impulsividad fisiológica de Ray, unida a su talento musical, le permitía ser un extraordinario improvisador con la batería.

Lo que había visto en el verano y el otoño de 1969 con los posencefalíticos era algo que creía que ya no volvería a ver. En cambio, después de conocer a Ray comprendí que el síndrome de Tourette era otro tema de estudio, quizá igualmente rico y excepcional (y en cierto modo, afín).

El día después de conocer a Ray me pareció identificar a tres personas por las calles de Nueva York con el mismo síndrome, y al día siguiente a otras dos. Aquello me dejó atónito, pues se afirma que ese síndrome es de lo más infrecuente, que se da tan sólo en una persona o dos entre un millón. En aquel momento comprendí que debía de ser al menos mil veces más corriente. Me dije que debía de haber estado ciego por no haberlo visto antes, pero después de pasar un tiempo con Ray había afinado mi ojo neurológico, por así decir, para *distinguir* el síndrome de Tourette.

Me dije que debía de haber muchas otras personas como Ray, y comencé a fantasear con juntarlas para que pudieran reconocer su similitud fisiológica y psicológica y formar una especie de asociación fraternal. En la primavera de 1974 esta fantasía se convirtió en realidad: la Asociación para el Síndrome de Tourette (AST) se había fundado en Nueva York dos años antes, impulsada por un grupo de padres de niños con Tourette, pero ahora incluía también a unos veinte adultos con Tourette. Había visitado a una niña con Tourette en 1973, y su padre, que era psiquiatra, había estado entre los miembros fundadores de la AST, y me invitó a la reunión.

La gente que padece Tourette suele ser extraordinariamente vulnerable a la hipnosis y a la sugestión, y tiene una predisposición a la repetición y la imitación involuntarias. Es algo que pude comprobar en el primer encuentro de la AST cuando, en cierto momento, una paloma se posó en el alféizar de una ventana de la sala de congresos. Había siete u ocho personas con Tourette sentadas delante de mí, y vi cómo varias de ellas comenzaban a ejecutar los movimientos de aleteo con los brazos y los omóplatos, imitando a la paloma o a los demás.

Hacia finales de 1976, en un encuentro de la AST, se me acercó un joven llamado John P., que me dijo: «Estoy afectado por el Tourette más intenso del mundo. Y también el más complejo con el que se encontrará nunca. Puedo enseñarle cosas de Tourette que nadie más sabe. ¿Le gustaría tenerme como objeto de estudio?» Me desconcertó un poco aquella invitación en la que se mezclaban extrañamente la presunción y cierto menosprecio hacia uno mismo, pero sugerí que nos encontráramos en mi consulta y allí decidiéramos si un estudio posterior sería productivo. Se me presentó no como alguien que busca ayuda o tratamiento, sino como un proyecto de investigación.

Al ver la velocidad y complejidad de sus tics y su expresión verbal, me dije que sería útil tener una cámara de vídeo a mano cuando lo viera, así que alquilé la que en la época era la más compacta: una Sony Portapak (pesaba unos nueve kilos).

Llevamos a cabo dos sesiones de reconocimiento, y John no me defraudó. Lo cierto es que nunca había visto un cuadro tan complejo o tan grave como el que presentaba y con el que tenía que convivir, ni tampoco había visto ni oído nada que se le aproximara; mentalmente lo apodé «super-Tourette». Me alegró mucho tener una cámara de vídeo a mano, pues algunos de sus tics y extraños comportamientos ocurrían en una fracción de segundo, y a veces se daban dos o más de manera simultánea, demasiado para que la vista lo captara sin ayuda, pero con la cámara no me perdería ningún detalle, y luego podría reproducirlo todo a cámara lenta o fotograma a fotograma. También podía repasar la grabación con John, quien me ponía al corriente de lo que había estado pensando o sintiendo mientras sufría cada tic. Me dije que de ese modo uno podría llevar a cabo un análisis de los tics semejante al análisis de los sueños. Quizá los tics serían un «camino real» al inconsciente.

Pero posteriormente abandoné esa idea, pues me parecía que la mayoría de los tics y comportamientos relacionados con los tics (arremeter, brincar, ladrar, etc.) se originaban en forma de descargas reactivas o espontáneas del tallo cerebral o cuerpo estriado, y en ese sentido estaban determinadas de manera biológica, pero no psíquica. Aunque había excepciones evidentes, sobre todo en el ámbito de la coprolalia, el uso compulsivo de palabras ofensivas o

275

palabrotas (y su equivalente motor, la copropaxia o gestos obscenos). A John le gustaba llamar la atención, provocar o escandalizar a los demás; la compulsión de poner a prueba los límites sociales, las fronteras del decoro, no es infrecuente en la gente que sufre el síndrome de Tourette.

Me sorprendió en concreto un extraño sonido que John emitía a menudo junto con sus tics. Cuando lo grabé y lo pasé a cámara lenta, alargando el sonido, descubrí que en realidad era una palabra alemana –*verboten!*– embutida en un solo ruido ininteligible por culpa de la rapidez del tic. Cuando se lo mencioné a John, me dijo que así era como su padre, de habla alemana, lo amonestaba siempre que sufría tics de niño. Le mandé una copia de la cinta a Luria, que se quedó fascinado por lo que denominó la «introyección de la voz del padre como tic».

He llegado a pensar que muchos tics y comportamientos relacionados con los tics se situaban entre lo involuntario y lo deliberado, en algún lugar entre los espasmos y los actos, como subcorticales en origen, aunque a veces adquieren significado e intencionalidad, ya sean conscientes o subconscientes.

Un día de verano, mientras John estaba en mi consulta, una mariposa entró volando por la ventana abierta. John la siguió mientras volaba en zigzag, y en esos momentos su cabeza y sus ojos llevaban a cabo espasmos repentinos y erráticos al tiempo que soltaba una retahíla de palabras cariñosas e imprecaciones: «Quiero besarte, quiero matarte», repetía, y luego lo abrevió a «besarte, besarte, matarte, matarte». Al cabo de dos o tres minutos –parecía incapaz de parar mientras la mariposa revoloteaba–, le dije en broma: «Si te concentraras de verdad, podrías hacer caso omiso de la mariposa, aun cuando se te posara en la nariz.»

276

En cuanto lo dije, agarró la punta de la nariz y tiró de ella, como si quisiera desalojar a una enorme mariposa que se hubiera posado allí. Me pregunté si su imaginación touréttica excesivamente viva se había transformado en alucinación, creando una mariposa fantasma tan real desde el punto de vista perceptivo como si fuera auténtica. Parecía una pequeña pesadilla escenificada de manera totalmente consciente delante de mí.

Trabajé intensamente con John durante los tres primeros meses de 1977, lo que me provocaba una sensación de asombro, hallazgo y estímulo intelectual de una intensidad que no había experimentado desde el verano de 1969, cuando despertaron los pacientes posencefalíticos. Reavivó en mí con gran fuerza la idea que se me había ocurrido después de conocer a Ray, la de que tenía que escribir un libro sobre el síndrome de Tourette. Me planteé escribir un libro con John como personaje principal, quizá «un día en la vida» de una persona o varias con un super-Tourette.

Después de un comienzo tan prometedor, pensé que un estudio a gran escala podría resultar inmensamente informativo, pero le advertí a John que un estudio así era esencialmente una exploración, una investigación, y no le podía prometer ningún resultado terapéutico. Ese estudio estaría muy próximo a *La mente de un mnemonista* de Luria o a *La interpretación de los sueños* de Freud (los libros que tenía constantemente a mi lado durante los meses de nuestro «análisis de Tourette»).

Cada sábado veía a John en mi consulta, y grababa nuestras sesiones con dos cámaras de vídeo al mismo tiempo, una enfocada en la cara y las manos de John, y otra con un ángulo más amplio que nos abarcaba a los dos.

Cuando John venía a mi consulta, solía pararse de camino en una tienda de ultramarinos italiana, y se compraba un sándwich y una Coca-Cola. Aquella tienda era muy popular, siempre estaba llena de personas a las que John era capaz de describir, o mejor dicho de imitar, de una manera asombrosa, haciendo que todo cobrara vida. Yo había estado leyendo a Balzac y le cité a John unas palabras suyas: «Tengo toda una sociedad en mi cabeza.»

«Yo también», dijo John, «pero en forma de imitación.» Esas imitaciones insistentes e involuntarias a menudo tenían un aroma a caricatura o burla, y John a veces provocaba miradas de asombro o indignación en aquellos que lo rodeaban, a los que a su vez él imitaba o caricaturizaba. Sentado en mi consulta, mientras le veía describir y escenificar esas escenas me puse a pensar que a lo mejor tendría que introducirme en su mundo para presenciar en persona esas interacciones.[1] Tampoco tenía muy claro si debía hacerlo; no quería que él cobrara conciencia de lo que hacía, se sintiera observado continuamente (o literalmente «delante de la cámara», si llevaba conmigo la Sony Portapak), y tampoco quería entrometerme demasiado en su vida cuando salía de nuestra rutina del sábado por la mañana. Sin embargo consideraba que sería de gran valor poder grabar un día o una semana en la vida de alguien que padecía un super-Tourette como ése, que eso podría ofrecer una visión antropológica o etológica que complementara las observaciones clínicas y fenomenológicas llevadas a cabo en la consulta.

Contacté con un equipo de documentalistas de antropología –acababan de regresar de filmar una tribu en Nueva Guinea–, y les fascinó la idea de hacer una especie de

---

1. Describí la primera vez que lo hice en «Los poseídos», un capítulo de *El hombre que confundió a su mujer con un sombrero*, aunque disimulé la identidad de John P. presentándolo como una anciana.

documental de antropología médica. Pero pedían 50.000 dólares por una semana de grabación, y yo no tenía 50.000 dólares; era más de lo que ganaba en un año.

Se lo mencioné a Duncan Dallas (sabía que Yorkshire Television a veces concedía ayudas para investigaciones de campo documentales), y me dijo: «¿Por qué no vengo a verlo yo?» Duncan llegó un par de semanas más tarde, y estuvo de acuerdo conmigo en que John no se parecía a nada de lo que había visto antes, y en que se expresaba muy bien y sabía presentarse. Duncan quería rodar todo un documental sobre él, y John, que había visto el documental de *Despertares*, estaba entusiasmado con la idea. No obstante, en aquella época yo me sentía menos animado y un poco inquieto por lo que me parecía un entusiasmo excesivo y quizá excesivas expectativas por parte de John. Quería proseguir el sosegado trabajo de exploración con él, pero ahora John soñaba con ser la figura central de un documental de televisión.

Había dicho que le gustaba «interpretar», crear «escenas», ser el centro de atención, pero posteriormente evitaba regresar a los lugares donde había creado esas escenas. ¿Cómo podía reaccionar ante el hecho de que algunas de sus «escenas» o «interpretaciones» –exhibicionistas, pero surgidas de sus tics– fueran captadas en imágenes, se les diera una forma permanente que él no pudiera borrar? Fue algo que los tres discutimos con mucho detenimiento durante la visita de reconocimiento de Duncan, y éste no dejaba de repetir que John podría ir a Inglaterra y participar en la edición de la película en cualquier fase.

La filmación se llevó a cabo en el verano de 1977, y John estaba en plena forma: lleno de tics y gestos grotescos, involuntarios pero también juguetones: hacía el payaso, improvisaba e imitaba cuando tenía público, pero también hablaba con seriedad y midiendo las palabras, y a menudo de manera muy conmovedora cuando se refería a cómo era la vida para alguien como él. Todos creíamos que de allí saldría un documental extraordinario, equilibrado y muy humano.

Después de la filmación, John y yo emprendimos nuestras tranquilas sesiones, pero ahora observaba en él cierta tensión, una reserva que no había visto antes, y cuando le propusieron ir a Londres para participar en el montaje, rechazó la invitación.

La película se pasó en la televisión británica a principios de 1978; llamó mucho la atención, todo fueron elogios, y John recibió un alud de cartas de televidentes que sentían lástima por él y lo admiraban. Al principio se sintió muy orgulloso del documental, y se lo pasó a sus amigos y vecinos, pero luego le provocó una profunda inquietud. Pero lo peor fue cuando aquello se transformó en cólera y la tomó conmigo, afirmando que yo le había «vendido» a los medios de comunicación (olvidando que había sido él quien más había deseado rodar la película, y que era yo quien le había aconsejado prudencia). Quería que la película se retirara y nunca se volviera a exhibir, y que también se eliminasen las cintas de vídeo que yo había grabado (que ahora eran más de un centenar). Dijo que si se volvía a pasar la película, si volvían a enseñarse las cintas, vendría a por mí y me mataría. Todo aquello me afectó y me desconcertó profundamente –y también me asustó–, pero accedí a sus deseos, y el documental nunca se volvió a emitir.

Pero, por desgracia, no quedó satisfecho con eso. Comenzó a amenazarme por teléfono, con llamadas en las que al principio sólo se oían tres palabras: «Recuerda a Tourette», pues sabía que yo estaba perfectamente al corriente de que al propio Gilles de la Tourette una de sus pacientes le había pegado un tiro en la cabeza.[1]

Dadas las circunstancias, no podía enseñar las imágenes de John ni siquiera a mis colegas médicos, algo tremendamente frustrante, pues me parecía un material de lo más valioso que podía arrojar luz no sólo sobre muchos aspectos del síndrome de Tourette, sino sobre aspectos raramente explorados de la neurociencia y la naturaleza humana en general. Me veía capaz de escribir todo un libro basado en cinco segundos de esas cintas de vídeo, aunque nunca lo hice.

Retiré el artículo que había escrito acerca de John para *The New York Review of Books;* ya estaba en pruebas, pero ahora temía que su publicación exacerbara su cólera.

Comprendí algo más cuando el documental de *Despertares* se proyectó en un congreso psiquiátrico en el otoño de 1979 y la proyección se vio continuamente interrumpida por alguien que resultó ser la hermana de John. Luego estuvimos hablando y me dijo que el documental y la exhibición de esos pacientes le parecía algo «vergonzoso». Le alarmaba ver a su hermano exhibido por televisión; añadió que las personas como él deberían permanecer ocultas. Comencé a comprender demasiado tarde la profundidad de la ambivalencia de John acerca del rodaje del documental: su compulsión a que lo vieran y lo mostraran, a exhibirse, pero también a ocultarse.

---

1. La verdad es que esa paciente de Gilles de la Tourette no padecía su síndrome, sino una fijación erótica con él; dichas fijaciones, como se observó en el caso de John Lennon, pueden conducir al asesinato. El propio Tourette quedó hemipléjico y afásico de resultas de la herida de bala.

En 1980, en un descanso de mis frustrados intentos por terminar *Con una sola pierna*, escribí un texto acerca de Ray, el encantador *ticqueur* ingenioso al que había estado viendo durante casi diez años. Me sentía impaciente por conocer la reacción de Ray a lo que había escrito sobre él, así que le pregunté qué le parecería si lo publicaba, y le propuse que primero lo leyera.

Me contestó: «No, está bien. No hace falta que me lo enseñe.»

Como insistí, me invitó a su casa a cenar para que pudiera leérselo a él y su mujer. Ray exhibió muchos tics y espasmos mientras lo leía, y en cierto momento me espetó:

–¡Te tomas unas cuantas libertades!

Dejé de leer y saqué un lápiz rojo. Le dije:

–¿Qué quieres que borre? No tienes más que decírmelo. Contestó:

–Vamos, sigue leyendo.

Cuando llegué al final del artículo, me dijo:

–Esencialmente es cierto. Pero no lo publiques aquí. Publícalo en Londres.

Le mandé el artículo a Jonathan Miller. Le gustó y se lo pasó a Mary-Kay Wilmers, la cual (junto con Karl Miller, el cuñado de Jonathan) hacía poco había fundado la *London Review of Books*.

«Ray, el *ticqueur* ingenioso» fue un texto completamente distinto a todo lo que había hecho antes, pues se trataba de la primera historia completa y detallada que escribía sobre lo que sentía alguien que llevaba una vida plena a pesar de una compleja afección neurológica, y su recepción me animó a escribir más historias como ésa.

En 1983, Elkhonon Goldberg, un amigo y colega que había estudiado en Moscú con Luria, me pidió si quería impartir con él un seminario en la Escuela de Medicina Albert Einstein sobre el nuevo campo de la neuropsicología, del que Luria era pionero.

La sesión se dedicó a las agnosias –percepciones o falsas percepciones desprovistas de significado–, y en cierto momento Goldberg se volvió hacia mí y me propuso que pusiera algún ejemplo de agnosia visual. Enseguida me acordé de uno de mis pacientes, un profesor de música que era incapaz de reconocer visualmente a sus estudiantes (ni a nadie). Relaté cómo el doctor P. daba golpecitos cariñosos a las «cabezas» de las bocas de riego o a los parquímetros al confundirlos con niños, o se dirigía de manera amistosa a los tiradores de los muebles y se quedaba asombrado porque no le contestaban. En cierto momento afirmé que había confundido la cabeza de su mujer con un sombrero. Los estudiantes, aunque apreciaban la gravedad de su dolencia, no pudieron evitar reírse ante esa situación tan cómica.

Hasta ese momento no se me había ocurrido elaborar mis notas referentes al doctor P., pero el hecho de contar esa historia a los estudiantes me hizo evocar nuestro encuentro, y aquella noche escribí su historia. La titulé «El hombre que confundió a su mujer con un sombrero», y lo mandé a la *London Review of Books*.

No se me ocurrió que podía ser el relato que diera título a una colección de historias médicas.

En el verano de 1983 pasé un mes en el Blue Mountain Center, un lugar de retiro para artistas y escritores. Estaba situado junto un lago, maravilloso para nadar, y tenía conmigo mi bicicleta de montaña. Nunca me había encontrado rodeado de escritores y artistas, y disfruté de aquella combinación de días solitarios escribiendo y pensando y cenas compartidas con los demás residentes al final del día.

No obstante, las dos primeras semanas que pasé en Blue Mountain estuve completamente bloqueado y muy dolorido: había hecho demasiado esfuerzo montando en bicicleta y se me había agarrotado la espalda. Dio la casualidad de que me había llevado las memorias de Luis Buñuel, y el día dieciséis encontré una frase en la que expresa su miedo a perder la memoria y la identidad, tal como le había ocurrido a su madre, que había sufrido demencia en su vejez. Aquello de repente activó mis recuerdos de Jimmie, un marinero amnésico al que había comenzado a visitar en la década de 1970. Me puse a trabajar al momento, pasé doce horas escribiendo acerca de Jimmie, y al anochecer había completado su historia: «El marinero perdido». No escribí más desde el día diecisiete al treinta. Cuando la gente me preguntaba si mi estancia en Blue Mountain había sido «productiva» no estaba seguro de qué contestar: había tenido un día enormemente productivo y veintinueve de esterilidad y bloqueo.

Le ofrecí el texto a Bob Silvers, de *The New York Review of Books*, y le gustó, aunque me hizo una petición interesante: «¿Podría ver tus notas sobre el paciente?» Repasó las notas tomadas durante la consulta, escritas cada vez que había visto a Jimmie, y me dijo: «Muchas de estas notas son más vivas y directas que lo que me has traído. ¿Por qué no insertas algunas de estas notas y lo entrelazas todo, y así podemos leer tu reacción inmediata al paciente y tus reflexiones al evocarlo a lo largo de los años?»[1] Seguí su con-

---

1. Cuando se publicó «El marinero perdido», recibí una carta de Norman Geschwind, uno de los neurólogos más originales y creativos de los Estados Unidos. Que se pusiera en contacto conmigo me

sejo, y el artículo se publicó en febrero de 1984. Aquello supuso un gran estímulo, y en los dieciocho meses siguientes le envíe cinco artículos más que formaron el núcleo de *El hombre que confundió a su mujer con un sombrero*. El apoyo y la amistad de Bob, y sus correcciones esmeradas y constructivas, son algo legendario; en una ocasión me telefoneó mientras yo estaba en Australia para preguntarme si me importaría que sustituyera una coma por un punto y coma. Y me ha incitado a escribir muchos ensayos que quizá de otro modo hubieran quedado en el tintero.

Seguí publicando artículos sueltos (a veces en *The New York Review of Books*, otros en distintas publicaciones, como *The Sciences* y *Granta*), al principio sin imaginar que podía acabar recopilándolos. Colin y Jim Silberman, mi editor estadounidense, pensaron que había en ellos una especie de unidad de tono y sensibilidad, pero yo no estaba seguro de cómo encajarían en forma de libro.

Escribí lo que se convertiría en los cuatro últimos artículos de *El hombre que confundió a su mujer con un sombrero* en los cuatro últimos días de 1984, concibiéndolo como un cuarteto, quizá incluso un librillo que se titularía «El mundo de lo simple».

Al mes siguiente visité a mi amigo Jonathan Mueller, que trabajaba de neurólogo en el Hospital de Veteranos de San Francisco. Mientras recorríamos el Presidio, donde estaba ubicado el hospital, me habló de su interés por el sentido del olfato. Entonces le conté dos historias. Una sobre un hombre que, a pesar de la destrucción completa y permanente de su sentido del olfato por culpa de una

---

llenó de entusiasmo, y le contesté de inmediato, pero no hubo respuesta, pues Geschwind sufrió una apoplejía fulminante. Sólo tenía cincuenta y ocho años, pero dejó un enorme legado.

herida en la cabeza, comenzó a imaginar (o posiblemente a alucinar) olores en sus contextos apropiados, como el olor del café cuando veía que lo preparaban. La otra era la historia de un estudiante de medicina que, en el curso de una manía inducida por la anfetamina, se le agudizó extraordinariamente el sentido del olfato (en realidad había sido una experiencia mía, aunque en *El hombre que confundió a su mujer con un sombrero* llamé al estudiante de medicina «Stephen D.»). A la mañana siguiente, durante el transcurso de una larga comida en un restaurante vietnamita, escribí ambas historias, unidas bajo un solo título («El perro bajo la piel») y las mandé a mis editores. Había intuido que al libro le faltaba algo, y «El perro bajo la piel» era el texto que había echado de menos.

Entonces experimenté un maravilloso sentimiento de liberación, de haber completado mi libro sobre «relatos clínicos». Era un hombre libre, y podía tomarme unas vacaciones de verdad, cosa que no había hecho en una docena de años. De manera impulsiva decidí visitar Australia; no había estado nunca, y mi hermano Marcus vivía en Sidney con su mujer y sus hijos. Había conocido a la familia de Marcus cuando fueron a Inglaterra para las bodas de plata de mis padres, en 1972, pero no los había visto desde entonces. Me dirigí a Union Square, en San Francisco, donde Quantas tenía una oficina, presenté el pasaporte y dije que quería embarcarme en el primer vuelo disponible para Sidney. Me contestaron que no había problema, que disponían de muchas plazas, y que tenía el tiempo justo para volver deprisa al hotel, recoger mis cosas y dirigirme al aeropuerto.

Era el viaje en avión más largo que emprendía, pero el tiempo pasó rápidamente mientras escribía muy excitado en mi diario, y catorce horas más tarde llegamos a Sidney;

reconocí el famoso puente y el teatro de la ópera mientras rodeábamos la ciudad. Entregué mi pasaporte en el control de pasaportes y estaba a punto de seguir adelante cuando el funcionario me dijo:

–¿Y su visado?

–¿Visado? –contesté–. ¿Qué visado? Nadie me ha dicho que necesitara un visado.

El funcionario, que hasta entonces se había mostrado muy simpático, de repente se puso serio y severo: ¿qué había ido a hacer a Australia? ¿Había alguien que pudiera responder por mí? Le contesté que mi hermano y su familia me esperaban en el aeropuerto. Me dijeron que me sentara mientras iban a buscarlo y comprobaban que no les mentía. Las autoridades me proporcionaron un visado provisional para diez días, pero me advirtieron: «No vuelva a hacerlo nunca más, o lo mandaremos de vuelta directamente a los Estados Unidos.»

En mis diez días en Australia se sucedieron varios descubrimientos dichosos: el de un hermano al que apenas conocía (Marcus era diez años mayor que yo, y se había ido a Australia en 1950); el de mi cuñada, Gay, con la que de inmediato me sentí cómodo (compartía mi pasión por los minerales y las plantas, por la natación y el submarinismo), y el de un sobrino y una sobrina que enseguida le cogieron afecto a su nuevo (y a sus ojos exótico) tío.

En Marcus busqué y hallé una relación que nunca había establecido realmente con mis hermanos de Inglaterra. Era una relación que no podría haber mantenido con David, que era tan distinto a mí –pulcro, encantador, sociable–, ni con Michael, perdido en las profundidades de la esquizofrenia. Me pareció que con Marcus –un hombre tranquilo, docto, reflexivo y afectuoso– podía mantener una relación más profunda.

También me enamoré de Sidney, y posteriormente del Parque Nacional de Daintree y de la Gran Barrera de Coral de Queensland, que me pareció extraordinariamente hermosa... y extraña. Contemplar la singular flora y fauna de Australia me hizo recordar que Darwin se quedó tan estupefacto ante las plantas y animales de Australia que escribió en su diario: «Esto ha sido obra de dos Creadores distintos.»

Después de todos los altibajos por los que habíamos pasado Colin y yo con la publicación de *Despertares* y *Con una sola pierna*, nuestra relación era ahora más fácil y distendida. Si los años de corrección de *Con una sola pierna* casi nos habían matado a los dos, trabajar en *El sombrero*, como ambos llamábamos al libro, fue sencillo. Muchos de los artículos del libro ya se habían publicado antes, y Colin, además de corregir los restantes, sugirió que los dividiéramos en cuatro grupos, con una introducción para cada apartado.

Colin publicó el libro en noviembre de 1985, justo seis meses después de que el manuscrito se completara; la edición americana apareció en enero de 1986, con una modesta tirada inicial de quince mil ejemplares.

Con una sola pierna no se había vendido especialmente bien, y nadie esperaba que un libro de historias neurológicas resultara un éxito comercial. Pero a las pocas semanas Summit tuvo que hacer una reimpresión, y luego otra. La popularidad del libro creció gracias al boca a boca, y en abril, de manera completamente inesperada, apareció en la lista de libros más vendidos del *New York Times*. Me dije que aquello tenía que ser un error o algo pasajero, pero permaneció en la lista de libros más vendidos durante veintiséis semanas.

Lo que me asombró y conmovió, más aún que el hecho de estar en la lista de más vendidos, fueron las cartas que iban llegando, muchas de ellas enviadas por personas que habían experimentado problemas como los que yo había escrito en *El sombrero* –ceguera a las caras, alucinaciones musicales, etc.–, pero que nunca lo habían admitido ante nadie, a veces ni siquiera ante sí mismos. Otros me preguntaban por la gente que protagonizaba mis historias clínicas.

«¿Cómo está Jimmie, el marinero perdido?», me escribían. «Salúdelo de mi parte. Dele muchos recuerdos.» Jimmie era real para ellos, y lo mismo ocurría con muchas otras figuras del libro; la realidad de sus situaciones y su voluntad llegaban al corazón –y también a la mente– de muchos lectores, que se imaginaban a sí mismos en la situación de Jimmie, mientras que la encrucijada extrema y trágica de los pacientes de *Despertares* era algo que superaba incluso la imaginación más comprensiva.

Hubo uno o dos críticos que señalaron que yo me estaba especializando en lo «extravagante» o «exótico», pero yo opinaba lo contrario. Mis casos clínicos me parecían «ejemplares» –me gustaba mucho la máxima de Wittgenstein según la cual un libro debería estar compuesto de ejemplos– y yo albergaba la esperanza de que quizá, al retratar casos de excepcional gravedad, se podía iluminar no sólo el efecto de lo que suponía padecer una enfermedad neurológica, sino aspectos cruciales e inesperados de la organización y funcionamiento del cerebro.

Aunque Jonathan Miller me había dicho, después de la publicación de *Despertares:* «Ahora eres famoso», aquello no era ni mucho menos cierto. *Despertares* había recibido un premio literario y elogios en Inglaterra, pero pasó prácticamente desapercibido en los Estados Unidos (sólo mereció una reseña, la de Peter Prescott en *Newsweek*). Con la repentina popularidad de *El sombrero*, sin embargo, había entrado en la esfera pública, lo deseara o no.

Desde luego, tenía sus ventajas. De repente había entrado en contacto con mucha gente. Poseía la capacidad de ayudar, pero también de perjudicar. Ya no podía escribir nada de manera anónima. No se me había ocurrido hacer lecturas públicas cuando escribí *Migraña*, *Despertares* y *Con una sola pierna*. Ahora experimentaba cierta incomodidad.

Había dado lecturas públicas anteriormente, pero cuando se publicó *El sombrero* recibí un aluvión de invitaciones a dar conferencias y peticiones de todo tipo. Para bien o para mal, con la publicación de *El sombrero* me convertí en una figura pública, en un personaje público, aun cuando por naturaleza soy solitario y sostengo la opinión de que la mejor parte de mí, o al menos la más creativa, es solitaria. Ahora la soledad, la soledad creativa, era más difícil de conseguir.

Mis colegas neurólogos, sin embargo, mantenían una actitud un tanto distante y desdeñosa. A lo que ahora se añadía, creo, cierto recelo. Al parecer yo me había definido a mí mismo como escritor «popular», y si uno es popular, entonces, ipso facto, ya no se le puede tomar en serio. Esa actitud no era ni mucho menos unánime, y había algunos colegas que consideraban *El sombrero* una obra de neurología sólida y detallada, presentada en una forma narrativa clásica y elegante. Pero, por lo general, el silencio médico continuó.

En julio de 1985, unos meses antes de que se publicara *El sombrero*, sentí reavivarse mi interés por el síndrome de Tourette. En el curso de unos días llené un cuaderno entero con mis reflexiones, y de nuevo me planteé la posibilidad de que acabaran formando un libro. En aquella época estaba de visita en Inglaterra, y ese flujo de ideas y excitación alcanzó su punto culminante en el vuelo de regreso a Nueva York. Pero todo se vio interrumpido un día o dos después de mi retorno, cuando el cartero entregó un paquete en mi casita de City Island. Lo remitía *The New York Review of Books*, y contenía el libro de Harlan Lane, *When the Mind Hears* (Cuando la mente escucha), en el que cuenta la historia de la lengua de signos de los sordos. Bob Silvers quería saber si me gustaría reseñarlo. «Nunca te has parado a reflexionar en el lenguaje», me escribió Bob. «Este libro te obligará a ello.»

No estaba seguro de si quería distraerme del libro sobre Tourette que planeaba escribir. Originariamente había querido empezar un libro sobre Tourette después de conocer a Ray en 1971, pero todo se había ido al garete por culpa del accidente de mi pierna, y luego por todo el asunto con John. Tenía la impresión de que ahora corría el peligro de atascarse una vez más. Sin embargo, el libro de Harlan Lane me fascinó y me indignó. Relata la historia de los sordos; su cultura rica y singular basada en un lenguaje visual, el signo; y el permanente debate acerca de si se debería educar a los sordos con su propio lenguaje visual u obligarlos al «oralismo», una decisión a menudo desastrosa para los sordos de nacimiento.

En el pasado, mi interés había surgido directamente de la experiencia clínica, pero ahora, casi en contra de mi voluntad, me encontraba inmerso en la exploración de la historia y cultura de los sordos y la naturaleza de la lengua de signos, algo que nunca había experimentado de primera mano. Pero fui a visitar varias escuelas de sordos, donde conocí a algunos niños que no oían. E inspirado por el libro de Nora Ellen Groce, *Everyone Here Spoke Sign Language* (Aquí todo el mundo habla la lengua de signos), visité una pequeña población de Martha's Vineyard donde un siglo antes casi una cuarta parte de los habitantes nacían sordos. A los sordos del lugar no se les veía como «sordos»; eran simplemente granjeros, eruditos, profesores, hermanas, hermanos, tíos, tías.

En 1985, ya no quedaban sordos en aquel pueblo, pero la gente de más edad con capacidad auditiva todavía recordaba vivamente a sus parientes y vecinos sordos, y a veces aún utilizaban la lengua de signos entre ellos. A lo largo de los años, la comunidad había adoptado el único lenguaje que todo el mundo conocía; los sordos y los que oían hablaban con la misma fluidez la lengua de signos. Yo nunca me había parado a meditar acerca de temas culturales, pero me intrigaba la idea de que toda una comunidad se adaptara de esa manera.

Cuando visité la Universidad Gallaudet de Washington, D.C. (es la única universidad del mundo para sordos y estudiantes con deficiencias auditivas) y hablé de «deficiencias auditivas» uno de los alumnos sordos me dijo por signos: «¿Por qué no considera que usted padece una deficiencia de signos?»[1] Fue muy interesante darle la vuelta a la tortilla, porque había centenares de alumnos que todo lo

1. Deseaba poder comunicarme con los sordos en su propio lenguaje, y Kate y yo asistimos a clase de Lengua de Signos Americana durante muchos meses, pero, por desgracia, se me dan muy mal las lenguas, y nunca fui capaz de aprender más que unas cuantas palabras y frases.

hablaban por signos, y yo era el mudo que no entendía nada y no podía comunicar nada, excepto a través de un intérprete. Me fui involucrando cada vez más y con más profundidad en la cultura de los sordos, y mi librillo se amplió hasta convertirse en un ensayo más personal, que se publicó en *The New York Review of Books* en la primavera de 1986. Y eso, me dije, suponía el final de mi relación con el mundo de los sordos, un viaje breve pero fascinante.

Un día de verano de 1986, recibí una llamada telefónica de un joven fotógrafo, Lowell Handler, que había utilizado técnicas estroboscópicas especiales para captar a gente que sufría el síndrome de Tourette en mitad de un tic. ¿Me importaría que me mostrara su portafolio? Dijo que sentía una especial afinidad por el tema, pues él mismo lo padecía. Nos conocimos una semana más tarde. Sus retratos me impresionaron, y comenzamos a comentar una posible colaboración en la que viajaríamos por todo el país para conocer a otras personas que padecieran el síndrome, documentando sus vidas con textos y fotografías.

Los dos estábamos al corriente de la existencia de unos reportajes fascinantes sobre una comunidad menonita de una pequeña población de Alberta en la que había una extraordinaria concentración de gente con el síndrome de Tourette. Roger Kurlan y Peter Como, neurólogos de Rochester, habían visitado La Crete varias veces para trazar la distribución genética de Tourette, y algunos de los miembros de la comunidad afectados por el síndrome se referían en broma a la población como Tourettesville. Pero no se había llevado a cabo ningún estudio detallado de los individuos de La Crete ni de lo que significaba padecer el síndrome en una comunidad tan unida y religiosa.

Lowell llevó a cabo la visita preliminar a La Crete, y los dos comenzamos a planear una expedición más larga. Necesitábamos una subvención para el coste del viaje y el revelado de una gran cantidad de película. Solicité una beca a la Fundación Guggenheim, proponiendo realizar un estudio de la «neuroantropología» del síndrome de Tourette, y nos concedieron un fondo de 30.000 dólares; Lowell obtuvo el encargo de la revista *Life*, entonces todavía próspera y famosa en el campo del fotoperiodismo. En el verano de 1987 lo teníamos todo dispuesto para nuestra visita a La Crete. Lowell iba cargado con las cámaras y numerosas lentes; yo llevaba mis cuadernos y plumas habituales. La visita a La Crete fue algo extraordinario en muchos aspectos, y amplió mi concepto de la variedad del síndrome de Tourette y de las reacciones que provocaba en la gente. También me permitió comprender hasta qué punto el síndrome de Tourette, aunque neurológico en su origen, puede llegar a modificarse gracias al contexto y la cultura; en este caso, una comunidad religiosa enormemente solidaria en la que Tourette se aceptaba como la voluntad de Dios. Nos preguntábamos cómo sería vivir con ese síndrome en un entorno mucho más permisivo. Decidimos visitar Ámsterdam para averiguarlo.[1]

Lowell y yo nos detuvimos en Londres camino de Ámsterdam, en parte porque yo quería visitar a mi padre el día de su cumpleaños (cumplía noventa y dos años), y en parte porque *El sombrero* acababa de publicarse en rústica y la BBC me había pedido que hablara sobre Tourette en su emisión para el Servicio Mundial. Después de la entrevista había un taxi esperando para llevarme de vuelta al

---

1. En un próximo libro describiré con más detalle nuestros viajes por Canadá, Europa y a través de los Estados Unidos.

hotel, y el taxista era un hombre de lo más singular. Sufría espasmos, tics, ladraba, maldecía, y en un semáforo en rojo salió del coche, saltó encima del capó y regresó al asiento del conductor antes de que volviera a ponerse verde. Aquello me dejó atónito. Qué inteligentes eran los de la BBC o mis editores, los cuales, al saber que hablaría de Tourette, habían elegido a un taxista afectado hasta ese punto por el síndrome para que me llevara de vuelta a casa. No dije nada durante varios minutos, hasta que, un tanto vacilante, le pregunté cuánto tiempo hacía que sufría esa enfermedad.

«¿Qué quiere decir con "enfermedad"?», me contestó furioso. «¡Yo no tengo ninguna "enfermedad"!»

Me disculpé y añadí que no pretendía ofenderlo, pero que era médico, y me habían sorprendido tanto sus insólitas gesticulaciones que me preguntaba si no padecería una afección llamada síndrome de Tourette. Negó violentamente con la cabeza y repitió que no tenía ninguna «enfermedad», y que si padecía unos pocos movimientos nerviosos, eso no le había impedido ser sargento del ejército y otras cosas. Yo no dije nada más, pero cuando llegamos a mi hotel, el taxista dijo: «¿Cuál era ese síndrome que ha mencionado?»

«El síndrome de Tourette», contesté, y le di el nombre de un colega neurólogo de Londres, añadiendo que se trataba de una persona muy cordial y comprensiva, y que poseía una experiencia sin parangón con pacientes que sufrían el síndrome de Tourette.

La Asociación para el Síndrome de Tourette había ido creciendo sin cesar desde 1972, y se habían formado grupos satélites a lo largo y ancho de los Estados Unidos (y de hecho por todo el mundo). En 1988, la AST organizó su primer encuentro nacional, y casi doscientas personas con

Tourette se reunieron durante tres días en un hotel de Cincinnati. Muchos no habían conocido a nadie más que padeciera el síndrome, y temían que se les «contagiaran» los tics de los demás. Su miedo no era infundado, pues cuando se encuentran personas que sufren Tourette puede ocurrir que acaben compartiendo algunos tics. De hecho, hace algunos años, tras conocer en Londres a un hombre con Tourette que tenía el tic de escupir, se lo mencioné a un escocés que también lo padecía, y éste de inmediato escupió y dijo: «¡Ojalá no me lo hubiera contado!», y añadió el tic de escupir a su ya amplio repertorio.

En honor del encuentro de Cincinnati, el gobernador de Ohio había declarado una semana de concienciación del síndrome de Tourette en todo el estado, pero al parecer nadie se había enterado. Uno de los participantes, Steve B., un joven con un Tourette y una coprolalia asombrosos, entró en un restaurante de la cadena Wendy's a tomar una hamburguesa. Mientras esperaba a que le sirvieran la comida, Steve sufrió espasmos y chilló un par de obscenidades, y el encargado del restaurante le pidió que se fuera, diciéndole: «Aquí no se puede hacer esto.»

Steve dijo: «No puedo evitarlo; sufro el síndrome de Tourette.» Le enseñó al encargado un folleto informativo de la reunión de la AST, y añadió: «Ésta es la Semana de Concienciación del Síndrome de Tourette, ¿o es que no se ha enterado?»

Pero el encargado le contestó: «Me da igual; ya he llamado a la policía. Márchese o le arrestarán.»

Steve regresó al hotel indignado y nos contó lo ocurrido, y al poco había doscientos afectados por el síndrome de Tourette manifestándose frente a Wendy's entre gritos y tics, y yo en medio de ellos. Habíamos alertado a los medios de comunicación, y la prensa de Ohio divulgó la historia. Sospecho que desde entonces Wendy's no ha sido lo mismo. Es la única vez en mi vida que me he involucrado en algún tipo de manifestación o marcha, aparte de otra ocasión, también en 1988.

En marzo de 1988, Bob Silvers me llamó de manera inesperada y me preguntó: «¿Has oído hablar de la revolución de los sordos?» Se había declarado una revuelta de estudiantes sordos en Gallaudet: protestaban por el nombramiento de un rector que no era sordo. Querían un rector sordo, un rector que pudiera comunicarse en una fluida lengua de signos americana, y habían levantado barricadas en el campus, cerrando la facultad. Como yo había estado en Gallaudet un par de veces, Bob me pidió si me importaría volver a Washington para cubrir la revuelta. Accedí, e invité a Lowell a acompañarme y sacar fotos. Le pedí a mi amigo Bob Johnson, profesor de lingüística en Gallaudet que fuera nuestro intérprete.

La protesta de Queremos un Rector Sordo duró más de una semana, y culminó en una manifestación frente al Capitolio (Gallaudet se había fundado y se mantenía mediante una carta del Congreso). Mi papel como observador imparcial pronto se vio comprometido; un día que caminaba solo y tomaba notas procurando no intervenir, uno de los estudiantes sordos me agarró del brazo y me dijo mediante signos: «Vamos, tú estás con nosotros.» Así que me uní a los estudiantes –eran más de dos mil– en su protesta. El ensayo que escribí acerca de este asunto para *The New York Review of Books* era la primera «cobertura informativa» que llevaba a cabo.

Stan Holwitz, de la University of California Press (que había publicado *Migraña* en los Estados Unidos), sugirió que mis dos ensayos sobre los sordos podrían componer un bonito libro, y aunque me gustó la idea, sentía la necesidad de escribir unos párrafos como puente entre las dos partes, algo sobre los aspectos generales del lenguaje y el sistema nervioso. No tenía ni idea de que esos pocos párrafos acabarían convirtiéndose en la sección más extensa del libro, que acabaría titulándose *Veo una voz*.

Con una sola pierna había tenido abundantes reseñas favorables cuando se publicó en Inglaterra en mayo de 1984, pero, para mí, todas ellas habían quedado eclipsadas por una extremadamente crítica, firmada por el poeta James Fenton. Esta reseña me afectó profundamente y me produjo un parón depresivo de tres meses.

Pero cuando la edición estadounidense apareció ese mismo año, me sentí eufórico gracias a una reseña maravillosa y generosa publicada en *The New York Review of Books*, una reseña que me confortó, me reavivó y me tranquilizó tanto que me puse a escribir como un loco: doce textos en una semana, que completaron *El hombre que confundió a su mujer con un sombrero*.

La reseña la firmaba Jerome Bruner, una figura legendaria y uno de los fundadores de la revolución cognitiva de la psicología en la década de 1950. En aquella época, el conductismo, tal como lo defendían B. F. Skinner y otros, era la tendencia dominante; uno examinaba tan sólo el estímulo y la respuesta: las manifestaciones visibles y públicas del comportamiento. No había referencia alguna al proceso interior, a lo que pudiera ocurrir de manera interna *entre* el estímulo y la respuesta. El concepto de «mente» apenas existía para Skinner, pero eso era exactamente lo que Bruner y sus colegas se proponían restablecer.

298

Bruner era amigo íntimo de Luria, y compartían muchas afinidades intelectuales. En su autobiografía *En busca de la mente*, Bruner contaba cómo había conocido a Luria en la Rusia de los años cincuenta. Escribía: «El concepto de Luria del papel del lenguaje en la primera fase del desarrollo fue algo que agradecí mucho. Y también sus demás pasiones.»

Al igual que Luria, Bruner insistía en observar a los niños a medida que adquirían el lenguaje no en el laboratorio, sino en su propio entorno. En su libro *El habla del niño*, amplió y enriqueció enormemente nuestros conceptos de cómo se adquiere el lenguaje.

En la década de 1960, siguiendo el trabajo revolucionario de Noam Chomsky, se puso gran énfasis en la sintaxis como aspecto principal de la lingüística; Chomsky postulaba que el cerebro era un «mecanismo de adquisición del lenguaje» innato. Esta idea chomskiana de un cerebro diseñado y preparado para adquirir el lenguaje por sí solo parecía pasar por alto sus orígenes sociales y su función fundamental de comunicación. Bruner argüía que la gramática no se podía disociar del significado ni la intención comunicativa. Según este punto de vista, la sintaxis, la semántica y la pragmática del lenguaje van unidas.

Fue el trabajo de Bruner, sobre todo, lo que me permitió pensar en el lenguaje no sólo en términos lingüísticos sino sociales, lo que resultó fundamental para mi comprensión de la lengua de signos y la cultura de los sordos.

Jerry ha sido un buen amigo, y, a uno u otro nivel, una especie de guía y mentor tácito. Su curiosidad y conocimientos parecen no tener límites. Posee una de las mentes más abiertas y reflexivas que he conocido, con una amplia base de conocimientos de todo tipo, y continuamente somete esta base a interrogación y análisis. (Le he visto pararse

299

de repente a mitad de una frase y decir: «Ya no creo en lo que estaba a punto de decir.») A sus noventa y nueve años, sus extraordinarias facultades no parecen haber menguado.

Aunque había observado en mis pacientes *pérdidas* de lenguaje –diversas formas de afasia–, sabía muy poco acerca del desarrollo del lenguaje en los niños. Darwin había descrito el desarrollo del lenguaje y la mente en su delicioso «Esbozo biográfico de un bebé» (el bebé era su hijo primogénito), pero yo no tenía hijos propios que observar, y ninguno de nosotros conserva ningún recuerdo personal de ese periodo crucial en el que se adquiere el lenguaje, durante el segundo o tercer año de vida. Tenía que averiguar más.

Uno de mis amigos más íntimos de la Escuela Einstein era Isabelle Rapin, una neuróloga pediátrica nacida en Suiza e interesada especialmente en los trastornos neurodegenerativos y del desarrollo nervioso en la infancia. Era una de las cosas que me interesaban en aquella época, e incluso había escrito un artículo sobre la «degeneración esponjosa» (esclerosis de Canavan) en gemelos idénticos.

El departamento de neuropatología organizaba una vez por semana una muestra de cortes cerebrales, y fue en una de esas ocasiones, poco después de comenzar en la Escuela Einstein, cuando conocí a Isabelle.[1] Formábamos una pareja inesperada: Isabelle era precisa y rigurosa en su manera de pensar, y yo era impreciso, impulsivo, lleno de ex-

---

1. Estos cortes cerebrales eran unas sesiones muy populares que atraían, entre otros, a clínicos impacientes por ver si sus diagnósticos se sostenían. En una ocasión memorable, examinamos los cerebros de cinco pacientes a los que se había diagnosticado esclerosis múltiple en vida. Los cortes cerebrales, sin embargo, revelaron que todos los diagnósticos habían sido erróneos.

trañas asociaciones y recovecos mentales. Pero nos llevamos bien desde el principio, y hemos seguido siendo muy buenos amigos.

Isabelle nunca me permitiría –y tampoco a ella– afirmaciones vagas, exageradas o sin corroborar. «Dame pruebas», decía siempre. Así, ella es mi conciencia científica, y me ha salvado de muchas meteduras de pata embarazosas. Pero cuando tiene la sensación de que estoy pisando terreno firme, insiste en que publique lo que he observado de manera sencilla y clara, para que pueda ser debidamente analizado y debatido, y de este modo es una presencia que está detrás de mis libros y artículos.

A menudo cogía la moto y me acercaba a la casa que tenía Isabelle a orillas del Hudson, y ella, Harold y sus cuatro hijos me convirtieron en parte de su familia. A veces me presentaba y pasaba el fin de semana hablando con Isabelle y Harold, y a veces me llevaba a los niños a dar una vuelta en moto o a nadar al río. En el verano de 1977, viví en su granero durante todo un mes mientras trabajaba en la necrológica de Luria.[1]

Unos años más tarde, cuando comencé a leer acerca de la sordera y la lengua de signos, pasé un intenso fin de semana de tres días con Isabelle, que dedicó muchas horas a instruirme acerca de la lengua de signos y la cultura especial de los sordos, que ella había observado a lo largo de muchos años trabajando con niños sordos.

---

1. En una carta de septiembre de 1977, la tía Lennie me agradeció mi telegrama de cumpleaños («Llenó de ternura mi corazón de ochenta y cinco años»), pero añadía: «Estamos consternados por la muerte del profesor Luria. Para ti ha debido de ser un gran golpe. Sé lo mucho que valorabas su amistad. ¿Has escrito la necrológica del *Times?*» (La había escrito.)

A fuerza de repetírmelo, me hizo aprender lo que había escrito Vygotsky, el mentor de Luria:

> Si un niño sordo o ciego alcanza el mismo nivel de desarrollo que un niño normal, entonces el niño que posee un defecto lo alcanza *de otra manera, por otro camino, por otros medios.* Y, para el pedagogo, es especialmente importante conocer la *singularidad* de ese camino, por el cual debe guiar al niño. La clave de esa originalidad transforma lo negativo de la desventaja en lo positivo de la compensación.

El logro monumental de aprender el lenguaje es algo relativamente sencillo –casi automático– para los niños que oyen, pero puede ser enormemente problemático para los sordos, sobre todo si no están expuestos a un lenguaje visual.

Los padres sordos que hablan por señas «balbucean» a sus hijos al hacer los signos, igual que lo hacen oralmente los padres que oyen; así es como el niño aprende el lenguaje, de una manera dialógica. El cerebro del niño está especialmente adaptado para aprender el lenguaje en los primeros tres o cuatro años, ya sea una lengua oral o de signos. Pero si un niño no aprende ningún lenguaje durante ese periodo crítico, posteriormente la adquisición puede ser extremadamente difícil. Así, un niño sordo de padres sordos crecerá «hablando» la lengua de signos, pero un niño sordo de padres que oyen a menudo crece sin ningún lenguaje, a no ser que enseguida lo expongan a una comunidad que hable mediante signos.

Para muchos de los niños que vi con Isabelle en una escuela para sordos del Bronx, aprender a leer los labios y el lenguaje hablado había exigido un enorme esfuerzo cognitivo, una labor de muchos años; incluso entonces, su comprensión y uso del lenguaje a menudo estaba muy por debajo de lo normal. Vi los desastrosos efectos cognitivos y sociales causados por no haber alcanzado un uso competente y fluido del lenguaje (Isabelle había publicado un detallado estudio del tema).

Como me interesaban los sistemas perceptivos en concreto, me pregunté qué ocurría en el cerebro de una persona sorda, sobre todo si su lengua materna era visual. Descubrí que estudios recientes habían demostrado que, en los cerebros de sordos de nacimiento que hablaban por signos, lo que normalmente sería la corteza auditiva de una persona con oído se «reasignaba» a tareas visuales, sobre todo para procesar un lenguaje visual. Los sordos tienden a ser «hipervisuales» en comparación con la gente que oye (algo evidente incluso en el primer año de vida), pero el fenómeno se agudiza mucho más con la adquisición de la lengua de signos.

Tradicionalmente se pensaba que cada parte de la corteza cerebral estaba dedicada de antemano a un sentido particular o a otras funciones. La idea de que partes de la corteza puedan reasignarse a otras funciones sugiere que la corteza podría ser mucho más plástica, estar mucho menos programada de lo que se creía anteriormente. El caso de los sordos dejaba claro que las experiencias de cada individuo modelan las funciones superiores del cerebro seleccionando (y ampliando) las estructuras nerviosas que subyacen en esa función.

Aquello me pareció de una enorme importancia, un cambio que exigía una visión radicalmente nueva del cerebro.

CITY ISLAND

Aunque abandoné la Costa Oeste para ir a Nueva York en 1965, seguía estando en contacto con Thom Gunn, y lo visitaba cada vez que iba a San Francisco. Ahora compartía una vieja casa con Mike Kitay, y, por lo que pude juzgar, con cuatro o cinco personas más. En la casa, naturalmente, había miles de libros –Thom era un lector serio, incesante y apasionado–, pero también había una colección de anuncios de cerveza que se remontaban a la década de 1880, discos en abundancia y una cocina llena de especies y olores de lo más fascinante. A Thom y a Mike les encantaba cocinar, y en toda la casa reinaba un olor dulzón, flotaban en ella personalidades e idiosincrasias, la gente entraba y salía. Yo siempre había sido una persona solitaria, y disfrutaba de esos breves atisbos de vida en común, que me parecía llena de afecto y adaptación (sin duda también había conflictos, pero yo no los conocía).

Thom había sido siempre un gran andarín, que subía y bajaba las colinas de San Francisco a grandes zancadas. Nunca lo vi ir en coche ni en bicicleta; era esencialmente un caminante, un caminante como Dickens, que lo observaba todo, lo asimilaba todo, y tarde o temprano lo utilizaba en sus escritos. Le encantaba merodear por Nueva York, y cuando venía de visita se subía al ferry de Staten Island, o cogía un tren a algún lugar poco visitado, o simplemente se paseaba por la ciudad. Generalmente acabábamos en un restaurante, aunque en una ocasión intenté cocinar en mi casa. (En aquella época Thom tomaba antihistamínicos, y se sentía demasiado amodorrado para salir.) Yo no sé cocinar, y todo fue mal; el curry me explotó y acabé cubierto de polvo amarillo. El incidente debió de quedársele grabado, pues cuando me envió su poema «Yellow Pitcher Plant» (Planta vuvuzela), en 1984, la dedicatoria que puso en el manuscrito fue: «Para Sacks de manos azafranadas del Adormilado Gunn.»[1]

En la carta que acompañaba al poema, escribió:

> ¡Qué alegría verte, oh el de manos azafranadas! Quizá parecía sumido en el sopor de los antihistamínicos, pero en el centro estaba atento e interesado. He pensado en lo que dijiste de la anécdota y la narrativa. Creo que todos vivimos en un remolino de anécdotas. (...) Nosotros (casi todos nosotros) le damos a nuestra vida una forma narrativa. (...) Me preguntó cuál es el origen del impulso de «darse forma» a uno mismo.

Nunca sabíamos qué sesgo tomaría la conversación. Aquel día le había leído un texto todavía inédito de Thom

---

1. Conociendo mi vertiente botánica, Thom me mandaba todos sus poemas sobre «plantas». Cuando me llegó su poema «La capuchina» escribí: «Espero que puedas escribir más poemas como éste, celebraciones de valerosas plantas en solares, zanjas, recovecos, etc. Recuerda que a Tolstói le vino a la mente la figura de Hadjí Murat cuando vio un cardo aplastado pero que aún resistía a la vera de un camino.»

acerca del señor Thompson, un paciente amnésico que tenía que crearse a sí mismo y su mundo a cada momento. Yo había escrito que cada uno de nosotros construye y vive una «narración», y queda definido por ésta. A Thom le fascinaban las historias de los pacientes, y a menudo me sonsacaba sobre el tema (aunque yo necesitaba poco estímulo para empezar). Al repasar nuestra correspondencia, me encuentro con una de las primeras cartas que me mandó: «Me alegró verte el fin de semana, y desde entonces Mike y yo hemos estado pensando en los miembros fantasma», y en otra: «Recuerdo tu discurso sobre el Dolor. También será un libro estupendo.» (Por desgracia, nunca llegué a escribirlo.)

Aunque Thom comenzó a mandarme todos sus libros en la década de 1960 (siempre con unas dedicatorias deliciosas y características), sólo después de la publicación de *Migraña*, a principios de 1971, pude corresponderle con mis propios libros. A partir de entonces, el flujo de libros fue en ambas direcciones, y nos escribimos de manera regular (mis cartas muchas veces ocupaban varias páginas, mientras que las suyas, siempre incisivas y al grano, a menudo eran una postal). De vez en cuando hablábamos del proceso de la escritura, de los arrebatos de actividad y las interrupciones, las iluminaciones y la oscuridad, que parecían formar parte consustancial del proceso creativo.

En 1982 le había mencionado que las casi insoportables demoras, interrupciones y pérdidas de entusiasmo en la redacción de *Con una sola pierna* parecían estar llegando a su fin después de ocho años. Thom me contestó:

Siempre me ha frustrado que nos negaras *Con una sola pierna*, aunque quizá todavía pueda llegarnos en una versión revisada. (...) En este momento estoy muy perezoso.

Mi ritmo parece ser el siguiente: un largo cese de cualquier escritura coherente después de haber completado un manuscrito, a continuación un arranque indeciso seguido, durante los años siguientes, de varios arrebatos aislados de actividad, que acaba con una idea del nuevo libro como totalidad, en el que llevo a cabo descubrimientos sobre mi(s) tema(s) que no había previsto. Es extraña la psicología de un escritor. Pero supongo que es mejor que hacerlo todo sin esfuerzo: los bloqueos, la sensación de parálisis, el momento en que el propio lenguaje parece muerto, todo eso al final me ayuda, creo, porque, cuando llegan las «aceleraciones», en contraste resultan más enérgicas.

Para Thom resultaba crucial ir a su ritmo; su poesía no podía salir de manera precipitada, sino que tenía que brotar a su manera. Así, aunque le encantaba dar clases (y sus alumnos lo adoraban), limitaba sus clases en Berkeley a un semestre al año. Ese trabajo le proporcionaba básicamente sus únicos ingresos, aparte de alguna reseña esporádica o algún encargo. «Mis ingresos», escribió Thom, «deben de ser, de media, la mitad de lo que cobra un conductor de autobús o un barrendero, pero es por elección propia, pues prefiero tiempo libre a trabajar a tiempo completo.» Pero yo no creo que Thom se viera demasiado limitado por sus magros ingresos; no despilfarraba (aunque era generoso con los demás) y era un hombre de naturaleza frugal. (Las cosas mejoraron en 1992, cuando recibió una beca MacArthur, gracias a la cual pudo viajar más y disfrutar de ciertas comodidades económicas, y permitirse algún capricho.)

En nuestras cartas a menudo hablábamos de libros que nos habían entusiasmado o que deseábamos recomendar. («El mejor poeta nuevo que he descubierto en años es

Rod Taylor (...) un escritor extraordinario, ¿todavía no lo has leído?» No lo había leído, pero de inmediato me compré *Florida East Coast Champion*.) Nuestros gustos no siempre coincidían, y un libro que me había entusiasmado despertó en él un desprecio, una cólera y una crítica tan feroces que me alegró que los expresara en una carta privada. (Al igual que Auden, Thom casi nunca reseñaba lo que no le gustaba, y por lo general sus reseñas eran siempre positivas.[1] Me encantaba la generosidad, el equilibrio de esos textos críticos, sobre todo en su libro *The Occasions of Poetry*.)

Thom se expresaba mucho mejor que yo a la hora de comentar la obra de los demás. Yo admiraba casi todos sus poemas, pero casi nunca intentaba analizarlos, mientras que Thom se esmeraba mucho para definir, tal como los veía, los puntos fuertes y flojos de todo lo que yo le enviaba. Especialmente en esos primeros días de amistad, a veces me aterraba su manera tan directa de expresarse; me aterraba, sobre todo, que encontrara mis escritos, tal como se los enviaba, confusos, deshonestos, sin talento o algo peor. Al principio temía mucho sus críticas, pero a partir de 1971, cuando le mandé *Migraña*, estaba impaciente por saber su reacción, la tenía en cuenta y le daba más importancia que a la de cualquier otra persona.

1. A principios de 1970, cuando Thom tenía que estar en Nueva York, le conté que Auden daba una fiesta de cumpleaños, como siempre, el 21 de febrero, y le pedí que asistiera. Declinó la invitación, y sólo en 1973, después de la muerte de Auden, dijo algo sobre el tema (en una carta del 2 de octubre de 1973): «Probablemente ha sido, aparte de Shakespeare, el poeta que más me ha influido, que consiguió que me pareciera posible escribir. No creo que él me apreciara mucho, o eso me han dicho, pero me importa tan poco como si me dijeran que tampoco le gusto a Keats.»

Durante la década de 1980 le mandé a Thom los manuscritos de diversos ensayos que había escrito para completar *El hombre que confundió a su mujer con un sombrero*. Algunos le gustaron muchísimo (en particular «El artista autista» y «Los gemelos»), pero a uno, «Navidad», lo calificó de «desastre». (Al final estuve de acuerdo con él y acabó en la papelera.)

Pero la reacción que más me afectó, pues ponía de relieve el contraste entre el escritor que yo era entonces y el que había sido antes de conocer a Thom, estaba contenida en una carta que me escribió después de que yo le remitiera el libro *Despertares*, en 1973. En ella decía:

En cualquier caso, *Despertares* es un libro extraordinario. Recuerdo cuando, a finales de los sesenta, me explicaste qué tipo de libro querías escribir, un buen libro científico que a la vez estuviera bien escrito, y desde luego aquí lo tienes. (...) También he estado pensando en el Gran Diario que solías enseñarme. Me pareció que tenías mucho talento, pero que te faltaba una cualidad –precisamente la más importante–, llámala humanidad, empatía o como quieras. Y la verdad, ya había perdido la esperanza de que llegases a ser un buen escritor, pues no veía cómo se podía enseñar esa cualidad. (...) Tu falta de empatía limitaba tus observaciones. (...) Lo que no sabía era que el desarrollo de la empatía es algo que a menudo se demora hasta que uno entra en la treintena. Lo que faltaba en tus escritos es ahora el supremo organizador de *Despertares*, y de una manera maravillosa. También es, literalmente, el organizador de tu estilo, y lo que le permite abarcar tanto, ser tan receptivo y tan variado. (...) Me pregunto si sabes lo que ha ocurrido. Quizá se deba a haber trabajado tanto tiempo con tus pacientes, o quizá es que el ácido ha abierto tu mente, o realmente estás enamorado de alguien (en oposición a simplemente encaprichado). O las tres cosas...

Aquella carta me entusiasmó, y también me obsesionó un poco. No sabía qué contestar a la pregunta de Thom. Me había enamorado –y desenamorado–, en cierto modo estaba enamorado de mis pacientes (ese tipo de amor, o empatía, que te permite ver con más claridad). No creía que el ácido, del que había tomado una muestra abundante, hubiera desempeñado un papel crucial a la hora de abrir mi mente, aunque sabía que había sido fundamental para Thom.[1] (De todos modos, me intrigaba observar que la L-dopa que había administrado a los pacientes posencefalíticos a veces producía efectos similares a los que yo había experimentado con el LSD y otras drogas.) Por otro lado, me parecía que el psicoanálisis había tenido un papel fundamental en mi desarrollo personal (llevaba sometiéndome a análisis intensivo desde 1966).

Cuando Thom hablaba de que a veces la empatía se desarrollaba cuando uno ya había entrado en la treintena, no pude evitar pensar si se refería a sí mismo, sobre todo al cambio ocurrido en él y en su poesía a partir de *My Sad Captains* (Mis tristes capitanes) –tenía treinta y dos años cuando lo publicó–, un libro del que posteriormente dijo: «La recopilación se divide en dos partes. La primera es la culminación de mi antiguo estilo: métrico y racional, pero que quizá comenzaba a volverse un poco más humano. La

---

1. Thom escribió acerca de esa cuestión en su ensayo autobiográfico «Mi vida hasta ahora»: «Ya no está de moda elogiar el LSD, pero no tengo la menor duda de que para mí ha sido de la máxima importancia, como hombre y como poeta. (...) El viaje de ácido carece de estructura, te abre incontables posibilidades, anhelas el infinito.»

segunda mitad consiste en recoger ese impulso humano (...) en una nueva forma [que] casi necesariamente reclamaba un nuevo tema.»

Yo tenía veinticinco años la primera vez que leí *The Sense of Movement*, y lo que me atrajo entonces, junto con la belleza de las imágenes y la perfección de la forma, fue el énfasis casi nietzscheano que ponía en la voluntad. Cuando yo me puse a escribir *Despertares*, rozando ya los cuarenta, había cambiado profundamente, y Thom también. Ahora eran sus nuevos poemas, con su enorme variedad de temas y sensibilidades, lo que más me atraía, y los dos nos alegramos de que dejara atrás ese rollo nietzscheano. En la década de 1980, cuando los dos rebasamos los cincuenta, la poesía de Thom, aunque nunca perdió su perfección formal, se volvió más libre y tierna. Seguramente, la pérdida de algunos amigos también influyó; cuando Thom me mandó «Lament», me pareció el poema más poderoso y conmovedor que había escrito.

Me encantaba esa idea que destilan muchos poemas de Thom: que detrás de ellos hay una historia, unos predecesores. A veces era algo explícito, como en su «Poem After Chaucer» (que me mandó como postal de Año Nuevo en 1971); pero más a menudo era algo implícito. A veces Thom me hacía pensar que él *era* un Chaucer, un Donne, un Lord Herbert, que ahora se encontraba en los Estados Unidos, en San Francisco de final del siglo XX. La idea de los antepasados, de los predecesores, era una parte esencial de su obra, y a menudo aludía a otros poetas y fuentes o sacaba ideas de ellos. Nunca manifestaba esa tediosa insistencia en la «originalidad», y sin embargo, naturalmente, todo el material que usaba se transmutaba en el proceso. Thom reflexionó posteriormente sobre ello en un ensayo autobiográfico:

Escribiendo en un tren.

En el Blue Mountain Center, 2010.

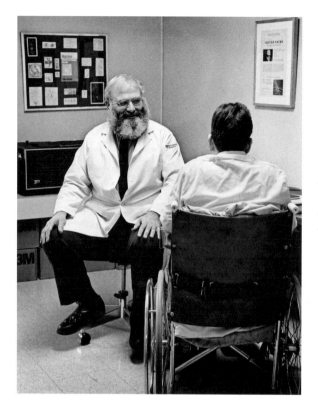

Viendo a diversos pacientes en el Beth Abraham, *c.* 1988.

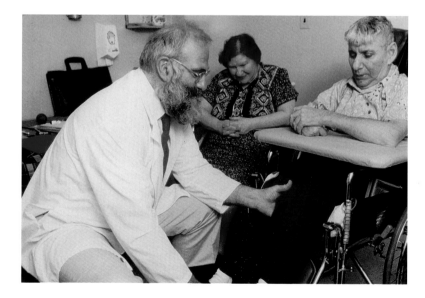

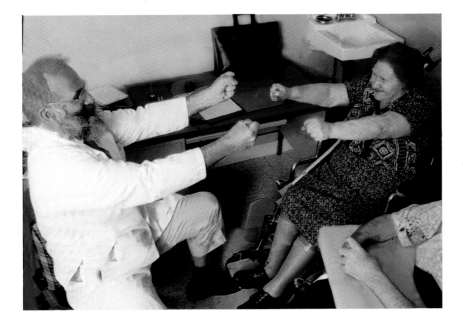

Con Peter Brook y nuestro amigo con síndrome de Tourette Shane Fistell, 1995.

Con Temple Grandin, 1994.

Con Robin Williams
en 1989, en el plató
de *Despertares*.

Roger Hanlon y yo
compartimos un amor
por los calamares, las
sepias y otros
cefalópodos.

Un fotograma del documental de *Despertares*, de 1974.

En mi casa de City Island pegué un cartel para acordarme de decir que no a las invitaciones, a fin de tener tiempo para escribir.

Con mis tres hermanos, David, Marcus y Michael, en el
aniversario de las bodas de oro de mis padres, en 1972.

Con mi padre, en el 37 de Mapesbury, el día que cumplió noventa
y dos años, en 1987.

En Florencia, en 1988, donde compartí una reveladora cena
con Gerald M. Edelman.

Hablando con Edelman en otro congreso unos años más tarde,
en Bolonia.

Trabajando con las Hermanitas de los Pobres, 1995.

Ralph Siegel, Bob Wasserman, Semir Zeki y yo presentamos un póster sobre el pintor ciego al color en el encuentro anual de la Sociedad de Neurociencia de 1992.

Paseando en 2010 por el Camino de Arena de Darwin con mi amigo más antiguo, Eric Korn.

Visitando a Jonathan Miller en 1987 en su casa de Londres.

Con Kate Edgar, mi ayudante y colaboradora durante más de treinta años, en 1995.

Con Ralph Siegel en el «Santuario de los ornitorrincos», cerca de Melbourne.

Me siento más feliz en o bajo el agua que en tierra: haciendo submarinismo, caminando por la playa de Curaçao, saliendo del lago Tahoe y con mi equipo de submarinismo.

Recibiendo la medalla de Comandante de la Orden del Imperio
Británico de manos de Isabel II.

Delante de mi cícada favorita del Hortus Botanicus
de Ámsterdam, 2014.

Con Bill Hayes, 2014.

Escribiendo en mi diario en el Machu Picchu, 2006.

Debo considerar mi escritura como una parte esencial de la manera en que me enfrento a la vida. Sin embargo, soy un poeta bastante deudor de otros poetas. Aprendo lo que puedo de quien puedo. Recojo muchas cosas de mis lecturas, porque me las tomo muy en serio. Forman parte de mi experiencia total, y baso casi toda mi poesía en la experiencia. No me disculpo por tomar prestado. (...) No ha sido mi interés principal desarrollar una personalidad poética única, y me llena de júbilo la maravillosa observación de Eliot de que el arte es la huida de la personalidad.

Cuando los viejos amigos se encuentran, existe el peligro de que hablen casi exclusivamente del pasado. Thom y yo habíamos crecido en el noroeste de Londres, nos habían evacuado durante la Segunda Guerra Mundial, habíamos jugado en Hampstead Heath, bebido en Jack Straw's Castle; ambos éramos producto de nuestras familias, nuestras escuelas, épocas y culturas. Aquello formó cierto vínculo entre nosotros, y de vez en cuando nos permitía compartir recuerdos. Pero mucho más importante fue el hecho de que los dos nos sintiéramos atraídos por una nueva tierra, la California de la década de 1960, nos liberáramos del yugo del pasado. Ambos habíamos emprendido viajes, evoluciones, desarrollos, que no se podían predecir ni controlar del todo; estábamos constantemente en movimiento. En el poema «On the Move», que Thom escribió cuando tenía veintitantos, podemos leer los versos:

En el peor de los casos, estás en movimiento; en el mejor
no llegas a ningún absoluto en el que descansar,
siempre estás más cerca si no te detienes.

Con los setenta ya cumplidos, Thom siempre estaba en movimiento, siempre lleno de energía. La última vez que lo vi, en noviembre de 2003, parecía más apasionado, y no menos, que el joven de cuarenta años antes. En la década de 1970, me había escrito: «Acabo de publicar *Jack Straw's Castle*. No me imagino cómo será mi próximo libro.» *Boss Cupid* se publicó en 2000, y Thom dijo que estaba preparado para otro libro, pero que no tenía ni idea de cómo sería. Por lo que yo pude juzgar, no tenía intención de disminuir su producción ni de dejar de escribir. Creo que siguió avanzando, siempre en movimiento, hasta el mismísimo momento de su muerte.

Me enamoré de Manitoulin, una isla grande del lago Hurón, cuando la visité en el verano de 1979. Todavía intentaba trabajar en mi exasperante *Con una sola pierna*, y había decidido tomarme unas vacaciones prolongadas en las que pudiera nadar, pensar, escribir y escuchar música. (Sólo tenía dos cintas de casete, una con la *Misa en do menor* de Mozart, y la otra con el *Réquiem*. A veces me entra una fijación con una o dos piezas musicales, y las pongo una vez, y otra, y otra, y ésas eran las dos piezas que se repetían en mi mente cinco años antes, mientras bajaba lentamente la montaña con una pierna inútil.)

Me paseé mucho por Gore Bay, la población principal de Manitoulin. Normalmente soy bastante tímido, pero de repente me encontré entablando conversación con desconocidos. Incluso iba a la iglesia el domingo porque disfrutaba de la sensación de comunidad. Mientras me preparaba para marcharme, después de unas seis semanas idílicas pero no demasiado productivas, algunos de los ancianos de Gore Bay me abordaron con una asombrosa proposición. Me dijeron: «Al parecer ha disfrutado de su estancia aquí; parece ser que ama la isla. Nuestro médico se ha jubilado después de cuarenta años. ¿Le interesaría ocupar su lugar?» Cuando vieron que titubeaba, añadieron que la provincia de Ontario me cedería una casa y que –como ya había visto– en la isla se vivía bien.

Aquello me conmovió enormemente, y me lo estuve pensando varios días, fantaseando con cómo sería la vida del médico de la isla. Aunque, con cierto pesar, me di cuenta de que aquello no funcionaría. No estoy hecho para médico de cabecera; necesito la ciudad, por ruidosa que sea, y su numerosa y diversa población de pacientes neurológicos. Así que tuve que decirles a los ancianos de Manitoulin: «Gracias, pero no.»

Eso ocurrió hace más de treinta años, pero hay veces que todavía me pregunto cómo habría sido mi vida de haberles dicho que sí a los ancianos de Manitoulin.

Posteriormente, en 1979, encontré un hogar en una isla muy distinta. Oí hablar de City Island, una pequeña isla que forma parte de la ciudad de Nueva York, cuando comencé a trabajar en la Escuela Einstein, en el otoño de 1965. Con sus dos kilómetros y medio de largo por ochocientos metros de ancho, tenía todo el aspecto de un pueblo de pescadores de Nueva Inglaterra, y parecía un mundo completamente distinto del Bronx, aun cuando sólo se encontrara a diez minutos del Einstein y varios de mis colegas vivieran allí. Desde la isla se veían hermosas vistas del mar en todas direcciones, e ir a comer a uno de sus muchos restaurantes de pescado proporcionaba una agradable pausa durante la jornada, una jornada que, si la investigación era un reto, podía ser de dieciocho horas.

City Island posee su propia identidad, sus reglas y tra-

315

diciones, y los nativos de la isla, los «buscadores de almejas», parecen especialmente respetuosos con las rarezas de cada uno, ya sea la del doctor Schaumburg, un colega noruego que sufrió la polio de niño y que sube y baja lentamente con su gran triciclo por City Island Avenue, o con la Loca Mary, una mujer que sufre periodos psicóticos y entonces se sube a la parte de atrás de su camioneta y se ponen a predicar acerca del fuego del infierno. Pero a Mary se la acepta como a cualquier otro vecino. De hecho, al parecer se la considera una mujer sabia, una mujer cuyo sólido sentido común se ha forjado en los fuegos de la psicosis.

Cuando me echaron de mi apartamento en el Beth Abraham, le alquilé la planta superior de una casa a una simpática pareja de Mount Vernon, pero iba a menudo a City Island y a Orchard Beach en coche o en bicicleta. Las mañanas de verano, antes de ir a trabajar, pedaleaba hasta la playa para darme un baño, y los fines de semana nadaba mucho rato, a veces incluso daba la vuelta a City Island, cosa que me llevaba unas seis horas.

Fue durante uno de esos baños, en 1979, cuando divisé una glorieta encantadora cerca de la punta de la isla; salí del agua para echar un vistazo, y mientras recorría la calle vi un cartel de «Se vende» delante de una casita. Llamé a la puerta, goteando, y hablé con el propietario, un oftalmólogo de la Escuela Einstein. Había terminado sus estudios de especialización y se trasladaba con su familia al noroeste del Pacífico. Me enseñó la casa (le pedí prestada una toalla para no mojar el interior) y me quedé prendado. Todavía en bañador, subí City Island Avenue descalzo, entré en la oficina del agente inmobiliario y le dije que quería comprar la casa.

Hacía tiempo que deseaba tener una casa propia, como la que había alquilado en Topanga Canyon cuando estaba en la UCLA. Y quería una casa junto al mar para poder ponerme el bañador y las sandalias e ir andando a bañarme. Por lo que aquella casita de tablones de madera de color rojo, situada en Horton Street, a media manzana de la playa, era ideal.

No tenía ninguna experiencia como propietario, así que enseguida ocurrió el primer desastre. Cuando el primer invierno cerré la casa durante una semana para irme a Londres, no me di cuenta de que tenía que dejar la calefacción en marcha para impedir que las tuberías se congelaran. Cuando volví de Londres y abrí la puerta, me encontré con una imagen aterradora. Una de las tuberías del piso de arriba se había reventado y había causado una inundación, y todo el techo del comedor colgaba hecho jirones sobre la mesa. La mesa y las sillas estaban totalmente echadas a perder, y también la alfombra.

Mientras me encontraba en Londres, mi padre me había sugerido que, ahora que tenía una casa, me llevara su piano; era un viejo y hermoso Bechstein de cola que databa de 1895, el año de su nacimiento. Lo había tenido durante más de cincuenta años, y lo había tocado todos los días, pero ahora que rondaba ya los ochenta y cinco, tenía las manos deformadas por la artritis. Me inundó una oleada de horror cuando vi la devastación, más escalofriante aún al pensar que ahí era donde habría colocado el piano de haber comprado la casa un año antes.

Muchos de mis vecinos de City Island eran marineros. La casa que estaba junto a la mía pertenecía a Skip Lane y su mujer, Doris. Skip había sido capitán de grandes barcos mercantes durante casi toda su vida, y tenía la casa tan llena de brújulas y timones, bitácoras y faroles, que de hecho parecía un barco. Las paredes estaban cubiertas de fotos de las embarcaciones que había comandado.

Skip relataba innumerables historias de la vida en el mar, pero ahora que estaba jubilado había renunciado a sus grandes navíos por un diminuto Sunfish de una sola plaza; a menudo cruzaba la bahía de Eastchester y sin pensarlo dos veces llegaba hasta Manhattan.

Aunque debía de pesar cerca de 115 kilos, Skip era un hombre de enorme fuerza e increíblemente ágil. A menudo lo veía arreglando cosas en el tejado de su casa –creo que le gustaba la sensación de estar en un sitio elevado–, y en una ocasión en que alguien le planteó ese reto, trepó por un pilón de diez metros de alto del puente de City Island sin más ayuda que su propia fuerza y luego se balanceó de una de sus vigas.

Skip y Doris eran unos vecinos perfectos, que nunca se entrometían en nada y siempre estaban dispuestos a ayudar cuando se les necesitaba, con una gran energía y entusiasmo por la vida. En Horton Street sólo había una docena de casas, quizá vivíamos allí treinta personas, y si teníamos un líder, un hombre decidido, ése era Skip.

Un día de principios de la década de 1990 nos advirtieron de la llegada de un gran huracán, la policía llegó con sus megáfonos para decirnos que evacuáramos el lugar. Pero Skip, que conocía todos los caprichos de las tormentas y del mar, y que tenía una voz más poderosa que ningún megáfono de la policía, disintió. «¡Arriad velas!», rugió. «¡Quedaos donde estáis!» Nos invitó a todos a una fiesta en el porche de su casa a mediodía para recibir al huracán, para ver cómo el ojo del huracán nos pasaba por encima. Justo antes de esa hora, tal como Skip había predicho, el viento amainó y descendió sobre nosotros una calma y un silencio repentinos. Ahora, en el ojo del huracán, el sol brillaba, el cielo estaba despejado: una calma mágica, paradisíaca. Skip nos contó que a veces se veían pájaros o mariposas que habían venido transportados desde miles de kilómetros de distancia, incluso desde África, en el ojo del huracán. Nadie en Horton Street cerraba la puerta con llave. Cuidábamos unos de otros, y también la pequeña playa que compartíamos. Quizá sólo tenía unos cuantos metros de ancho, pero era *nuestra* playa, y cada vez que se celebraba el Día del Trabajo organizábamos una fiesta en aquel pequeño trozo de arena y asábamos lentamente un cerdo entero en un espetón.

A menudo iba a nadar unas cuantas horas por la bahía con otro vecino, David, que tenía la precaución y el sentido común de los que yo carecía, y que, por lo general, procuraba que no me pasara nada. Pero a veces yo me alejaba demasiado; una vez nadé hasta el puente de Throgs Neck y un barco casi me parte en dos. David se quedó horrorizado cuando se lo conté, y me dijo que si insistía en nadar («como un idiota») por las rutas náuticas, al menos debería llevar una boya naranja flotando detrás de mí para que me vieran.

A veces me encontraba pequeñas medusas en las aguas de City Island. Hacía caso omiso de las pequeñas quemaduras que me provocaban al rozarme, pero a mediados de la década de 1990 comenzaron a aparecer unas medusas mucho más grandes: la *Cyanea capillata*, la medusa melena del león (como la responsable de una muerte misteriosa en el último relato de Sherlock Holmes). No convenía ni rozarla. Te dejaba unos dolorosísimos verdugones por toda la piel, y sus efectos sobre el ritmo cardíaco y la presión sanguínea eran terribles. En una ocasión, el hijo de uno de mis vecinos, que tenía diez años, sufrió una peligrosa reacción anafiláctica a la picadura; la cara y la lengua se le hincharon tanto que apenas podía respirar, y sólo una urgente inyección de adrenalina pudo salvarlo.

319

Cuando la plaga de medusas empeoró, comencé a nadar con el equipo de buceo completo, máscara incluida. Sólo llevaba los labios al descubierto, y me los embadurnada bien de vaselina. Aun así, se me pusieron los pelos de punta el día en que me encontré una *Cyanea* del tamaño de una pelota de fútbol en una de mis axilas; a partir de entonces dejé de nadar con tranquilidad.

Cada mayo y junio, durante la luna llena, se celebraba una antigua y maravillosa ceremonia en nuestra playa, así como en todas las playas del Noreste: era el momento en que los cangrejos herradura, criaturas que han cambiado poco desde el Paleozoico, se arrastraban lentamente hasta la orilla para su acoplamiento anual. Al contemplar este ritual, que ha ocurrido anualmente desde hace 400 millones de años, me hago una vívida idea de la realidad del tiempo profundo.

City Island era un lugar por el que pasear, deambular lentamente, subiendo y bajando por City Island Avenue y sus calles perpendiculares, cada una de ellas de apenas una o dos manzanas de largo. Había muchas casas hermosas y antiguas con tejado de dos aguas que se remontaban a la época victoriana, y todavía quedaban algunos astilleros de cuando la población era un centro de construcción de yates. City Island Avenue estaba flanqueada de restaurantes de marisco, que iban desde el veterano y elegante Thwaite's Inn hasta el Johnny's Reef Restaurant, un local de *fish and chips* al aire libre. Mi favorito era el Spouter's Inn, un lugar tranquilo y sin pretensiones con fotos de la caza de ballenas en las paredes y sopa de guisantes todos los jueves. También era el lugar favorito de la Loca Mary.

Gran parte de mi timidez desapareció en medio de ese ambiente de pueblo. Tuteaba y charlaba con el encargado del Spouter's, con el dependiente de la gasolinera y con los empleados de la oficina de correos (decían que no recordaban a nadie que mandara ni recibiera tantas cartas, algo que aumentó en un orden de magnitud cuando se publicó *El hombre que confundió a su mujer con un sombrero*).

A veces, oprimido por el vacío y el silencio de la casa, me iba al Neptune, un restaurante curiosamente poco concurrido y nada popular situado al final de Horton Street, y me pasaba horas escribiendo. Creo que apreciaban bastante a su silencioso escritor, que pedía un plato diferente cada media hora más o menos, porque no quería que el restaurante perdiera dinero por su culpa.

A principios del verano de 1994 me adoptó una gata callejera. Una noche regresaba de la ciudad y allí estaba, sentada impertérrita en mi porche. Entré en casa y saqué un platito de leche, que el animal lamió sediento. A continuación levantó la mirada hacia mí, una mirada que decía: «Gracias, amigo, pero también tengo hambre.»

Volví a llenar el platillo y regresé con un trozo de pescado, lo que selló un pacto tácito pero claro: se quedaría conmigo si encontrábamos una manera de vivir juntos. Encontré un cesto para la gata y lo coloqué en una mesa del porche delantero, y me alegró ver que a la mañana siguiente la gata seguía allí. Le di más pescado, le dejé un cuenco con leche y me fui a trabajar. Le dije adiós con la mano, y creo que comprendió que regresaría.

Aquella noche, allí estaba esperándome; lo cierto es que me saludó con un ronroneo, arqueando la espalda y frotándose contra mi pierna, algo que de una manera extraña me conmovió. Cuando la gata hubo comido, me apoltroné, como solía hacer, en un sofá junto a la ventana del porche para cenar. La gata saltó sobre la mesa que había fuera y me observó mientras comía.

Cuando regresé a la noche siguiente, volví a dejarle el pescado en el suelo, pero esta vez, por alguna razón, no se lo comió. Cuando deposité el pescado sobre la mesa, se subió de un salto, pero sólo cuando me apoltroné en el sofá que había junto a la ventana y me puse a cenar, la gata, ahora paralela a mí, comenzó a comer. Así fue como comenzamos a cenar juntos, en sincronía. Este ritual, que se repetiría cada noche, me parecía extraordinario. Creo que los dos nos hacíamos compañía, algo que se puede esperar de un perro, pero casi nunca de un gato. A la gata le gustaba estar conmigo, y al cabo de un par de días incluso me acompañaba a la playa y se sentaba a mi lado en un banco.

No sé qué hacía durante el día, aunque una vez que me trajo un pajarito comprendí que debía de haber estado cazando, como hacen los gatos. Pero siempre que yo estaba en la casa, ella permanecía en el porche. Me encantaba y me fascinaba esa relación entre especies. ¿Era así como se habían conocido el hombre y el perro hacía cien mil años?

Cuando a finales de septiembre refrescó, le regalé la gata —simplemente la llamaba Gatita, y ella respondía a ese nombre— a unos amigos, y Gatita vivió felizmente con ellos durante los siete años posteriores.

Tuve la enorme suerte de encontrar a Helen Jones, una maravillosa cocinera y asistenta que vivía al lado de mi casa, y que venía una vez por semana. Los jueves por la mañana, cuando llegaba, nos dirigíamos al Bronx para hacer algunas compras juntos, y nuestra primera parada era una pescadería situada en Lydig Avenue y regentada por dos hermanos sicilianos que parecían gemelos.

Cuando yo era niño, el pescadero venía a nuestra casa cada viernes con un balde en el que nadaban carpas y otros peces. Mi madre hervía los pescados, los condimentada y los picaba todos juntos, y preparaba un gran cuenco de pescado *gefilte;* con este plato, acompañado de ensaladas, frutas y pan *jalá*, pasábamos el sabbat, cuando estaba prohibido cocinar. Los pescaderos sicilianos de Lydig Avenue estaban encantados de darnos carpas, corégonos y lucios. Yo no tenía ni idea de cómo Helen, una buena cristiana practicante, conseguía hacer una exquisitez judía como ésa, pero su capacidad de improvisación era formidable, y preparaba un magnífico pescado *gefilte* (que ya denominaba «el pez filtro»), que, debo reconocer, era tan bueno como el de mi madre. Helen refinaba su *gefilte* cada vez que lo preparaba, y mis amigos y vecinos se aficionaron a él. Y también los amigos de misa de Helen; me encantaba la idea de que sus amigos baptistas se atiborraran de pescado *gefilte* en sus reuniones sociales.

Un día de verano de la década de 1990, cuando volvía de trabajar, me encontré con una extraña aparición en el porche, un hombre con una enorme barba negra y una mata de pelo también negro. Mi primera impresión fue que se trataba de un vagabundo chalado. Sólo cuando abrió la boca comprendí quién era: mi viejo amigo Larry. No lo había visto en muchos años, y había llegado a pensar, al igual que muchos de sus otros amigos, que probablemente había muerto.

Había conocido a Larry en 1966, en Nueva York, mientras intentaba recuperarme de mis primeros y terribles meses de adicción a las drogas. En aquella época yo comía bien, hacía ejercicio, estaba recuperando la fuerza y entrenaba regularmente en un gimnasio del West Village. Los sábados por la mañana el gimnasio abría a las ocho, y a menudo yo era el primero en llegar. Un sábado comencé a hacer ejercicio con la prensa de piernas; cuando estaba en California podía hacer sentadillas con mucho peso, y me preguntaba cuánta fuerza había recuperado. Subí el peso hasta 360 kilos: fácil; 450: un desafío; 550: una locura. Sabía que aquello era demasiado para mí, pero me negué a reconocer el fracaso. Hice tres repeticiones, cuatro, justito; a la quinta mis fuerzas cedieron. Me quedé con las rodillas aplastadas contra el pecho, con 550 kilos encima de mí y sin poder hacer nada. Casi no podía respirar, y mucho menos gritar para pedir ayuda, y comencé a preguntarme cuánto podría resistir. Levanté la cabeza, adonde me había bajado toda la sangre, y me dije que me iba a dar un ictus de un momento a otro. En aquel momento se abrió la puerta y entró un joven de aspecto poderoso, que al ver el apuro en que me encontraba me ayudó con la barra. Lo abracé y le dije: «Me has salvado la vida.»

A pesar de su rápida acción, Larry parecía muy tímido. Para mí era muy difícil relacionarme, y él tenía una mirada huidiza e inquieta, y sus ojos nunca estaban quietos. Pero ahora que habíamos entablado conversación, parecía incapaz de dejar de hablar; quizá yo era la primera persona con la que hablaba en semanas. Me dijo que tenía diecinueve años, y que el año anterior lo habían licenciado del ejército al declararlo mentalmente inestable. Vivía de una pequeña pensión del gobierno. Por lo que me pareció, subsistía a base de pan y leche; pasaba dieciséis horas al día caminando por la calle (o corriendo, si estaba en el campo) y por la noche era feliz acostándose en cualquier parte.

Me dijo que no había conocido a sus padres. Cuando

nació, su madre padecía esclerosis múltiple en un estado avanzado y era físicamente incapaz de cuidar de él. Su padre era un alcohólico que los abandonó poco después de su nacimiento, y Larry había ido pasando por una serie de familias adoptivas. Mi impresión era que nunca había conocido una auténtica estabilidad.

No me preocupé en hacer un «diagnóstico» de Larry, aunque en aquella época yo utilizaba con bastante libertad los términos psiquiátricos. En lo único que pensaba era en el amor, los cuidados y la estabilidad que le habían negado, en todo el respeto que le habían negado, y me maravillaba que pudiera haber sobrevivido psíquicamente a todo eso. Era muy inteligente y estaba mucho mejor informado que yo de la actualidad. Encontraba periódicos viejos y los leía de cabo a rabo. Reflexionaba de manera tenaz e implacable acerca de todo lo que leía o le contaban. No daba nada por sentado.

No tenía ninguna intención de conseguir un trabajo, y me dije que detrás de aquella decisión había un tipo especial de integridad. Estaba decidido a evitar cualquier ocupación absurda; era una persona frugal, y podía vivir e incluso ahorrar con su modesta pensión.

Larry se pasaba el día caminando, y era habitual que recorriera a pie los treinta kilómetros que separaban su apartamento del East Village de mi casa en City Island. A veces se quedaba a dormir en el sofá de mi sala de estar, y un día, en la parte inferior de la nevera, me encontré unas barras muy pesadas, unas barras de oro que Larry había acarreado a lo largo de los años. Las había dejado en mi casa pensando que estarían más seguras allí que en su apartamento. Dijo que el oro era la única posesión en la que podía confiar en un mundo inestable; las acciones, los bonos, las tierras, el arte, todo podía perder su valor de la

325

noche a la mañana, pero el oro («el elemento 79», solía llamarlo para complacerme) siempre conservaba su valor. ¿Por qué iba a trabajar, a mantener un empleo, cuando podía vivir de manera independiente y como un hombre libre? Me encantaba su valor, su franqueza al expresarse así, y en cierto modo me parecía una de las almas más libres que conocía.

Larry era un hombre transparente de carácter encantador, y muchas mujeres lo encontraban atractivo. Durante algunos años había estado casado con una mujer de formas opulentas del East Village, pero había sido atrozmente asesinada por unos rufianes que entraron en su apartamento en busca de drogas. No encontraron ninguna, pero Larry encontró su cadáver.

Larry siempre había vivido prácticamente a base de leche y pan, y ahora estaba tan afligido por la muerte de su mujer que sólo deseaba leche. Lo consumía la fantasía de recorrer el mundo con una enorme mujer lactante que lo acunara contra su pecho y lo amamantara como si fuera un bebé. Nunca había oído una fantasía más primitiva.

A veces pasaba semanas o meses sin ver a Larry —no tenía manera de contactar con él—, y luego de repente reaparecía.

Era alcohólico como su padre, y el alcohol desencadenaba en su cerebro algo malvado y autodestructivo. Él lo sabía, y por lo general evitaba beber. A finales de la década de 1960 dejamos el ácido juntos un par de veces, y le gustaba acompañarme, montado en la parte de atrás de mi moto, a visitar a mi prima Cathy —una de las hijas de Al Capp—, que vivía en Bucks County. Cathy era esquizofrénica, pero ella y Larry se entendían de una manera intuitiva y forjaron un extraño vínculo.

También Helen adoraba a Larry, y a todos mis amigos

326

les caía bien; era un ser humano totalmente independiente, una especie de Thoreau moderno y urbano.

En Nueva York conocí a algunos de mis primos americanos, los Capp (su nombre original era Caplin, y en realidad eran primos segundos). El mayor era Al Capp, el famoso dibujante de historietas. Tenía dos hermanos menores –Bence, también dibujante, y Elliott, dibujante y dramaturgo–, y una hermana, Madeline.

Conservo un vivo recuerdo de la primera celebración del Séder de la familia Capp al que asistí, en 1966. Yo tenía treinta y dos años, y Louis Gardner, el marido de Madeline, era un hombre apuesto y juvenil de cuarenta y ocho años, muy erguido, de porte militar; era coronel en la reserva, y también arquitecto. Louis, que presidía la mesa, dirigió el Séder. Madeline era la que ocupaba la otra cabecera de la mesa, y en medio se disponía un extraordinario número de familiares: Vence, Elliott y Al, acompañados de sus esposas. Los hijos de Louis y Madeline correteaban por toda la casa cuando no recitaban las cuatro preguntas o buscaban los *afikomen*.*

En aquella época todos estábamos en la flor de la edad. Al, el brillante y adorado creador de *Li'l Abner*, leído y admirado por todo el país. Elliott, el más serio de los hermanos, admirado por sus ensayos y obras de teatro. Bence (Jerome), rebosante de energía creativa, y Madeline, adorada por sus hermanos, constituía el centro de todo aquello. Eran conversadores entusiastas y brillantes, y a veces me daba la impresión de que Madeline era la

* Se trata de un trozo de pan ácimo que se rompe durante el Séder y se esconde para que lo busquen los niños. *(N. del T.)*

más inteligente de todos; aún tenían que pasar años antes de que sufriera la apoplejía que iba a dejarla afásica.[1]

Veía mucho a Al, que era una extraña figura cuando lo conocí, a mediados de la década de 1960. Todos los hermanos habían sido comunistas o compañeros de viaje en la década de 1930, pero Al sufrió una extraña inversión política en los sesenta, cuando se hizo amigo de Nixon y Spiro Agnew (aunque éstos no confiaban mucho en él, sospecho, pues su ingenio y su sátira podía dirigirse a cualquiera que estuviera en el poder).

Al había perdido una pierna en un accidente de tráfico cuando tenía nueve años, y paseaba una enorme pierna de madera (que me recordaba la pierna de hueso de ballena del capitán Ahab). Quizá parte de su agresividad, de su competitividad, de su descarada sexualidad, tuviera que ver con el hecho de estar mutilado, con la sensación de tener que demostrar que no era un tullido, sino una especie de superhombre, pero yo nunca me topé con este aspecto de Al. Conmigo siempre se mostró simpático y amistoso, y yo le cogí cariño, y lo consideraba un hombre lleno de vitalidad creativa y encanto.

A principios de la década de 1970, Al, además de dibujar historietas, daba muchas clases en la universidad. Era un brillante orador y muy querido en el circuito de lecturas públicas, aunque habían comenzado a circular turbios rumores de que quizá era demasiado atrevido con algunas alumnas. Los rumores se volvieron más turbios; se presentaron acusaciones. Hubo un escándalo y a Al le cancelaron las tiras cómicas que se publicaban en centenares

1. Madeline sufrió esa apoplejía cuando tenía sólo cincuenta años. Se quedó afásica a partir de entonces, pero con tal ingenio, con tal estilo e inteligencia que le dio un nuevo sentido a la afasia.

de periódicos y que llevaba dibujando toda la vida. De repente, el adorado dibujante que había creado Dogpatch y el Shmoo, y que en cierto modo era el Dickens gráfico de los Estados Unidos, se veía vilipendiado y sin trabajo. Durante una época se retiró a Londres, donde vivió en un hotel y publicó artículos e historietas esporádicos. Pero decían que era un hombre destrozado; su exuberancia, su vitalidad, lo abandonaron. Nunca superó la depresión y, cada vez más delicado de salud, murió en 1979.

Otro primo, Aubrey «Abba» Eban, el brillante hijo mayor de la hermana de mi padre, Alida, era el prodigio de la familia. Había mostrado unas dotes excepcionales de niño, y había hecho una carrera deslumbrante en Cambridge, donde había llegado a presidente de la Cambridge Union, la sociedad de debates, obteniendo un *summa cum laude* en sus tres asignaturas principales, y convirtiéndose en profesor de lenguas orientales. Había demostrado que, a pesar del antisemitismo imperante en Inglaterra durante la década de 1930, un muchacho judío carente de riqueza y de origen humilde, y sin ninguna conexión social, podía llegar a lo más alto en las universidades más antiguas de Inglaterra por el mero hecho de poseer una mente extraordinaria.

Su vehemente elocuencia y su enorme inteligencia ya estaban completamente desarrolladas cuando tenía veinte años, pero no estaba claro si eso lo llevaría a la vida política —su madre, mi tía, había traducido la Declaración Balfour al francés y al ruso en 1917, y Aubrey era un sionista comprometido e idealista desde su infancia— o si se quedaría de profesor en Cambridge. La guerra y los sucesos de Palestina decidieron su camino.

Aubrey era casi veinte años mayor que yo, y no tuve mucho contacto con él hasta mediados de la década de

1970. Su vida estaba en Israel; la mía en Inglaterra y luego en los Estados Unidos; él llevaba una vida de diplomático y político, y yo de médico y científico. Nos veíamos muy pocas veces y sólo brevemente en bodas u otras reuniones familiares. Cuando Aubrey visitaba Nueva York, como ministro de Asuntos Exteriores o viceprimer ministro de Israel, siempre se le veía rodeado de guardaespaldas, y era poco probable que consiguiéramos intercambiar algo más que unas palabras.

Pero un día de 1976 Madeline nos invitó a almorzar a los dos, y en cuanto nos conocimos, fue evidente para nosotros, y para todos los demás que estaban presentes, que nuestros gestos y nuestra pose eran asombrosamente semejantes: la manera de sentarnos, nuestros movimientos voluminosos y bruscos, nuestra manera de hablar y pensar. En cierto momento, los dos nos levantamos de repente de la mesa, uno en cada punta, y chocamos al ir a coger la gelatina de remolacha, que a los dos nos encantaba y todos los demás detestaban. Toda la mesa se partía de risa con esas semejanzas y coincidencias, y le dije a Aubrey: «Apenas nos hemos visto, y nuestras vidas son muy distintas, pero tengo la impresión de que existe más semejanza genética entre nosotros que entre mis tres hermanos y yo.» Me contestó que tenía la misma impresión, y que en cierto modo me encontraba más próximo a él que sus tres hermanos.

¿Cómo era posible?, pregunté. «Atavismo», contestó al instante.

«¿Atavismo?», pregunté parpadeando.

«Sí, un *atavus*, un abuelo», contestó Aubrey. «No conociste a nuestro abuelo Elivelva (aun cuando tienes el mismo nombre hebreo y yiddish). Murió antes de que tú nacieras. Pero a mí me crió él cuando vino a Inglaterra.

Fue mi primer maestro de verdad. La gente se reía cuando nos veía juntos; decían que nos parecíamos de manera asombrosa. En su generación no había nadie que hablara, se moviera o pensara como él, nadie se le parecía en la generación parental. Yo creía que no habría nadie igual en mi generación hasta que te he visto entrar por la puerta, y me he dicho que mi abuelo acababa de resucitar.»

Surgiría un elemento de tragedia, de paradoja, en el destino de Aubrey, que se había hecho oír por el mundo como «la voz de Israel». La nueva generación acabó considerando su apasionada y refinada elocuencia, su acento de Cambridge, como algo pomposo y anticuado, y su árabe fluido y sus conocimientos y su simpatía por la cultura árabe (su primer libro había sido una traducción de Tawfiq al-Hakim, *Maze of Justice)* lo convirtieron casi en sospechoso en un ambiente cada vez más partidista. Así que al final dejó el poder y regresó a una vida de erudito e historiador (y también se convirtió en un brillante comentarista en libros y en televisión). Me contó que su nueva situación le provocaba sentimientos encontrados: sentía «un vacío» después de haber pasado décadas profundamente inmerso en la política y la diplomacia, pero también una serenidad repentina y sin precedentes. Su primer acto como hombre libre había sido ir a nadar.

En una ocasión, mientras Aubrey ejercía de profesor visitante en el Instituto de Estudios Avanzados de Princeton, le pregunté cómo le sentaba la vida académica. Con una mirada nostálgica, dijo: «Me muero por volver al ruedo político.» Pero como el ruedo se volvía cada vez más tempestuoso, más estrecho de miras y más partidista, Aubrey, con sus amplias simpatías culturales y su vasta mente, fue perdiendo ese deseo de volver. En una ocasión le pregunté cómo quería que lo recordaran, y me dijo: «Como profesor.»

A Aubrey le encantaba contar historias, y, conociendo mi interés por las ciencias físicas, me contó varias historias de sus contactos con Albert Einstein. Tras la muerte de Chaim Weizmann en 1952, encargaron a Aubrey que invitara a Einstein a convertirse en el siguiente presidente de Israel (cosa que éste, naturalmente, declinó). En otra ocasión, relató Aubrey con una sonrisa, él y un colega del consulado israelí visitaron a Einstein en su casa de Princeton. Einstein los invitó a entrar y cortésmente les preguntó si querían tomar un café, y Aubrey dijo que sí (creyendo que un ayudante o la doncella lo prepararían). Pero se quedó, en sus propias palabras, «horrorizado» cuando vio que era el propio Einstein quien se dirigía a la cocina para prepararlo. No tardaron en oír un entrechocar de tazas y platos y alguna pieza de la vajilla que caía el suelo mientras el gran hombre, a su manera amistosa pero torpe, les preparaba un café. Aubrey dijo que eso era lo que, más que ninguna otra cosa, le demostraba el lado humano y entrañable del mayor genio del mundo.

Durante la década de 1990, ya sin la carga ni la dignidad del cargo, Aubrey aparecía por Nueva York de una manera mucho más libre y desenvuelta, y lo veía a menudo, a veces con su mujer, Suzy, y a veces con su hermana menor, Carmel, que también vivía en Nueva York. Aubrey y yo nos hicimos amigos, y nuestras vidas tan distintas y los casi veinte años que nos llevábamos cada vez tuvieron menos importancia.

¡La querida y monstruosa Carmel! Indignaba a todo el mundo, al menos a su familia, pero yo sentía debilidad por ella.

Durante muchos años Carmel fue una figura mítica,

una actriz en algún lugar de Kenia, pero en la década de 1950 vino a Nueva York, se casó con un director llamado David Ross, y con él fundó un pequeño teatro para representar sus obras favoritas de Ibsen y Chéjov (aunque su preferido fue siempre Shakespeare).

Cuando la conocí, en mayo de 1961, yo acababa de llegar de San Francisco en mi moto –la moto de segunda mano que me dejó tirado en Alabama–, y había hecho el resto del viaje hasta Nueva York en autostop. Iba bastante sucio y despeinado cuando me recibió en su elegante apartamento de la Quinta Avenida. Me ordenó tomar un baño y me consiguió ropa limpia mientras lavaban la mía.

En aquella época David estaba en la cresta de la ola; había tenido una serie de éxitos populares y de crítica, y, según me dijo Carmel, se le comenzaba a considerar una figura importante en el mundo teatral de Nueva York. Cuando lo vi estaba eufórico, derrochador; hablaba a grito pelado y rugía como un león, y nos invitó a una cena de seis platos, increíblemente cara, en el Russian Tea Room: todo lo que había en el menú, todo regado con media docena de vodkas surtidos. Aquello iba más allá de la mera euforia, y me pregunté si no estaría afectado de manía.

También Carmel tenía mucho éxito; no veía ninguna razón para que no pudiera dominar el noruego y el ruso –y con su oído para los idiomas, sólo le llevaría unas semanas– y llevar a cabo sus propias traducciones de Ibsen y Chéjov. Es probable que su traducción fuera una de las razones por las que el montaje de *John Gabriel Borkman* fracasó de manera tan estrepitosa, perdiendo mucho dinero cuando se estrenó en Londres. Carmel había obtenido casi todo el dinero de su familia, que tampoco se lo podía permitir, y nunca lo devolvió. Unos años más tarde tuvieron que hospitalizar a David en Nueva York –era propenso a fuertes depresiones–, y poco después murió, y nunca quedó claro si fue por una sobredosis accidental o un suicidio. Carmel, profundamente afectada, regresó a Londres, donde estaban su familia y amigos.

Carmel y yo volvimos a encontrarnos en 1969, mientras yo estaba en Londres escribiendo las primeras historias clínicas de *Despertares*, y *Migraña* aún estaba en prensa en Faber & Faber. Carmel me pidió que le enseñara lo que había escrito y, tras leer las pruebas de *Migraña*, exclamó: «¡Caramba, eres todo un escritor!» Nadie me lo había dicho nunca; *Migraña* lo publicó la división médica de Faber & Faber, y en aquella época se consideró un libro médico, una monografía *sui generis* sobre la migraña..., no «literatura». Y nadie había visto todavía las primeras historias clínicas de *Despertares*, nadie excepto Faber & Faber, que las rechazó como impublicables. Así que me animaron las palabras de Carmel, y su opinión de que *Migraña* podía ser un libro bien recibido no sólo por la profesión médica, sino también por el público en general, y también por un público más «literario».

Cuando Faber & Faber retrasó la publicación de *Migraña*, mi frustración fue en aumento, y Carmel, al verlo, intervino de manera decisiva.

«Tienes que conseguir un agente», dijo. «Alguien que te defienda y no deje que te jodan.»

Fue Carmel quien me presentó a Innes Rose, la agente que presionó a mis editores para que sacaran el libro. Sin Innes, sin Carmel, *Migraña* no habría visto la luz.

Carmel regresó a Nueva York a mediados de la década de 1970, tras la muerte de su madre, y se instaló en un apartamento de la calle Sesenta y tres Este. Nos hacía de agente a mí y a Aubrey, que ahora colaboraba en una serie de libros y programas de televisión sobre la historia de los judíos. Pero ni su trabajo de agente ni el de actriz, ambos a tiempo parcial, bastaban para pagar el alquiler de Carmel en un Nueva York cada vez más caro, de manera que Aubrey y yo aportábamos la diferencia, y seguimos haciéndolo durante los treinta años siguientes.

En aquellos años Carmel y yo nos veíamos mucho. A menudo íbamos al teatro juntos, y una de las obras que vimos fue *Wings*, en la que Constance Cummings interpretaba a una aviadora que perdía la capacidad del lenguaje después de una apoplejía. En cierto momento Carmel se volvió hacia mí y me preguntó si su interpretación no me parecía sumamente conmovedora, y se quedó estupefacta cuando le dije que no.

¿Por qué no?, me preguntó. Le contesté que porque su manera de hablar no se parecía en nada a como hablaba la gente con afasia.

—¡Ah, neurólogos! —dijo Carmel—. ¿Es que no puedes olvidarte un rato de la neurología y dejarte llevar por la obra, por la interpretación?

—No —contesté—. Si su manera de hablar no se parece a la de la afasia, entonces toda la obra me parece irreal.

Negó con la cabeza ante mi cerrazón e intransigencia.[1]

Carmel no cabía en sí de júbilo cuando Hollywood decidió adaptar *Despertares* y conocí a Penny Marshall y Robert De Niro. Pero durante mi cincuenta y cinco cumpleaños su instinto le jugó una mala pasada. De Niro asistió a mi fiesta en City Island y (con esa habilidad que tiene para hacerse invisible) consiguió llegar a mi casita e instalarse

---

1. Después de la obra fuimos a ver a Cummings entre bastidores, y le pregunté si había conocido a alguien con afasia. «No, a nadie», contestó. No dije nada, pero pensé: «Se nota.»

tranquilamente en el piso de arriba sin que nadie lo reconociera. Cuando le dije a Carmel que había llegado De Niro, me replicó, en voz muy alta: «Ése no es De Niro. Es alguien que se le parece, un doble, enviado por el estudio. Sé cómo es un actor de verdad, y no me ha engañado ni por un momento.» Carmel sabía proyectar la voz, y todo el mundo oyó su comentario. Yo mismo no supe qué pensar, y me fui a la cabina telefónica de la esquina, desde donde llamé a la oficina de De Niro. Sorprendidos, me dijeron que naturalmente que era el auténtico De Niro. Y a nadie le divirtió más que al propio De Niro, que había oído los bramidos de Carmel.

¡Querida y monstruosa Carmel! Me encantaba su compañía... cuando no me enfurecía. Era brillante, divertida, una imitadora con un talento perverso; impulsiva, ingenua, irresponsable, pero siempre una soñadora, una histérica, una sanguijuela, chupando cada vez más dinero de todos los que la rodeaban. Era muy peligroso (como averigüé posteriormente) tenerla como invitada en tu casa, pues mangaba libros de arte de las bibliotecas de sus anfitriones y los vendía a librerías de segunda mano. A menudo me acordaba de la tía Lina, que hacía chantaje a los ricos para darle el dinero a la Universidad Hebrea. Carmel nunca le hizo chantaje a nadie, pero se parecía a Lina en algunas cosas: también era un monstruo, odiada por algunos miembros de la familia, aunque yo también sentía cierta debilidad por ella. Carmel no ignoraba ese parecido.

Cuando murió el padre de Carmel, le dejó la mayor parte de la herencia, pues comprendió que era la más necesitada de sus hijos. Cualquier sentimiento que pudieran experimentar sus hermanos y su hermana quedó parcialmente equilibrado por la sensación de que ahora, con ese patrimonio, tenía para toda la vida, siempre y cuando se administrara con prudencia y evitara las locuras y los derroches; ya no tendría que gorronear a sus hermanos ni éstos tendrían que mantenerla. Yo también estaba encantado de no verme obligado a seguir mandándole un cheque mensual.

Pero ella tenía otras ideas; echaba de menos formar parte del mundo teatral, del que estaba apartada desde la muerte de David. Ahora tenía dinero y podía producir, dirigir y actuar en sus obras preferidas; escogió *La importancia de llamarse Ernesto*, que le permitía hacer un papel estelar, el de la señorita Prism. Alquiló un teatro, reunió un reparto y organizó la publicidad, y, como ella esperaba, la representación fue un éxito. Pero luego, con ese misterio con que ocurren las cosas, aquello no tuvo continuidad. Había dilapidado hasta el último centavo de su herencia en un solo gesto insensato e idiota. La familia estaba furiosa, y ella volvía a estar en la ruina.

Carmel se lo tomó todo bastante a la ligera, aun cuando, en cierto sentido, era una repetición de lo que había ocurrido con *John Gabriel Borkman* treinta años antes. Pero ahora le costó más rehacerse. Tenía setenta años, aunque parecía más joven; sufría diabetes pero no se cuidaba; y la familia (excepción hecha de Aubrey, que siempre estuvo a su lado, por mucho que ella lo enfureciera) ni siquiera le hablaba.

Aubrey y yo tuvimos que volver a enviarle nuestros cheques mensuales, pero algo, a un nivel más profundo, se había roto dentro de Carmel. Creo que pensaba que había perdido su última oportunidad para alcanzar la gloria y el estrellato en Broadway. Su salud se deterioró, lo que la obligó a vivir en una residencia asistida. A veces perdía de vista la realidad, ya fuera por la diabetes o por una incipiente demencia, o por ambas cosas, y a veces la encontraban, desorientada y con el pelo revuelto, vagando por las calles cercanas a la Residencia Hebrea. En una época llegó a estar convencida de que iba a interpretar con Tom Hanks una película dirigida por Steven Spielberg.

Pero había días en que no ocurría ningún percance, y entonces disfrutaba de ir al teatro –su primer y último amor– y de pasear por los hermosos jardines de Wave Hill, cerca de la Residencia Hebrea. Por entonces decidió escribir una autobiografía; escribía bien y con facilidad, y tenía una vida extravagante y exótica que contar. Pero su memoria autobiográfica comenzaba a fallarle a medida que la demencia avanzaba sigilosa.

Sin embargo, su memoria «interpretativa», su memoria de actriz, estaba intacta. Bastaba con que yo pronunciara las primeras palabras de cualquier monólogo de Shakespeare para que ella lo continuara, convirtiéndose en Desdémona, Cordelia, Julieta, Ofelia, cualquiera: quedaba completamente poseída por el personaje que estaba interpretando. Las enfermeras, que por lo general la consideraban una mujer anciana, enferma y demente, se quedaban atónitas con esas transformaciones. Carmel me dijo en una ocasión que ella carecía de identidad propia, que sólo era los personajes que interpretaba –lo cual era una exageración, pues años antes poseía mucho carácter y personalidad–, pero ahora que la demencia iba reduciendo su propia identidad, sí eran ciertas sus palabras, literalmente. Sólo se convertía en una persona completa en aquellos minutos en que interpretaba a Cordelia o a Julieta.

La última vez que la visité padecía neumonía; respiraba con dificultad, de manera irregular, con un ruido áspero. Tenía los ojos abiertos, pero no veía nada; no parpadeó cuando le acerqué una mano, pero me dije que a lo mejor podía oír y reconocer una voz.

338

«Adiós, Carmel», le dije, y dos minutos después estaba muerta. Cuando telefoneé a su hermano Raphael para comunicarle su muerte, éste me dijo: «Dios se apiade de su alma... si es que la tenía.»

A principios de 1982, recibí un paquete de Londres que contenía una carta de Harold Pinter y el manuscrito de una nueva obra, *Una especie de Alaska*, que, según él, estaba inspirada en *Despertares*. En su carta, Pinter me contaba que había leído *Despertares* cuando se publicó, en 1973, y que le había parecido un libro «extraordinario». Se había preguntado por sus posibilidades dramáticas, pero en aquel momento, al no ver claro cómo avanzar, había abandonado el tema, hasta que de repente le había vuelto a la cabeza ocho años más tarde. Una mañana del verano anterior se había despertado con las primeras palabras de la obra claras y acuciantes en su mente: «Algo está ocurriendo.» A partir de ahí, la obra «se había escrito sola», decía, en los días siguientes.

Una especie de Alaska es la historia de Deborah, una paciente que lleva veintinueve años sumida en un estado de parálisis de lo más extraño e inaccesible. Un día se despierta y no sabe su edad ni lo que le ha pasado. Cree que la mujer de pelo gris que hay a su lado es una especie de prima o «una tía que no conocía», la revelación de que se trata de su hermana pequeña le causa tal impacto que acaba comprendiendo la realidad de la situación.

Pinter no había visto a los pacientes ni el documental de *Despertares*, aunque era evidente que mi paciente Rose R. era el modelo para su Deborah. Me imaginaba a Rose leyendo la obra y exclamando: «¡Dios mío! Me ha clavado.» Tenía la impresión de que Pinter había percibido más de lo que yo había escrito; había adivinado, de manera inexplicable, una verdad más profunda.

En octubre de 1982 fui al estreno de la obra en el National Theatre de Londres. Judi Dench hizo una interpretación memorable de Deborah. Aquello me dejó estupefacto, al igual que me había quedado estupefacto ante la verosimilitud de la idea de Pinter, pues Dench, al igual que él, nunca había visto a ningún paciente posencefalítico. De hecho, me dijo que Pinter se lo había prohibido mientras preparaba el papel; pensaba que tenía que crear el personaje de Deborah únicamente a partir de sus diálogos. Su actuación fue conmovedora. (Posteriormente, sin embargo, Dench vio el documental y visitó a algunos pacientes posencefalíticos en el Highlands Hospital, y me pareció que a partir de entonces su actuación, aunque quizá más realista, era menos conmovedora. A lo mejor Pinter tenía razón.)

Hasta ese momento, yo había mantenido ciertas reservas ante las representaciones dramáticas o cualquier cosa «basada en», «adaptada de» o «inspirada por» mi obra. *Despertares* era lo real, o eso pensaba; cualquier otra cosa seguramente sería «irreal». ¿Cómo podía ser real si carecía de la experiencia de primera mano con los pacientes? Sin embargo, la obra de Pinter demostró que un gran artista es capaz de remodelar, reimaginar la realidad. Me dije que Pinter me había dado tanto como yo a él: yo le había dado una realidad, y él me había devuelto otra.[1]

---

1. Desde entonces he tenido la misma impresión al presenciar otras obras inspiradas por la mía, sobre todo en el caso de las brillantes presentaciones teatrales de Peter Brook de *L'homme qui...* en 1993 y *The Valley of Astonishment* en 2014, y en el caso de un ballet inspirado por *Despertares*, con música de Tobias Picker.

En 1986 me encontraba en Londres cuando se me acercó el compositor Michael Nyman y me preguntó qué me parecería si componía una «ópera de cámara» basada en el relato que da título a *El hombre que confundió a su mujer con un sombrero*. Le dije que no me lo imaginaba, y él me contestó que no hacía falta, que ya se la imaginaría *él*. Lo cierto es que ya lo había hecho, pues al día siguiente se presentó con una partitura y habló con el libretista que tenía en mente, Christopher Rawlence.

Hablé con Chris largo y tendido acerca del doctor P., finalmente le dije que no podía aceptar que escribieran una ópera sin la aprobación de su viuda. Le sugerí a Chris que fuera a verla y le preguntara amablemente su opinión acerca de esa posible ópera (tanto ella como el doctor P. habían sido cantantes de ópera).

Chris acabó manteniendo una relación muy respetuosa y cordial con la señora P., y en la ópera ella tiene un papel mucho más destacado que en mi relato. No obstante, yo me sentía muy tenso cuando la ópera se representó por primera vez en Nueva York. La señora P. vino al estreno, y yo no dejaba de mirarla, malinterpretando, en mi temor, todas sus expresiones faciales. Pero tras la representación se acercó a donde estábamos los tres –Michael, Chris y yo– y dijo: «Han sido respetuosos con mi marido.» Aquello me encantó; me dije que no nos habíamos aprovechado de él ni tergiversado su situación.

En 1979 se pusieron en contacto conmigo dos jóvenes productores de cine, Walter Parkes y Larry Lasker. Habían leído *Despertares* unos años antes, en una clase de antropología en Yale, y deseaban convertirlo en un largometraje. Visitaron el Beth Abraham y conocieron a muchos de los pacientes posencefalíticos, y consentí que encargaran un guión. Pasaron varios años sin que tuviera noticias suyas.

Ya casi me había olvidado del proyecto cuando ocho años más tarde volvieron a ponerse en contacto conmigo. Me dijeron que Peter Weir había leído *Despertares* y el guión inspirado en el libro, y que estaba muy interesado en dirigirlo. Me mandaron el guión, escrito por un joven autor llamado Steve Zaillian, que me llegó en Halloween de 1987, justo el día antes de mi primer encuentro con Peter Weir. El guión me pareció detestable, sobre todo una subtrama inventada en la que el médico se enamora de una paciente, y se lo dije con toda claridad a Weir cuando llegó. Se quedó perplejo, cosa comprensible, aunque comprendió mi posición. Unos meses más tarde se retiró del proyecto, afirmando que veía todo tipo de «arrecifes y bajíos», y no creía poder hacerle justicia.

A lo largo del año siguiente, el guión pasó por muchas reescrituras, a medida que Steve, Walter y Larry trabajaban para producir algo que fuera fiel al libro y a las experiencias de mis pacientes. A principios de 1989 me dijeron que Penny Marshall dirigiría la película, y que vendría a visitarme acompañada de Robert De Niro, que interpretaría al paciente Leonard L.

No tenía muy clara mi propia opinión sobre el guión, pues aunque en ciertos aspectos pretendía una reconstrucción muy fiel de cómo habían sido las cosas, también introducía diversas subtramas completamente inventadas. Tuve que renunciar a la idea de que fuera «mi» película: no era mi guión, no era mi película, y tampoco estaba en mis manos. No era algo muy fácil de aceptar, y sin embargo también resultaba un alivio. Podría aconsejar y asegurar que se ajustara a los hechos médicos e históricos; haría cuanto estuviera en mi mano para que la película tuviera

342

un punto de partida real, pero no tendrían por qué sentirme responsable de ella.[1]

La pasión de Robert De Niro a la hora de comprender lo que va a representar, por investigar hasta el detalle más microscópico, es algo legendario. Nunca había visto cómo un actor investiga a su personaje, una investigación que culmina cuando el actor *se convierte* en el personaje.

En 1989, casi todos los pacientes posencefalíticos del Beth Abraham habían muerto, pero en el Highlands Hospital de Londres todavía quedaban nueve. Bob consideró importante visitarlos, y fuimos a verlos los dos juntos. Pasó muchas horas charlando con los pacientes y grabando cintas que pudiera estudiar en detalle. Me impresionó y me conmovió su capacidad de observación y empatía, y creo que los propios pacientes se emocionaron porque se les prestara una atención de la que rara vez habían disfrutado. «Realmente te observa, mira en tu interior», me dijo uno de ellos al día siguiente. «Es algo que nadie había hecho desde el doctor Purdon Martin. *Él* intentaba comprender de verdad lo que te ocurría.»

A mi regreso a Nueva York conocí a Robin Williams, que iba a interpretar al médico, a mí. Robin quería verme

---

1. Todos los actores que interpretaban a los posencefalíticos estudiaron el documental de *Despertares*, que se convirtió en el documento visual primordial del largometraje, junto con los kilómetros de película en Super 8 y las cintas de audio que yo había grabado en 1969 y 1970.

El documental no se había emitido fuera del Reino Unido, y el estreno de la película de Hollywood parecía un momento ideal para ofrecerlo a PBS. Pero Columbia Pictures insistió en que no lo hiciéramos; pensaron que podría distraer de la «autenticidad» del largometraje, una idea absurda.

en acción, interactuar con los pacientes con los que yo había trabajado y convivido en *Despertares*, así que nos fuimos a las Hermanitas de los Pobres, donde quedaban dos pacientes posencefalíticos que tomaban L-dopa y a los que había seguido durante varios años.

Unos días más tarde, Robin vino a verme al Hospital Estatal del Bronx. Pasamos unos minutos en una sala geriátrica muy alborotada, donde media docena de pacientes gritaban y charlaban de manera estrafalaria al mismo tiempo. Más tarde, cuando volvíamos en coche, Robin de repente prorrumpió en una increíble imitación de lo ocurrido en la sala, reproduciendo las voces y el estilo de todos a la perfección. Había asimilado todas las voces y conversaciones distintas y las había guardado en su memoria hasta el menor detalle, y ahora las reproducía, o, mejor dicho, estaba poseído por ellas. Esa capacidad instantánea de captación y reproducción, una capacidad para la cual la palabra «imitación» se queda muy corta (pues sus réplicas estaban llenas de sensibilidad, humor y creatividad), estaba enormemente desarrollada en Robin. Pero con el tiempo me dije que era sólo el primer paso en su investigación como actor.[1]

No tardé en descubrir que el personaje que él investigaba era yo. Tras nuestros primeros encuentros, Robin comenzó a imitar algunos de mis gestos, mis posturas, mi

---

1. Aquello me recordó la visita que unos años antes me había hecho Dustin Hoffman, que investigaba para su papel de autista en *Rain Man*. Visitamos a un joven paciente autista del Hospital Estatal del Bronx, y luego fuimos a dar un paseo por el jardín botánico. Estaba charlando con el director de Hoffman, y éste nos seguía a unos metros de distancia. De repente me pareció estar oyendo a mi paciente. Me llevé un sobresalto, y al volverme vi que era Hoffman pensando en voz alta, pero pensando con la voz y el cuerpo de mi paciente, pensando al tiempo que interpretaba.

manera de andar y de hablar, todo tipo de cosas de las que yo no me había percatado hasta entonces. Me desconcertaba verme en ese espejo vivo, pero disfrutaba de estar con Robin, de pasear en coche, salir a comer, reírme con su humor vertiginoso e incandescente, y me impresionaban sus amplios conocimientos.

Unas semanas más tarde, mientras charlábamos por la calle, adopté la pose que, según me han dicho, suelo adoptar cuando estoy pensativo, y de repente me di cuenta de que Robin estaba exactamente en la misma pose. No me imitaba; en cierto modo, se había convertido en mí; de repente me estaba saliendo un gemelo más joven. Aquello nos inquietó un poco a los dos, y decidimos que teníamos que dejar de vernos un tiempo para que él pudiera crear su propio personaje; basado en mí, quizá, pero con una vida y una personalidad propias.[1]

Varias veces me llevé al equipo de rodaje y al reparto al Beth Abraham para que captaran la atmósfera y el en-

1. Durante los siguientes veinticinco años, Robin y yo llegamos a ser buenos amigos, y acabé apreciando –no menos que su inteligencia y sus improvisaciones repentinas y explosivas– la variedad de sus lecturas, la profundidad de su inteligencia y su consideración por los demás.

En una charla que di en San Francisco, un hombre del público me formuló una extraña pregunta:

–¿Es usted inglés o judío?

–Las dos cosas –contesté.

–No puede ser las dos cosas –dijo–. O una o la otra.

Robin, que se encontraba entre el público, comentó el incidente mientras cenábamos, y, utilizando una voz superinglesa de Cambridge entreverada de yiddish y aforismos en yiddish, ofreció una asombrosa demostración de cómo se podía ser las dos cosas. Ojalá hubiéramos grabado esa maravillosa y efímera joya.

torno, y sobre todo para que vieran a los pacientes y el personal que recordaban los hechos sucedidos veinte años antes. Invitamos a todos los médicos, enfermeras, terapeutas y asistentes sociales que en 1969 habían trabajado con los posencefalíticos a una especie de reunión. Algunos hacía mucho que ya no trabajábamos en el hospital, y otros no nos habíamos visto en años, pero aquella tarde de septiembre nos pasamos horas intercambiando recuerdos de los pacientes, y cada cosa que alguien recordaba despertaba evocaciones en otros. De nuevo comprendimos lo emocionante, lo memorable que había sido aquel verano, y también lo divertidos y humanos que habían sido aquellos hechos. Fue una tarde de risas y lágrimas, de nostalgia y seriedad, mientras nos mirábamos unos a otros y comprendíamos que habían pasado veinte años, y que casi todos aquellos extraordinarios pacientes habían muerto.

Todos salvo uno: Lillian Tighe, que había demostrado una gran elocuencia en el documental. Bob, Robin, Penny y yo la visitamos, y nos quedamos maravillados ante su resistencia, su humor, su falta de autocompasión, su realismo. A pesar de su avanzada enfermedad y las impredecibles reacciones a la L-dopa, había conservado todo su humor, su amor a la vida, su coraje.

Durante el rodaje de la película pasé mucho tiempo en el plató de *Despertares*. Les enseñé a los actores cómo se sentaban los enfermos con Parkinson, inmóviles, con la cara impertérrita y sin pestañear; la cabeza quizá un poco echada para atrás o inclinada a un lado; la boca tendía a permanecer abierta, y quizá les colgaba un poco de saliva de los labios (babear parecía un poco difícil, y quizá demasiado feo para la película, así que no insistí). Les enseñé las posturas distónicas habituales de manos y pies, y realicé una demostración de los temblores y los tics.

346

Les enseñé a los actores cómo permanecían de pie, o al menos lo intentaban, los pacientes con Parkinson; su manera de caminar, a menudo encorvada, a veces acelerando y a toda velocidad; cómo otras veces se quedaban parados, congelados, y eran incapaces de continuar. Les enseñé diferentes tipos de voces y ruidos parkinsonianos, y caligrafías de personas con Parkinson. Les aconsejé que se imaginaran encerrados en espacios reducidos o atascados en una cuba de pegamento.

Practicamos la *cinesia paradójica:* la repentina liberación del parkinsonismo mediante la música o reacciones espontáneas, como atrapar una pelota (a los actores les encantaba practicar esto con Robin, que, pensábamos, habría sido un gran jugador de béisbol de no haberse dedicado a la interpretación). Practicamos la catatonia y las partidas de cartas posencefalíticas: cuatro pacientes se sentaban completamente inmóviles con una mano de naipes en la mano, hasta que alguien (quizá una enfermera) llevaba a cabo un primer gesto, que precipitaba una tremenda oleada de movimientos; la partida, primero paralizada, ahora se terminaba en cuestión de segundos (yo había presenciado y filmado una de esas partidas de cartas en 1969). Lo más parecido a estos estados convulsivos acelerados es el síndrome de Tourette, así que también llevé al plató a algunos jóvenes que padecían Tourette. Estos ejercicios casi zen –quedarse inmóvil, vaciarse, o acelerarse, quizá durante cuatro horas seguidas– a los actores les resultaban tan fascinantes como aterradores. Comenzaban a experimentar con espantosa viveza lo que era verse atrapado en ese estado de manera permanente.

¿Es posible que un actor cuyo sistema nervioso y fisiología funcionan de manera normal pueda «convertirse» realmente en alguien que posee un sistema nervioso, una experiencia y un comportamiento profundamente anormales? En una ocasión, Bob y Robin interpretaban una escena en la que el médico pone a prueba los reflejos posturales del paciente (que en el parkinsonismo pueden estar ausentes o seriamente dañados). Por un momento ocupé el lugar de Robin para enseñarle cómo se les pone a prueba: hay que colocarse detrás del paciente y, muy suavemente, tirar de él hacia atrás (una persona normal se adapta a ello, pero un paciente parkinsoniano o posencefalítico sigue cayendo hacia atrás como un bolo golpeado por la bola). Mientras se lo demostraba a Bob, éste se cayó encima de mí, completamente inerte y pasivo, sin atisbo ninguno de reacción refleja. Alarmado, le empujé suavemente hacia delante para que volviera a la posición erguida, pero entonces él cayó hacia delante, sin que yo pudiera equilibrarlo. El pánico se unió a mi perplejidad. Por un momento me dije que había ocurrido una catástrofe neurológica, que Bob había perdido todos sus reflejos postulares. Me pregunté si era posible que interpretar algo así pudiera alterar el sistema nervioso.

Al día siguiente estaba hablando con él en su camerino antes de comenzar a rodaje, y mientras hablábamos observé que tenía el pie derecho girado hacia dentro, justo con la curvatura distónica que mantenía cuando interpretaba a Leonard L. en el plató. Se lo comenté y Bob pareció sorprendido. «No me había dado cuenta», dijo. «Supongo que es inconsciente.» A veces pasaba horas o días sin abandonar la caracterización; durante la cena pronunciaba comentarios que pertenecían a Leonard, no a Bob, como si todavía llevará adheridos residuos de la mente y el carácter de Leonard.

En febrero de 1990 estábamos agotados: llevábamos cuatro meses de rodaje, por no hablar de los meses de preparación previa. Pero hubo un hecho que nos sirvió de acicate a todos: Lillian Tighe, la última posencefalítica superviviente del Beth Abraham, vino a visitar el plató, donde se interpretaría a sí misma en una escena con Bob. ¿Qué pensaría de aquellos falsos posencefalíticos que la rodearían? ¿Darían el pego los actores? Cuando ella entró en el plató hubo una sensación general de respeto reverencial; todo el mundo la reconoció del documental.

Aquella noche escribí en mi diario:

Por mucho que los actores se sumerjan o se identifiquen con el papel, simplemente están interpretando a un paciente; Lillian ha de seguir siéndolo el resto de su vida. Los actores pueden salir de su papel, ella no. ¿Cómo lo vive? (¿Cómo vivo yo que Robin me interprete? Para él es un papel temporal, pero para mí dura toda la vida.)

Mientras entran a Bob en silla de ruedas y éste asume la postura paralizada y distónica de Leonard L., Lillian T., ella misma paralizada, pone una mirada alerta y crítica. ¿Qué siente Bob, que hace de persona paralizada, cuando ve a Lillian, situada apenas a un metro de él, y que está paralizada de verdad? ¿Y qué siente ella, de verdad paralizada, al ver a Bob, que simplemente finge? Lillian acaba de guiñarme el ojo, y me ha dirigido una señal apenas perceptible, levantando los pulgares, que significa: «Lo ha hecho bien..., ¡lo ha pillado! Realmente sabe lo que se siente.»

Durante una época, mi padre se planteó hacer la especialidad de neurología, pero luego decidió que ser médico de cabecera era algo «más real», «más divertido», pues le permitía un contacto más estrecho con la gente y sus vidas. Conservó ese profundo interés humano hasta el final: cuando cumplió los noventa, David y yo le suplicamos que se retirara, o al menos que dejara de visitar a domicilio. Contestó que las visitas a domicilio eran «la esencia» de la práctica médica, y que preferiría dejar cualquier otra cosa. De los noventa a los noventa y cuatro años, alquilaba un taxi durante el día para continuar con sus visitas a domicilio.

Había tratado a algunas familias durante generaciones, y a veces sorprendía a algún joven paciente al afirmar: «Tu bisabuelo tuvo un problema muy parecido en 1919.» Conocía el lado humano e interior de sus pacientes en la misma medida que sus cuerpos, y sabía que no se podía tratar uno sin el otro. (De hecho, muchas veces le oí comentar que conocía el interior de las neveras de sus pacientes tan bien como el interior de sus cuerpos.)

Para sus pacientes, a menudo era amigo además de médico. El intenso interés que prestaba a la totalidad de la vida de sus pacientes le convertía, al igual que ocurría con mi madre, en un maravilloso narrador. Sus historias médicas nos cautivaban de niños, y fueron en parte responsables de que Marcus, David y yo siguiéramos la vocación de nuestros padres.

Mi padre también sintió una intensa pasión por la música que duró toda su vida. Nunca se cansó de ir a conciertos, le gustaba sobre todo Wigmore Hall; había sido la primera sala de conciertos a la que había asistido de niño (cuando aún se llamaba Bechstein Hall). Hasta el último mes de su vida asistió a dos o tres conciertos por semana. Su presencia era habitual en Wigmore Hall desde tiempo inmemorial, y en sus últimos años era tan legendario, a su manera, como algunos de los intérpretes.

Michael, a sus cuarenta y cinco años, se volvió inseparable de nuestro padre tras la muerte de nuestra madre, y a veces lo acompañaba a los conciertos, cosa que no había hecho antes. La artritis de nuestro padre fue a peor a partir de los ochenta, y le alegraba tener a Michael de compañero, y quizá a Michael le parecía más fácil ayudar a un padre artrítico y anciano que verse, como había hecho a menudo en el pasado, como el paciente e hijo enfermo dependiente de un padre médico.

Durante los diez años posteriores, Michael llevó una existencia relativamente estable, aunque tampoco me atrevería a llamarla feliz. Encontraron una dosis de tranquilizantes que mantenía su psicosis a raya y que no tenía demasiados efectos adversos. Continuaba trabajando de mensajero (tanto de comunicaciones mundanas como de, volvía a pensar otra vez, mensajes arcanos); disfrutaba de nuevo de sus paseos por Londres (aunque *The Daily Worker* y «todo eso», tal como lo expresaba, ahora eran cosas del pasado). Michael era muy consciente de su estado, y en sus épocas de máxima depresión afirmaba: «Soy un hombre condenado», aunque había en sus palabras un atisbo mesiánico: estaba «condenado» en el sentido en que lo están todos los mesías. (Una vez que mi amigo Ren Weschler fue a visitarlo y le preguntó cómo se encontraba, Michael le contestó: «Me encuentro Little Ease.» Ren pareció desconcertado, y Michael tuvo que explicarle que Little Ease era una celda de la Torre de Londres tan pequeña que un hombre no podía estar de pie ni echado, nunca podía estar cómodo.)

Pero, condenado o privilegiado, Michael sintió una soledad más acusada a partir de la muerte de nuestra madre; en nuestra gran casa ahora sólo estaban él y nuestro padre; ni siquiera tenía la compañía de los pacientes (nuestro padre había trasladado su consultorio fuera de casa). Michael nunca había tenido amigos, y sus relaciones con sus colegas, incluso aquellos que conocía de hacía muchos años, eran corteses, pero nunca afectuosas. Su amor más importante era nuestro bóxer, Butch, pero éste estaba viejo y artrítico, y ya no podía seguir el ritmo de Michael.

En 1984, se jubiló el fundador de la empresa en la que Michael había trabajado durante treinta y cinco años, y vendieron la empresa a otra más grande, que enseguida despidió a todos los trabajadores veteranos. A sus cincuenta y seis años, Michael se encontró sin trabajo. Se esforzó por aprender cosas útiles; dedicó muchas horas a aprender mecanografía, taquigrafía y contabilidad, pero en un mundo que cambiaba velozmente, esas aptitudes tradicionales eran cada vez menos valoradas. A pesar de lo mucho que le costaba, se presentó a dos o tres entrevistas de trabajo –jamás se había acercado a nadie a pedirle trabajo– y lo rechazaron. Creo que en aquel momento abandonó cualquier esperanza de volver a trabajar. Dejó de dar largos paseos y comenzó a fumar de manera compulsiva; se pasaba horas en la sala fumando y mirando al vacío; así era como le encontraba generalmente cuando visitaba Londres a mediados y a finales de la década de 1980. Por primera vez en su vida –o al menos era la primera vez que lo reconocía– comenzó a oír voces. Me dijo que esos «pinchadiscos» utilizaban todo tipo de ondas de radio sobrenaturales y eran capaces de escuchar sus pensamientos, transmitirlos e introducir pensamientos propios.

En aquel momento, Michael dijo que quería que lo visitara un médico de cabecera, no nuestro padre, que siempre había sido su médico. Ese nuevo doctor, al ver que Michael estaba por debajo del peso normal, pálido, y no solamente «descompensado», simplemente le hizo unas pruebas médicas y descubrió que Michael padecía anemia e hipotiroidismo. En cuanto le hubo recetado tiroxina, hierro y vitamina B_{12}, Michael recuperó gran parte de su energía, y en tres meses los «pinchadiscos» desaparecieron.

Nuestro padre murió en 1990; tenía noventa y cuatro años. Aunque David y su familia de Londres habían sido un gran apoyo para Michael y nuestro padre en los últimos años, todos comprendimos que a Michael le sería imposible vivir solo en aquella gran casa del 37 de Mapesbury, y ni siquiera en un apartamento propio. Después de una larga búsqueda, nos decidimos por una residencia pensada para ancianos judíos con enfermedades mentales que estaba en la misma calle, en el 7 de Mapesbury. Pensamos que allí Michael, que ahora gozaba de una buena salud física, encontraría una estructura de apoyo, conocía el barrio y podría ir caminando fácilmente a la sinagoga, al banco o a las tiendas que frecuentaba.

Los viernes por la noche, para la cena del sabbat, Michael iría a casa de David y Lili. Liz, mi sobrina, lo visitaba regularmente y se encargaba de que no le faltara de nada. Michael estuvo de acuerdo con todo eso, y se lo tomó con todo el buen humor que pudo, bromeando posteriormente acerca de su reubicación, afirmando que en sus setenta y pico años de vida el único viaje que había emprendido había sido desde el número 37 al 7 de Mapesbury Road. (El vínculo de Michael con Liz era su nexo familiar más estrecho. Liz era capaz de sacarle de sus lúgubres obsesiones durante un rato, y a veces reían y bromeaban juntos.)

La residencia, Ealon House, dio un resultado sorprendentemente bueno; le proporcionaba a Michael un poco de vida social y algunas habilidades prácticas. Cuando lo visitaba, me preparaba una taza de té o café en su habitación, mientras que anteriormente nunca había sido capaz de preparar ni una cosa ni otra. Me enseñó la lavadora y la secadora del sótano, mientras que antes nunca se había encargado de la colada, y ahora no sólo se encargaba de la suya, sino de la de otros residentes. Y poco a poco comenzó a asumir cierta posición, a desempeñar ciertas funciones, en aquella pequeña comunidad.

Aunque prácticamente había dejado de leer («¡No me envíes más libros!», me escribió en una ocasión), había conservado los frutos de toda una vida de lecturas, y se convirtió en una enciclopedia virtual que los demás residentes podían consultar. Michael, a quien durante gran parte de su vida nadie había hecho caso ni nadie había valorado, disfrutaba de su nueva posición como hombre de conocimiento, como sabio anciano.

Y después de toda una vida desconfiando de los médicos, acabó por confiar en un médico excepcional, Cecil

Helman, que cuidaba de él y de los demás residentes.[1] Cecil y yo empezamos a escribirnos y acabamos siendo buenos amigos, y a menudo me hablaba de Michael en sus cartas. En una de ellas me escribió:

> En estos momentos Michael está en *buena* forma. El personal dice que su situación es «brillante». Todos los viernes por la noche pronuncia el *kidush* en Ealon House, y al parecer se le da muy bien. Se le ha concedido un papel casi rabínico dentro de esa pequeña comunidad, y creo que eso ha contribuido mucho a su autoestima.

(«Tengo una Misión Sagrada, *creo*», me escribió Michael. El haber escrito «Misión Sagrada» y el haber subrayado cuidadosamente «creo» demostraban un sentido de la ironía o una matización humorística sobre sí mismo.)

Cuando David murió de cáncer en 1992, Michael quedó profundamente afligido. «¡Debería haber muerto *yo!*», dijo, y por primera vez en su vida cometió un gesto suicida, tragándose un frasco entero de un jarabe para la tos que llevaba mucha codeína. (Durmió muchísimas horas, pero eso fue todo.)

Por lo demás, los últimos quince años de su vida fueron relativamente tranquilos. Ayudaba a los demás y poseía una función social, una identidad que nunca había tenido en nuestra casa, y hacía un poco de vida fuera de

---

1. Cecil Helman, que procedía de una familia de rabinos y médicos, también era un antropólogo médico conocido por sus estudios interculturales de la narrativa, la medicina y las enfermedades de Sudáfrica y Brasil. Hombre muy considerado y un maravilloso profesor, relató su formación médica en Sudáfrica durante el apartheid en sus memorias, *Suburban Shaman*.

Ealon House: paseaba por el vecindario y comía en una cafetería de Willesden Green (para cenar le gustaban los huevos con jamón en lugar de la insípida comida kosher que se servía en Ealon House). Lili y Liz, la esposa y la hija de David, seguían invitándolo a su casa los viernes por la noche. Cuando yo estaba en Londres, me alojaba en un hotel cercano, ahora que se había vendido la casa, e invitaba a Michael a almorzar conmigo los domingos. Y un par de veces Michael me invitó a *su* cafetería, ejerciendo de anfitrión y pagando la cuenta; era evidente que eso le proporcionaba un gran placer.

Cuando lo visitaba, siempre me pedía que le llevara un sándwich de salmón ahumado y un cartón de cigarrillos. Me alegraba llevarle el sándwich –el salmón ahumado también era mi comida preferida–, pero el tabaco no tanto; ahora fumaba sin parar casi cien cigarrillos al día (cuyo precio consumía toda su asignación).[1]

Esa abundancia de cigarrillos afectó a la salud de Michael, provocándole no sólo una tos y bronquitis de fumador, sino aneurismas en muchas de las arterias de las piernas, algo más grave. En 2002, se le bloqueó una de las arterias poplíteas, interrumpiendo casi el flujo sanguíneo hasta la parte inferior de la pierna, que se le puso fría y pálida, y que sin duda le dolía; el dolor isquémico puede ser

---

1. Muchos residentes de Ealon House eran fumadores compulsivos (al igual que muchos pacientes esquizofrénicos «crónicos», por lo general). No sé si fumaban por aburrimiento –no había gran cosa que hacer en la residencia– o por los efectos farmacológicos de la nicotina, sean éstos excitantes o calmantes. En una ocasión visité a un paciente en el Hospital Estatal del Bronx que casi siempre se mostraba apático y retraído, pero que tras dar unas caladas a un cigarrillo primero se animaba y luego se volvía hiperactivo, escandaloso, casi touréttico. El celador lo llamaba «el Jekyll y Hyde de la nicotina».

muy intenso. Michael, sin embargo, no se quejaba, y sólo cuando lo vieron cojear lo mandaron al médico. Por suerte, los cirujanos pudieron salvar la pierna.

Aunque Michael dijera: «¡Soy un hombre condenado!», anunciándolo a todo el mundo con una voz atronadora, mostraba poca emoción en sus encuentros sociales habituales. No obstante, en una ocasión se ablandó su actitud severa. Nuestro sobrino Jonathan visitó a Michael acompañado de sus gemelos de diez años, que se lanzaron a los brazos de ese tío abuelo que nunca habían visto, cubriéndolo de besos y de palabras cariñosas. Michael al principio se quedó muy rígido, luego se ablandó, y a continuación prorrumpió en una sonora carcajada, abrazando a sus sobrinos con un afecto y una espontaneidad que no había demostrado (y quizá tampoco sentido) en años. Aquello resultó enormemente conmovedor para Jonathan, quien, al haber nacido en la década de 1950, nunca había visto a Michael «normal».

En 2006, a Michael se le formó un aneurisma en la otra pierna, y tampoco se quejó en ningún momento, aunque era consciente del peligro. En líneas generales, cada vez estaba más discapacitado, y sabía que si perdía la pierna o su bronquitis iba a peor, en Ealon House ya no podrían cuidarlo. Si eso ocurría se vería obligado a trasladarse a un hogar de ancianos, donde no tendría autonomía, ni identidad ni ningún papel social. En esas condiciones la vida le parecería carente de sentido, intolerable. Me pregunté si deseaba morir.

La última escena de la vida de Michael tuvo lugar en la sala de urgencias de un hospital, mientras esperaba la operación que esta vez, creía, le amputaría la pierna. Estaba tumbado en una camilla cuando de repente se incorporó apoyándose en un codo, dijo: «Me voy fuera a fumar», y cayó muerto.

A finales de 1987 conocí a Stephen Wiltshire, un muchacho autista inglés. Me dejaron atónitos sus dibujos arquitectónicos de gran detalle, que había comenzado a hacer cuando tenía seis años; sólo tenía que echar un vistazo a un complejo edificio o incluso a un paisaje urbano durante unos segundos para dibujarlo todo exactamente y de memoria. Ahora, a sus trece años, ya había publicado un libro de dibujos, aun cuando seguía siendo retraído y prácticamente mudo.

Me pregunté qué había detrás de la extraordinaria habilidad de Stephen a la hora de «registrar» al instante una escena visual y reproducirla con todos sus detalles; me pregunté cómo funcionaba su mente, cómo veía el mundo. Por encima de todo, me pregunté por su capacidad para la emoción y sus relaciones con los demás. Tradicionalmente se considera que los autistas son personas muy solitarias, incapaces de relacionarse con los demás, incapaces de percibir los sentimientos y perspectivas de los otros, incapacitados para el humor, el juego, la espontaneidad, la creatividad, meros «autómatas inteligentes», en palabras de Hans Asperger. Pero me bastó con echar un vistazo a Stephen para tener la impresión de que no era una persona totalmente carente de afecto.

Durante los dos años siguientes, pasé mucho tiempo con Stephen y su profesora y mentora, Margaret Hewson. Tras su publicación, los dibujos de Stephen habían sido muy elogiados, y comenzó a viajar para dibujar edificios de todo el mundo. Juntos fuimos a Ámsterdam, Moscú, California y Arizona.

Conocí a algunos expertos en autismo, entre ellos Uta Frith, de Londres. Hablamos de Stephen y de otros *savants*, pero cuando me iba me sugirió que fuera a ver a Temple Grandin, una científica de mucho talento con una forma de autismo de alto funcionamiento que en aquellos días comenzaba a denominarse síndrome de Asperger. Me dijo que Temple era una mujer brillante y muy distinta de los niños autistas que yo había conocido en hospitales y clínicas; dijo que tenía un doctorado en comportamiento animal y había escrito una autobiografía.[1] Frith dijo que estaba cada vez más claro que el autismo no tenía por qué significar necesariamente que la inteligencia estaba gravemente dañada ni que quienes lo padecían eran incapaces de comunicarse. Había algunos autistas que padecían cierto retraso en el desarrollo y cierta incapacidad para leer las señales sociales, pero que por lo demás eran totalmente capaces y quizá incluso tenían más talento en muchos otros aspectos.

Planeé pasar un fin de semana con Temple en su casa de Colorado. Me dije que podía proporcionarme una interesante nota al pie para el ensayo que estaba escribiendo sobre Stephen.

Temple se esforzó mucho en ser cortés, pero estaba claro que, en muchos aspectos, no entendía muy bien qué ocurría en la mente de los demás. Me recalcó que ella no pensaba en términos lingüísticos, sino en términos visuales muy concretos. Sentía una gran empatía por el ganado, y consideraba que «veía las cosas desde el punto de vista

1. El primer libro de Temple, *Atravesando las puertas del autismo,* se publicó en 1986, cuando el síndrome de Asperger apenas se reconocía. En él hablaba de su «recuperación» del autismo; en aquella época la opinión general era que ninguna persona con autismo podía llevar una vida productiva. En 1993, la época en que la conocí, Temple ya no hablaba de «curar» el autismo, sino de los puntos fuertes y débiles que puede mostrar una persona con autismo.

de una vaca». Aquello, combinado con su gran habilidad como ingeniera, la había llevado a convertirse en una experta de renombre mundial a la hora de diseñar instalaciones más humanitarias para el ganado y otros animales. Me conmovió mucho su evidente inteligencia y su anhelo por comunicarse, tan diferente de la pasividad y la aparente indiferencia hacia los demás que mostraba Stephen. Cuando me abrazó para despedirse, supe que tendría que escribir un largo ensayo sobre ella.

Un par de semanas después de haber enviado mi texto sobre Temple a *The New Yorker*, me encontré con Tina Brown, la nueva directora de la revista, que me dijo: «Temple será una heroína americana.» Acertó. Ahora Temple es una heroína para muchas personas de la comunidad autista de todo el mundo, y es enormemente admirada por obligarnos a ver el autismo y el síndrome de Asperger no como déficits fisiológicos, sino como una manera distinta de existir que posee sus inclinaciones y sus necesidades especiales.

Mis libros anteriores habían mostrado pacientes que luchaban por sobrevivir y adaptarse (a menudo de manera ingeniosa) a diversas afecciones o «déficits» neurológicos, pero para Temple y muchos otros personajes acerca de los que escribí en *Un antropólogo en Marte*, esas «afecciones» resultaban fundamentales para sus vidas, y a menudo eran una fuente de originalidad y creatividad. El subtítulo del libro era «Siete relatos paradójicos» porque todos sus protagonistas habían descubierto o creado adaptaciones inesperadas de sus trastornos; todos poseían un talento compensador de tipo distinto.

En 1991 recibí la llamada telefónica de un hombre (lo llamé Virgil cuando escribí acerca de él en *Un antropólogo en Marte)* que había sido prácticamente ciego desde la infancia por culpa de un deterioro de la retina y cataratas. Ahora, a sus cincuenta años, estaba a punto de casarse, y su novia le había insistido en que se operara de cataratas. ¿Qué podía perder? Su futura esposa esperaba que pudiera comenzar una nueva vida con el sentido de la vista.

Pero cuando, después de la operación, le quitaron los vendajes, de los labios de Virgil no surgió ninguna exclamación milagrosa del tipo: «¡Veo!» Se le veía sin expresión, desconcertado, incapaz de enfocar la mirada en el cirujano que tenía delante. Sólo cuando éste habló para decir: «¿Y bien?», una expresión de reconocimiento cruzó la cara de Virgil. Sabía que las voces procedían de caras, y dedujo que el caos de luz, sombra y movimiento que veía debía de ser la cara del cirujano.

La experiencia de Virgil fue casi idéntica a la de SB, un paciente al que el psicólogo Richard Gregory había retratado treinta años antes, y pasé muchas horas discutiendo con él el caso de Virgil.

Richard y yo nos habíamos conocido en el despacho de Colin Haycraft en 1972, cuando éste preparaba la publicación no sólo de *Despertares*, sino también del libro de Gregory *Illusion in Nature and Art*. Era un hombre grande, una cabeza más alto que yo, espontáneo y exuberante, dotado de una gran energía mental y corporal, que se combinaba con una especie de inocencia y una afición a las bromas que a veces me impulsaba a verlo como si fuera un chico de doce años enorme, vivaz y gracioso. Me habían cautivado sus libros anteriores: *Eye and Brain* y *The Intelligent Eye*, que nos revelaban el fluido y delicioso funcionamiento de una mente apasionada y poderosa, y una singular amalgama de ligereza y profundidad. Se podía reconocer una frase de Gregory tan fácilmente como un compás de Brahms.

Los dos sentíamos un especial interés por el sistema visual del cerebro y por cómo nuestra capacidad de reconocimiento visual podía verse socavada por una lesión o enfermedad, o engañada por las ilusiones visuales.[1] Estaba convencido de que las percepciones no eran simples reproducciones de los datos sensoriales procedentes del ojo o el oído, sino que el cerebro tenía que «construirlas», y que en esa construcción debían colaborar muchos subsistemas del cerebro, con la ayuda constante de la memoria, la probabilidad y la expectativa.

Durante una larga y productiva carrera, Richard demostró que las ilusiones visuales resultaban fundamentales a la hora de comprender todo tipo de funciones neurológicas. El juego era fundamental para él, ya fuera como juego intelectual (siempre tenía un juego de palabras en la punta de la lengua) o como método científico. Su idea era que el cerebro jugaba con ideas, que lo que llamamos percepciones eran en realidad «hipótesis perceptivas» que el cerebro construía y con las que jugaba.

Cuando yo vivía en City Island, a menudo me levantaba en plena noche para ir a montar en bicicleta cuando las calles estaban vacías, y una noche observé un extraño fenómeno: si miraba los radios de la rueda delantera mientras giraban, había un momento en que parecían congelados, como una fotografía. Aquello me fascinó, y al instante telefoneé a Richard, olvidando que en Inglaterra

---

1. Muchas generaciones de Gregorys se habían sentido especialmente interesadas por la visión y la óptica. En su libro *Hereditary Genius*, Francis Galton remontó la eminencia intelectual de la familia Gregory a un contemporáneo de Newton, James Gregory, que llevó a cabo importantes mejoras en el telescopio reflector de Newton. El padre de Richard había sido astrónomo real.

debía de ser muy temprano. Pero se lo tomó con alegría y al momento me presentó tres hipótesis. ¿Era aquella «inmovilidad» un efecto estroboscópico causado por la corriente oscilatoria de la dinamo? ¿Se debía a los rápidos movimientos espasmódicos de mis ojos? ¿O indicaba que el cerebro de hecho «construía» una sensación de movimiento a partir de «fotos fijas»?[1]

Los dos compartíamos una pasión por la visión estereoscópica; Richard a veces mandaba postales de Navidad tridimensionales a sus amigos, y su casa de Bristol, que es como un museo, estaba llena de viejos estereoscopios, junto con otros instrumentos ópticos antiguos de todo tipo. Le consulté a menudo cuando escribí acerca de Susan Barry («Estéreo Sue»), que al parecer había sufrido ceguera a la estereoscopia desde sus primeros años, y que sin embargo había adquirido la visión tridimensional a los cincuenta años. Eso era algo que se consideraba imposible, pues la opinión imperante era que existía sólo un breve periodo crítico, que correspondía a la primera infancia, para adquirir la experiencia estereoscópica, y que si no se conseguía a la edad de dos o tres años, ya era demasiado tarde.

Y de repente yo comencé a perder parte de la visión en un ojo, y al final la perdí del todo. Le escribí a Richard contándole las cosas a veces aterradoras que me ocurrían en la vista, y cómo, tras toda una vida de ver el mundo con una rica y hermosa profundidad estereoscópica, ahora lo encontraba tan grande y confuso que a veces me parecía haber perdido los mismísimos conceptos de distancia y

---

1. Posteriormente comenté esa idea de las «instantáneas» con Francis Crick, y escribí acerca de ella en «In the River of Consciousness», un artículo aparecido en 2004 en *The New York Review of Books*.

profundidad. Richard mostraba una paciencia infinita con mis preguntas, y sus percepciones eran inestimables. Me parecía que él, más que nadie, me ayudaba a entender lo que estaba experimentando.

A principios de 1993, Kate me pasó el teléfono y dijo: «Es John Steele, te llama desde Guam.»

¿Guam? Nunca había recibido ninguna llamada telefónica desde Guam. Ni siquiera estaba seguro de dónde estaba. Veinte años atrás había mantenido cierta correspondencia con un tal John Steele, un neurólogo de Toronto que había sido coautor de un artículo sobre las alucinaciones de migraña en los niños. Se conocía a ese John Steele por haber identificado el síndrome de Steele-Richardson-Olszewski, una enfermedad degenerativa del cerebro ahora llamada parálisis supranuclear progresiva. Cogí el teléfono, y, en efecto, resultó ser el mismo John Steele. Me contó que desde entonces vivía en Micronesia, primero en una de las Islas Carolinas, y ahora en Guam. ¿Por qué me telefoneaba? Me dijo que entre el pueblo chamorro de Guam existía una extraordinaria enfermedad endémica que los nativos llamaban lytico-bodig. Muchos de ellos padecían síntomas extraordinariamente parecidos a los que yo había escrito y filmado en mis pacientes posencefalíticos. Como ahora yo era una de las pocas personas que habían visto a estos pacientes posencefalíticos, John se preguntaba si podría ver a algunos de sus pacientes y decirle lo que pensaba.

Recordé haber oído hablar de la enfermedad de Guam cuando hacía la especialidad; a veces se consideraba la piedra de Roseta de las enfermedades neurodegenerativas, pues los pacientes a menudo exhibían síntomas como los del Parkinson, la esclerosis lateral amitrófica o la demencia, y quizá pudiera arrojar luz sobre alguna de éstas. Los neurólogos llevaban décadas desplazándose a Guam e intentando desentrañar la causa de la enfermedad, pero casi todos habían renunciado.

Llegué a Guam unas semanas más tarde, y en el aeropuerto me recibió John, una figura que reconocí al instante. Hacía un calor sofocante, y todo el mundo llevaba camisas y pantalones cortos muy floridos, exceptuando John, que, muy atildado, vestía un traje tropical, corbata y sombrero de paja. «¡Oliver!», me gritó. «¡Qué alegría que hayas venido!»

Mientras nos alejábamos del aeropuerto en su descapotable rojo, me detalló la historia de Guam; también me señaló un bosquecillo de cícadas, un árbol muy primitivo que originariamente se había extendido por todo Guam; sabía que yo estaba interesado en las cícadas y en otras plantas primitivas. De hecho, me había sugerido por teléfono que me desplazara a Guam bien como «neurólogo cicadólogo» o como «cicadólogo neurólogo», pues mucha gente pensaba que una harina que se preparaba con las semillas de esas cícadas, y que era un alimento muy popular entre los chamorro, era responsable de esa extraña enfermedad.

Durante los días siguientes acompañé a John en sus visitas a domicilio. Me recordó cuando de niño acompañaba a mi padre. Conocí a muchos de los pacientes de John, y algunos sin duda me recordaron a mis pacientes de *Despertares*. Decidí que quería regresar a Guam para llevar a cabo una visita más larga, y esta vez con una cámara para filmar a algunos de sus singulares pacientes.

La visita a Guam me pareció muy importante también a nivel humano. Mientras que los pacientes posencefalíti-

366

cos habían vivido durante décadas encerrados en un hospital, a menudo abandonados por sus familias, la gente que sufría el lytico-bodig seguía formando parte de la familia, parte de la comunidad, hasta el final. Eso me hizo comprender lo bárbaras que eran nuestra medicina y nuestras costumbres en el mundo «civilizado», en el que encerramos a los enfermos y a los dementes e intentamos olvidarlos.

Un día, mientras estaba en Guam, me puse a hablar con John de otro tema que me fascinaba, la ceguera al color, un tema que me había interesado muchísimo durante años. Hacía poco había visto a un pintor, el señor I., que de repente había perdido la capacidad de percibir el color después de toda una vida de visión cromática. Sabía lo que se estaba perdiendo, pero si uno *nacía* sin la capacidad de ver el color, entonces no tendría ni idea de lo que era. Casi todas las personas «ciegas al color» –lo que suele conocerse como «daltonismo»– en realidad sólo padecen una deficiencia: tienen dificultades a la hora de discriminar ciertos colores, pero pueden ver otros fácilmente. Pero la incapacidad de ver cualquier color, una absoluta ceguera al color congénita, es algo extremadamente raro; afecta sólo a una persona de cada treinta mil. ¿Cómo se las arreglaba una persona contra esa afección en un mundo que, para los demás, y también para los pájaros y mamíferos, está lleno de colores informativos y sugerentes? Esas personas con acromatopsia, ¿podrían desarrollar, al igual que los sordos, habilidades y estrategias especiales y compensatorias? ¿Podrían crear, al igual que los sordos, toda una comunidad y una cultura?

Le mencioné a John que había oído el rumor –quizá la leyenda romántica– de que existía un valle aislado poblado por gente que era totalmente ciega al color. «Sí, conozco el sitio. No es exactamente un valle, pero está muy aislado, es un diminuto atolón de coral relativamente cerca de Guam, apenas a unos dos mil kilómetros de distancia.» La isla, Pingelap, se encontraba cerca de Pohnpei, una isla volcánica más grande en la que John había trabajado unos años. Dijo que había visto algunos pacientes pingelapeses en Pohnpei, y tenía entendido que más o menos un 10 % de la población de Pingelap era completamente ciega al color.

Unos meses más tarde, Chris Rawlence, que había escrito el libreto para la ópera de Michael Nyman *El hombre que confundió a su mujer con un sombrero*, propuso rodar una serie de documentales conmigo para la BBC.[1] Y así fue como regresamos a Micronesia en 1994, acompañados de mi amigo oftalmólogo Bob Wasserman, y de Knut Nordby, un psicólogo noruego que era totalmente ciego al color. Chris y su equipo contrataron un avión precariamente pequeño para que nos llevara a Pingelap, y Bob, Knut y yo mismo nos sumergimos en la singular vida cultural y la historia de esas islas. Visitamos pacientes y hablamos con médicos, botánicos y científicos; recorrimos la selva, buceamos por los arrecifes, y probamos el *sakau*, un brebaje alcohólico.

No fue hasta el verano de 1995 cuando me instalé en la isla a escribir acerca de esas experiencias, y concebí el li-

---

1. La serie, llamada *The Mind Traveller*, exploraba algunos temas que me interesaban desde hacía mucho tiempo, entre ellos el síndrome de Tourette y el autismo. También me aportó nuevas experiencias: conocer a gente que padecía el síndrome de Williams (acerca del cual escribí posteriormente en *Musicofilia)*, una comunidad cajún sorda y ciega, y algunas personas sordas y carentes de lenguaje.

bro como un par de libros de viajes: «La isla de los ciegos al color», acerca de Pingelap, y «La isla de las cícadas», sobre la extraña enfermedad de Guam. (A los que añadí una especie de coda acerca del tiempo profundo y geológico y mis plantas antiguas preferidas, las cícadas.) Me sentí libre para explorar muchos temas no neurológicos y también neurológicos, e incluí más de sesenta páginas de notas al final, muchas de ellas breves ensayos acerca de botánica, matemáticas o historia. Así pues, *La isla* fue un libro diferente de todos los anteriores: más lírico, más personal. En ciertos aspectos, sigue siendo mi libro preferido.

El año 1993 no sólo marcó el inicio de nuevas aventuras y viajes en Micronesia y otros lugares, sino que me hizo emprender otro viaje, un viaje mental en el tiempo, recordando y repasando en la memoria algunas de las pasiones de mis primeros años.

Bob Silvers me preguntó si me gustaría reseñar una nueva biografía de Humphry Davy. La idea me entusiasmó, pues Davy era uno de mis ídolos desde niño; me encantaba leer acerca de sus experimentos químicos a principios del siglo XIX y repetirlos en mi pequeño laboratorio. Volví a sumergirme en la historia de la química, y acabé conociendo al químico Roald Hoffmann.

Unos años después, Roald, conociendo la pasión que había sentido de niño por la química, me mandó un paquete que contenía un gran póster de la tabla periódica con fotografías de cada elemento, un catálogo químico y una barrita de un metal grisáceo y muy denso que de inmediato reconocí como tungsteno. Como Roald sin duda conjeturó, aquello al instante suscitó recuerdos de mi tío,

369

cuya fábrica había producido barras de tungsteno y fabricado bombillas con filamentos de dicho metal. Esa barra de tungsteno fue mi magdalena.

Comencé a escribir acerca de mi infancia, que había transcurrido en Inglaterra antes de la Segunda Guerra Mundial; de cómo me había visto exiliado en un internado de sádicos durante la guerra; de mi persistente pasión por los números y luego por los elementos y la belleza de las ecuaciones que podían representar cualquier reacción química. Para mí fue un nuevo tipo de libro, que combinaba la autobiografía con una especie de historia de la química. A finales de 1999, había escrito muchos cientos de miles de palabras, pero tenía la impresión de que el libro no acababa de cuajar.

Disfrutaba con las publicaciones de historia natural del siglo XIX, todas ellas una mezcla de lo personal y lo científico, sobre todo *Viaje al archipiélago malayo* de Wallace, *El naturalista por el Amazonas* de Bates y *Notas de un botánico sobre el Amazonas y los Andes* de Spruce, y la obra que los inspiró todos (y también a Darwin): *Viaje a las regiones equinocciales del nuevo continente*, de Alexander von Humboldt. Me agradaba pensar que los caminos de Wallace, Bates y Spruce se habían cruzado entre sí, pasando uno por encima del otro, en la misma región del Amazonas durante los mismos meses de 1849, y pensar que todos eran buenos amigos. (Siguieron escribiéndose durante toda su vida, y Wallace publicaría las *Notas* de Spruce después de la muerte de éste.)

En cierto sentido, eran todos unos aficionados –eran autodidactas, motivados tan sólo por su afán de saber, y no pertenecían a ninguna institución– y vivían, o eso me parecía, a veces, en un mundo paradisíaco, una especie de Edén, lejos todavía de la turbulencia y tribulación de las rivalidades casi criminales que son hoy la marca indeleble de un mundo cada vez más profesionalizado (el tipo de rivalidades que retrató tan vivamente H. G. Wells en su relato «La polilla»).

Creo que ese ambiente amable, todavía no corrompido por la profesionalización, que obedecía a un afán de aventura y asombro y no al egoísmo ni al deseo de fama y de ser el primero, todavía sobrevive aquí y allá, en ciertas sociedades de historia natural, cuya existencia discreta pero esencial es virtualmente desconocida por el público. Una de ellas es la Sociedad Americana del Helecho, que celebra una reunión mensual y esporádicos viajes de campo –«incursiones en busca de helechos»– de uno u otro tipo.

En enero de 2000, todavía luchando por completar *El tío Tungsteno*, llevé a cabo, con unos veinte miembros de la sociedad del helecho, un viaje a Oaxaca, donde se han descrito más de setecientas especies de helechos. No había planeado llevar un diario detallado, pero fue una experiencia tan rica y llena de aventuras que escribí casi sin parar durante el viaje de diez días.[1]

El bloqueo que había experimentado con *El tío Tungsteno* desapareció de repente en mitad de la ciudad de Oaxaca, mientras subía a un autobús en la plaza de la ciudad para regresar a mi hotel. Sentado delante de mí había un hombre que fumaba un puro y su mujer, y ambos ha-

1. Cuando regresé, transcribí el diario, y poco después me invitaron a publicarlo como libro en una serie sobre viajes del National Geographic. Hay páginas enteras del *Diario de Oaxaca* que son idénticas a los apuntes que escribí a mano, pero también lo enriquecí investigando otras cosas que me habían llamado la atención durante el viaje: los chocolates y los chiles, el mescal y la cochinilla, la cultura mesoamericana y los alucinógenos del Nuevo Mundo.

blaban suizo alemán. La conjunción del autobús y el idioma me transportó de pronto a 1946, tal como escribí en el *Diario de Oaxaca:*

> La guerra acababa de finalizar, y mis padres decidieron visitar el único país «intacto» de Europa, Suiza. El Schweizerhof de Lucerna contaba con un cupé eléctrico, alto y silencioso, que llevaba funcionando perfectamente desde que se construyera, cuarenta años antes. Un recuerdo entre agradable y doloroso que surge de cuando tenía trece años y estaba en el umbral de la adolescencia. De la frescura e intensidad de todas mis percepciones de entonces. Y recuerdo a mis padres: jóvenes, vigorosos, apenas tenían cincuenta años.

Cuando regresé a Nueva York, seguía evocando recuerdos de mi infancia, y así surgió el resto de *El tío Tungsteno*, en el que lo personal parece entrelazarse con lo histórico y lo químico, con lo que ese libro híbrido cobró forma cuando conseguí combinar dos historias y voces muy distintas.

Alguien que compartía mi profundo amor por la historia natural y la historia de la ciencia era Stephen Jay Gould.

Yo había leído su *Ontogenia y filogenia* y muchos de sus artículos mensuales de la revista *Natural History*. Sobre todo me encantó su libro de 1989 *La vida maravillosa*, que me ayudó a comprender de una manera formidable que la evolución de cualquier especie de planta o animal es una cuestión de pura suerte –buena o mala–, y el gran papel que desempeña el azar. Tal como Gould escribió, si pudiéramos «reiniciar» la evolución, sin duda resultaría completamente distinta cada vez. El *Homo sapiens* era el resultado de una combinación particular de contingencias que acabaron creándonos. Él lo denominaba un «glorioso accidente».

Tanto me apasionó la idea de la evolución de Gould que cuando un periódico de Inglaterra me preguntó cuál era el libro que más me había gustado de 1990, escogí *La vida maravillosa*, su vívida evocación de la asombrosa variedad de formas de vida que se produjeron en la «explosión cámbrica» hace más de 500 millones de años (las que se han conservado de manera tan perfecta en el Esquisto de Burgess de las Montañas Rocosas canadienses) y de las muchas que sucumbieron a la competencia, los desastres o la simple mala suerte.

Steve vio esa pequeña reseña del libro y me mandó un ejemplar con una dedicatoria generosa, en la que se refería a «la versión geológica» del tipo de contingencia, la imprevisibilidad inherente, que yo había descrito en mis pacientes posencefalíticos. Le di las gracias, y me contestó con una carta en la que chispeaban su energía, su exuberancia y su estilo característicos. Comenzaba de la siguiente manera:

> Querido doctor Sacks:
> Me emocionó recibir su carta. No creo que pueda haber mayor satisfacción en la vida que saber que uno de tus héroes intelectuales ha disfrutado a su vez de tu propio trabajo. Realmente creo que, en cierto sentido colectivo, aunque evidentemente sin contacto alguno, somos varios los que trabajamos en dirección al objetivo común que tiene su origen en una teoría de la contingencia. Su trabajo sobre los análisis de casos sin duda está emparentado con los estudios de Edelman sobre neurología, la teoría del caos en

general, los ensayos de McPherson sobre la Guerra Civil americana, y mi propio material sobre la historia de la vida. Por supuesto, no hay nada nuevo acerca de la contingencia *per se*. Más bien, por lo general el tema se ha visto como algo exterior a la ciencia («simplemente historia») o, incluso peor, como un sustituto, o incluso como punto de encuentro, de un espiritualismo acientífico. La cuestión no consiste en recalcar la contingencia, sino en identificarla como un tema central de la auténtica ciencia basada en la irreductibilidad de lo individual, no como algo que se opone a la ciencia, sino como una expectativa de lo que podemos llamar ley natural, y por tanto como dato primordial de la propia ciencia.

Después de comentar otros temas, concluía:

> Es curioso cómo, al contactar con alguien a quien has querido conocer durante años, comienzas a ver por todas partes cosas que querías comentar con él.
> Sinceramente,
> Stephen Jay Gould

De hecho, no nos conocimos hasta un par de años más tarde, cuando un periodista de televisión holandés nos propuso filmar una serie de entrevistas. Cuando el productor me preguntó si conocía a Steve, pude contestar: «Personalmente, no, aunque nos hemos escrito. Sin embargo, lo considero un hermano.»

Steve, por su parte, le había escrito al productor: «Me muero de ganas de conocer a Oliver Sacks. Lo considero un hermano, pero no nos conocemos personalmente.»

Éramos seis en total: Freeman Dyson, Stephen Toulmin, Daniel Dennett, Rupert Sheldrake, Steve y yo. Nos

374

entrevistaron a cada uno por separado, y unos meses más tarde fuimos en avión a Ámsterdam, donde nos alojaron en hoteles distintos. Ninguno de nosotros conocía a los demás, y la expectativa era que se produjera una explosión maravillosa (y posiblemente violenta) cuando los seis nos juntáramos. El programa de televisión, de trece horas de duración, se llamó *A Glorious Accident*, y tuvo un enorme éxito en los Países Bajos; posteriormente, una transcripción del programa se convirtió en un libro que se vendió muchísimo. La propia reacción de Steve al programa fue un tanto socarrona, como es habitual en él. Me escribió: «Estoy atónito al ver que nuestra serie holandesa ha tenido tan buena acogida. Desde luego, me encantó conocerte, pero dudo que me hubiera apetecido pasarme horas delante de un televisor contemplando una conversación entre un grupo de sujetos que en esta época políticamente correcta se suelen caracterizar como varones europeos blancos y muertos.»

Steve daba clases en Harvard, pero vivía en el centro de Nueva York, por lo que éramos vecinos. Steve era un hombre con muchas facetas y pasiones distintas. Le encantaba caminar, poseía un conocimiento arquitectónico y enciclopédico de la ciudad de Nueva York y de cómo era hace un siglo. (Sólo alguien con una sensibilidad tan grande para la arquitectura como él introduciría las enjutas como metáfora evolutiva.) También tenía un gran talento musical: cantaba en un coro de Boston y adoraba a Gilbert y Sullivan; creo que se sabía todo Gilbert y Sullivan de memoria. Una vez que fuimos a visitar a un amigo de Long Island, Steve se pasó tres horas en el jacuzzi, y no paró de cantar canciones de Gilbert y Sullivan sin repetir ni una. También conocía una gran cantidad de canciones de las dos guerras mundiales.

Steve y su mujer, Rhonda, eran unos amigos impulsivamente generosos, y les encantaba dar fiestas de cumpleaños. Steve preparaba la tarta de cumpleaños utilizando la receta de su madre, y siempre escribía un poema que luego recitaba. Se le daba muy bien; un año resultó ser una maravillosa versión de «Jabberwocky», y en otra fiesta recitó lo siguiente:

PARA EL CUMPLEAÑOS DE OLIVER, 1997

Este hombre, que por una cícada perdió la chaveta,
pero que podría haber anunciado una bicicleta,
rey de la multidiversidad,
feliz cumpleaños, de verdad,
has superado al viejo Freud, un chalado, en realidad.

Con una sola pierna, migrañoso, ciego al color,
se despierta en Marte, y a su sombrero le tiene un gran amor,
Oliver Sacks,
que lleva la vida al máximo,
mientras nada y a los delfines deja atrás.

En otro cumpleaños, sabiendo que me encantaba la tabla periódica, Steve y Rhonda invitaron a todo el mundo a vestirse como un elemento concreto. Se me dan muy mal los nombres y las caras, pero nunca olvido un elemento. (Hubo un hombre que vino a la fiesta con mi vieja amiga Carol Burnett. No recuerdo su nombre, y no recuerdo su cara, pero siempre recordaré que era el argón.) Steve era el xenón, el elemento 54, otro gas noble.

Yo leía con avidez los artículos mensuales de Steve en *Natural History,* y a menudo le escribía sobre los temas

376

que trataba. Discutíamos sobre todo tipo de cosas, desde el lugar que ocupaba la contingencia en las reacciones de los pacientes hasta nuestro amor compartido por los museos (sobre todo los de estilo antiguo, con vitrinas; ambos nos manifestamos en favor de la conservación del maravilloso Museo Mütter de Filadelfia).

También sentía un gran deseo, que se remontaba a mi época de aficionado a la biología marina, de saber más acerca de los sistemas y comportamientos nerviosos más primitivos, y en este aspecto Steve fue una influencia importante en mi vida, alguien que me recordaba de manera incesante que en biología nada tenía sentido si no era a la luz de la evolución y el azar, la contingencia. Lo ubicaba todo en el contexto del tiempo profundo evolutivo.

La propia investigación de Steve se había basado en la evolución de los caracoles de tierra de las Bermudas y de las Antillas Holandesas, y para él la inmensa variedad de invertebrados ilustraba todavía mejor que el caso de los vertebrados la magnitud de la inventiva de la naturaleza y su ingenio al encontrar nuevos usos para estructuras y mecanismos de todo tipo que evolucionaron muy pronto: a éstos los llamaba «exaptaciones». Y también compartíamos nuestra afición por las formas de vida «inferiores».

En 1993, en una carta, le hablé a Steve de diversas maneras de combinar lo particular y lo general –la narración clínica y la neurociencia–, y me contestó: «Hace mucho tiempo que experimento exactamente la misma tensión, e intento satisfacer el placer que me proporcionan las cosas individuales a través de mis ensayos, y mi interés por lo general a través de escritos más técnicos. Me gustaba mucho la obra de Burgess Shale porque me permitía integrar ambos aspectos.»

Tuvo la amabilidad de leer mi manuscrito de *La isla*

de los ciegos al color con tanta atención que me evitó algunas meteduras de pata.

Finalmente, también nos interesaba a los dos el autismo; tal como me escribió: «Mis razones son en parte personales. Tengo un hijo autista, que es un gran calculador de días y fechas, de manera instantánea y a lo largo de miles de años. Tu artículo sobre los gemelos calculadores es el ensayo más conmovedor que he leído nunca.»

Él también había escrito un texto muy emocionante acerca de Jesse, su hijo, en un ensayo publicado posteriormente en *Milenio:*

> Los seres humanos son sobre todo seres que cuentan historias. Organizamos el mundo como una serie de relatos. ¿Cómo es posible, entonces, que una persona consiga interpretar su confuso entorno si es incapaz de comprender esos relatos o conjeturar las intenciones humanas? En los anales de los actos heroicos humanos, no descubro nada más ennoblecedor que las compensaciones que la gente se esfuerza por descubrir y poner en práctica cuando los infortunios de la vida les han privado de los atributos básicos de nuestra naturaleza común.

Steve había visto la muerte de cerca antes de que yo le conociera, cuando tenía unos cuarenta años. Sufría un tumor maligno muy raro –un mesotelioma–, pero estaba decidido a desafiar todas las expectativas y superar ese cáncer especialmente letal. Tuvo suerte, con la ayuda de la radioterapia y la quimioterapia. Siempre había sido una persona extremadamente activa, pero después de esa experiencia con la muerte, ese rasgo se agudizó. No había un minuto que perder; ¿quién sabía lo que podía ocurrir?

Veinte años más tarde, a los sesenta, sufrió un cáncer

que al parecer no guardaba ninguna relación con el anterior: un cáncer de pulmón que metastatizó al hígado y al cerebro. Pero la única concesión que le hizo a la enfermedad fue dejar de dar las clases de pie y darlas sentado. Estaba decidido a completar su obra magna: *La estructura de la teoría de la evolución*, que se publicó en la primavera de 2002, en el veinticinco aniversario de la publicación de *Ontogenia y filogenia*.

Unos meses más tarde, justo después de impartir su última clase en Harvard, Steve entró en coma y murió. Fue como si hubiera resistido por pura fuerza de voluntad, y después de su último semestre en la enseñanza y de haber visto cómo se publicaba su último libro, estuviera listo para dejarlo todo. Murió en su casa, en su biblioteca, rodeado por los libros que adoraba.

UNA NUEVA VISIÓN DE LA MENTE

A principios de marzo de 1986, poco después de la publicación de *El hombre que confundió a su mujer con un sombrero*, recibí una carta del señor I., un artista de Long Island, en la que me decía:

> Soy un artista de bastante éxito que acaba de cumplir sesenta y cinco años. El 2 de enero de este año iba conduciendo mi coche y choqué con un pequeño camión en el lado del copiloto de mi vehículo. En urgencias del hospital de mi barrio me dijeron que sufría una conmoción cerebral. Mientras me reconocían la vista descubrí que era incapaz de distinguir las letras y los colores. Las letras me parecían griego. Mi visión era tal que me parecía estar contemplando un televisor en blanco y negro. Al cabo de los días fui capaz de distinguir las letras y mi vista se volvió de águila: podía ver un gusano retorciéndose a una manzana de distancia. La agudeza de enfoque es increíble. PERO ESTOY COMPLETAMENTE CIEGO AL COLOR. He visitado a oftalmólogos que no saben nada de este asunto de la ceguera al color. He visitado a neurólogos, sin resultado. Bajo hipnosis sigo sin distinguir los colores. Me han sometido a

381

todo tipo de pruebas. Cualquiera que se le ocurra. Mi perro marrón es gris oscuro. El zumo de tomate es negro. La televisión en colores es un batiburrillo.

El señor I. se quejaba de que en el mundo aburrido y «deprimente» en blanco y negro que habitaba ahora la gente tenía un aspecto horrible, y pintar le resultaba imposible. ¿Me había topado antes con una afección semejante? ¿Podía averiguar lo que había ocurrido? ¿Podía ayudarle?

Le contesté que había oído hablar de casos de acromatopsia adquirida, pero que nunca había visto ninguno. No estaba seguro de poder ayudarlo, pero invité al señor I. a venir a verme.

El señor I. se había vuelto ciego al color después de sesenta y cinco años viendo los colores con normalidad, y su ceguera al color era absoluta, como si viera «un televisor en blanco y negro». Lo repentino del hecho era incompatible con cualquiera de los lentos deterioros que pueden acaecerles a las células cónicas de la retina, y sugería que el percance había ocurrido a un nivel muy superior, en aquellas partes del cerebro especializadas en la percepción del color.

Además, quedó claro que el señor I. no sólo había perdido la capacidad de ver el color, sino la capacidad de *imaginarlo*. Ahora soñaba en blanco y negro, e incluso sus auras de migraña habían perdido el color.

Unos meses antes, yo me encontraba en Londres para la publicación de *El hombre que confundió a su mujer con un sombrero* cuando un colega me invitó a acompañarlo a una conferencia en el National Hospital de Queen Square. «El conferenciante es Semir Zeki», me dijo. «Es la máxima autoridad en el tema de la percepción del color.»

Zeki había llevado a cabo una investigación neurofisiológica de la percepción del color insertando electrodos en la corteza visual de monos y anotando los resultados, y había demostrado que existía una sola zona (V4) responsable de la construcción del color. Consideraba que probablemente había una zona análoga en el cerebro humano. Me fascinó la conferencia de Zeki, sobre todo el uso de la palabra «construcción» al referirse a la percepción del color.

De la obra de Zeki parecía emanar una manera de pensar completamente nueva, que me hizo pensar en la posible base nerviosa de la conciencia de una manera que nunca había considerado, y comprender que con la capacidad que poseíamos ahora de producir imágenes cerebrales, y con nuestra capacidad recientemente desarrollada de registrar la actividad de las neuronas individuales en cerebros vivos y conscientes, quizá podríamos señalar cómo y dónde se «construyen» todo tipo de experiencias. Era una idea de lo más estimulante. Comprendí el enorme salto que había dado la neurofisiología desde mi época de estudiante, a principios de la década de 1950, cuando ni nos imaginábamos que fuera posible registrar las células nerviosas individuales del cerebro mientras un animal percibía y actuaba estando consciente.

Más o menos por esa época, fui a un concierto en el Carnegie Hall. El programa incluiría la gran *Misa en do menor* de Mozart, y después del intermedio, el *Réquiem*. Un joven neurofisiólogo, Ralph Siegel, por casualidad estaba sentado unas cuantas filas detrás de mí; nos habíamos visto brevemente el año anterior durante mi visita al Instituto Salk, donde él era uno de los protegidos de Francis Crick. Cuando Ralph vio que tenía el cuaderno abierto en el regazo y escribía sin parar durante todo el concierto, comprendió que la voluminosa figura que tenía delante no podía ser sino yo. Se me acercó y se presentó al final del concierto, y lo reconocí de inmediato, no por la cara (casi todas las caras me parecen iguales), sino por su pelo rojo fuego y su desparpajo y vivacidad.

Ralph sentía curiosidad: ¿qué había estado escribiendo durante todo el concierto? ¿No había escuchado la música? Sí, le contesté, había escuchado la música, y no sólo como si la tuviera de fondo. Cité a Nietzsche, que también solía escribir en los conciertos; le encantaba Bizet, y en una ocasión escribió: «Bizet me hace ser mejor filósofo.»

Le dije que en mi opinión Mozart me hacía ser mejor neurólogo, y que había estado escribiendo acerca de un paciente al que acababa de visitar: el artista ciego al color. Ralph se entusiasmó; había oído hablar del señor I., pues yo se lo había comentado a Francis Crick ese mismo año. El trabajo de Ralph se centraba precisamente en explorar el sistema visual de los monos, pero me dijo que le encantaría conocer al señor I., que podría decirle exactamente qué estaba viendo (o no viendo), contrariamente a los monos con los que trabajaba. Me resumió media docena de pruebas sencillas pero fundamentales que podrían ayudar a identificar en qué estado se había interrumpido la construcción del color en el cerebro del pintor.

Ralph siempre pensaba en profundos términos fisiológicos, mientras que los neurólogos, yo entre ellos, a menudo nos contentamos con la fenomenología de la enfermedad o el daño cerebral, y no dedicamos mucha reflexión a los mecanismos precisos involucrados, y ninguna a la cuestión primordial de cómo la experiencia y la conciencia surgen de la actividad cerebral. Para Ralph, todas las cuestiones que exploraba en el cerebro de los monos, las intuiciones que había ido recogiendo una por una, siempre apuntaban a esa cuestión primordial: la relación entre cerebro y mente.

Cada vez que le contaba historias sobre lo que experimentaban mis pacientes, Ralph me arrastraba de inmediato a una discusión fisiológica: ¿Qué partes del cerebro participaban? ¿Qué ocurría en ellas? ¿Se podía simular en un ordenador? Poseía un don innato para las matemáticas, y un título de física, y disfrutaba con la neurociencia computacional, creando modelos o simulaciones de sistemas neurológicos.[1]

Durante los veinte años siguientes, Ralph y yo fuimos grandes amigos. Él pasaba los veranos en el Instituto Salk y yo iba a visitarlo con frecuencia. Como científico, Ralph era inflexible, a menudo franco y categórico; como persona era jovial, espontáneo y amante de la broma. Disfrutaba estando con su mujer y sus dos gemelos, en una vida familiar en la que muchas veces yo me incluía como una especie de padrino. Ambos adorábamos La Jolla, donde podíamos dar largos paseos a pie o en bicicleta, contemplar a los

---

1. Se quedó fascinado cuando le enseñé los complejos dibujos que se veían en un aura de migraña: hexágonos y dibujos geométricos de muchas formas, entre ellos estructuras fractales. Fue capaz de simular algunas de estas estructuras básicas en una red nerviosa, y en 1992 incluimos este trabajo como apéndice de una edición revisada de *Migraña*. La intuición matemática y física de Ralph también le condujo a considerar que el caos y la autoorganización podrían ser claves en los procesos naturales de todo tipo, relevantes para cualquier clase de ciencia, desde la mecánica cuántica a la neurociencia. Todo ello condujo, en 1990, a una nueva colaboración entre ambos, cuyo fruto fue un apéndice a la edición revisada de *Despertares:* «Caos y despertares».

que hacían parapente mientras planeaban sobre los acantilados, o nadar en la cala. En 1995 La Jolla se convirtió en la capital mundial de la neurociencia, cuando al Instituto Salk, el Instituto de Investigación Scripps y la Universidad de California en San Diego se les unió el Instituto de Neurociencias de Gerald Edelman. Ralph me presentó a algunos de los numerosos neurocientíficos que trabajaban en el Salk, y comencé a sentir que formaba parte de esa comunidad extraordinariamente variada y original.

En 2011, Ralph murió, demasiado joven, de un cáncer cerebral. Sólo tenía cincuenta y dos años. Le echo muchísimo de menos, pero su voz, al igual que la de muchos de mis amigos y mentores, se ha convertido en parte integral de mi pensamiento.

En 1953, mientras yo estaba en Oxford, leí la famosa carta sobre la «doble hélice» de Watson y Crick cuando se publicó en *Nature*. Me gustaría decir que comprendí de inmediato su tremenda importancia, pero no fue ése el caso, y lo mismo le ocurrió a casi todo el mundo.

Hasta 1962, cuando Crick fue a San Francisco y pronunció una conferencia en el Hospital Monte Sión, no comencé a comprender las enormes implicaciones de la doble hélice. La charla de Crick no trató de la configuración del ADN, sino del trabajo que había llevado a cabo con el biólogo molecular Sydney Brenner para determinar cómo la secuencia de las bases del ADN podía especificar la secuencia de aminoácidos de las proteínas. Después de cuatro años de intenso trabajo acababan de demostrar que en ese proceso intervenía un código de tres nucleótidos, lo cual, en sí mismo, era un descubrimiento no menos importante que el de la doble hélice.

Pero estaba claro que Crick había pasado a otras cosas.

En su charla insinuó que había dos grandes empresas cuya exploración se llevaría a cabo en el futuro: comprender el origen y la naturaleza de la vida, y comprender la relación entre el cerebro y la mente, y, en concreto, la base biológica de la conciencia. ¿Tenía la menor idea, cuando nos habló en 1962, de que ésos serían los mismísimos temas que él abordaría en años futuros, en cuanto «se hubiera ocupado» de la biología molecular, o al menos la hubiera llevado a una fase en la que pudiera delegarla en otros?

En 1979 Crick publicó en *Scientific American* «Pensando en el cerebro», un artículo en el que, en cierto sentido, legitimaba el estudio de la conciencia en términos neurocientíficos; antes de ello, la cuestión de la conciencia se consideraba algo irremediablemente subjetivo, y por tanto ajeno a la investigación científica.

Unos años más tarde lo vi en un congreso celebrado en 1986 en San Diego. Había muchísima gente, y estaba lleno de neurocientíficos, pero a la hora de cenar me identificó, me agarró por los hombros, me hizo sentarme a su lado y me dijo: «¡Cuénteme historias!» En concreto, quería que le contara historias de cómo la visión podía verse alterada por el daño o la enfermedad cerebral.

No recuerdo qué comimos, ni nada más de la cena, sólo que le conté historias de muchos de mis pacientes, y que cada una de ellas le provocó numerosas hipótesis y sugerencias para posteriores investigaciones. Unos días más tarde le escribí una carta y le confesé que la experiencia había sido «parecida a sentarse junto a un reactor nuclear intelectual. (...) Nunca había experimentado tanta incandescencia». Se quedó fascinado cuando le hablé del señor I., y también cuando le conté que algunos de mis pacientes habían experimentado, en los pocos minutos de una aura de migraña, un parpadeo de imágenes estáticas, «congeladas», en lugar de su percepción visual normal y continua. Me preguntó si esa «visión cinemática», tal como yo la llamaba, era siempre un estado permanente o se podía provocar de un modo predecible y que pudiera ser investigado. (Le contesté que no lo sabía.)

Durante 1986 pase mucho tiempo con el señor I., y en enero de 1987 le escribía a Crick: «He escrito un informe bastante largo sobre mi paciente. (...) Sólo mientras lo escribía he llegado a comprender que el color podría ser, de hecho, una construcción (cerebro-mental).»

He pasado casi toda mi vida profesional abrazando las ideas del «realismo ingenuo», considerando las percepciones visuales, por ejemplo, meras descripciones de las imágenes de la retina; esta visión «positivista» era dominante en mis días de Oxford. Pero mientras trabajaba con el señor I., se abría paso un concepto muy distinto del cerebro-mente, una visión que le otorgaba un papel esencialmente constructivo o creativo. Añadí que comenzaba a preguntarme si todas las cualidades perceptibles, incluyendo la percepción del movimiento, las construía el cerebro de manera parecida.[1]

1. Unos días más tarde recibí una carta de respuesta de Crick en la que me pedía más detalles sobre la diferencia entre mis pacientes de migraña y una paciente singular descrita en un artículo de 1983 de Josef Zihl y sus colegas. La paciente de Zihl, por ejemplo, era incapaz de servir una taza de té; veía un «glaciar» inmóvil de té colgando de la boca de la tetera. Algunos de mis pacientes han experimentado esas «fotos fijas» en rápida sucesión, mientras que para el paciente de Zihl, que había adquirido esa ceguera al movimiento después de un ictus, las imágenes fijas parecían durar mucho más, quizá varios segundos cada una. En concreto, Crick quería saber si las sucesivas fotos fijas de mis pacientes con migraña ocurrían dentro del intervalo

388

En mi carta mencioné que estaba trabajando en el caso del señor I. con mi amigo el oftalmólogo Bob Wasserman y con Ralph Siegel, que había diseñado y dirigido una variedad de experimentos psicofísicos con nuestro paciente. Mencioné que Semir Zeki también había visitado al señor I. y le había hecho algunas pruebas.

A finales de octubre de 1987, pude mandarle a Crick «El caso del pintor ciego al color», un artículo que Bob Wasserman y yo habíamos escrito para *The New York Review of Books*, y a principios de enero de 1988 me llegó la respuesta de Crick, una carta totalmente asombrosa: cinco páginas mecanografiadas a un solo espacio de ideas minuciosamente razonadas y rebosantes de ideas y sugerencias, algunas de las cuales, me dijo, no eran más que «especulación delirante». Decía:

> Gracias por mandarme su fascinante artículo sobre el artista ciego al color. (...) Aunque, como recalca en su carta, no se trata de un artículo estrictamente científico, ha despertado un gran interés entre mis colegas y mis amigos científicos y filosóficos de por aquí. Le hemos dedicado un par de sesiones en grupo, y además lo he comentado individualmente con diversas personas.

Añadía que había mandado una copia del artículo y su carta a David Hubel, el cual, junto con Torsten Wiesel,

---

entre sucesivos movimientos del ojo o sólo entre dichos intervalos. «Me encantaría discutir el tema con usted», me escribía, «incluyendo sus comentarios sobre el color como construcción cerebro-mental.»

En mi respuesta a Crick, me extendí sobre las profundas diferencias entre mis pacientes de migraña y la mujer ciega al movimiento de Zihl.

había llevado a cabo un trabajo pionero sobre los mecanismos corticales de la percepción visual. Me entusiasmaba pensar que gracias a Crick nuestro artículo, nuestro «caso», era analizado por muchos científicos. Me hacía pensar en la ciencia como una empresa común, en los científicos como una comunidad fraternal e internacional, que compartían y pensaban en la obra de los demás, y en el propio Crick como una especie de núcleo, en contacto con todos los que participaban en el mundo neurocientífico.

«Naturalmente, uno de los rasgos más interesantes», me escribía Crick:

es la pérdida de la sensación subjetiva de color del señor I., junto con su ausencia en la imaginación eidética y en los sueños. Ello sugiere claramente que una parte crucial del aparato necesario para estos dos últimos fenómenos también es imprescindible para la percepción del color. Al mismo tiempo, su memoria para los nombres de colores y asociaciones de colores permanecía completamente intacta.

A continuación resumía concienzudamente una serie de artículos de Margaret Livingstone y David Hubel que esbozaban su teoría de las tres fases en el primer procesado visual, y especulaban que el señor I. había sufrido daños en uno de estos niveles («el sistema de manchas» de V1), donde las células serían particularmente sensibles a la falta de oxígeno (quizá causada por un pequeño ictus o incluso por envenenamiento de monóxido de carbono).

«Por favor, perdone la longitud de esta carta», concluía. «Podríamos comentar estas cuestiones por teléfono en cuanto haya tenido tiempo de asimilarlo todo.»

Bob, Ralph y yo nos quedamos fascinados por la carta de Crick. Cuanto más la leíamos, más profunda y sugerente parecía, y al final nos dijimos que nos llevaría una década o más examinar el torrente de sugerencias que había hecho Crick.

Cuando, unas semanas más tarde, volvió a ponerse en contacto conmigo, Crick mencionó dos de los casos de Antonio Damasio: en uno de ellos el paciente había perdido la imaginería en color, pero seguía soñando en color. (Posteriormente recuperó la visión del color.)

Y Crick me escribió:

> Me alegra (...) saber que tiene planeado seguir trabajando con el señor I. Todo lo que menciona es importante, sobre todo los escáners. (...) Mis amigos todavía no se han puesto de acuerdo acerca de cuál podría ser el daño en esos casos de acromatopsia cerebral. De manera muy provisional he sugerido las manchas V1, además de cierta degeneración subsiguiente a niveles superiores, aunque ello obedece a que se ve poco en los escáners (si casi toda la V4 se ha destruido, debería verse algo). David Hubel me dice que está a favor de la hipótesis del deterioro de la V4, aunque esta opinión es preliminar. David van Essen sospecha que se trata de una zona todavía superior.

«Creo que la moraleja de todo esto», concluía Crick, «es que lo único que puede ayudarnos es un meticuloso y amplio estudio psicofísico de ese paciente, además de una localización exacta del daño cerebral. (De momento, no sabemos cómo estudiar la imaginería visual y los sueños en un mono.)»

En agosto de 1989, Crick me escribió: «De momento intento comprender la conciencia visual, pero se me resiste igual que siempre.» Incluía el manuscrito de un artículo titulado «Por una teoría de la conciencia neurobiológica», uno de los primeros artículos sinópticos que surgieron de su colaboración con Christof Koch en Caltech. Me pareció un privilegio extraordinario poder ver ese manuscrito, sobre todo su argumento meticulosamente expuesto de que una manera ideal de entrar en este campo aparentemente inaccesible sería explorar los trastornos de la percepción visual.

El artículo de Crick y Koch se dirigía a los neurocientíficos y cubría mucho campo en pocas páginas; a veces era denso y tremendamente técnico. Pero yo sabía que Crick también era capaz de escribir de manera muy sensible, ingeniosa y atractiva, algo que resultaba especialmente evidente en sus dos libros anteriores: *La vida misma* y *Of Molecules and Men*. También albergaba esperanzas de que pudiera darle una forma más popular y flexible a su teoría neurobiológica de la conciencia, enriquecida con ejemplos clínicos y cotidianos. (Que es lo que hizo en su libro de 1994 *La búsqueda científica del alma: una revolucionaria hipótesis para el siglo XXI.*)

En junio de 1994, Ralph y yo cenamos con Crick en Nueva York. La conversación se ramificó en múltiples direcciones. Ralph habló de su trabajo con la percepción visual en monos, y expuso sus ideas sobre el papel fundamental del caos a nivel neuronal; Francis comentó que estaba ampliando su trabajo con Christof Koch, y comentó sus últimas teorías acerca de los correlatos nerviosos de la conciencia; y yo comenté mi próxima visita a Pingelap, donde había docenas de personas —casi un 10 % de la población— que eran completamente ciegas al color de nacimiento. Planeaba viajar allí con Bob Wasserman y Knut Nordby, un psicólogo de la percepción noruego que, al igual que los habitantes de Pingelap, había nacido sin receptores del color en la retina.

En febrero de 1995 le mandé a Francis un ejemplar de *Un antropólogo en Marte*, que acababa de publicarse y contenía una versión ampliada de «El caso del pintor ciego al color», muy aumentada, en parte, gracias a mis discusiones con él sobre el caso. También le conté algo de mis experiencias en Pingelap, y que Knut y yo intentábamos imaginar los cambios que podían haber ocurrido en el cerebro como reacción a su acromatopsia. En ausencia de receptores de color en las retinas, ¿se atrofian los centros de construcción del color del cerebro? ¿Se reasignan a otras funciones visuales? ¿O quizá siguen esperando una entrada de información, entrada que podía provocarse mediante estimulación directa eléctrica o magnética? Y si ello ocurriera, ¿verían el color por primera vez en su vida? ¿Sabrían que eso *era* color, o su experiencia visual sería demasiado novedosa, demasiado desconcertante, para poder categorizarla? Sabía que estas cuestiones también fascinaban a Francis.

Francis y yo seguimos escribiéndonos y comentando diversos temas. Le hablé largo y tendido del paciente al que llamaba Virgil, que recuperó la vista después de una vida de ceguera, y le puse al corriente de mis reflexiones acerca del lenguaje de signos y la reasignación de la corteza auditiva en los sordos que hablaban por signos. Cada vez que surgía algún problema que me desconcertaba en relación con la percepción o conciencia visual, mantenía una especie de diálogo mental con él. Me preguntaba qué pensaría Francis de esto o lo otro, cómo intentaría explicarlo, cómo lo investigaría.

La imparable creatividad de Francis —esa incandescencia que tanto me llamó la atención cuando lo conocí en

1986, unida a su manera de mirar siempre adelante, a su manera de ir años o décadas por delante de sí mismo y de los demás– hizo que lo considerara inmortal. De hecho, mucho después de haber cumplido los ochenta, seguía publicando sin parar artículos brillantes y provocadores, sin mostrar ni la fatiga ni el desfallecimiento ni las repeticiones de la edad. Por ello, me pilló totalmente de improviso la noticia, a principios de 2003, de que sufría problemas médicos graves. Quizá eso me rondaba por la cabeza cuando le escribí en mayo de 2003, pero no fue la principal razón por la que quise ponerme de nuevo en contacto con él.

De repente me había puesto a pensar en el tiempo: el tiempo y la percepción, el tiempo y la conciencia, el tiempo y la memoria, el tiempo y la música, el tiempo y el movimiento. En concreto, había vuelto a la cuestión de si el paso aparentemente continuo del tiempo y el movimiento que nos indican nuestros ojos era una ilusión, de si nuestra experiencia visual consistía, de hecho, en una serie de «momentos» intemporales que luego quedaban soldados mediante algún mecanismo superior del cerebro. Comencé a remitirme de nuevo a las secuencias «cinematográficas» de imágenes fijas que me habían descrito los pacientes con migraña, y que yo había experimentado en alguna ocasión. (También lo había experimentado, de manera muy sorprendente, y en compañía de otros trastornos perceptivos, cuando me embriagué de *sakau* en Micronesia.)

Cuando le mencioné a Ralph que había comenzado a escribir acerca de todo eso, me dijo: «Tienes que leer el último artículo de Crick y Koch. En él proponen que la conciencia visual consiste realmente en una secuencia de "instantáneas", que es la misma idea que tú barajas.»

Le escribí a Francis, y en la carta incluí un borrador de mi artículo sobre el tiempo. Por si no lo tenía, añadí también un ejemplar de mi último libro, *El tío Tungsteno*, y algunos artículos recientes que abordaban nuestro tan querido tema de la visión. El 5 de junio de 2003, Francis me mandó una larga carta, llena de ardor intelectual y buen humor, en la que no se veía ni asomo de enfermedad. Me decía:

> He disfrutado leyendo el relato de tu infancia. Yo también tuve un tío que me ayudó con la química elemental y con el vidrio soplado, aunque nunca experimenté tu fascinación por los metales. Al igual que tú, me impresionaron mucho la Tabla Periódica y las ideas acerca de las estructuras del átomo. De hecho, durante el último año en Mill Hill [su escuela], di una charla sobre cómo el «átomo de Bohr», junto con la mecánica cuántica, explicaba la Tabla Periódica, aunque no estoy seguro de hasta qué punto lo entendía en realidad.

Me intrigaba la reacción que tendría Francis al leer *El tío Tungsteno*, y al volver a escribirle le pregunté cuánta continuidad veía entre ese adolescente de Mill Hill, que había dado una charla sobre el átomo de Bohr, el físico en que se había convertido, la época en que había descubierto la «doble hélice», y la persona que era ahora. Cité una carta que Freud le había escrito a Karl Abraham en 1924 –en aquella época Freud tenía sesenta y ocho años–, en la que le decía: «A la unidad de mi personalidad le cuesta un gran esfuerzo conseguir que me identifique con el autor del artículo sobre los ganglios espinales en los *Petromyzon*. Sin embargo, al parecer se trata de la misma persona.»

En el caso de Crick, la aparente discontinuidad fue incluso mayor, pues Freud fue biólogo desde el principio, aun cuando sus primeros intereses se centraron en la anatomía de los sistemas nerviosos primitivos. Francis, por el contrario, se había licenciado en física, había trabajado en las minas magnéticas durante la guerra, y había hecho su tesis doctoral en fisicoquímica. Sólo entonces, cumplidos ya los treinta –a una edad en la que la mayoría de los investigadores ya no abandonan su campo de estudio–, llevó a cabo una transformación, un «renacimiento», como lo llamaría posteriormente, y se pasó a la biología. En su autobiografía, *Qué loco propósito,* menciona la diferencia entre física y biología:

> La selección natural casi siempre se desarrolla sobre lo que había antes. (...) La complejidad resultante es lo que provoca que los organismos biológicos sean tan difíciles de descifrar. Las leyes básicas de la física generalmente se pueden expresar de una forma matemática simple, y probablemente sean las mismas en todo el universo. Las leyes de la biología, por el contrario, a menudo no son más que amplias generalizaciones, pues describen mecanismos (químicos) bastante elaborados que la selección natural ha hecho evolucionar a lo largo de millones de años. (...) Yo mismo sabía muy poco de biología, que conocía sólo de una manera bastante general hasta bien entrado en la treintena (...) pues mi primera licenciatura fue en física. Me llevó cierto tiempo adaptarme a esa manera bastante distinta de pensar que es tan imprescindible en la biología. Fue casi como volver a nacer.

A mediados de 2003, la enfermedad de Francis comenzó a pasarle factura, y empezaron a llegarme cartas de Christof Koch, que en aquella época pasaba varios días a la semana con él. Tuve la impresión de que se habían vuelto tan íntimos que muchos de sus pensamientos eran

396

dialógicos, surgían de la interacción entre ambos, y lo que Christof me escribía condensaba los pensamientos de ambos. Muchas de sus frases comenzaban así: «Francis y yo tenemos algunas preguntas más acerca de tu experiencia. (...) Francis cree que (...) Pero yo no estoy seguro», etc. En respuesta a mi ensayo sobre el tiempo (una versión del cual apareció posteriormente en *The New York Review of Books* con el título de «In the River of Consciousness»), Crick me interrogó minuciosamente sobre la velocidad del parpadeo visual experimentado en las auras de migraña. Eran asuntos que habíamos discutido al conocernos, quince años atrás, pero al parecer los dos lo habíamos olvidado; desde luego, ninguno había hecho la menor referencia en nuestras cartas anteriores. Fue como si en 1986 no pudiera llegarse a ninguna solución, y los dos, cada uno a su manera, hubiéramos archivado el asunto, lo hubiéramos «olvidado», introduciéndolo en el inconsciente, donde se había quedado incubando otra década y media antes de resurgir. Francis y yo convergíamos en un problema que anteriormente nos había derrotado, pero ahora nos acercábamos a una respuesta. Me parecía algo tan evidente que en agosto de 2003 sentí el impulso de visitar a Francis en La Jolla.

Me quedé una semana en La Jolla y visité a menudo a Ralph, que volvía a trabajar en el Instituto Salk, donde reinaba un ambiente muy agradable y nada competitivo (o eso me pareció desde fuera durante mi breve visita), un ambiente que había encantado a Francis cuando llegó al instituto por primera vez a mediados de los setenta, y que se había acentuado, con su continua presencia, desde entonces. A pesar de su edad, seguía siendo allí una figura fundamental. Ralph me señaló su coche, y en la matrícula sólo había cuatro letras A T G C –los cuatro nucleótidos del ADN– y me alegró ver su alta figura entrando un día en el laboratorio, todavía muy erguido, aunque a paso lento y con la ayuda de un bastón.

Una tarde hice una presentación, y justo cuando estaba a punto de comenzar, Francis entró y se sentó discretamente al fondo. Me fijé en que tenía los ojos cerrados gran parte del tiempo, y creí que se había quedado dormido, pero cuando terminé me formuló algunas preguntas tan lúcidas que comprendí que no se había perdido ni una palabra. Me contaron que el hecho de que mantuviera los ojos cerrados había engañado a muchos visitantes, que luego se encontraban con que esos ojos cerrados sólo velaban una atención de lo más profunda, la mente más clara y penetrante con que probablemente se encontrarían.

Mi último día en La Jolla, Christof vino de visita desde Pasadena, y nos invitaron a todos a que subiéramos a almorzar a casa de Crick, con él y su mujer, Odile. «Subir» no era sólo una manera de hablar; Ralph y yo tomamos una carretera que parecía ascender continuamente, una curva cerrada tras otra, hasta llegar a la casa de Crick. Era uno de esos días soleados y luminosos de California, y todos nos sentamos en torno a la piscina (una piscina en la que el agua era de un azul intensísimo; no, dijo Francis, porque acabaran de pintarla, ni porque el cielo se reflejaba en ella, sino porque el agua de la zona contenía diminutas partículas que, al igual que el polvo, difractaban la luz). Odile nos sirvió diversos manjares –salmón y gambas, espárragos– y algunos platos especiales que formaban parte de la dieta de Francis, que ahora estaba sometido a quimioterapia. Pese a que no participó en la conversación, sabía que Odile, que era artista, seguía muy de cerca la obra de Francis, aunque sólo fuera por el hecho de que había sido ella quien había dibujado la doble hélice en el famoso ensayo de 1953, y, cincuenta años más tarde, el corredor paralizado que ilustraba la hipótesis de la instantánea del artículo de 2003 que tanto me había entusiasmado.

Sentado al lado de Francis, podía ver que sus pobladas cejas estaban más blancas y tupidas que nunca, lo que aumentaba su aspecto de sabio. Pero esa imagen venerable se veía desmentida una y otra vez por sus ojos chispeantes y su travieso sentido del humor. Ralph estaba impaciente por hablarle a Francis de su último trabajo: una nueva forma de producción de imágenes ópticas que podía mostrar las estructuras del cerebro vivo casi a nivel celular. Nunca se había podido visualizar la estructura y la actividad del cerebro a esa escala, y era a esa escala «meso» donde Crick y Gerald Edelman, fueran cuales fueran sus diferencias, ahora ubicaban las estructuras funcionales del cerebro.

Francis acogió con gran entusiasmo la nueva técnica de Ralph y sus imágenes, pero al mismo tiempo lanzó una lluvia de perspicaces preguntas, acribillando a Ralph de una manera minuciosa pero también constructiva.

La persona que mantenía una relación más estrecha con Francis, aparte de Odile, era sin duda Christof, su «hijo en el campo de la ciencia», y resultaba enormemente conmovedor ver cómo aquellos dos hombres, con una diferencia de edad de más de cuarenta años, y tan distintos en temperamento y origen, habían llegado a respetarse y a amarse de manera tan profunda. (Christof es un hombre muy físico, de manera romántica y casi exuberante, aficionado a escalar rocas peligrosas y a las camisas de colores llamativos. Francis parecía un hombre casi ascético y cerebral, y su pensamiento nunca se veía afectado por prejuicios y consideraciones emocionales, hasta el punto de que Christof a veces lo comparaba a Sherlock Holmes.) Hablaba con un gran orgullo, con un orgullo de padre, del inminente libro de Christof, *La consciencia: una aproximación neurobiológica,* y también de «todo el trabajo que nos espera en cuanto se publique». Esbozaba las docenas de investigaciones, los años de trabajo que les esperaba, un trabajo que surgía sobre todo de la convergencia de la biología molecular con la neurociencia de sistemas. Me pregunté qué estaría pensando Christof, y también Ralph, pues estaba clarísimo (y el propio Francis no debía de ignorarlo) que su salud declinaba rápidamente, y que no sería capaz de ver más que el principio de ese vasto plan de investigación. Me parecía que Francis no tenía miedo a la muerte, pero su aceptación también estaba teñida de tristeza por no poder ver los maravillosos y casi inimaginables logros científicos del siglo XXI. Estaba convencido de que el problema central de la conciencia y su base neurobiológica se comprendería del todo, se «solucionaría» allá por 2030. «Tú lo verás», le decía a menudo a Ralph, «y tú también, Oliver, si llegas a mi edad.»

En enero de 2004 recibí la última carta de Francis. Había leído «In the River of Consciousness». «Se lee muy bien», me escribió, «aunque creo que habría sido mejor título "¿La conciencia es un río?", pues la idea central del artículo es que podría no serlo.» (Estuve de acuerdo con él.)

«Ven y comeremos juntos otra vez», concluía su carta.

A mediados de la década de 1950, cuando yo estaba en la facultad de medicina, parecía existir un abismo infranqueable entre nuestra neurofisiología y la realidad de cómo los pacientes experimentaban los trastornos neurológicos. La neurología seguía todavía el método clínico-anatómico impuesto por Broca un siglo antes: localizaban zonas dañadas del cerebro y las correlacionaba con los síntomas; así, las alteraciones del habla se correlacionaban con daños en el área del habla de Broca, la parálisis con daños en las zonas motoras, etc. El cerebro se consideraba una agrupación o un mosaico de pequeños órganos, cada uno con funciones específicas, aunque de algún modo interconectados. Pero se sabía muy poco de cómo funcionaba el cerebro en su conjunto. A principios de la década de 1980, cuando escribí *El hombre que confundió a su mujer con un sombrero*, mi pensamiento todavía estaba arraigado en ese modelo, en el que el sistema nervioso se concebía en gran parte como algo fijo e invariable, con áreas «prededicadas» a cada función.

Dicho modelo era útil, por ejemplo, a la hora de localizar el área dañada en alguien con afasia. Pero ¿cómo podía explicar el aprendizaje y los efectos de la práctica? ¿Cómo podía explicar las reconstrucciones y revisiones de la memoria que llevamos a cabo a lo largo de nuestras vidas? ¿Cómo podía explicar los procesos de adaptación, de plasticidad nerviosa? ¿Cómo podía explicar la conciencia: su riqueza, su unidad, su flujo siempre cambiante, y sus numerosos trastornos? ¿Cómo podía explicar la individualidad o el yo?

Aunque en las décadas de 1970 y 1980 se llevaron a cabo enormes avances en la neurociencia, la realidad es que había una crisis o un vacío conceptuales. No existía ninguna teoría general que explicara los abundantes datos, las observaciones de una docena de disciplinas distintas, desde la neurología al desarrollo infantil, la lingüística, o incluso el psicoanálisis.

En 1986 leí un extraordinario artículo de Israel Rosenfield en *The New York Review of Books*, en el que comentaba la obra y las opiniones revolucionarias de Gerald M. Edelman. No se podía decir que Edelman no fuese audaz. «Nos hallamos al comienzo de la revolución neurocientífica», escribía. «Cuando termine, sabremos cómo funciona la mente, qué gobierna nuestra naturaleza, y cómo conocemos el mundo.»

Unos meses más tarde, junto con Rosenfield, fuimos a conocerlo en persona a una sala de conferencias cerca de la Universidad Rockefeller, donde en aquella época Edelman tenía su Instituto de Neurociencias.

Edelman entró, nos dedicó un breve saludo y a continuación comenzó a hablar sin parar durante veinte o treinta minutos, esbozando sus teorías; nadie se atrevió a interrumpirlo. A continuación se despidió bruscamente, y por la ventana lo vimos bajar a paso vivo por York Avenue sin apartar la vista del frente. «Es la manera de andar de un genio, un monomaníaco», me dije. «Este hombre está poseído.» Sentí una mezcla de respeto reverencial y envidia: ¡cómo me gustaría poseer un poder de concentración tan tremendo! Pero luego reflexioné que la vida quizá no fuera fácil con un cerebro así; de hecho, más adelante descubrí que Edelman jamás hacía vacaciones, dormía poco y siempre se veía arrastrado, casi sometido, por sus incesantes pensamientos; a menudo telefoneaba a Rosenfield en plena noche. Quizá era mejor que me conformara con mi más modesto talento.

En 1987 Edelman publicó *Neural Darwinism*, un volumen seminal y el primero de una serie de libros que presentan y exploran las ramificaciones de una idea muy radical que él denominaba la teoría de la selección de grupos neuronales, o darwinismo neural. Me costó leer el libro, cuya prosa a veces me parecía impenetrable, en parte por la novedad de las ideas de Edelman, y en parte por lo abstracto del libro y su falta de ejemplos concretos. Darwin había dicho de *El origen de las especies* que se trataba de «una larga argumentación», pero ésta venía respaldada por innumerables ejemplos de la selección natural (y artificial) y por un talento para la escritura parecido al de un novelista. *Neural Darwinism*, en cambio, era pura argumentación: una sola exposición intensa e intelectual de principio a fin. No fui yo la única persona a la que le costó leer *Neural Darwinism;* la densidad, audacia y originalidad de la obra de Edelman, su manera de forzar los límites del lenguaje, intimidaban.

En mi ejemplar de *Neural Darwinism* anoté ejemplos clínicos, deseando que lo mismo hubiera hecho el propio Edelman, que había estudiado neurología y psiquiatría.

En 1988 volví a encontrarme con Gerry cuando ambos presentamos nuestra ponencia en un congreso sobre el arte de la memoria celebrado en Florencia.[1] Después del congreso cenamos juntos. Me pareció muy distinto del monologuista con que me había topado la primera vez, cuando intentó comprimir en unos pocos minutos una década de intensa reflexión; ahora se le veía más relajado, y paciente con mi lentitud. Y el tono era más de tertulia. Gerry estaba impaciente por saber de mis experiencias con los pacientes, experiencias que podrían resultar pertinentes a su pensamiento, historias clínicas que podrían resultar

---

1. El público de Gerry estaba extasiado pero perplejo, y cuando dijo: «La mente no es un ordenador, el mundo no es un trozo de cinta [*tape*]», el público italiano oyó: «El mundo no es un trozo de tarta [*cake*]», lo cual condujo a una acalorada discusión en los pasillos acerca de qué había querido decir el eminente profesor americano con ese aforismo.

relevantes para sus teorías de la conciencia y de cómo funcionaba el cerebro. En el Rockefeller, al igual que Crick en el Salk, a veces estaba un poco aislado de la vida clínica, así que a ambos se les veía ávidos de datos clínicos.

El mantel de nuestra mesa era de papel, y si había algún punto oscuro dibujábamos un diagrama hasta que el significado quedaba completamente aclarado. Cuando terminamos, tuve la impresión de que comprendía su teoría de la selección de grupos neuronales, o al menos una parte. Parecía iluminar un vasto campo de saber neurológico y psicológico, resultaba un modelo plausible y verificable de la percepción, la memoria y el aprendizaje, y mostraba cómo a través de mecanismos cerebrales selectivos e interactivos el ser humano alcanza la conciencia y se convierte en un individuo único.

Mientras que Crick (y sus colaboradores) descifraban el código genético —una serie de instrucciones, en términos generales, para construir un cuerpo—, Edelman comprendió desde el principio que el código genético era incapaz de especificar ni controlar el destino de cada célula del cuerpo, que el desarrollo celular, sobre todo en el sistema nervioso, estaba sometido a todo tipo de contingencias —las células nerviosas podían morir, podían emigrar (Edelman llamaba a dichas emigrantes «gitanas»), podían conectarse unas con otras de maneras impredecibles—, de manera que en el momento en que nacen los circuitos nerviosos finos son muy diferentes incluso en los cerebros de gemelos idénticos; ya son individuos distintos que responden a la experiencia de una manera individual.

Darwin, al estudiar la morfología de los percebes un siglo antes que Crick o Edelman, observó que no existen dos percebes de la misma especie que sean exactamente iguales;

las poblaciones biológicas no consisten en réplicas idénticas, sino en individuos distintos y diferenciados. Sobre esa población de variantes podía actuar la selección natural, conservando algunos linajes para la posteridad y condenando otros a la extinción (a Edelman le encantaba llamar a la selección natural «una descomunal máquina mortal»).

Edelman consideró, casi desde el principio de su carrera, que procesos análogos a la selección natural podrían resultar cruciales para los organismos individuales –sobre todo los animales superiores– en el curso de sus vidas, y que las experiencias vitales servían para reforzar unas conexiones o constelaciones neuronales en el sistema nervioso y para debilitar o extinguir otras.[1]

Edelman consideraba que la unidad básica de selección y cambio no era una sola neurona, sino grupos de entre cincuenta y mil neuronas interconectadas; de ahí que llamara a su hipótesis la teoría de la selección de grupos neuronales. Opinaba que su obra completaba la tarea de Darwin, pues añadía la selección a nivel celular dentro del periodo vital de un solo individuo a la selección natural a lo largo de muchas generaciones.

Está claro que existen inclinaciones o tendencias innatas que forman parte de nuestra programación genética; de otro modo, un niño pequeño no tendría ninguna propensión, no se sentiría predispuesto a hacer nada, a buscar nada, a permanecer con vida. Estas tendencias básicas (por ejemplo hacia la comida, el calor y el contacto con los temas) dirigen los primeros movimientos y esfuerzos de una criatura.

1. Edelman había sido el primero en defender una teoría seleccionista en relación con el sistema inmunológico –se le concedió el Premio Nobel por su trabajo–, y entonces, a mediados de la década de 1970, comenzó a aplicar conceptos análogos al sistema nervioso.

Y a un nivel fisiológico elemental encontramos ciertos determinantes, desde los reflejos que se dan automáticamente (por ejemplo, como respuesta al dolor) hasta ciertos mecanismos innatos del cerebro (por ejemplo, el control de la respiración y las funciones autónomas). Pero en opinión de Edelman, por lo que se refiere al resto, muy poco está programado o es intrínseco. Una tortuga recién nacida, justo después de romper el cascarón, ya está preparada para caminar. No ocurre lo mismo con un humano recién nacido; debe crear todo tipo de categorizaciones perceptivas y de otro tipo y utilizarlas para interpretar el mundo, para crear un mundo individual y personal propio, y averiguar cómo abrirse camino en ese mundo. La experiencia y la experimentación adquieren una importancia fundamental: el darwinismo neural es esencialmente una selección *experiencial*.

Para Edelman, la auténtica «maquinaria» funcional del cerebro la componen millones de grupos neuronales, organizados en unidades más grandes o «mapas». Estos mapas, que continuamente se comunican siguiendo dibujos en constante cambio e inimaginablemente complejos, pero siempre significativos, pueden cambiar en cuestión de minutos o segundos. Uno recuerda la evocación poética del cerebro que hace C. S. Sherrington al calificarlo de «telar encantado», en el que «millones de lanzaderas tejen a gran velocidad un dibujo que se disuelve, siempre un dibujo significativo, aunque nunca perdurable; una armonía cambiante de subdibujos».

La creación de mapas que responden de manera selectiva a ciertas categorías elementales –por ejemplo, al movimiento o el color del mundo visual– puede implicar la sincronización de miles de grupos neuronales. La formación de algunos mapas tiene lugar en partes pre-dedicadas, discretas y anatómicamente fijas de la corteza cerebral, como ocurre con el color: el color se construye de manera predominante en el área llamada V4. Pero gran parte de la corteza son «bienes raíces» plásticos y pluripotentes que pueden desempeñar (dentro de unos límites) cualquier función que se necesite; así, lo que sería la corteza auditiva en las personas con oído puede reasignarse a propósitos visuales en personas sordas de nacimiento, al igual que lo que sería normalmente la corteza visual se puede utilizar para otras funciones sensoriales en los ciegos de nacimiento.

Ralph Siegel, al analizar la actividad neuronal en los monos que llevan a cabo una tarea visual específica, era muy consciente de la gran diferencia entre los métodos «micro», en los que se insertan electrodos dentro de una sola célula nerviosa para registrar su actividad, y los métodos «macro» (imágenes por resonancia magnética funcional, la tomografía por emisión de positrones, etc.), que muestran áreas completas del cerebro al reaccionar. Consciente de la necesidad de algo intermedio, fue el primero en utilizar un método «meso» óptico muy original que permite examinar docenas o centenares de neuronas a medida que interactúan y se sincronizan unas con otras en tiempo real. Uno de sus descubrimientos –inesperado y al principio desconcertante– fue que las constelaciones o mapas neuronales podían cambiar en cuestión de segundos a medida que el animal aprendía o se adaptaba a diferentes estímulos sensoriales. Este hallazgo estaba de acuerdo con la teoría de la selección de grupos neuronales de Edelman, y Ralph y yo pasamos muchas horas comentando las implicaciones de su teoría entre nosotros y también con el propio Edelman, quien, al igual que Crick, estaba fascinado por el trabajo de Ralph.

A Edelman le gusta decir que, por lo que se refiere a la percepción de los objetos, el mundo no está «etiquetado»; no viene «ya clasificado en objetos». Debemos llevar a cabo nuestras percepciones a través de nuestras propias categorizaciones. «Toda percepción es un acto de creación», dice Edelman. A medida que nos movemos, nuestros órganos sensoriales toman muestras del mundo, y a partir de éstas se crean los mapas del cerebro. Entonces, con la experiencia, tiene lugar un reforzamiento selectivo de esos mapas que se corresponde con las percepciones acertadas, en el sentido de que resultan las más útiles y eficaces a la hora de construir «la realidad».

Edelman habla de una posterior actividad integradora exclusiva de los sistemas nerviosos más complejos, que él denomina «señal de reentrada». Según él, la percepción de una silla, por ejemplo, depende en primer lugar de la sincronización de grupos neuronales activados para formar un «mapa», luego de una posterior sincronización de un número de mapas desperdigados por toda la corteza visual: mapas relacionados con muchos aspectos perceptivos distintos de la silla (su tamaño, su forma, color, el que «tenga patas», su relación con otros tipos de sillas: butacas, mecedoras, sillitas de niño, etc.). Así es como se alcanza una percepción de la «silleidad» rica y flexible, que permite reconocer al instante innumerables tipos de sillas *en cuanto* sillas. Esta generalización perceptiva es dinámica, por lo que puede ponerse al día de manera continua, y se basa en la activa e incesante orquestación de innumerables detalles.

Dicha correlación y sincronización de la activación neuronal en áreas muy separadas del cerebro es posible gracias a conexiones muy abundantes entre los mapas cerebrales, conexiones que son recíprocas y que podrían contener millones de fibras. Los estímulos procedentes de, pongamos, tocar una silla, podrían afectar a una serie de mapas; los estímulos procedentes de verla, a otra serie. La señal de reentrada tiene lugar entre estas series de mapas como parte del proceso de percibir una silla.

La categorización es la tarea central del cerebro, y la señal de reentrada permite que el cerebro categorice sus propias categorizaciones, y que luego recategorice éstas, y así sucesivamente. Dicho proceso es el comienzo de un larguísimo camino cuesta arriba que permite niveles cada vez mayores de pensamiento y conciencia.

La señal de reentrada podría compararse con una especie de Naciones Unidas neuronales, en las que docenas de voces hablan al mismo tiempo, al tiempo que incluyen en sus conversaciones una variedad de informes que llegan constantemente procedentes del mundo exterior, y que les permiten formar una imagen más amplia a medida que la nueva información se correlaciona y aparecen nuevas ideas.

Edelman, que en una época se planteó ser concertista de violín, también utiliza las metáforas musicales. En una entrevista emitida por la BBC, afirmó:

> Piense: si tuviera cien mil cables que conectaran al azar a cuatro intérpretes de un cuarteto de cuerda, aun cuando éstos no hablaran, las señales irían de un lado a otro de muchísimas maneras imperceptibles [como se puede ver generalmente mediante las sutiles interacciones no verbales entre los intérpretes] que conseguirían que toda la serie de sonidos formara un conjunto unificado. Así es como funcionan los mapas del cerebro mediante la reentrada.

Los intérpretes están conectados. Cada intérprete, al tocar la música de manera individual, se modula constan-

409

temente y es modulado por los demás. No existe una interpretación definitiva ni «magistral»; la música se crea de manera colectiva, y cada interpretación es única. Ésta es la imagen que tiene Edelman del cerebro, como un artista, un conjunto, pero sin director, una orquesta que crea su propia música.

Aquella noche, cuando regresé al hotel después de cenar con Gerry, me hallaba en una especie de éxtasis. Me parecía que la luna que brillaba sobre el Arno era lo más hermoso que había visto nunca. Tenía la impresión de haberme liberado de décadas de desesperación epistemológica, de un mundo de analogías computacionales superficiales e irrelevantes, para pasar a otro de profundo significado biológico, un mundo que se correspondía con la realidad del cerebro y la mente. La teoría de Edelman era la primera teoría auténticamente global de la mente y la conciencia, la primera teoría biológica de la individualidad y la autonomía.

Pensé: «Doy gracias a Dios por haber vivido para escuchar esta teoría.» Me sentía igual que debieron de sentirse muchas personas cuando se publicó *El origen de las especies* en 1859. La idea de la selección natural era asombrosa, pero, en cuanto te parabas a pensar en ella, resultaba evidente. De manera parecida, cuando comprendí lo que Edelman quería explicarme aquella noche, me dije: «¡Qué sumamente estúpido he sido al no haberlo pensado yo!», exactamente lo mismo que dijo Huxley tras leer el libro de Darwin. De repente todo parecía muy claro.

Unas semanas después de mi regreso de Florencia, experimenté otra epifanía, ésta bastante inverosímil y cómica. Iba en coche en dirección al lago Jefferson en medio de la frondosa vegetación de Sullivan County, disfrutando de sus tranquilos campos y setos, cuando vi... ¡una vaca! Pero una vaca transfigurada por mi nueva visión edelmaniana de la vida animal, una vaca cuyo cerebro constantemente dibujaba el mapa de todas sus percepciones y movimientos, una vaca cuyo ser interior consistía en categorizaciones y mapas, grupos neuronales que se activaban y se comunicaban a gran velocidad, una vaca edelmaniana impregnada del milagro de la conciencia primaria. «¡Qué maravilloso animal!», me dije. «Nunca había visto una vaca bajo esta luz.»

La selección natural podía enseñarme cómo las vacas habían llegado a existir en general, pero el darwinismo neural resultaba necesario para comprender en qué consistía ser una vaca concreta. Convertirse en esa vaca en concreto era posible gracias a que la experiencia seleccionaba grupos neuronales concretos en su cerebro y amplificaba su actividad.

Edelman conjeturaba que los mamíferos, las aves y algunos reptiles poseían una «conciencia primaria», la capacidad de crear escenas mentales que les ayudaran a adaptarse a entornos complejos y cambiantes. Este logro, para Edelman, se basaba en la aparición de un nuevo tipo de circuito neuronal en algún «momento trascendental» de la evolución: un circuito que permite conexiones masivas, paralelas y recíprocas entre mapas neuronales, así como entre los mapas globales que se están trazando en ese momento e integran nuevas experiencias y recategorizan las categorías.

Edelman postulaba que en algún segundo momento trascendental de la evolución, los humanos (y quizá algunas otras especies, incluyendo los simios y los delfines) consiguieron desarrollar una «conciencia de orden superior» gracias a un nivel superior de señal de reentrada. La conciencia de orden superior provoca una capacidad de generalización y reflexión sin precedentes, permite reconocer el pasado y el futuro, y así es como al final se alcanza la conciencia de uno mismo, la conciencia de ser un individuo en el mundo.

En 1992 fui con Gerry a un congreso sobre la conciencia en el Jesus College de Cambridge. Aunque los libros de Gerry a menudo son difíciles de leer, verlo y oírlo hablar causa un sentimiento de revelación en gran parte del público.

En ese mismo encuentro –he olvidado qué provocó ese diálogo–, Gerry me dijo: «Tú no eres un teórico.»

«Lo sé», contesté, «pero hago trabajo de campo, y tú necesitas ese tipo de trabajo de campo para el tipo de teoría que elaboras.» Gerry estuvo de acuerdo.

En la práctica de la neurología cotidiana a menudo me encuentro con situaciones que frustran las explicaciones teológicas clásicas y reclaman otras radicalmente distintas, pero, en términos de Edelman, muchos de esos fenómenos se pueden explicar como interrupciones en el trazado de mapas a un nivel local o superior como resultado de algún deterioro o enfermedad nerviosos.

Cuando, tras la lesión y movilización posteriores a mi accidente en Noruega, la pierna izquierda comenzó a parecerme «ajena», mis conocimientos neurológicos no sirvieron de nada; la neurología clásica no tenía nada que decir acerca de la relación de esa sensación con el conocimiento y con el yo, acerca de cómo, si el flujo de información neuronal se ve afectado, la conciencia y el yo pueden perder la noción de una extremidad, «repudiarla», y de cómo entonces puede darse un rápido retrazado del mapa del resto del cuerpo que excluye esa extremidad.

Si el hemisferio derecho del cerebro se ve gravemente afectado en sus áreas sensoriales (parietales), los pacientes pueden mostrar «anosognosia»: el paciente niega tener algún problema, aun cuando el lado izquierdo de su cuerpo esté insensible o paralizado. A veces insiste en que ese lado izquierdo pertenece a «otra persona». Para estos pacientes, su espacio y su mundo están completos de manera subjetiva, aun cuando vivan en un hemi-mundo. Durante muchos años, la anosognosia fue malinterpretada como un síntoma neurótico extravagante, pues era incomprensible en términos de la neurología clásica. Pero Edelman considera esta afección una «enfermedad de la conciencia», una interrupción total de la señal de reentrada y del trazado de mapas a nivel superior en un hemisferio, lo que conlleva una radical reorganización de la conciencia.

En ocasiones, después de una lesión neurológica, tiene lugar una disociación entre la memoria y la conciencia, que deja tan sólo el conocimiento o la memoria implícitos. Así, mi paciente Jimmie, el marinero amnésico, carecía de memoria explícita del asesinato de Kennedy, y cuando le preguntaba si algún presidente había sido asesinado en el siglo XX, me decía: «No, que yo sepa.» Pero si le preguntaba: «Por poner una hipótesis, supongamos que un presidente hubiera sido asesinado sin que usted lo supiera, ¿dónde cree que habría ocurrido: Nueva York, Chicago, Dallas, Nueva Orleans o San Francisco?», invariablemente «adivinaba» la respuesta correcta: Dallas.

De manera parecida, los pacientes que sufrían una ceguera cortical absoluta debida a un deterioro masivo de las áreas visuales primarias del cerebro afirmaban que no veían nada, pero que de manera misteriosa podían «adivi-

413

nar» lo que tenían delante: la así llamada visión ciega. En todos estos casos se conserva la percepción y la categorización perceptiva, pero se han escindido de la conciencia de orden superior.

A nivel neuronal, la individualidad está profundamente imbuida en nosotros desde el principio. Incluso a nivel motor, los investigadores han demostrado que un niño no sigue una pauta establecida para aprender a caminar o a la hora de coger algo. Cada bebé experimenta maneras distintas de coger un objeto, y en el curso de varios meses descubre o selecciona sus propias soluciones motoras. Cuando intentamos concebir la base neuronal de dicho aprendizaje individual, podemos imaginar una «población» de movimientos (y sus correlatos neuronales) reforzados o eliminados por la experiencia.

Surgen consideraciones parecidas en relación con la recuperación y rehabilitación en pacientes que han sufrido un ictus u otras lesiones. No hay reglas; no hay un camino prescrito para la recuperación; cada paciente tiene que descubrir o crear sus propias estructuras motoras y perceptivas, sus propias soluciones a los retos que se le presentan; y la función del terapeuta sensible es ayudarle en esa tarea.

Y, en su sentido más amplio, el darwinismo neural implica que estamos destinados, nos guste o no, a una vida de singularidad y autodesarrollo, a crear nuestros propios caminos individuales a través de la vida.

Cuando leí *Neural Darwinism*, me pregunté si cambiaría la faz de la neurociencia, al igual que la teoría de Darwin había cambiado la fisonomía de la biología. La respuesta breve, pero inadecuada, es que no, aunque haya incontables científicos que den por sentadas muchas de las ideas de Edelman sin reconocer, o quizá incluso sin saber, que son de Edelman. En este sentido, su pensamiento, aunque no se reconozca de manera explícita, ha transformado la mismísima base de la neurociencia.

En la década de 1980 la teoría de Edelman resultaba tan novedosa que no podía encajar fácilmente en ninguno de los modelos, los paradigmas existentes de la neurociencia, y creo que éste fue el motivo que impidió su amplia aceptación, y también la prosa a veces densa y difícil de Edelman. La teoría de Edelman fue «prematura», se adelantó tanto a su tiempo, fue tan compleja y exigía hasta tal punto una nueva manera de pensar, que en la década de 1980 encontró resistencia o fue ignorada, pero en los próximos veinte o treinta años, con las nuevas tecnologías, estaremos en disposición de verificar (o desmentir) sus principios fundamentales. Para mí sigue siendo la explicación más elegante y convincente de cómo los humanos y nuestros cerebros construimos nuestro propio yo individual y nuestro.

MI HOGAR

A veces tenía la impresión de que me había ido de Inglaterra de manera clandestina. Había disfrutado de una excelente educación inglesa, había asimilado lo mejor de la dicción y la prosa inglesas, los hábitos y tradiciones de mil años, y me llevaba ese precioso cargamento mental, todo lo que habían invertido en mí, fuera del país, sin despedirme ni dar las gracias.

Sin embargo, seguía considerando Inglaterra mi hogar, regresaba siempre que podía, y me sentía más fuerte –y mejor escritor– cada vez que ponía los pies en mi patria. Me mantenía en contacto con mis parientes, amigos y colegas de Inglaterra, y fingía que mis diez, veinte, treinta años en los Estados Unidos no eran más que una larga visita y que, tarde o temprano, volvería a casa.

Pero mi idea de Inglaterra como «mi hogar» sufrió un duro golpe en 1990, cuando mi padre murió y se vendió la casa de Mapesbury Road, la casa donde yo había nacido y me había criado, y que había visitado, alojándome en ella a menudo, cuando regresaba a Inglaterra, esa casa en la que cada centímetro estaba impregnado de recuerdos y emociones. Ya no tenía un lugar al que volver, y a partir de entonces mis visitas ya no eran más que visitas, y no un regreso a mi país y a mi gente.

No obstante, me sentía extrañamente orgulloso de mi pasaporte británico, que (antes de 2000) era de tapa rígida, con un grabado en relieve, grande, hermoso y con letras de oro, muy distinto de los pasaportes endebles y pequeños que emitían casi todos los demás países. No pedí la ciudadanía estadounidense y me conformaba con tener el permiso de residencia, con que me consideraran un «residente extranjero», lo que coincidía con mi manera de sentir, al menos durante mucho tiempo: me veía como un extranjero observador y amistoso que anotaba todo lo que ocurría a mi alrededor, pero sin responsabilidades cívicas como votar, tener que ser miembro del jurado o tener que ponerme de parte de la política o los políticos del país. A menudo me sentía (tal como dijo de sí misma Temple Grandin) como un antropólogo en Marte. (Una sensación que experimentaba mucho menos en mi época californiana, cuando me sentía parte de las montañas, los bosques y los desiertos del Oeste.)

Y en junio de 2008, para mi sorpresa, oí que mi nombre figuraba en la lista de los títulos que iba a conceder la reina el día de su cumpleaños: que iba a recibir la Orden de Comandante del Imperio Británico. El término «comandante» me hizo gracia —no me imaginaba de comandante en el puente de un destructor o de un acorazado—, pero sentía curiosidad y estaba profundamente emocionado por ese título.

Aunque no soy propenso a vestir formalmente ni a otro tipo de formalidades —suelo llevar una ropa descuidada y decrépita, y sólo tengo un traje—, disfruté con las formalidades de Buckingham Palace, de que me dijeran cómo tenía que hacer la reverencia, cómo caminar hacia atrás ante la reina, cómo esperar a que ella me cogiera la mano o se dirigiera a mí. (No se podía tocar a la monarca, ni hablar con ella motu proprio.) Me daba un poco de miedo hacer algo desastroso, como desmayarme o tirarme un pedo justo delante de la reina, pero todo fue bien. Durante la ceremonia, me quedé muy impresionado por el aguante de la reina: cuando me llamaron, ella ya llevaba más de dos horas de pie, erguida, sin apoyo ninguno (aquel día se concedían doscientas distinciones). Me habló brevemente, pero con calidez, y me preguntó en qué estaba trabajando. Me dio la sensación de ser una persona cordial y muy digna, con sentido del humor. Fue como si ella –e Inglaterra– me dijeran: «Has hecho un trabajo útil y honorable. Vuelve a casa. Todo está perdonado.»

Mientras escribía *Veo una voz*, *La isla de los ciegos al color* o *El tío Tungsteno* no abandoné la vida médica ni dejé de visitar a mis pacientes en el Beth Abraham, las Hermanitas de los Pobres y otras instituciones.

En el verano de 2005 fui a Inglaterra a visitar a Clive Wearing, el extraordinario músico amnésico que había sido el tema de la película de Jonathan Miller, rodada en 1986, *Prisoner of Consciousness*. La esposa de Clive, Deborah (con la que me he escrito a lo largo de los años), acababa de publicar un extraordinario libro sobre él, y deseaba que yo pudiera ver el estado de Clive veinte años después de su desastrosa encefalitis. Aunque Clive no recordaba casi nada de su vida adulta, y no retenía en la memoria nuevos hechos durante más de unos pocos segundos, era capaz de tocar el órgano y dirigir un coro, igual que había hecho cuando era músico profesional. Clive ilustraba ese poder único de la música y de la memoria musical, y yo quería escribir sobre el tema. Mientras re-

419

flexionaba sobre ello y sobre otros temas «neuromusicales», me pareció que debería intentar componer un libro sobre la música y el cerebro.

Musicofilia, que es como acabó titulándose el libro, comenzó siendo un proyecto modesto; lo imaginaba como un librito delgado, quizá de tres capítulos. Pero a medida que empezaba a pensar en la gente con sinestesia musical; la gente con amusia, incapaz de reconocer ninguna música; la gente con demencia frontotemporal, que podía sufrir un repentino arrebato o liberación de talentos y pasiones musicales insospechados; la gente con ataques musicales, o ataques inducidos por la música; y la gente acosada por «gusanos auditivos» o imágenes repetitivas musicales o directamente alucinaciones musicales, el libro iba creciendo poco a poco.

Además, el poder terapéutico de la música me había fascinado desde que comprobara sus efectos en mis pacientes posencefalíticos, cuarenta años atrás, antes incluso de que la L-dopa los despertara. Desde entonces, me había maravillado la capacidad de la música para ayudar a los pacientes que sufrían otras muchas afecciones: amnesia, afasia, depresión e incluso demencia.

Desde que en 1985 se publicara *El hombre que confundió a su mujer con un sombrero*, he recibido un número creciente de cartas enviadas por lectores, que a menudo describen sus propias experiencias, cosa que ha extendido mi práctica, por así decir, mucho más allá de los confines de la clínica. *Musicofilia* (y posteriormente *Alucinaciones)* se vio así enormemente enriquecido por algunas de esas cartas y relatos, no menos que por mi correspondencia y mis visitas a médicos e investigadores.

Y mientras escribía acerca de muchos pacientes y temas nuevos en *Musicofilia*, también volví a visitar a algunos

420

pacientes acerca de los que había escrito anteriormente, centrándome esta vez en sus reacciones a la música, y considerándolos a la luz de las nuevas formas de producción de imágenes cerebrales y de las ideas de cómo el cerebromente crea construcciones y categorías.

Al cumplir los setenta años, gozaba de una salud excelente; había tenido algunos problemas ortopédicos, pero nada serio ni que amenazara mi vida. No pensaba mucho en la enfermedad ni en la muerte, aun cuando había perdido ya a mis tres hermanos mayores, así como a muchos amigos y coetáneos.

En diciembre de 2005, sin embargo, el cáncer se presentó de manera repentina y dramática: un melanoma en el ojo derecho, que apareció como una repentina incandescencia en un lado y luego como ceguera parcial. Probablemente llevaba ya algún tiempo creciendo lentamente, y en ese punto se había acercado a la fóvea, la diminuta área central donde la visión es más aguda. El melanoma tiene mala reputación, y cuando se pronunció el diagnóstico lo consideré una sentencia de muerte. Pero mi médico dijo enseguida que los melanomas oculares eran relativamente benignos. Casi nunca presentaban metástasis y se podían tratar sin problemas.

Me aplicaron radioterapia, y luego láser varias veces, porque ciertas zonas volvieron a crecer. Durante los primeros dieciocho meses de tratamiento, mi vista fluctuaba en el ojo derecho casi cada día, desde la casi ceguera a la casi normalidad, y esas fluctuaciones me llevaban del pavor al alivio, y luego de vuelta al pavor: de un extremo emocional al otro.

Todo esto habría sido difícil de soportar (y me habría costado aún más vivir con ello) de no haberme sentido fascinado por algunos de los fenómenos visuales que ocurrían mientras, poco a poco, mi retina –y mi vista– iba siendo corroída por el tumor y el láser: las brutales distorsiones topológicas, las perversiones de color, el rellenado de los puntos ciegos de manera inteligente pero automática, la incontinente extensión del color y la forma, la continua percepción de objetos y escenas cuando los ojos estaban cerrados y, no menos importante, las diversas alucinaciones que ahora irrumpían en mis puntos ciegos, cada vez más grandes. Estaba claro que aquello afectaba al cerebro tanto como al propio ojo.

Me daba miedo quedarme ciego, pero me daba aún más miedo morirme, de manera que llegué a una especie de trato con el melanoma: llévate el ojo si quieres, le dije, pero deja el resto en paz.

En septiembre de 2009, después de tres años y medio de tratamiento, la retina de mi ojo derecho, frágil a causa de la radioterapia, sufrió una hemorragia que lo cegó por completo; fracasaron todos los intentos de eliminar la sangre, porque la retina de inmediato volvía a sangrar. Sin visión binocular, ahora tenía que afrontar (e investigar) muchos fenómenos nuevos e incapacitantes (¡aunque a veces asombrosos!). La pérdida de la visión estereoscópica fue para mí, como apasionado estereófilo, una carencia no sólo triste sino a menudo peligrosa. Sin la percepción de la profundidad, los escalones y bordillos no parecían más que líneas en el suelo, y los objetos lejanos los veía en el mismo plano que los cercanos. Con la pérdida del campo visual del ojo derecho, sufrí muchos accidentes, pues chocaba con objetos o gente que de repente parecían surgir de la nada. Y mi ojo derecho no sólo estaba ciego físicamente, sino también mentalmente. Ya no soportaba ni *imaginar* la presencia de lo que no podía ver. Esa negligencia espacial unilateral, tal como la llaman los neurólogos, generalmente es el resultado de un ictus o un tumor en las áreas visuales o parietales del cerebro. En mi caso, como neurólogo, esos fenómenos resultaban especialmente fascinantes, pues me proporcionaban un asombroso panorama de la manera en que funciona el cerebro (o de la manera en que funciona mal, o deja de funcionar) cuando el estímulo procedente de los sentidos es deficiente o anormal. Todo esto lo documenté con minucioso detalle –mis diarios sobre el melanoma alcanzan las noventa mil palabras– y lo estudié, llevando a cabo experimentos preceptivos de todo tipo. Toda esa experiencia, al igual que la que había tenido con la «pierna», se convirtió en un *experimentum suitatis*, un experimento conmigo mismo, o en mí mismo.

Las consecuencias perceptivas de mi lesión en el ojo constituyeron un fértil campo de investigación; me sentía como si estuviera descubriendo todo un mundo de fenómenos extraños, aunque no podía evitar pensar que todos los pacientes con problemas oculares como el mío seguramente experimentaban algunos de los mismos fenómenos preceptivos que yo. Escribir acerca de mis propias experiencias, por tanto, era una manera de escribir sobre las suyas. Pero esa sensación de descubrimiento resultaba excitante, y, junto con el hecho de seguir visitando a mis pacientes y seguir escribiendo, me permitió afrontar lo que de otro modo habrían sido unos años aterradores y desmoralizadores.

Trabajaba con denuedo en un nuevo libro, *Los ojos de la mente*, cuando me vi afectado por una nueva serie de percances y retos quirúrgicos. En septiembre de 2009, justo después de la hemorragia del ojo derecho, tuvieron que reemplazarme totalmente la rodilla izquierda (cosa que, naturalmente, también generó un modesto diario). Me dijeron que pasaría por un periodo de más o menos ocho semanas hasta recuperar el movimiento completo de la rodilla, pero no fue así, y la rodilla me quedaría rígida para el resto de mi vida. Rehabilitar la rodilla, eliminar el tejido cicatrizado, sería muy doloroso. «No se haga el valiente», dijo el cirujano. «Podemos administrarle todos los analgésicos que necesite.» Mis terapeutas, además, se referían al dolor en términos casi cariñosos. «Abrázalo», decía. «Sumérgete en él.» Insistían en que era un «dolor bueno», y llevarme hasta el límite era fundamental si quería recuperar la flexibilidad completa en el breve periodo del que disponía.

Me iba bien en la rehabilitación, iba recuperando movimiento y fuerza cada día, cuando surgió otro problema inoportuno: reapareció la ciática con la que había luchado durante muchos años, al principio de manera lenta y furtiva, pero rápidamente alcanzó una intensidad muy superior a lo que había experimentado antes.

Me esforzaba por continuar la rehabilitación, por mantenerme activo, pero el dolor de la ciática podía conmigo, y en diciembre no me podía levantar de la cama. Tenía un montón de morfina que me había quedado de la operación de la rodilla –que había sido una ayuda inapreciable con el dolor «bueno» de la rodilla–, pero prácticamente no servía de nada contra el dolor neurálgico típico de un nervio espinal pinzado. (Lo mismo ocurre con todos los dolores «neuropáticos».) Me resultaba imposible sentarme, ni siquiera durante un segundo.

Era incapaz de sentarme a tocar el piano, una triste carencia, porque había vuelto a tocar el piano y asistía a clases de música ahora que había cumplido los setenta y cinco (tras haber escrito acerca de cómo la gente mayor puede aprender nuevas habilidades, me pareció que había llegado el momento de seguir mi propio consejo). Intenté tocar de pie, pero me resultaba imposible.

Tenía que escribir de pie; me construí una plataforma elevada especial sobre mi mesa de trabajo utilizando diez volúmenes del *Oxford English Dictionary*. Descubrí que la concentración que necesitaba para escribir funcionaba tan bien como la morfina y no tenía efectos secundarios. Detestaba estar tumbado en la cama, con un dolor de mil demonios, y pasaba todas las horas que podía escribiendo en mi improvisada mesa alta.

Parte de lo que pensaba, escribía y leía en aquella época de hecho trataba *sobre* el dolor, un tema acerca del que nunca había reflexionado. Mi experiencia reciente, en el curso de dos meses, me había enseñado que había al menos dos tipos de dolor radicalmente distintos. El dolor de la operación en la rodilla era completamente local; no se extendía más allá de la zona de la rodilla y dependía completamente de lo mucho que estirara los tejidos operados y contraídos. Podía cuantificarlo fácilmente en una escala del uno al diez, y, por encima de todo, como decían los terapeutas, era un «dolor bueno», un dolor que uno podía abrazar, superar y vencer.

La «ciática» (un término inadecuado) era completamente distinto en cualidad. Para empezar no era local; se extendía mucho más allá de la zona inervada por las raíces nerviosas L5 de la derecha afectadas. No había una respuesta predecible al estímulo de estirar, como ocurría con el dolor de la rodilla. Por el contrario, llegaba en repentinos paroxismos totalmente impredecibles para los que no estabas preparado; no podías apretar los dientes de antemano. Su intensidad se salía de la escala; no había manera de cuantificarlo; simplemente era insoportable.

Peor aún, ese tipo de dolor poseía un componente afectivo propio que me resultaba difícil describir, una cualidad agónica, angustiosa, horrible, tres palabras que todavía no captan su esencia. El dolor neurálgico no lo puedes «abrazar» ni combatir ni te puedes adaptar a él. Te aplasta hasta convertirte en una especie de pulpa temblorosa y estúpida; toda tu fuerza de voluntad, toda tu identidad desaparece bajo el embate de ese dolor.

Volví a leer el gran libro de Henry Head *Studies in Neurology*, donde contrasta las sensaciones «epicríticas» –localizadas con precisión, discriminatorias y proporcionales al estímulo– con las sensaciones «protopáticas»: difusas, cargadas de sentimientos y paroxísticas. Esta dicotomía parecía corresponder perfectamente los dos tipos de dolor que experimentaba, y me planteé escribir un libro o un ensayo breve y muy personal acerca del dolor, resucitando, entre otras cosas, los términos y distinciones largamente olvidados de Head. (Obligué a mis amigos y colegas a escuchar largo y tendido mis pensamientos, pero no conseguí acabar el ensayo.)

En diciembre la ciática era tan insoportable que ya no podía leer, ni pensar ni escribir, y por primera vez en mi vida me planteé el suicidio.[1]

La operación espinal se programó para el 8 de diciembre. En aquella época tomaba enormes cantidades de morfina, y el cirujano me había advertido que el dolor podría

---

1. Mi amigo y colega Peter Jannetta –los dos fuimos residentes en la UCLA– consiguió descubrir y perfeccionar una técnica que transformó y a menudo salvó la vida a personas afectadas de neuralgia trigeminal, un dolor paroxístico en el ojo y la cara que (antes del trabajo de Peter) no tenía remedio, a menudo era «insoportable» y más de una vez conducía al suicidio.

incluso empeorar a causa del edema posquirúrgico, al menos durante un par de semanas después de la operación; y así fue, de hecho. Diciembre de 2009 siguió siendo un mes desastroso, y quizá la fuerte medicación que tomaba para el dolor acentuó los sentimientos que tenía en aquella época, el vaivén a menudo repentino entre la esperanza y el miedo.

Incapaz de permanecer veinticuatro horas al día en la cama, aunque con la necesidad de estar echado, comencé (con la ayuda de un bastón en una mano y con la otra agarrándome al brazo de Kate) a ir a la consulta, donde al menos podía dictar cartas y contestar llamadas telefónicas, fingir que volvía el trabajo al tiempo que estaba tumbado en el sofá de mi despacho.

Poco después de mi setenta y cinco aniversario, en 2008, conocí a alguien que me cayó simpático. Se trataba de Billy, un escritor que acababa de mudarse a Nueva York procedente de San Francisco, y comenzamos a salir a cenar juntos. Yo, que toda la vida he sido tímido e inhibido, dejé que la amistad y la intimidad brotaran entre nosotros, quizá sin acabar de comprender del todo hasta qué punto. Sólo en diciembre de 2009, mientras todavía me recuperaba de la operación de espalda y de la rodilla, y sufriendo unos dolores atroces, comprendí lo profunda que se había vuelto nuestra relación.

Billy pensaba ir a pasar las navidades a Seattle con su familia, y justo antes de marcharse vino a verme y (con ese aire serio y prudente que le caracteriza) me dijo: «Creo que siento un profundo amor por ti.» Cuando lo dijo me di cuenta de algo que no había comprendido hasta entonces, o que quizá me había ocultado: que yo también sentía un profundo amor por él, y los ojos se me llenaron de lágrimas. Me besó y se marchó.

Durante su ausencia pensé en él constantemente, pero como no quería molestarlo mientras estaba con su familia, aguardaba sus llamadas telefónicas con intensa impaciencia combinada con una especie de nerviosismo. Los días que no me telefoneaba a la hora habitual, me aterrorizaba la idea de que pudiera haber quedado discapacitado o haber muerto en un accidente de tráfico, y casi sollozaba de alivio cuando me llamaba una hora o dos más tarde.

Fue una época de gran intensidad emocional: mi música preferida, o los rayos inclinados y dorados del sol al atardecer, me hacían llorar. No estaba seguro de por qué lloraba, pero experimentaba una intensa sensación de amor, muerte y transitoriedad, todo mezclado de manera inseparable.

Tumbado en la cama, anotaba todos mis sentimientos en un cuaderno, éste dedicado al «enamoramiento». Billy regresó al anochecer del 31 de diciembre y trajo una botella de champán. Brindamos cuando abrió la botella, y los dos dijimos «Por ti». Y entonces llegó el Año Nuevo y volvimos a brindar.

La última semana de diciembre, el dolor del nervio había comenzado a disminuir. ¿Era porque el edema posquirúrgico se estaba reduciendo? ¿O era porque —una hipótesis que no podía sacarme de la cabeza— la alegría de estar enamorado compensaba el dolor de la neuralgia y lo aliviaba casi tan bien como el Dilaudid o el fentanilo? ¿Acaso el enamoramiento inundaba el cuerpo de opiáceos, de cannabiáceos, o lo que fuera?

En enero conseguí volver a escribir en mi escritorio improvisado a base del *Oxford English Dictionary*, y también podía salir un poco, ya que era capaz de ponerme de pie. Me sentaba al fondo de las salas de concierto y de conferencias, iba a restaurantes si se podía comer en la barra, y volví a visitar a mi psicoanalista, aunque tenía que permanecer de pie en su consulta. Retomé el manuscrito de *Los ojos de la mente*, que había abandonado cuando tuve que guardar cama.

A veces he tenido la impresión de haber vivido a cierta distancia de la vida. Algo que cambió cuando Billy y yo nos enamoramos. A los veinte años me había enamorado de Richard Selig; a los veintisiete, había sufrido el tormento de Tántalo al enamorarme de Mel; a los treinta y dos me había enamorado ambiguamente de Karl; y ahora (¡por amor de Dios!) tenía setenta y siete años.

Tenían que ocurrir cambios profundos, casi geológicos; en mi caso, tenía que cambiar los hábitos de toda una vida de soledad, y una especie de egoísmo y egocentrismo implícitos. Nuevas necesidades, nuevos miedos, entraban en mi vida: la necesidad de otra persona, el miedo al abandono. Tenían que ser profundas adaptaciones mutuas.

En el caso de Billy y mío, todo eso se vio facilitado por nuestros intereses y actividades compartidos; los dos somos escritores, y de hecho así es como nos conocimos. Yo había leído las pruebas del libro de Billy, *The Anatomist*, que había provocado mi admiración. Le había escrito para sugerirle que podíamos vernos si venía por la Costa Este (visitó Nueva York en septiembre de 2008). Me gustaba su manera de pensar, seria y humorística a la vez, su respeto por los sentimientos de los demás y su combinación de franqueza y delicadeza. Para mí resultaba una experiencia nueva permanecer tranquilamente en brazos de otra persona y hablar, escuchar música o permanecer en silencio, juntos. Aprendimos a cocinar y a comer bien juntos; hasta entonces yo había vivido más o menos de cereales, o sardinas, que me comía directamente de la lata, de pie, en treinta segundos. Comenzamos a salir juntos, a veces a conciertos (lo que más me gustaba a mí), a galerías de arte (lo que más le gustaba a él), y a menudo paseábamos por el Jardín Botánico de Nueva York, que yo había recorrido en solitario durante más de cuarenta años. Y empezamos a viajar juntos: a mi ciudad, Londres, donde le presenté a mi familia y a mis amigos; a su ciudad, San Francisco, donde tenía muchos amigos; y a Islandia, un lugar que nos apasionaba a los dos.

A menudo vamos a nadar juntos, en Nueva York o en el extranjero. A veces nos leemos en voz alta lo que estamos escribiendo, pero sobre todo, como cualquier otra pareja, hablamos de lo que estamos leyendo, vemos películas antiguas por televisión, contemplamos la puesta de sol o compartimos unos sándwiches para almorzar. Compartimos la vida de una manera tranquila y multidimensional: un regalo inesperado y magnífico para mi vejez, después de toda una vida manteniendo las distancias.

De niño me llamaban Tintero, y a mis setenta años todavía parece que siempre voy manchado de tinta.

Comencé a llevar un diario cuando tenía catorce años, y la última vez que los conté había llegado casi a mil. Los tengo de todas las formas y tamaños, desde esos pequeños de bolsillo que llevo conmigo, hasta enormes tomos. Siempre guardo un cuaderno junto a la cama, para anotar mis sueños y también mis reflexiones nocturnas, y procuro tener uno junto a la piscina, o cuando nado en un lago o en la playa; nadar también suele producir muchos pensamientos que debo anotar, sobre todo si se presentan, como ocurre en ocasiones, en forma de frases o párrafos enteros.

Cuando escribía *Con una sola pierna*, extraía mucho material de los detallados diarios que había llevado como paciente en 1974. También el *Diario de Oaxaca* se basaba en gran medida en mis cuadernos escritos a mano. Pero lo más habitual es que casi nunca repase los diarios que he llevado durante gran parte de mi vida. El acto de escribir es suficiente en sí mismo; sirve para clarificar mis pensamientos y sentimientos. El acto de escribir es una parte integral de mi vida mental; las ideas surgen y cobran forma en el acto de escribir.

Mis diarios no están escritos para los demás, y yo tampoco los consulto casi nunca, pero son una forma especial e indispensable de hablar conmigo mismo.

La necesidad de pensar en papel no se limita a los cuadernos. Se extiende a los dorsos de los sobres, a los menús, a cualquier trozo de papel que tenga a mano. Y a menudo transcribo frases que me gustan, las escribo o las mecanografío en trozos de papel de vivos colores y las pego en un tablón de corcho. Cuando vivía en City Island, mi despacho estaba lleno de citas, unidas con anillas de encuadernar que colgaba de las barras de las cortinas que había sobre mi escritorio.

La correspondencia es también una parte importantísima de vida. Por lo general, me encanta escribir y recibir cartas −es una comunicación con otras personas, con personas *concretas*−, y a menudo me siento capaz de escribir cartas cuando no puedo «escribir», signifique lo que signifique Escribir (con mayúsculas). Guardo todas las cartas que recibo, y también una copia de las mías. Ahora, al intentar reconstruir partes de mi vida −como por ejemplo la época fundamental y pródiga en experiencias de cuando llegué a Estados Unidos en 1960–, estas cartas constituyen un gran tesoro, un correctivo a los engaños de la memoria y la fantasía.

Una gran parte de lo que he escrito han sido mis notas clínicas... y durante muchos años. Con una población de quinientos pacientes en el Beth Abraham, trescientos residentes en el hogar de las Hermanitas de los Pobres, y miles de pacientes externos e internos en el Hospital Estatal del Bronx, he escrito más de mil anotaciones al año durante muchas décadas, y me ha encantado; mis notas son prolijas y detalladas, y otros han dicho que a veces se leen como si fueran una novela.

Para bien o para mal, soy un narrador. Sospecho que esta afición a las historias, a la narrativa, es una inclinación humana universal, que tiene que ver con el hecho de poseer un lenguaje, una conciencia del yo, y una memoria autobiográfica.

El acto de escribir, cuando ocurre con fluidez, me proporciona un placer, una dicha incomparables. Me lleva a otro lugar –da igual cuál sea el tema– en el que me hallo totalmente absorto y ajeno a pensamientos, preocupaciones y obsesiones que puedan distraerme, incluso al paso del tiempo. En esos raros y celestiales estados mentales puedo escribir sin parar hasta que ya no veo el papel. Sólo entonces me doy cuenta de que ha anochecido y me he pasado el día escribiendo.

A lo largo de mi vida he escrito millones de palabras, pero el acto de escribir me sigue pareciendo algo tan nuevo y divertido como cuando empecé, hace casi setenta años.

AGRADECIMIENTOS

Escribir esta autobiografía habría sido imposible sin Kate Edgar. Kate ha desempeñado un papel único en mi vida –de ayudante personal, correctora, colaboradora y amiga– durante más de treinta años (le dediqué mi último libro, *Alucinaciones*). Y en este volumen, con la ayuda de dos fieles colaboradores, Hallie Parker y Hailey Wojcik, me ha ayudado a repasar detenidamente mis primeros textos, publicados e inéditos, así como cuadernos y cartas que se remontaban a la década de 1950.

He contraído una deuda especial con mi amigo y colega neurólogo Orrin Devinsky, con el que he disfrutado de un diálogo de médico a médico y de amigo a amigo durante veinticinco años. Orrin ha analizado con su ojo crítico las partes científicas y clínicas del libro, y de varios libros anteriores (a él le dediqué *Musicofilia*).

Dan Frank, mi editor en Knopf, ha leído las sucesivas versiones de este libro, aportando valiosísimos consejos y percepciones en cada fase.

Mi querido amigo (y colega escritor) Billy Hayes ha estado íntimamente involucrado en la génesis, escritura y configuración de este libro, y a él se lo dedico.

En el curso de mi vida, larga y rica en experiencias, ha habido centenares de personas que han sido valiosas e importantes, pero sólo he podido incluir unas pocas dentro de los límites de este libro. Que tengan la certeza, los demás, de que no los he olvidado, y que permanecerán en mi memoria y en mi afecto hasta el día de mi muerte.

ÍNDICE ANALÍTICO

435

Hallervorden-Spatz, enfermedad de, 121-123, 147-148
Hamilton, Jim, 131-135
Hampstead Heath, 206, 208, 226, 245, 265, 313
Handler, Lowell, 293-294, 297
Hawthornden Prize, 229
Haycraft, Colin
Con una sola pierna y, 246-249, 268-270
Despertares y, 208-211, 213, 217-219, 230
El hombre que confundió a su mujer con un sombreo y, 285, 288
Richard Gregory y, 362
Hayes, Billy, 427-430
Helfgott, Ben, 113 y n
Helman, Cecil, 355-356, 356n
hemiplejia, 281
Hermanitas de los Pobres, 252-254, 253n, 344, 419, 432
hernia en el tallo cerebral, 138
Herrmann, Chris, 118
Herzog, Ivan, 151
Hewson, Margaret, 359
hidrato de cloral, 161
Hilton, James, 229
hipnosis, 82, 274, 381
hipo, 82

Hoffman, Dustin, 344n
Holwitz, Stan, 297
hombre que confundió a su mujer con un sombrero, El, 48n, 157, 257n, 269n, 278n, 283-290, 298, 310, 368, 401
véase también Ray, el ticqueur ingenioso; Jimmie (marinero amnésico)
homosexualidad, actitudes hacia la, 19-20, 42, 51, 74
Hook, Theodore, 24-25
Hope, Dean, 45
Hospital Beth Abraham, 251, 258, 341, 345, 419, 432
apartamento cerca de, 196, 214-215
huelga laboral, 204-205
pacientes del, 189-198, 201-202, 231-232, 271
tema para un largometraje, 341, 345
visita de Auden a, 220
Hospital Estatal del Bronx (Centro Psiquiátrico del Bronx), 75n, 157, 235-241, 344, 357n, 432
Hospital Middlesex, 44-45, 51, 79, 254
Hospital Monte Sión, 79-81, 87, 112, 163, 386
Hubel, David, 81, 389-391

439

Humboldt, Alexander von, 370
Huxley, Aldous, 83
Huxley, Thomas, 410

IDPN (iminodipropionitrilo), 122n, 123, 147
ingravidez, 259n
Instituto Salk, 383, 385-386, 397, 404
internado, 69, 180
Isaac, Rael Jean, 30
Isabel II, reina, 418-419
isla de los ciegos al color, La, 369, 377-378
Israel, 38-39, 214, 330-332
Ivins, Marsha, 259n

JAMA (The Journal of the American Medical Association), 198-199
James, William, 203n
Jannetta, Peter, 426n
Jardín Botánico de Nueva York, 202, 238, 250, 344n, 430
Jerusalén, 39, 179n
Jimmie (marinero amnésico), 284, 289, 413
John P. (paciente con síndrome de Tourette), 274-281
Johnson, Bob, 297

Jones, Ernest, 240
Jones, Helen, 322-323, 326

Kaplan, Goldie, 202
Karl (director de teatro alemán), 158-160
Katzman, Bob, 251n
Keynes, John Maynard, 24
kibutz, 38-39
Koch, Christof, 392, 397-400
Koestler, Arthur, 83
Korey, Saul, 149 y n
Korn, Eric, 20, 23, 41, 118, 156n, 245, 250, 262-263
Korsakoff, síndrome de, 257
véase también Jimmie (marinero amnésico)
Kremer, Michael, 45-48, 48n, 79
Kurlan, Roger, 293
Kurtis, Jonathan, 203

L-dopa, 79n, 191-199, 229n, 232, 253n, 271-273, 311
Laing, R. D., 78
Lake Jefferson, Hotel, 260-261, 269
Lancet, The, 197-198, 228
Landau, Annie (tía), 69, 78, 179n, 182
Landau, Birdie (tía), 18

motocicletas, 11-16, 52-54, 85, 90-95, 111, 123-127, 131, 138, 140, 142, 153, 158, 260-261, 301, 326, 333
    BMW, 93, 111, 142, 158
    Norton, 13, 15, 52, 67, 86, 90, 92
Mozart, Wolfgang Amadeus, 314, 383
Mueller, Jonathan, 285
Muscle Beach, 140, 142, 148
música como terapia, 190, 231, 232n, 237, 245, 252, 314, 347, 420
Musicofilia, 420

nadar, 137n, 226, 261, 269, 316, 319-320
negligencia espacial unilateral, 422-423
neurofibromatosis, 144
neuromielitis, 138
neuroquímica, 149, 151, 154
neuropatología, 121-122, 127, 129, 147-149, 151-155, 258, 300
New York Review of Books, The, 281, 284-285, 291, 293, 297, 364n, 389, 397, 401
    véase también Silvers, Bob
New York Times, The, 194n, 271

New Yorker, The, 361
nicotina, 357 y n
Nietzsche, Friedrich, 384
Norberg, Karl, 115
Nordby, Knut, 368, 392
Noruega, 181, 241, 245
notas al pie, 218, 269, 360
Nyman, Michael, 341, 368

obstetricia, 43
ojos de la mente, Los, 423, 429
Olds, James, 146
olfato, sentido del, 151, 285
Olmstead, Edwin, 121, 148
Oxford English Dictionary, 28, 425, 428
Oxford, Universidad de, 18, 22-38, 180, 187, 219, 223, 386, 388

pabellón, 44, 236-241
pacientes posencefalíticos, 82, 189-201, 220, 230n, 271, 273
    documental, 231-233, 343-344, 343n
    efectos comparados con el LSD, 311
    enfermedad de Guam comparada con, 365
    Lillian Tighe, 349

442

445

CRÉDITOS DE LAS FOTOGRAFÍAS

Todas las fotos son de la colección del autor, excepto las que siguen:

Página 1, arriba: David Drazin
página 2, arriba: Charles Cohen
página 7, abajo: Robert Rodman
página 13: Douglas White
página 16, ambas fotos: Lowell Handler
página 17, arriba: Lowell Handler; abajo: Bill Hayes
página 18, abajo: Lowell Handler
página 19: Lowell Handler
página 20, arriba: Chris Rawlence; abajo: Rosalie Winard
página 23, abajo: Lowell Handler
página 26, arriba: Kate Edgar; abajo: Lowell Handler
página 27, arriba: Joyce Ravid
página 28, ambas fotos: Nicholas Naylor-Leland
página 29, arriba: Marsha Garces Williams; abajo: Lorraine Nelson, Pan Aqua
página 30, abajo: Bill Hayes
página 31: Henri Cole
página 32: Kate Edgar

ÍNDICE

Impreso en Talleres Gráficos
LIBERDÚPLEX, S. L. U.,
ctra. BV 2249, km 7,4 - Polígono Torrentfondo
08791 Sant Llorenç d'Hortons